EX·LIBRIS

Attila Zoltan

Anthony Cronin
FLANN O'BRIEN

Eine Biographie
Aus dem Englischen
von Matthias Fienbork

Frankfurter
Verlagsanstalt

Originaltitel der 1989 bei Grafton Books,
London, Glasgow, Toronto, Sydney, Auckland,
erschienenen Ausgabe:
No Laughing Matter
The Life and Times of Flann O'Brien
© Anthony Cronin 1989

Erste Auflage 1991
© der deutschen Ausgabe
Frankfurter Verlagsanstalt GmbH,
Frankfurt am Main 1991
Alle Rechte vorbehalten
Satz: Photosatz Reinhard Amann, Aichstetten
Druck & Einband:
Franz Spiegel Buch, Ulm
Printed in Germany
ISBN 3-627-10230-4

Inhalt

Einleitung

Brian O'Nolan, der sich auch Flann O'Brien oder Myles na Gopaleen nannte, war ein Schriftsteller, dem während seines vergleichsweise kurzen Lebens ein wechselvolles und aufreibendes Schicksal beschieden war. Er genoß in seiner Heimat einige Berühmtheit als Autor eines englischsprachigen und eines irischsprachigen Romans sowie einer Kolumne in der *Irish Times*. Später, als der englische Roman vergriffen war und zu einer Art folkloristischer Erinnerung für Intellektuelle wurde, kannte man O'Nolan nur als den Autor der Kolumne, denn der irische Roman wurde hauptsächlich als Insidersatire für Irischenthusiasten betrachtet, die nur sie verstehen konnten.

Als Myles na Gopaleen, der Autor der Kolumne, verkörperte er mit der Zeit selbst für seine glühendsten Bewunderer den Inbegriff des Dubliner Intellektuellen, der den Witz und die Brillanz, die sie gern für sich reklamierten, mit dem bitterbösen Spott verband, der ebenso verbreitet war. Der Typus war bekannt, vielleicht zu bekannt. Nichts war Myles heilig, und sie meinten, den Grund dafür zu wissen. Myles war, wie so viele von ihnen, ein enttäuschter Mensch, paradoxerweise sogar ein enttäuschter Schriftsteller.

Nur einige wenige Menschen wußten, daß er noch einen weiteren bemerkenswerten Roman auf englisch geschrieben hatte, der von mindestens einem Londoner Verlag zurückgewiesen worden war; doch die meisten derjenigen, die das Manuskript gesehen oder von ihm gehört hatten, glaubten, es sei verlorengegangen.

Was die Leser der *Irish Times* an seiner Kolumne reizte, war vor allem ihr, wie sie fanden, strikt esoterischer Charakter. Sie war für Eingeweihte geschrieben. Nur sie kannten den Hintergrund vieler Witze; nur sie waren vertraut mit den Typen, die seinen Figuren Modell standen; nur sie konnten die subtile Stimmigkeit der Dialoge nachempfinden. Tatsächlich war die Kolumne — bevor sich der Eindruck verbreitete, daß auch Myles na Gopaleen an Brillanz verlor — jahrelang fast so etwas wie eine Heilige Schrift für intellektuelle Dubliner. Seine Witze machten sie zu den ihren, und so, wie er auf viele Situationen reagierte, ob öf-

fentlich oder privat, reagierten schließlich auch sie. Selbst die
Dialoge fanden den Weg zurück in die Gesellschaft, so daß es
schwierig wurde zu unterscheiden, ob jemand tatsächlich in einer besonderen Manier sprach oder ob er es nur um der komischen Wirkung willen tat und weil »der Bruder« oder ein anderer
typischer Dubliner in »Cruiskeen Lawn« so sprach. Das Schicksal vieler lizenzierter Spaßvögel hatte Myles eingeholt. Er hatte
sich in seine Bewunderer verwandelt und sie in ihn, so daß sich
die beiden zuweilen nur mit Mühe auseinanderhalten ließen.

All das macht die Transformation um so erstaunlicher, die seitdem die verschiedenen Autoren erfaßt hat, aus denen Brian
O'Nolan besteht. Aus einer geheimnisvollen Kultfigur für einen
exklusiven Zirkel in einer Stadt, die man als rückständiges, geist-
verlassenes Nest empfand – einer Figur übrigens, die, wie Humoristen es oft erleben, von ihrem Publikum nicht nur bewundert,
sondern auch mit Herablassung behandelt wurde –, aus dieser
Figur ist ein Schriftsteller geworden, der mit Begeisterung von einem sehr großen und ständig größer werdenden Kreis gewöhnlicher Menschen gelesen wird, die vielfach noch nie in Dublin gewesen sind oder einen Dubliner haben sprechen hören. Alle seine
Werke liegen gedruckt vor, auch der postum entdeckte Roman
Der dritte Polizist (das zurückgewiesene Werk) und die beiden
Romane, die er gegen Ende seines Lebens schrieb, nachdem *In
Schwimmen-zwei-Vögel* in einer neuen Ausgabe wieder aufgelegt
worden war. Seine »Cruiskeen Lawn«-Kolumnen liegen in mehreren Sammelbänden vor, und weitere Bände sind geplant. Selbst
seine Jugendschriften und noch die unbedeutendsten Artikel, die
er unter anderen Pseudonymen schrieb, werden veröffentlicht
und gelesen. Wenn (wovon ich überzeugt bin) Dr. Johnson mit seiner Bemerkung recht hatte, daß der gewöhnliche Leser einen Autor sehr gut zu beurteilen vermag, dann ist Brian O'Nolans Platz
gesichert. Sein Werk hat mehrere Grenzen überquert und ist ein
unverzichtbarer Trost für viele Leser in vielen Sprachen neben
dem Englischen oder Irischen geworden.

Wenn die enorme Beliebtheit von »Cruiskeen Lawn« und seinen anderen, ähnlichen Gelegenheitsschriften in vielerlei Hinsicht erstaunlich ist, so ist die der Romane, die er unter dem Namen Flann O'Brien schrieb, vielleicht noch erstaunlicher. Der erste und bekannteste, *In Schwimmen-zwei-Vögel*, wird vom *Oxford Companion to English Literature* als »vieldimensionale Erforschung der irischen Kultur und des Charakters von erzählender Literatur« bezeichnet, und zur Zeit seiner Erstveröffentlichung wurde es sicherlich zu den anspruchsvollsten Büchern gezählt. Es verwendet ausgesprochen intellektuelle Wortspiele, die eine Kenntnis der Ziele der als Irish Literary Revival bekanntgewordenen Bewegung voraussetzen und vielleicht auch der Rolle, die James Joyce dabei spielte, um sie zu überwinden oder lächerlich zu machen — alles Dinge, die, so denkt man, nur literarisch Eingeweihte der einen oder anderen Richtung interessieren. Es ist zugleich ein Antiroman, der bewußt nihilistisch mit der Romanform umgeht, der erste (sofern man Joyces *Ulysses* nicht als solchen zählt) von zahlreichen Antiromanen in etlichen Sprachen und noch immer der radikalste. Er ist, wie ich zu zeigen versuche, mehr als all das, aber er ist in erster Linie genau das — etwas von begrenzter Attraktivität, sollte man meinen.

O'Nolans zweiter Roman, der abgelehnt wurde und zu Lebzeiten dann, wie er sagte, verlorenging, ist *Der dritte Polizist*: eine Beschreibung, mit den Worten des Autors, »der Welt der Toten — und der Verdammten —, in der keine Regel und kein Gesetz (nicht einmal das Gesetz der Schwerkraft) Geltung hat«. Anschließend schrieb er ein Buch auf irisch, *An Béal Bocht*, in der englischen Übersetzung *The Poor Mouth* [in der deutschen *Irischer Lebenslauf*], ein Angriff auf die Einstellung der Öffentlichkeit und der Literatur gegenüber den Gaeltachts, den irischsprachigen Gegenden im westlichen Irland; weiterhin *Das harte Leben* und dann *Aus Dalkeys Archiven*, auch dies ein Werk voller Insiderspäße, die diesmal dem Katholizismus, der Prädestinationslehre und James Joyce galten. Wie bei *In Schwimmen-zwei-Vögel* könnte man die Attraktivität solcher Romane für sehr begrenzt halten; doch auch hier sieht die Realität gottlob anders aus.

Um dies zu erklären, sollte man zunächst vielleicht O'Nolans Stellung im irischen Literaturleben betrachten. Er wurde fast dreißig Jahre nach James Joyce in einem Irland geboren, das noch während seiner Kindheit die Unabhängigkeit erlangen sollte. Er genoß, wie Joyce, eine katholisch-bürgerliche Erziehung, besuchte dieselbe Universität, ging durch dieselben Straßen. Als er und seine Freunde am University College Dublin zu einer gewissen literarischen Reife heranwuchsen, war die hohe Zeit des Irish Literary Revival, der romantischen und vergangenheitsorientierten Schöpfung Yeats', schon längst vorbei. Joyce, der große Moderne, hatte diese Bewegung in gewisser Weise überlagert, doch in jedem Fall war auf die nationalistischen Träume, die das Revival inspirierten und ihm auch seine politische Stoßkraft verliehen, die schäbige Realität der Unabhängigkeit gefolgt. Das traditionsliebende Irland sah sich mit der harten Wirklichkeit der modernen Welt konfrontiert; und wenngleich seine zweitklassigen Schriftsteller noch immer dort nach behaglicher Poesie suchten, wo Yeats und Synge es ihnen vorgemacht hatten, im vermeintlich heroischen Leben von Bauern und Fischern und in den heroischen Mythen und Legenden einer fernen Vergangenheit, so war doch in Wahrheit die Zeit reif für das Moderne, für die Satire, für das Herunterreißen von Schleiern.

Im Grunde war es O'Nolans Pech, daß Joyce vor ihm auf der Bildfläche erschienen war. Als O'Nolan daranging, seinen ersten Roman zu schreiben, lebte der große Moderne noch in Paris. Gelegentlich besuchte ihn ein Freund O'Nolans, gelegentlich gewährte er sogar einem Zeitgenossen wie Beckett eine Art Intimität, während er an seiner stellaren Entfernung von Irland und dessen Problemen festhielt, auch wenn er am Himmel über Irland, zumindest für einen jungen Schriftsteller vom Schlage eines Brian O'Nolan, ständig zu sehen war. Und es ist nicht zu leugnen, daß Joyce ein Problem für ihn war; tatsächlich hat er in der einen oder anderen Weise immer wieder darauf hingewiesen. Überragende Schriftsteller sind für ihre unmittelbaren literarischen Nachfolger meist ein Problem, zumal dann, wenn sie ge-

nau den Lebensstoff, den man aufgrund von Herkunft und Erziehung verwerten muß, selbst schon scheinbar aufgebraucht
haben. Für Beckett stellte sich das Problem ähnlich dar; da er
aber Protestant war und aus einer höheren Schicht des irischen
Bürgertums kam als Joyce und Brian O'Nolan, war sein Lebensstoff nicht in der gleichen Weise aufgebraucht worden, und ohnehin löste er das Problem, indem er sich wenn nicht vom psychologischen, so doch vom gegenständlichen Realismus entfernte.

Die Frage, wie Brian O'Nolan dieses Problem anpackte, gehört
in den Hauptteil dieses Buches und nicht in die Einleitung; hier
sei nur angemerkt, daß er wie Joyce und Beckett ein irischer Rea-
list war und kein irischer Romantiker. Wenn er seine Popularität
seinem irischen Naturell verdankt, dann nicht, weil er das Land
in einer rosigen oder pittoresken Weise porträtiert. Und wenn er,
wie nicht zu bezweifeln, ein irischer Humorist ist, dann gewiß
kein irischtümelnder.

Ich denke, daß man ihn vor allem als Humorist sehen muß,
und zweifellos erklärt dies zu einem großen Teil sein Verhältnis zu
den Lesern. Er ist einfach einer der witzigsten Schriftsteller dieses Jahrhunderts in englischer Sprache. Auf diesen Aspekt bin ich
in den anschließenden Erörterungen seiner Werke nicht näher
eingegangen, aber meine Ansicht, daß alles, was er schrieb, witzig sein sollte und in den meisten Fällen auch war, mag als Fuß-
note zu all meinen Ausführungen mitgelesen werden.

Doch noch etwas anderes sei hier hinzugefügt. O'Nolan war ein
humorvoller Schriftsteller mit einem sehr ausgeprägten, oft geradezu verbissenen Sinn für Korrektheit. Dies diktiert häufig seine
Haltung zu Grammatik und Wortschatz der Sprache, in der er
schreibt. Er, der die Umgangssprache und das Idiomatische so
meisterlich beherrscht, schreibt bisweilen ein Englisch, als handelte es sich um eine tote Sprache, die deshalb mit um so größerer
Sorgfalt behandelt werden muß, und die Fehler und Versehen anderer bedenkt er mit beißendem Spott. Dies erklärt auch seinen
Zorn auf das Verhalten und die Äußerungen von Politikern und
anderen öffentlichen Figuren, seine Unduldsamkeit gegenüber

den Versäumnissen und Fehlern des Beamtenapparats, dem er lange Zeit angehörte, den Aktivitäten der Dubliner Stadtverwaltung und vielem anderen. In derlei Dingen ist er selten Idealist oder gar Reformer. Aus seiner Sicht handelt man entweder richtig oder falsch, und er geißelt das Falsche.

Ich glaube auch, und bei der Diskussion von *Der dritte Polizist* führe ich dies aus, daß sich sein leidenschaftlicher Sinn für Korrektheit auch auf die moralische Ordnung des Universums bezog, die seiner Ansicht nach aus dem Gleichgewicht geraten war. Das war eine Weltsicht, die seinem Katholizismus eine besondere Prägung gab und aus der eine Haltung resultierte, die sich am besten in den Kategorien des alten manichäischen Glaubens beschreiben läßt, der in der Geschichte des Christentums mindestens dreimal als Ketzerglaube hervorgetreten ist.

Doch unabhängig davon, ob das zutrifft oder nicht, glaube ich, daß sich die große Popularität seiner Werke unter anderem daraus erklärt, daß er ein witziger Schriftsteller mit einem derart starken Glauben an Richtigkeit und Ordnung war. Wir leben in einer eigentümlichen Welt, einer Welt, in der jedermanns Gefühl für das Richtige zutiefst und fortwährend beleidigt wird. Myles, oder Flann O'Brien, als Humorist und auch sonst, gibt dieser Beleidigung Ausdruck.

Natürlich ließe sich noch viel mehr über ihn sagen. Ein Spezialist für irische Literaturgeschichte könnte die These aufstellen, daß Joyce, Flann O'Brien und zwischen diesen Samuel Beckett den Beweis für die Existenz eines spezifisch irischen Romans bzw. Antiromans erbracht haben. Er könnte anmerken, daß dieser Roman mit seinem Vergnügen an der Rede als Selbstzweck und mit seinem Verzicht auf Handlung im hergebrachten Sinn einiges den irischen Romanen des achtzehnten und neunzehnten Jahrhunderts verdankt, einer Tradition, die auf Maria Edgeworth zurückgeht. Und zu den herausragenden Merkmalen dieses Genres würde er seine Kühnheit zählen, seinen Witz, seine Bereitschaft, sich dem Äußersten zu stellen und bis zum Äußersten zu gehen.

Ein Historiker des Romans oder der Weltliteratur müßte meines Erachtens *In Schwimmen-zwei-Vögel* aber auch als Meilenstein betrachten. In diesem Buch wird erstmals das willkürliche und despotische Verhältnis zwischen Autor und Werk vollständig und mit unbändigem Witz bloßgelegt. Indem Joyce der Frage auswich, ob ein älterer Stephen Dedalus der Autor des *Ulysses* sei, hatte er dem Roman die letzte Schande erspart, als bloße Schöpfung einer seiner Figuren enthüllt zu werden. Flann O'Brien war weniger nachsichtig: Er zeigt tatsächlich, daß der Autor seines Buches nur ein Lehrling ist, ein unselbständiges Bürschchen, das die Literatur nebenher betreibt. Und er erfindet, vielleicht als Antwort auf Stephen Dedalus' berühmtes Wort, der Künstler solle wie der Gott der Schöpfung sein, ein Buch im Buch, dessen Autor sich tatsächlich für gottgleich hält und von seinen Figuren wegen dieser Anmaßung zu Recht bestraft wird.

In Schwimmen-zwei-Vögel war so kühn und originell, daß Brian O'Nolan in der Folgezeit Mühe hatte, diese Manier zu verfeinern oder aber sich von ihr zu lösen. Das ist einer der Aspekte seiner schriftstellerischen Entwicklung, mit dem ich mich beschäftige. Ein anderer ist sein Verhältnis zu Irland. Ich habe versucht, in seiner Biographie das Umfeld, in dem er lebte und arbeitete, so umfassend wie möglich lebendig werden zu lassen: das frömmelnde, isolierte, nationalistische Irland der ersten Jahrzehnte nach Erlangung der Unabhängigkeit, während der Kriegsjahre und danach.

Mein Dank gilt allen, die mir in der einen oder anderen Weise geholfen haben, dieses Buch zu schreiben: Evelyn O'Nolan und Brians Geschwistern, die allesamt überaus hilfsbereit und freundlich waren; Ciarán O'Nualláin, der mir half, Brian ein wenig besser zu verstehen, lange bevor ich daran dachte, dieses Buch zu schreiben; Kevin, der in der Zwischenzeit starb; Micheál, der dem Buch den Weg ebnete; Niall, Sister Roisín und Sister Maeve; Nuala und ihrem Mann Patrick O'Leary; Brians lebenslangem Freund Niall Sheridan; Timothy O'Keeffe, Des Roche und T. J. Barrington, meinem früheren Lehrer Michael O'Carroll CSSP und Sean P. Farragher CSSP vom Blackrock College, Jim Bradley und James O'Kane aus Strabane, Douglas Gageby, Bruce Williamson und Brian Fallon von der *Irish Times*, Angela und Tommy Conolly, Rosemary Coyle, John Wyse Jackson, Anne Clissmann, Benedict Kiely, Francis Stuart, Anne Haverty, Ulick O'Connor, Terence Brown, Sean J. White, Tony O'Riordan, Harry Boylan, Seán Mac Réammoinn, John Kelly, Pádraig O'hUiginn, Caitriona Crowe vom Public Record Office, Paddy O'Brien, Ted Dolan, Colm Toibin, Denis Hickey, Tess Hurson, Steve Young, Thomas Doyle, Hugh Kenner, John Ryan, Patricia Walsh, Catherine Rogan, Cathy Bruton, Kay Rippelmeyer von der Morris Library, Southern Illinois University in Carbondale, den Mitarbeitern der Special Collections, McFarlin Library, University of Tulsa, und den Mitarbeitern der National Library in Dublin.

Elternhaus
und Familie

Strabane, an der Grenze zwischen den Grafschaften Tyrone und Donegal gelegen, die zugleich die Grenze zwischen der Republik Irland und Nordirland bildet, ist heutzutage ein Ort von etwa 13 000 Einwohnern. Durch das hübsche Städtchen fließt die Mourne, westlich davon erheben sich die Donegal Hills, in östlicher Richtung die Sperrin Mountains. In normalen Zeiten wäre es ein friedlicher Ort.

Doch die Zeiten sind nicht friedlich. Am Bowling Green, dort, wo früher Reilly's Flachsmagazin stand und die Bauern auf ihren Fuhrwerken den Flachs hinschafften, befindet sich heute, umgeben von Stacheldraht, ein ungewöhnlich großer und befestigter Polizei- und Militärposten voll von elektronischem Gerät, mit dessen Hilfe die Armee ein beträchtliches Gebiet überwachen kann. Die angrenzende Straße säumen schöne dreigeschossige Häuser. Eine Gedenktafel an der Nummer 15 erinnert daran, daß hier der Schriftsteller Brian O'Nolan, oder auch Brian Ó Nualláin, im Jahre 1911 zur Welt kam. Da im Gemeinderat von Strabane die Nationalisten die Mehrheit haben, ist die Inschrift auf englisch und irisch abgefaßt, wobei in der irischen Fassung das Wort Schriftsteller (*scríobhnóir*) falsch geschrieben ist. Den irischen Namen trägt zu seinem Gedenken auch eine Wohnsiedlung, Ó Nualláin Park.

In dem Arbeiterviertel, das sich am linken Ufer über der Mourne erhebt, der sogenannten »Oberstadt«, wohnen zahlreiche IRA-Anhänger, deren Parolen auf die Häuserwände geschmiert sind. Große Teile der Hauptstraße von Strabane und viele bekannte Einrichtungen in der Stadtmitte sind in den letzten Jahren durch Bombenanschläge zerstört worden – einunddreißig Geschäfte, vier Banken, die beiden Hotels der Stadt und, als jüngstes Opfer, das Rathaus, ein klassizistisches, architektonisch nicht uninteressantes Bauwerk.

Die Familie O'Nolan stammte nicht aus Strabane. Brians Vater, Michael, war 1897 als Finanzbeamter dorthin versetzt worden. Er kam aus dem nahe gelegenen Omagh, einer etwas größeren und, wie es sich für den Verwaltungsort der Grafschaft Tyrone gehörte, lebendigeren und geschäftigeren Stadt. Geboren wurde er nicht unter dem Namen O'Nolan, sondern Nolan, einem Namen, den er für gewisse Zwecke zeitlebens verwendete.

Namen hatten für Michael O'Nolan, wie später auch für seinen Sohn Brian, immer etwas Provisorisches. Im Juli 1875 als Michael Victor Nolan geboren, heiratete er als Michael V. O'Nolan, doch den standesamtlichen Eintrag unterschrieb er mit Miceál O Nualáin. Für seine Vorgesetzten in der Finanzverwaltung war er Michael Nolan, und auch das Finanzministerium des Irischen Freistaats führte ihn, als er später zum Inspektor ernannt wurde, bemerkenswerterweise unter diesem Namen, obwohl seine Kollegen ihn mit Micheál Ó Nualláin anredeten. Auf Brians Geburtsurkunde gab der Vater seinen Namen mit Michael Victor O'Nolan an, doch bei der Volkszählung fünf Jahre später nannte er sich Miceál Ó Nualláin; allerdings setzte jemand in Klammern Michael O'Nolan hinzu. Als er für seinen Besitz eine Testamentsbestätigung beantragte, nannte er sich Michael Nolan.

Der Name O'Nolan war ungewöhnlich. Jene Nolans, die die englische Form ihres Namens ablehnten oder lieber unter der, wie sie meinten, korrekten irischen Version ihres Namens bekannt sein wollten, nannten sich Ó Nualláin, meist mit Doppel-L und der *sine fada*, die einen langen Vokal bezeichnet – nach irischer Art über dem O statt eines nachgesetzten Apostrophs –, doch immer dann, wenn das Gesetz oder die Gewohnheit den englischen Namen verlangte, nannten sie sich einfach Nolan. Für irische Ohren hat O'Nolan einen leicht aristokratischen, Clanführerschaft suggerierenden Klang.

Michaels Vater unterrichtete Musik an der Omagh Model School, und er hieß schlicht Donal Nolan. Ein Musiklehrer im ausgehenden 19. Jahrhundert ruft vielleicht die Vorstellung von einem weltfremden Menschen hervor, der im abgetragenen Gehrock störrischen jungen Damen schlechtbezahlte Stunden gab, aber Donal Nolan nahm innerhalb des Schulsystems eine angesehene Stellung ein; gleichwohl heiratete er eine Schülerin, die achtzehnjährige Jane Mellon, Tochter eines wohlhabenden Bauern aus Eiscir Duffey bei Omagh. Das Paar hatte acht Kinder, vier Söhne und vier Töchter.

Michael Victor war der älteste Sohn, und von den anderen spielten in Brians Leben nur Gerald, Peter und Fergus eine Rolle. Gerald und Peter wurden Priester, wobei Peter zu den Karmelitern ging und Gerald, oder Gearóid, wie er sich hinfort nannte, später Professor für Irisch am Maynooth College wurde, dem bedeutendsten Priesterseminar in Irland.

Im Gegensatz zu Michael und vielleicht auch Peter waren Gearóid und Fergus heitere, extrovertierte und humorvolle Menschen, die gern ein Gläschen tranken. Fergus wurde Lehrer und arbeitete eine Zeitlang als Assistent von Patrick Pearse, dem Dichter, der die Rebellion von 1916 anführte, an der Scoil Éanna, der fortschrittlichen irischsprachigen Knabenschule, die Pearse gegründet hatte. Wohlwollender Familienlegende zufolge war sein übermäßiger Alkoholkonsum in späteren Jahren auf die Wirkung zurückzuführen, die Pearses Hinrichtung auf ihn ausgeübt hatte.

Donal Nolan wurde mit seiner noch jungen Familie von Omagh nach Belfast versetzt, wo die Jungen heranwuchsen und an der neugegründeten Queen's University studierten. Alle vier waren Altphilologen, die auch später noch durch gute Kenntnisse in Latein und Griechisch zu glänzen wußten. Ihre Begeisterung jedoch galt der irischen Sprache.

Seit Parnells Entmachtung im Jahre 1890 und der daraus resultierenden Spaltung der irischen Partei in Westminster war es in Irland zu einer weitverbreiteten politischen Desillusionierung und einer leidenschaftlichen Wiedererweckung eines kulturellen Nationalismus gekommen. Überall im Land begannen junge Leute, Irischkurse zu besuchen. Die ganz Enthusiastischen fuhren in die Gaeltachts, jene Gegenden, in denen irisch gesprochen wurde, um ihren Wortschatz zu erweitern und den echten *blas*, die korrekte Aussprache, zu erlernen. Recht verkrampfte, spätviktorianische Versionen irischer Tänze und Lieder kamen wieder in Mode; man tanzte steif und korrekt, und der Gesang entsprach den Salonvorstellungen von Volksmusik. Michael, Gearóid, Fergus und Peter begeisterten sich schon sehr früh für die Sprache und erlernten sogar verschiedene Dialekte – Michael den Donegal-Dialekt und Gearóid den Dialekt von Munster, den er nach Michaels Ansicht freilich nicht besonders gut sprach.

Michael hatte eine gründliche und systematische, um nicht zu sagen pedantische Einstellung zur Sprache, wie übrigens zu allem, was er tat. Bei Besuchen im Gaeltacht von Donegal notierte er mit Hilfe eines internationalen Lautschriftsystems die Aussprache und widerlegte dabei nicht selten die Erkenntnisse des großen Quiggin, einer damals angesehenen Autorität auf diesem Gebiet.

Mit Ausnahme von Peter, dem Karmeliter, betätigten sich die Brüder auch durchweg als Amateurschriftsteller. Michael schrieb in späteren Jahren einen Detektivroman, der laut Familienlegende von Collins angenommen wurde und auch erschienen wäre, wenn der Autor das finanzielle Angebot des Verlags nicht hartnäckig abgelehnt hätte. Gearóid und Fergus schrieben gemeinsam einen Band Kurzgeschichten, dem sie den Titel *Sean Agus Nua* (Alt und Neu) gaben. Von diesen auf irisch geschriebenen Texten fertigten die beiden Brüder auch eine Übersetzung unter dem Titel *Intrusions* an. Eine zweisprachige Ausgabe erschien im Selbstverlag als Lernhilfe für Irischinteressierte.

Es ist ein eigenartiges Buch. Die Geschichten sind schwerfällig konstruiert, enden überraschend und spielen in einer nicht näher bezeichneten Stadtlandschaft, die überall sein könnte. Man begegnet einem deutlich misogynen Element. Die weiblichen Figuren sind oft boshafte Intrigantinnen, deren Pläne am Ende durchkreuzt werden. Im Jahr 1920, als Brian neun Jahre alt war, wurde am Dubliner Abbey Theatre *A Royal Alliance* aufgeführt, ein Stück seines Onkels Fergus – was in einer Stadt, in der jedermann Stücke für ein und dasselbe Theater schrieb, eine beachtliche Leistung war. Gerald schrieb auch eine Autobiographie auf irisch, *Beatha Duine a Thuil*, die literarisch etwas gewichtiger ist als die Geschichten in *Sean Agus Nua*.

Nachdem Michael Victor an der Queen's University sein Examen abgelegt hatte, trat er in die Zoll- und Finanzverwaltung ein. 1897 wurde er nach Strabane versetzt, worüber er sich gefreut haben dürfte, denn das Städtchen an der Mourne lag nur wenige Kilometer von seinem Geburtsort entfernt. Seine Mutter hatte immer gehofft, er würde einmal Priester werden – die Sehnsucht irischer Mütter, Söhne im geistlichen Stand zu haben, war damals grenzenlos –, aber es steht wohl außer Zweifel, daß er sich mit seinem Eintritt in den Staatsdienst für eine Tätigkeit entschied, die seiner präzisen, methodischen und pedantischen Art entsprach.

Michael Nolan war nationalistisch gesonnen. Als britischer Beamter durfte er seinen politischen Ansichten keinen Ausdruck verleihen, aber indem er sich auf die irische Sprache mit all ihren Aspekten konzentrierte, folgte er dem allgemeinen Trend seiner Zeit. Bald nach seinem Eintreffen in Strabane begann er, an der Abendschule Irischkurse zu geben und *feiseanna* zu organisieren, Wettbewerbe, bei denen es um Preise in irischem Gesang, Tanz und Vortrag ging.

Wie viele andere junge Männer seiner Zeit fand er, wo er nur einen Ausdruck für seinen kulturellen Patriotismus gesucht hatte, seine Liebe. Agnes Gormley war die Tochter eines Zeitschriften- und Buchhändlers, des prominentesten katholischen Kaufmanns in Strabane. Sie war achtzehn, als sie sich kennenlernten, elf Jahre jünger als Michael Nolan. Wie er war auch sie in Omagh geboren.

Den Gormleys hatten mehrere Geschäfte in Omagh gehört, darunter eine Bäckerei, eine Kneipe und ein Kolonialwarenladen. Sie lebten in einem gewissen Wohlstand, der es ihnen erlaubte, zwei ortsansässige Kindermädchen zu beschäftigen. Doch in den 1880er Jahren, kurz vor Agnes' Geburt, führte eine Kartoffelmißernte zu anhaltender Not in der Gegend. Laut Familienüberlieferung wurden die Gormleys durch den großzügigen Kredit ruiniert, den John Gormley den einheimischen Bauern eingeräumt hatte. Jedenfalls wurden die Geschäfte verkauft, John Gormley erhielt eine Stelle als Vorarbeiter in einer Bäckerei in Derry, und seine Frau, Agnes' Mutter, eröffnete in Strabane ein kleines Geschäft für Zeitungen und Modeartikel. John zog später nach Strabane und beteiligte sich an ihrem Laden.

Dieser Laden befand sich in der Market Street, die, unmittelbar hinter der Main Street gelegen, die »back street« genannt wurde. Nach einiger Zeit eröffnete John Gormley auch auf der Main Street ein Geschäft und war damit der erste Katholik, der dieses Recht in Anspruch nahm. Als seine Tochter Agnes Michael O'Nolan heiratete, war John Gormley eine der bekanntesten und angesehensten Persönlichkeiten der Stadt, zumindest was die katholische Bevölkerung anging.

Agnes Gormley war eines von sieben Geschwistern – fünf Jungen und zwei Mädchen. Die Gormleys waren eine außerordentlich begabte Familie, und die Jungen waren durchweg von jenem Typus, der das Leben einer irischen Kleinstadt prägt und dessen Taten in aller Munde sind. Eugene, der Älteste, erbte das Geschäft auf der Main Street. Spätere Generationen kannten ihn als höflichen, kenntnisreichen, sauber gekleideten, gutaussehenden Mann, der stets wußte, was in den Zeitungen und Büchern stand, die er verkaufte. Selbstverständlich gab es bei ihm nicht soviel zu kaufen wie in dem Buchladen einer Großstadt, doch er hatte eine erstaunliche Anzahl von Titeln vorrätig, von Groschenromanen und irischen Reiseführern bis zu jenen Büchern über Irland, die zur nationalistischen Begeisterung beitrugen. Er selbst hielt sich für einen Schriftsteller, aus dessen Chronik von Strabane freilich nie etwas wurde, obschon er hier und da einzelne Artikel schrieb und zu dem großen Teil der irischen Bevölkerung gehörte, der irgendwann einmal erfolglos ein Stück beim Abbey Theatre eingereicht hatte. Als junger Mann war er ein nachdenklicher und idealistischer Nationalist, und wenn er der IRA auch nicht angehörte, so stand er ihr doch als überzeugter Sympathisant nahe. Später fand er zu gemäßigteren Ansichten, und als einem irischen Lehrer die Berufung an die Technical School verweigert wurde, enttäuschte er viele Katholiken von Strabane durch seinen mangelnden Kampfgeist. Zeitlebens ein Junggeselle von paternalistischer und würdevoller Art, stets in graues Tuch gekleidet und meist im hinteren Teil des Ladens wirkend, fand er immer Zeit, sich mit jung und alt zu unterhalten. Heutzutage gilt er zu Recht als eine der wichtigsten Figuren in der Geschichte Strabanes, so daß, ebenso wie seinem Neffen, auch ihm zu Ehren eine Wohnsiedlung benannt wurde.

Sein Bruder Tom war das unvermeidliche Kleinstadtgenie, das immer auch als Taugenichts bekannt ist. Er war ein begabter Geigenspieler, der in späteren Jahren für längere Zeit zu verschwinden pflegte und häufig ohne seine Geige wieder auftauchte; aber, und das ist für Irland kein ungewöhnliches Paradox, je weiter es mit ihm bergab ging, desto größer wurde sein Ansehen, und die Legende seines ungenutzten Talents, die sich sogar nach einem katastrophalen Konzertauftritt in der Stadthalle hielt, war Gesprächsthema in Strabane. Am Ende war er völlig von den Gormleys abhängig und ließ sich von Fremden zu einem Glas einladen. An dem geradlinigen Eugene, der es abgelehnt hatte, ihm Geld zu geben, revanchierte er sich, indem er vor dessen Laden als Bettelmusikant für ein paar Münzen spielte. Er trug meistens ein in Packpapier gewickeltes Paket unter dem Arm, das angeblich eigene Kompositionen enthielt, und man sagte auch, daß er Opern komponiert hatte. Ein Lied, zu dem er Text und Melodie geschrieben hatte, »Ireland Live On«, erlangte tatsächlich eine gewisse Popularität und soll, wie jedenfalls in Strabane geglaubt wird, nach der Gründung des Irischen Freistaats als mögliche Nationalhymne in Erwägung gezogen worden sein.

Wenn in Strabane die Meinung über Tom und seine Talente gelegentlich geteilt war, so bestand größere Einigkeit über seinen Bruder Joe. Auch er war Musiker, doch während Tom eine Tweedmütze trug und bisweilen so aussah, als hätte er eine Rasur noch dringender nötig als ein Gläschen, pflegte Joe einen breitkrempigen braunen Hut und eine Fliege zu tragen, und den Mantel warf er sich wie eine Pelerine über die Schultern. Wie Tom schrieb er Lieder, die manchmal sogar im Radio gesendet und in Dublin ge-

druckt wurden. Er war Impresario und Regisseur zahlreicher
Musikdarbietungen in der Stadthalle und unterrichtete Generationen von jungen Sängern. So wurde er eine der herausragenden
Persönlichkeiten von Strabane. Auch die Fotografie hatte es ihm
angetan, und er richtete sich sein eigenes Atelier ein, in dem die
unvermeidlichen Hochzeits- und Erstkommunionsfotos entstanden. Die Sache wurde aber kein Erfolg, und da Joe von seinen
musikalischen Tätigkeiten, wieviel Ansehen sie ihm in der Stadt
auch verschaffen mochten, nicht leben konnte, wurde ihm der
Laden in der Market Street überlassen. Dort verkaufte er
Schreibwaren und Zeitungen, ganz so wie Eugene um die Ecke,
und betrieb dazu eine Leihbücherei, in der es die üblichen Detek-
tiv- und Westernromane gab. In späteren Jahren war auch er »einem Gläschen nicht abgeneigt«, aber sein Trinken fand weniger
in der Öffentlichkeit statt, als das bei Tom der Fall war.

Starken Einfluß auf Brian hatte ein anderer der Gebrüder
Gormley, und zwar George, der schon bald nach Dublin zog, wo
er Sportreporter bei der Tageszeitung *Irish Independent* wurde
und später Sportredakteur bei der altehrwürdigen *Evening Mail*.
Er war gesprächig, aufgeschlossen und selbst in Dubliner Jour-
nalistenkreisen ein gerngesehener Geschichtenerzähler. In den
verschiedenen Häusern seines Schwagers war George Gormley
häufig zu Gast; er hinterließ einen starken Eindruck in der Phantasie seines Neffen und ließ das Handwerk eines Journalisten in
einem Glanz erscheinen, den es aus Brians Sicht nie ganz verlieren sollte.

Agnes Gormley war eben zwanzig geworden, als sie im Jahre
1906 Michael Victor O'Nolan heiratete. Die attraktive, fröhliche
junge Frau war zwar nicht so talentiert wie einige der Gormleys
– genauer gesagt: vielleicht nicht so gebildet –, hatte dafür aber
eine schöne Singstimme und eine ausgeglichenere Natur. Bücher
waren ihr nicht so wichtig wie ihrem Mann oder dem Bruder Eugene. In späteren Jahren las sie am liebsten Heiligenlegenden,
was allerdings nicht heißt, daß sie selbst eine Heilige werden
wollte. Agnes Gormley war, ebenso wie ihr Mann, eine fromme

Katholikin, aber die Biographien der Heiligen, aufgezeichnet von
Alban Butler, Curtayne und anderen, waren in der ersten Hälfte
unseres Jahrhunderts für viele irische Mütter ein beliebter Lese-
stoff.

Durch seine Ehe mit Agnes heiratete Michael Victor in eine Familie ein, in der es gewiß wärmer, fröhlicher und lebendiger zu-
ging als bei den recht ernsten und ehrgeizigen O'Nolans. Diese
beiden Seiten sollten sich im Charakter seines Sohnes Brian zu
einigermaßen gleichen Teilen wiederfinden, und fast alle seine
Anlagen findet man bei seinen Eltern und seinen Onkeln wieder.
Da ist die Empfänglichkeit für Sprache und Musik, für Form und
Inhalt von Kunst, und da ist auch das methodische, logische, de-
tailversessene Denken des Beamten. Er besaß eine gewisse Härte
und einen ausgeprägten Zug weltlichen Ehrgeizes, hatte aber
auch eine sanfte, weltfremde Art, die ihn Konflikten aus dem Weg
gehen und rasch den Mut verlieren ließ. Damit einher ging eine
Spaltung in eine überbetonte, solide Ehrbarkeit und, ausgelöst
durch den Alkohol, die Launenhaftigkeit eines rasch aufbrausen-
den, kreativen Temperaments. Selbst der kultivierte, gewandte,
intellektuelle Spötter ist in ihm durch seinen Onkel, den Journalisten George Gormley, vertreten.

Durch seine Ehe mit Agnes Gormley heiratete Michael O'Nolan
aber auch in Strabane ein, eine Stadt, der sich alle seine Kinder,
auch Brian, fast lebenslang verbunden fühlten. Wenn Brian sich
später auch ganz bewußt als Dubliner empfand, so blieb doch
Strabane immer seine Heimat. Von den vielen grandiosen
Schimpfausdrücken, die sein Alter ego, Myles na Gopaleen, später verwendete, verraten »Eckensteher«, »Ladenjunge«, ja sogar
»Bauer« etwas von der Kaufmannsstadt Strabane und ihrem Wer-
tesystem.

Die Eheschließung fand in der Pfarrkirche von Murlogh statt
und wurde von den Brüdern des Bräutigams vollzogen, den Priestern Gearóid und Peter – und zwar auf irisch, »eine interessante
Abweichung vom üblichen Brauch«, wie das *Derry Journal* erklärte.

Kurz nach der Heirat mietete Michael O'Nolan das Haus 15 The Bowling Green, damals ein ruhiger Platz in Strabane, an dessen einer Ecke sich ein Flachsmagazin befand. Die Kinder kamen in rascher Folge zur Welt, wie noch bis vor kurzem in irischen Familien üblich. Brian wurde als drittes Kind am 5. Oktober 1911 geboren. Vor ihm waren die Brüder Ciarán und Gearóid (Gerald) geboren worden, nach ihm kam eine Schwester, Roisín. Am Ende waren es zwölf Geschwister: sieben Jungen und fünf Mädchen.* In dieser großen Familie bildeten die drei ältesten Brüder eine eigene Clique, teils deswegen, weil nach ihnen ein Mädchen kam, und teils, weil der nächste Bruder, Fergus, erst zwei Jahre später geboren wurde.

Im Haus der O'Nolans wurde Irisch gesprochen. Agnes O'Nolan beherrschte das Irische zwar nicht so gut wie ihr Mann, doch ihre Kenntnisse reichten immerhin so weit, daß auf eine andere Sprache nicht zurückgegriffen werden mußte. Und da selbst die Dienstmädchen aus dem Gaeltacht von Donegal kamen, wurde überhaupt nie Englisch gesprochen. Die Familie war groß genug, um auf Außenkontakte nicht angewiesen zu sein, und weil die Jungen lange Zeit nicht zur Schule geschickt wurden, wuchs Brian in der irischen Sprache auf. Jahrelang hörte er kaum englische Laute, höchstens gelegentlich von Besuchern oder auf der Straße.

Kurz nach Brians Geburt wurde Michael O'Nolan nach Glasgow versetzt. In der Familiengeschichte ist von diesem Zwischenspiel kaum etwas überliefert; anscheinend bewohnte man ein gemietetes Haus in Athol Gardens, Uddingston, zusammen mit der Großmutter O'Nolan und Michael Victors Schwester Kathleen, die an Tuberkulose starb und dort begraben liegt.

Bald darauf folgte eine Versetzung nach Dublin mit seinen zahlreichen Brennereien. Um in der Nähe jener Fabriken zu wohnen, zog Michael O'Nolan in ein Haus in Inchicore, das zufällig den Namen St. Michael's trug, ein stattliches Gebäude, das zu

---

* Die anderen Geschwister hießen: Fergus, Kevin, Maeve, Nessa, Nuala, Sheila, Michael und Niall. [A. d. Ü.]

vier von der Straße zurückversetzten Häusern gehörte. Inchicore war ein gemischtes Viertel mit einem hohen Anteil an Arbeitern, von denen viele in dem dortigen Eisenbahnreparaturwerk beschäftigt waren; der Lebensstandard der O'Nolans hingegen entsprach dem einer gutsituierten Beamtenfamilie. Man hatte zwei Dienstmädchen, die die kleine Roisín spazierenfuhren und dabei die Jungen mitnahmen. Diese Wanderungen führten oft bis nach Kilmainham, in dessen Gefängnis viele irische Freiheitskämpfer, darunter auch Charles Stewart Parnell, inhaftiert gewesen waren, oder noch weiter hinaus ins Freie, in Richtung Ballyfermot mit seinen baumgesäumten Chausseen und sanften Wiesen. Oft saßen die drei Ältesten auch auf der Gartenmauer, um zu beobachten, was auf der Straße vor sich ging. Da waren Landstreicher unterwegs in die Stadt, und einer von ihnen, ein schwarzbärtiger junger Bursche, der »Amselsuppe« gerufen wurde, war die besondere Zielscheibe des Spottes der Arbeiterkinder, die ihn so lange hänselten, bis er wütend losbrüllte und sie die Straße hinunterscheuchte. Eines Tages marschierte eine Abteilung der Fianna, der von der Gräfin Markievitsch gegründeten nationalistischen, paramilitärischen Pfadfinderorganisation, in ihren grünen Hemden und den breitkrempigen Schlapphüten vorbei, und ein paar der Jungen spielten auf ihren Blechflöten erregende Marschmusik. Ciarán beschrieb später, wie sehr diese heldenhaften Jungen, die bereit waren, kühne Taten für Irland zu vollbringen, ihn beeindruckt hatten.

Obwohl Brian mittlerweile im Schulalter war, wurde er ebensowenig eingeschult wie die älteren Brüder Ciarán und Gearóid. Das lag wohl hauptsächlich daran, daß ihr Vater sie nicht auf eine englischsprachige Schule schicken wollte. Die von Patrick Pearse gegründete Scoil Éanna lag weit entfernt am anderen Ende der Stadt, und in der Nähe gab es keine Einrichtung, in der die Jungen in der Sprache unterrichtet werden konnten, die der Vater als Landessprache betrachtete. Da sie aber lesen lernen sollten, beschloß er, ihnen das Lesen irischer Texte selbst beizubringen, und malte zu diesem Zweck die Buchstaben des irischen Alphabets auf große, beliebig kombinierbare Papptafeln.

So begann eine lange, schullose Idylle – eine wichtige Besonderheit in Brians Kindheit, die unter anderem auch dazu führte, daß sich die Isolierung der O'Nolans noch verstärkte. Weder in Glasgow noch in Inchicore wurden sie ermuntert, sich Spielgefährten oder Freunde außerhalb der Familie zu suchen. Zum Teil hatte das gewiß sprachliche Gründe, obgleich, zumindest in Inchicore und in einigen der späteren Wohnorte, auch ein Klassenaspekt hinzugekommen sein dürfte. Jedenfalls waren die O'Nolans eine dieser in sich geschlossenen, phantasievollen großen Familien, die auf die Außenwelt offenbar nicht angewiesen sind. Diese frühe Isolierung im Elternhaus dürfte auch einer der Gründe für Brians Schüchternheit gewesen sein, die später allen seinen Freunden auffiel, und der Alkohol, darüber war man sich einig, war eines seiner Mittel, diese Schüchternheit zu überwinden.

Gelegentlich kam Onkel Peter, der Karmeliter, auf Besuch nach Inchicore. Er trug eine Brille mit einem undurchsichtigen Glas, da er auf einem Auge erblindet war. Häufiger kam der andere Onkel, Gearóid, auch er ein Priester, der zu den relativ wenigen Menschen gehörte, die damals ein Automobil besaßen. Er fuhr einen Ford mit Messingkühler, und kaum hatte er den Wagen vor dem Haus abgestellt, kletterten die Jungen schon darin herum. Er war eine heitere Natur und sorgte als Kettenraucher in einem Haus, in dem niemand sonst rauchte, immer für Aufregung. Er brachte den Jungen allerlei Kartenspielertricks bei, und von ihm hatte Brian, der sich diese Kunststücke rasch aneignete, seine lebenslange Begeisterung für solchen Zeitvertreib. Später führte er in Kneipen, bei Hochzeitsgesellschaften und anderen Versammlungen einfache Tricks vor – auch dies eine Methode, seine Schüchternheit zu überwinden. In Michael O'Nolans Haus wurde Donegal-Irisch gesprochen, weshalb die Jungen das weichere Munster-Irisch von An t-Athair [ir.: Vater, Pater] Gearóid sehr komisch fanden, ebenso seine Gewohnheit, englische Ausdrücke einzuflechten. »Bhfuil sibh all right?« fragte er etwa, wenn er zum Auto hinauskam, an dessen Lenkrad die Jungen saßen und Chauffeur spielten.

Einmal im April 1916, gegen Ende ihrer Zeit in Inchicore, Brian war gerade vier Jahre alt, leuchtete der nächtliche Himmel über Dublin in unheimlichen Flammen. Am Montag jener Woche, Ostermontag, hatte Patrick Pearse, der Dichter und Schuldirektor, von den Stufen der Hauptpost herab die irische Republik proklamiert, und die Feuersbrunst war das Resultat der Bombardierung von Stellungen der Aufständischen, bei der ein Großteil des Dubliner Stadtzentrums in Flammen aufging. In den folgenden Tagen gaben die Militärbehörden bekannt, daß die Führer des Aufstands nach geheimen Militärgerichtsprozessen hingerichtet worden seien. Sie waren bei den Dublinern von Anfang an nicht sonderlich beliebt gewesen, doch nun schlug die Stimmung um. Diese Exekutionen, schrieb James Stephens, wirkten auf die Bevölkerung, »als ob man Blut unter einer geschlossenen Tür hervorsickern sah«. In Inchicore, etwa drei Kilometer vom Stadtzentrum entfernt, war von den eigentlichen Kämpfen nichts zu sehen, wenngleich man die Einschläge von Artilleriegeschossen hörte. Als eines Tages ein britisches Luftschiff über das Haus flog, wollten die Jungen vom Vater wissen, wo es hinfliege. »Hoffentlich zum Teufel!« lautete die kurze Antwort.

1917, kurz nach dem Aufstand, wurde Michael Nolan – um ihn so zu bezeichnen, wie seine Behörde ihn kannte – zum Inspektor befördert. Er mußte nun viel reisen und beschloß, sich in Strabane niederzulassen, damit seine Frau bei ihrer Mutter und den Verwandten sein konnte, wenn er dienstlich unterwegs war.

Das Haus, auf das seine Wahl fiel, lag in der Ballycolman Lane oder, wie die heutigen Bewohner sie nennen, Ballycolman Avenue. Wie in Inchicore, so wohnte man auch hier am Rande der Stadt, in der Nähe des offenen Landes, und die unmittelbaren Nachbarn waren arme Kleinbauern. Hier sollte sich an der Isolierung der Kinder nichts ändern.

Von der Rückseite des schönen L-förmigen Hauses gelangte man über einen steilen Hang, durch Felder und dichtes Buschwerk zum Fluß. Zum Haus gehörte ein Garten mit Obstbäumen, von denen die Jungen aber nichts pflücken durften, da sie Mr.

Alexander, dem protestantischen Hausbesitzer, gehörten. Sogar die Äpfel, die an einem einzelnen Baum vor dem Haus wuchsen, gehörten ihm.

Ein Zimmer, das Mr. Alexander vermutlich als Abstellkammer benutzte, war verschlossen, und Mrs. O'Nolan und die Kinder glaubten, verständlich genug, daß es darin spukte. Nachts hörte man Geräusche, als rollten Eisenkugeln über den Fußboden, und manchmal donnerte eines der Schiebefenster herunter, obwohl sie alle geschlossen waren. Das Fenster der zugesperrten Kammer war vergittert, doch eines Nachts, als die Kugeln besonders lebhaft rollten, nahm sich Mrs. O'Nolan einen Stuhl und versuchte hineinzuspähen. Natürlich kletterten auch die Kinder hoch, sahen aber nichts, was einen solchen Lärm hätte verursachen können. Es gab freilich noch andere okkulte Erscheinungen.

Mrs. O'Nolans Schwester Teresa kam regelmäßig von der Main Street herüber, und bisweilen waren ihre Schritte schon eine halbe Stunde vorher zu hören. Dann war da die merkwürdige Geschichte mit den Hühnern, die sich weigerten, den großen Hühnerstall zu betreten, und die sich, ob Sommer oder Winter, einfach nicht hineinscheuchen ließen. Selbst in den kältesten Nächten des Jahres hockten sie lieber auf den Apfelbäumen, als daß sie in diesem Hühnerstall schliefen.

Die drei ältesten Jungen wurden noch immer nicht zur Schule geschickt, denn auch hier gab es keine Schule, an der in irischer Sprache unterrichtet wurde. In unregelmäßigen Abständen engagierte der Vater Hauslehrer, die aber nie lange blieben, unter anderen eine Miss Boyle und einen pensionierten Lehrer namens Collins, oder Ó Coiléain, der mit ihnen die berühmte Erzählung *The Children of Lir* las, und zwar in der Ulster-irischen Version von J. P. Craig. Als Mr. Collins nicht mehr erschien, beschloß ihr Vater abermals, ihre Schulausbildung selbst in die Hände zu nehmen. Er hatte inzwischen mit der Erarbeitung eines Fernlehrgangs für Beamte, die sich auf Prüfungen vorbereiten mußten, eine lukrative Nebentätigkeit gefunden, und jetzt bediente er sich bei dem Unterricht seiner Söhne der gleichen Methode.

Von seinem jeweiligen Aufenthaltsort verschickte er Fragen, unterschieden nach Alter und vermuteten Fähigkeiten der drei ältesten Söhne, von denen Ciarán, der älteste, inzwischen zehn und der jüngste, Brian, sieben Jahre alt war. Die Jungen lehnten es jedoch ab, sich überhaupt mit diesen Aufgaben zu beschäftigen, oder sie lösten sie so schlecht, daß ihr wohlmeinender Vater bald aufgab. Die Bereitschaft, sich sehr schnell in Mißerfolge zu schicken, offenbart eine bewundernswert zwanglose Seite an diesem Menschen, der in Fragen formaler Bildung ansonsten peinlich korrekt war.

Seine Weigerung, die Söhne einem auf englisch geführten Unterricht auszusetzen, konnte allerdings nicht mehr verhindern, daß sie mit dieser Sprache in Berührung kamen. Die Verwandten mütterlicherseits sprachen noch weniger Irisch als Agnes O'Nolan, und ihre Schwester Teresa, die allabendlich herüberkam und wegen des Spuks bei ihnen übernachtete, konnte überhaupt kein Irisch sprechen. Im Laden der Gormleys, wo die Jungen inzwischen einen Großteil ihrer Zeit verbrachten, sprachen die Kunden nur Englisch, und das galt auch für die meisten Erwachsenen und die wenigen Kinder, denen sie begegneten.

Unter den Katholiken von Strabane, die sich bei jeder Gelegenheit als Nationalisten zeigten, bestand sogar ein Vorurteil gegen das Irische. Sie stammten zumeist aus den Bergen von Donegal, und Irisch galt ihnen als Signum einer bäuerlichen Vergangenheit in Armut und Rückständigkeit, die zu vergessen sie durchaus bereit waren. Eine Generation später war ihr Irisch meist schon verschwunden.

Die Jungen verfügten jedenfalls über einen englischen Wortschatz, der allmählich immer umfangreicher wurde, und bildeten sich in einer Weise weiter, die ihr Vater wohl nicht gebilligt hätte. Zum einen gab es die Comics im Gormleyschen Geschäft, illustrierte Hefte wie *Tiger Tom*, *Comic Cuts* und andere, in denen Polizisten mit hohen Helmen und Einbrecher in Ringelhemden die üblichen Dialoge führten. Ciarán hatte mit Hilfe dieser Heftchen bald lesen gelernt, offenbar nach einer Art ganzheitlicher

Methode, und konnte so seinen beiden Brüdern, die sich zufrieden unter dem Ladentisch verkrochen hatten, laut vorlesen.

Und sie hörten ja auch die Unterhaltungen in dem markanten Dialekt von Tyrone, den sie um so faszinierender fanden, als das Englische ihnen fremd war. Stundenlang konnten sie den Kunden im Laden lauschen. »Ba sin an comhrá arbh fhiú a bheith ag éisteacht leis.« – »Das waren Gespräche, denen zuzuhören sich gelohnt hat«, sagte Ciarán mehr als fünfzig Jahre später.[1]

Daß die drei ältesten Jungen nicht zur Schule gingen, hatte freilich den Nachteil, daß sie weiterhin fast keinen Kontakt zu Kindern anderer Familien hatten. Es war schon ein denkwürdiges Ereignis, daß sie sich eines Nachmittags ein paar Nachbarskindern anschlossen, die am Ende der Ballycolman Lane mit einem aus Papier und Bindfaden zusammengeschnürten Ball herumkickten, aber dies war fast der einzige freundschaftliche Kontakt innerhalb von drei Jahren. Für gewöhnlich verliefen solche Begegnungen feindselig; man rief sich gegenseitig Beleidigungen zu, wobei die O'Nolans hinter der schützenden Gartentür standen und die anderen Kinder sie beschimpften und bisweilen sogar aus kurzer Entfernung mit Gegenständen bewarfen. Bei einem dieser Konflikte ging es um Mr. Alexanders Äpfel, die vor Dieben geschützt werden mußten; und von dieser Verteidigung von Eigentum einmal abgesehen, hatten diese Scharmützel immer auch etwas Klassenkämpferisches, veranlaßt durch die unterschiedliche Herkunft und die vermeintliche Unnahbarkeit der O'Nolans. Wenn den jungen O'Nolans auch nicht ausdrücklich verboten war, mit den Nachbarskindern zu spielen, so wurden sie gewiß nicht ermuntert, diesen Kontakt zu suchen.

Obwohl dies eine gewisse Verschrobenheit gefördert haben mag, für die sie später, jeder auf seine Weise, bekannt waren, empfanden die drei älteren Brüder den fehlenden Umgang mit anderen nicht als Mangel. Es fiel ihnen auch durchaus nicht schwer, ihre schullosen Tage auszufüllen. Im Wohnzimmer über dem Laden in der Main Street stand ein Grammophon – für die damalige Zeit eine ziemliche Rarität –, es gab ein Klavier und jede Menge Schallplatten, darunter viele Opernarien und romantische Balladen, die von John McCormack, dem großen irischen Tenor, gesungen wurden, den Brian zeit seines Lebens bewunderte. Die drei Fenster dieses Wohnzimmers lagen zur Straße hin, und hier pflegten die drei stundenlang zu sitzen, Comics zu lesen oder das Treiben unter ihnen zu beobachten. Oft gingen sie auch zum Fluß, hängten sich die Schuhe um den Hals und wateten im Wasser umher. Sie schwammen nicht und angelten nicht – für die sportlichen und anderen Freizeitbetätigungen ihrer orthodoxeren Zeitgenossen hatten sie nie viel übrig, und das Waten war wohl mehr eine planlose, gemächliche Fortbewegung, als daß es irgendeinen Zweck erfüllte. Allerdings lernten sie dabei das Leben im Fluß ein wenig kennen, jedenfalls genug, um unter den Steinen Aale zu entdecken oder zu wissen, wo sich die Forellen versteckt hielten.

Manchmal wateten sie bis zu einer Stelle, wo der Mühlbach in einer Art Teich in den Fluß mündete; dort war das Wasser tief und selbst an strahlenden Sommertagen dunkel, und gelegentlich konnte man Dachse sehen. In Ciaráns Erinnerung waren diese Tage am Fluß die glücklichste Zeit seines Lebens, besonders die Stunden, die sie im hohen Gras am Ufer lagen, während die Sonne am wolkenlosen Himmel stillzustehen schien und in der Ferne das Rattern der Mähmaschinen und das leise Brummen der Leinenweberei zu hören war.

Diese schulfreien Jahre in Strabane waren auch die ersten Jahre der »Unruhen«. Nach dem Aufstand von 1916 war es zu einem enormen Wiederaufleben nationalistischen Denkens gekommen, und die verschiedenen Gruppierungen radikaler Nationalisten hatten sich unter dem Banner von Sinn Féin [Wir selbst] zusammengeschlossen und in mehreren Nachwahlen die Vertreter der alten Irish Party geschlagen.

Im Jahre 1918 bildeten Sinn Féin und Irish Party jedoch eine Allianz, um gegen die von der britischen Regierung angedrohte Verhängung der Wehrpflicht zu agitieren. In dieser Kampagne tat

sich auch Eugene Gormley hervor. Er war möglicherweise Mitglied der Irish Volunteers, des paramilitärischen Flügels von Sinn
Féin, der später unter dem Namen IRA bekannt wurde, zumindest
aber einer der bekanntesten Nationalisten von Strabane. 1918
wurde er verhaftet und per Eisenbahn unter polizeilicher Bewachung nach Belfast überstellt. Vom Bahnhof York Street brachte
man ihn, eskortiert von einer Abteilung der Northumberland-Fü-
siliere mit aufgepflanztem Bajonett, zur Victoria-Kaserne. Später meinte er bescheiden, er habe die Anwesenheit der Soldaten
für einen Zufall gehalten – sie seien sowieso im Zug gewesen und
hätten zur Kaserne zurückkehren wollen. Gern erzählte er aber,
wie die Leute auf der Straße stehengeblieben seien, um zu guk-
ken, und daß manche dem Mann, der so bedeutend war, daß er
eine derart große Eskorte verdiente, sogar zugelächelt hätten.
    Er wurde wegen Aufwiegelung vor ein Militärgericht gestellt.
Unter republikanischen Gefangenen war es üblich, die Zustän-
digkeit beziehungsweise Rechtmäßigkeit solcher Gerichte nicht
anzuerkennen, doch wenn Eugene später seine Geschichte erzählte, vergaß er nie den Soldaten, der ihm beim Betreten des Ge-
bäudes zuflüsterte: »Laß dich von diesen Scheißkerlen nicht in
den Knast stecken! Sag, daß du das Gericht anerkennst!« Was er
aber nicht tat. Er wurde zu sechs Monaten verurteilt, die er im
Gefängnis Crumlin Road verbrachte – in Gesellschaft von später
so prominenten Nationalisten wie Ernest Blythe, der in der ersten
Regierung des Freistaats Finanzminister und später Intendant
des Abbey Theatre war, oder Austin Stack, einem kompromißlo-
sen Radikalen, der im Bürgerkrieg nach dem Anglo-Irischen Vertrag von 1922 gegen Blythe kämpfte.
    Die Gormleys waren ausnahmslos Nationalisten, wie über-
haupt alle Katholiken in Strabane Nationalisten der einen oder
anderen Richtung waren, und Tante Teresa, die ältere der Schwestern Gormley, war ein prominentes Mitglied von Cumann na
mBan, dem Frauenhilfskorps der Irish Volunteers. Cumann na
mBan organisierte unter anderem céilidhes, abendliche Veranstaltungen mit irischen Tänzen und Liedern, die in einem Saal in

der Barrack Street stattfanden und an denen die Jungen manchmal für eine Stunde teilnehmen durften. Bei einem solchen
céilidh in der Stadthalle führten ein paar Burschen militärische
Exerzierschritte vor. Die Jungen, die auf dem Rang saßen, waren
erregt von der Atmosphäre allgemeiner Begeisterung und soldati-
scher Leidenschaft, aber auch einfach deshalb, weil sie so lange
aufbleiben durften.

Allerdings wirkten sich die Unruhen auf das Leben der Jungen
nicht direkt aus. Es war noch nicht die Zeit der Überfälle aus dem
Hinterhalt und der grausamen und blutigen Vergeltungsmaßnahmen, unter denen nicht selten die Zivilbevölkerung zu leiden
hatte. Die Spiele, die sie in den beiden Lagerräumen des Gormleyschen Ladens spielten, inmitten des Porzellans, des Steinguts
und der Modeartikel, die im Geschäft neben anderem verkauft
wurden, drehten sich nicht um nationalistische Heldentaten oder
britische Niedertracht.

In dem Haus an der Ballycolman Lane gab es neben Mr. Alexanders abgeschlossenem Raum noch ein anderes Zimmer, das
praktisch leer stand und als Waschküche bezeichnet wurde. Hier
lagerten Kartons mit Dutzenden von Exemplaren so erbaulicher
Literatur wie *Tá Na Francaigh Ar An Mir, Drama le Cu Uladh*
(Die Franzosen sind auf dem Meer, ein Stück von dem Schurken
von Ulster), *Prátai Mhichil Thaidhg* (Die Kartoffeln von Michael
Ted), *Tadg Gabh* (Ted, der Schmied) usw. Diese Werke waren als
Lehrbücher für Sprachkurse der Gälischen Liga gedacht, aus irgendeinem Grund aber nie verteilt worden. Die Jungen fanden
bald heraus, daß sich aus dem Einwickelpapier erstklassige
Spielzigaretten drehen ließen. Das Papier brannte langsam, der
Rauch hatte einen angenehmen Geschmack, und sein Aroma
erinnerte an die türkischen Zigaretten, die Pater Gearóid
rauchte; und so rauchten sie mehrere Monate lang diese tabak-
freien Zigaretten, bis von dem Packpapier nichts mehr übrig war.

Ihr Vater kam alle zwei Wochen nach Hause und unternahm
dann mit ihnen lange Spaziergänge. Er wanderte leidenschaftlich gern, und wo sie auch waren, diese schweigsamen Fußmär-

sche blieben eine seiner bevorzugten Methoden, mit den drei ältesten Söhnen zu kommunizieren. Brian war sechs, als sie in die Ballycolman Lane zogen. Lesen hatte er unter väterlicher Anleitung in Irisch, unter Ciaráns Anleitung in Englisch gelernt, und Ciarán, der nachts im Bett lange Geschichten erzählte, führte ihn vielleicht auch in die Kunst des Geschichtenerzählens ein. Mehr Unterricht bekam Brian jedoch nicht. Eines Nachmittags betrat er den Schusterladen an der Brücke und fragte, ob es dort Arbeit für ihn gebe. Elf-, zwölfjährige Kinder, die wohlhabenderen Bauern ihre Arbeitskraft feilboten, waren auf dem Gesindemarkt am Abercorn Square ein gewohnter Anblick, doch ist es fraglich, ob der Schuster den Achtjährigen tatsächlich ernst genommen hat, auch wenn er ihm sagte, er könne am nächsten Tag anfangen. Natürlich durchkreuzte Brians Mutter diese Pläne, als sie von der Sache erfuhr.

Strabane sollte viele Jahre hindurch allen O'Nolans eine zweite Heimat bleiben; im Juli 1920 wurde Michael O'Nolan jedoch nach Tullamore versetzt, ein Städtchen in der flachen, eintönigen Ebene von Mittelirland. Brian benutzte diese Landschaft viele Jahre später als Hintergrund für seinen Roman *Der dritte Polizist* und gab ihrer Leere und Einförmigkeit eine seltsam bedrohliche und beunruhigende Tönung.

Michael O'Nolans Aufgabe war es, darüber zu wachen, daß die Whiskeybrennereien in seinem Bezirk die fälligen Abgaben entrichteten. Die bedeutendsten Fabrikanten waren D. E. Williams in Tullamore, der die Marke Tullamore Dew herstellte, und Locke's in Kilbeggan. Später sollte Brian die beiden in seiner Kolumne in der *Irish Times* öfter erwähnen und zum Ärger so manchen Kneipenwirts seine speziellen Kenntnisse der Vorschriften über den Alkoholgehalt von Whiskey demonstrieren.

Die Familie wohnte jetzt in einem Haus namens The Copper Beeches, etwa drei Kilometer außerhalb von Tullamore. Dieses Haus, das den Odlums gehörte, einer ortsansässigen Müllersfamilie, war für irische Verhältnisse ein kleines Herrenhaus, in dessen Ausdehnung sich Michael O'Nolans Status als höherer Beamter widerspiegelte. Es hatte nach vorne einen Rasen, nach hinten einen Garten und einen Hof mit Nebengebäuden. Noch immer wurden die Jungen nicht auf die Schule geschickt, und die augenscheinliche Idylle setzte sich fort. Wie in Strabane zogen sie auch hier los und wurden nur zu den Mahlzeiten gesehen. Jeder bekam ein Stück Garten zugeteilt. Brian machte überraschend guten Gebrauch von seiner Parzelle und zog Gemüse, das auf den Tisch kam.

Zum Haus gehörte ein Esel, der auf dem hinteren Hof seinen eigenen Stall hatte, sich aber beharrlich weigerte, als Reittier zu dienen; sobald jemand auf ihm saß, lief er sofort gegen eine Mauer, so daß man riskierte, sich die Beine zu brechen. Auch das Federvieh fand die Aufmerksamkeit der Jungen; einer brütenden Henne schoben sie einmal Enteneier unter und warteten frohlokkend auf das Ergebnis. Kaum waren die winzigen Entenküken geschlüpft, liefen sie, zum Erstaunen ihrer Ziehmutter, zum Fluß hinunter.

Michael O'Nolan, der immer ein großer Bücherkäufer war, hatte seine Bibliothek jetzt wieder um sich, und zum ersten Mal machten die Jungen richtig Gebrauch davon. Laut Ciarán hatte Brian bald jedes Buch im Haus gelesen, darunter die Werke der meisten großen englischen Schriftsteller, von Defoe bis Stevenson, aber auch zeitgenössische Autoren wie Conan Doyle, Wells und Bennett. Besonders gern lasen die Jungen Dickens' *Pickwickier* und aus irgendeinem Grund Trollopes *Autobiography*. James Stephens war offenbar der einzige Vertreter des sogenannten Irish Literary Revival, das damals seine große Zeit hatte, aber die Gedichte der beiden wichtigsten irischen Dichter des 19. Jahrhunderts, James Clarence Mangan und Samuel Ferguson, waren im Haus ebenso vorhanden wie Douglas Hydes eigenwillige, aber faszinierende Geschichte der gälischen Literatur, *A Literary History of Ireland*.

Wenn Brian zwischen neun und zwölf Jahren all diese Bücher, oder auch nur einen guten Teil davon, gelesen hat, dann war er, obschon noch immer unbehelligt von dem, was Ciarán »die törichten Forderungen der Schule« genannt hat, tatsächlich ein sehr gebildeter Junge.[2] Doch neben der häuslichen Bibliothek besuchten die Jungen bald auch eine Bibliothek in Tullamore, die von Nonnen geführt wurde. Hier fanden sie viele der bekanntesten Autoren ihrer Zeit, darunter Rafael Sabatini, der schwadronierende historische Abenteuerromane schrieb, und H. de Vere Stacpoole, einen irischen Romantiker, mit seinen phantastischen Südseegeschichten. Conan Doyles Sherlock-Holmes-Romane waren in dieser Bibliothek in großer Auswahl vorhanden, und deren Einfluß auf den späteren Schöpfer von De Selby, Count O'Blather, ja sogar auf Myles na Gopaleen, kann man sich unschwer vorstellen. Tief beeindruckt war Brian auch von George A. Birminghams Roman *Spanish Gold*, einer karikaturhaften, aber wirklich komischen Geschichte und eine der wenigen, die im damaligen Irland spielten. Jeden Sonntagvormittag nach der Messe besuchten die Jungen die wahllos zusammengestellte Bibliothek der Nonnen und nahmen jeder einen Stapel Bücher mit, die bis zum nächsten Sonntag gelesen und zurückgegeben werden mußten.

Die allermeisten Bücher im Elternhaus waren auf englisch geschrieben, abgesehen von ein paar irischen Gedichtbänden, und es mutet schon etwas grotesk an, wenn Michael O'Nolan seine Bemühungen, die Jungen so zu erziehen, daß sie irisch dachten und sprachen, dadurch unterminierte, daß er ihnen eine derartige Fülle spannender Lektüre in fremder Zunge zur Verfügung stellte.

Daß Brian in jener Sprache inzwischen eine ganze Menge gelesen haben mußte, wurde ihm klar, als sie eines Tages in einem der oberen Zimmer bei offenem Fenster Linoleum verlegten. Unten auf der Straße hielt ein Auto, ein paar Fahrgäste stiegen aus, und während sie sich von den anderen Insassen verabschiedeten, begann Brian ihren flachen Offaly-Akzent nachzuahmen. »Bí do thosc. Clainfhidh siad thu.« – »Still, sie können dich hören«, sagte der Vater streng. »Und Sie, Sir«, entgegnete ihm Brian auf englisch, »bekommen eins auf den Deckel, wenn Sie sich nicht anständig benehmen.«[3]

Dies sind seine ersten verbürgten Worte auf englisch, und offenkundig war er schon damals ein vielversprechender Imitator. Es war auch das erste Mal, daß einer der Jungen den Vater in dieser Sprache anredete. Zum Glück scheint Michael O'Nolan den Scherz verstanden zu haben; jedenfalls untersagte er seinem Sohn nicht, weiterhin seine Bücher zu lesen oder die Bibliothek zu benutzen, auch wenn er, wie die meisten Väter in jener Zeit, einige ihm ungeeignet erscheinende Bücher wegschloß.

Die jungen Nolans sahen jetzt sehr viel mehr von ihrem Vater als in Strabane. An Sommerabenden spielten sie mit Schlägern und Toren, die der Vater gebraucht erworben hatte, auf dem großen Rasen vor dem Haus Krocket. Bei diesem Spiel ging es meist recht manierlich zu, doch als es dem Vater einmal gelang, mit seinem Ball das Tor zu treffen, drosch Brian dermaßen wütend auf seinen Ball ein, daß er quer über den Rasen flog und hinter einem Rosenstrauch landete. Dies war ein so ungewöhnlicher Fall von Aufsässigkeit, daß er den jüngeren Geschwistern noch lange in Erinnerung blieb.

Michael O'Nolan besaß inzwischen ein Auto, einen Overland, in dem er die drei ältesten Jungen oft auf seine Dienstreisen mitnahm. Zu jener Zeit blockierten manchmal Bäume, die IRA-Leute gefällt hatten, die primitiven, holprigen Straßen, und jede der zahlreichen Brücken über den Grand Canal und den Royal Canal stand unter militärischer Bewachung. Nicht selten mußten die O'Nolans dicht an den Straßenrand fahren, wenn sie von einem Crossley-Lastwagen überholt wurden, auf dessen Pritsche, Rükken an Rücken, das Gewehr zwischen den Knien, Soldaten saßen.

Zwar war Michael O'Nolan Bediensteter der Krone und kein aktiver Nationalist, aber seine Einstellung gegenüber diesen Soldaten war eindeutig. Sie waren »der Feind«, waren Fremde, die man am besten sofort in ihre Heimat zurückschickte. Kurz nach dem Einzug in The Copper Beeches bekam er Besuch von einem kleinen Trupp. Das Haus wurde zwar nicht durchsucht, und man verhörte die Bewohner auch nicht ernsthaft, aber die Eindringlinge ließen ein paar Gegenstände mitgehen, unter anderem ein Schwert, das in der Eingangshalle hing und den Odlums gehörte. Michaels Kinder registrierten enttäuscht, daß ihr Vater die Soldaten nicht hinauswarf oder ihnen wenigstens ordentlich die Meinung sagte. Als später einmal ein anderer Trupp erschien, um Leute aufzutreiben, die ihnen helfen sollten, ein paar in der Nähe gefällte Bäume beiseite zu schaffen, hielt sich der Vater nicht im Haus auf. Solche gelegentlichen Arbeitsverpflichtungen waren üblich; da aber nur Frauen und Kinder im Haus waren, brauchte dieses Mal kein Frondienst geleistet zu werden.

Ein andermal, als die Soldaten kamen, waren nur die drei ältesten Jungen anwesend. Brian und Ciarán hatten auf ihrer jeweiligen Gartenparzelle ein »Haus« aus Sackleinwand gebaut. Als die Soldaten im Haus niemand antrafen, gingen sie, Gewehr im Anschlag, in den Garten hinaus und schauten sich um. Die Jungen sahen sie durch Schlitze in der Leinwand und beschlossen instinktiv, keinen Laut zu geben und sich nicht von der Stelle zu rühren. Gottlob gingen die Soldaten bald. Bei der grundsätzlichen Nervosität der Armee hätte ein Räuspern oder eine unwillkürliche Bewegung zu womöglich schwerwiegenden Konsequenzen geführt.

Offaly gehörte indes nicht zu den unruhigen Grafschaften, und abgesehen von solchen Zwischenfällen verlief das Leben in The Copper Beeches friedlich. Man besuchte das Kino von Tullamore mit seinem üblichen Programm von Stummfilmen und kurzen Slapsticks. Das erste Mal war Brian wahrscheinlich im Jahre 1916 im Kino, als sie noch in Inchicore wohnten und sein Vater ihn und die Brüder in ein neueröffnetes Lichtspieltheater in der O'Connell Street mitnahm – ein unvergeßliches Erlebnis. Sie hatten einen Western gesehen, in dem jede Menge Pferde galoppierten und alle dreißig Sekunden jemand erschossen wurde. Jetzt gingen sie, sooft sie durften, in die Stadt, um mehr oder weniger die gleichen Filme zu sehen, vielleicht auch einen Spielfilm mit Charlie Chaplin und gelegentlich einen historischen Schinken. Wie in den meisten irischen Kleinstädten war das Kino ein

gewöhnlicher Saal, in dem auch Konzerte oder Whistwettbe-
werbe stattfanden.

Ciarán, Gearóid und Brian beschlossen nun, ihre eigenen
Filme herzustellen. Sie bauten sich einen Projektor, indem sie
eine alte Petroleumlampe in einen Pappkarton stellten, in dessen
Seitenwand sie ein Loch schnitten. Die für die Vorführung ge-
dachten Bilder zeichneten sie auf Quadrate aus Packpapier, die
sie, eines nach dem anderen und abwechselnd mit Zwischentex-
ten, vor die Öffnung hielten. Sie entdeckten, daß sie das Papier
mit einem Tropfen Paraffin transparenter machen konnten, was
die Feuergefährlichkeit des ganzen Apparats noch steigerte.

Alle drei Jungen konnten gut zeichnen, zumindest Köpfe und
Gesichter nach Art der *Comic Cuts* rasch hinwerfen, und Brian
hat zeit seines Lebens Zeichnungen und Figuren auf Papiere und
Buchränder gemalt. Und jeder hatte ein erfinderisches Talent.
Der verrückte Erfinder in Brian offenbarte sich in aller Deutlichkeit in seiner Zeitungskolumne »Cruiskeen Lawn«, und Gearóid
hatte in späteren Jahren manche Idee zur Verbesserung des Ver-
brennungsmotors und anderer bekannter Apparate. Ciarán soll
in seiner Jugend der Familienchronist gewesen sein, und während
der Zeit in Tullamore schrieb er einen Roman, der mehrere Schul-
hefte füllte. Für die Drehbücher ihrer Filme zeichneten vor allem
er und Brian verantwortlich, und diese verschollenen Scripte waren Brians erste schöpferische Produkte.

In die Jahre von Tullamore fällt der Höhepunkt jenes Konflikts,
den die Iren als »die Unruhen« bezeichnen. Reguläres Militär war
in großer Zahl nach Irland verlegt worden, und die Royal Irish
Constabulary gewann, verstärkt durch britische Rekruten (den
sogenannten Black and Tans) und ein Korps ehemaliger Offiziere
(den sogenannten Auxies), an Umfang und Grausamkeit, nicht
aber an Wirksamkeit. Ihnen stand eine relativ kleine Zahl Guerillakämpfer gegenüber, die zunächst einzelne Polizisten angriffen
und dann isolierte Polizeiposten, in denen oft nicht mehr als ein
Sergeant und zwei, drei Polizisten Dienst taten. Bestärkt durch

ihre Erfolge bei diesen Überfällen, gingen sie bald dazu über, mit Hilfe von Bäumen und Fuhrwerken Straßensperren zu errichten und Armeekonvois anzugreifen.

Die Behörden reagierten auf diese Terroraktionen, wie sie sie nannten, mit Gegenterror, indem sie die Häuser prominenter Nationalisten überfielen, Molkereien, Geschäfte, Bauernhöfe und bisweilen auch ganze Dörfer und Städte niederbrannten. Über zahlreiche Grafschaften wurde das Kriegsrecht verhängt. In Strabane wurde Onkel Eugene verhaftet und, ohne daß ihm ein Prozeß gemacht worden wäre, auf das Gefängnisschiff *Argenta* gebracht, das in der Bucht von Belfast ankerte.

Außer in einigen wenigen Grafschaften im protestantisch-unionistischen Norden und im Dubliner Wahlkreis Trinity College waren im Jahre 1918 überall Kandidaten der Sinn Féin gewählt worden. Sie hatten sich nicht nach Westminster begeben, sondern sich als Dáil Eireann, als Parlament von Irland, konstituiert. Obwohl viele von ihnen im Gefängnis saßen, bauten die übrigen einen Regierungsapparat auf, der, gemäß der Eigenständigkeitstheorie der Sinn Féin, die britischen Institutionen ersetzen und die Unabhängigkeit zur vollendeten Tatsache machen sollte – und dies, während der Konflikt zwischen Guerilla und Militär noch andauerte.

Es steht wohl außer Zweifel, daß die Guerillakämpfer, die heutzutage unter dem Namen IRA bekannt sind, die zumindest passive Unterstützung des größten Teils der Zivilbevölkerung außerhalb des Nordostens genossen, zumal die Behörden jede Zurückhaltung aufgaben und das Gesetz, das sie eigentlich schützen sollten, durch eine Politik der Vergeltung und eines offiziellen oder halboffiziellen Terrorismus mißachteten. Mancher Zivilist versteckte Widerstandskämpfer, informierte sie, überbrachte Botschaften. Doch die Ambivalenz anderer zeigt sich etwa darin, daß Michael Nolan im Prinzip ein Nationalist sein konnte, während er gleichzeitig pflichtbewußt seiner Arbeit nachging und selbstverständlich sein Gehalt als Finanzbeamter bezog.

Im Sommer 1922, Brian war knapp elf, sah sich die britische

Regierung angesichts der Zurückhaltung, die sie mit Rücksicht
auf die internationale, vor allem amerikanische Öffentlichkeit
üben mußte, zunehmend außerstande, den bewaffneten Aufstand zu unterdrücken und den passiven Widerstand zu brechen.
Man schloß einen Waffenstillstand, und im Dezember desselben
Jahres wurde in London zwischen irischen Vertretern und der
britischen Regierung ein Abkommen geschlossen, das 26 Grafschaften, d.h. etwa vier Fünfteln Irlands, die Unabhängigkeit
entsprechend jenem Dominionstatus zuerkannte, wie ihn bereits
Kanada und Australien besaßen. Außerdem willigte die britische
Regierung ein, sich aus dem hinfort Freistaat Irland genannten
Territorium zurückzuziehen.

Leider bedeutete dies nicht das Ende des bewaffneten Konflikts. Eine der ersten Handlungen des Dáil im Jahre 1918 hatte
darin bestanden, die Existenz jener Republik zu bekräftigen, die
1916 in dem Flammenschein, den die O'Nolans am Himmel über
Dublin gesehen hatten, proklamiert worden war. Bald hatten sich
die loyalen Anhänger dieser nur in den Köpfen existierenden Republik und die Befürworter des neuen Freistaats entzweit, so daß
die Beendigung der Konfrontation mit den Briten einherging mit
den Anfängen eines neuen inneririschen Konflikts. Wieder gab es
Hinterhalte, Überfälle und Vergeltungsmaßnahmen, und unter
der neuen Regierung fanden in kürzerer Zeit noch mehr Hinrich-
tungen statt als in den vier Jahren unter den Briten. Nach Beendigung der Kämpfe, als Tausende von unbeugsamen Republika-
nern in Gefängnissen oder Internierungslagern saßen, blieb eine
Atmosphäre der Desillusioniertheit zurück, die all die Jahre über,
in denen Brian Nolan heranwuchs, zu spüren sein sollte. Das un-
abhängige Irland hatte einen schlechten Anfang genommen. Man
erwachte und erkannte, daß der Traum und die Realität grund-
verschiedene Dinge waren.

In späteren Jahren sprach man gern von der »Bitterkeit«, die
der Bürgerkrieg hinterlassen habe. Gewiß gab es Bitterkeit und
auch ein Gefühl des Verrats, doch empfanden das diejenigen, die
sich als militärische Kämpfer, Propagandisten oder politische

Funktionäre engagiert hatten, viel deutlicher als die Mehrheit der
Iren. Diese waren einfach enttäuscht, und das äußerte sich in einem Rückfall in jenen respektlosen Zynismus, der in Irland stets
latent vorhanden ist. Die Jahre des Kampfes hatte man als erlö-
sende Befreiung von der Politik gesehen. Nun war die Politik
wieder zurückgekehrt, und da viele der edlen und glorreichen Figuren umgekommen waren, erschien sie als eine düstere und
ziemlich schäbige Angelegenheit. Unter vielen Menschen hatte es
Idealismus, Heldentum, ja sogar die Bereitschaft zum Märtyrer-
tod gegeben; jetzt war man wieder auf der Jagd nach einem Ar-
beitsplatz, und trübe, wenngleich realistisch fügte man sich in
die Zwänge des Alltags.

Statt erhabener patriotischer Gefühle pflegten Schriftsteller
und Intellektuelle bald Zynismus und Desillusioniertheit. Gegen
die Rhetorik ihrer Vorgänger, der nationalistischen Dichter und
Dramatiker des Irish Literary Revival, hätten sie wohl in jedem
Fall opponiert, doch der Bürgerkrieg und die Form von Unabhängigkeit, die sich anschloß, stellten einen Wendepunkt dar, der die
Dinge beschleunigte. Die Generation Brian O'Nolans entwickelte
ihr Bewußtsein während dieser ersten Welle der Reaktion auf den
dichterischen Idealismus der Revivalists – Sean O'Caseys *Der
Pflug und die Sterne* wurde 1926 am Abbey Theatre und Denis
Johnstons *The Old Lady Says »No!«*, eine Satire auf das neue
Irland, wurde 1928 am Gate Theatre uraufgeführt. Daß die Politiker sich weiterhin einer in wachsendem Maße überlebten Sprache von Vaterlandsliebe, Kampf und Opferbereitschaft bedienten, konnte Abscheu und Belustigung seitens der Intellektuellen
nur verstärken.

Die Tinte des Vertragswerks war kaum getrocknet, als die Regierung des Freistaats beschloß, ein eigenes Finanzministerium zu
errichten, das die Funktionen der alten britischen Steuer- und
Abgabenverwaltung übernehmen sollte. Da Michael O'Nolans
Amtsbereich im neuen Freistaat lag, wurde er Angestellter der
neuen Behörde. Hätte sein Amtsbezirk in Nordirland gelegen,

wäre er weiterhin Angestellter der Krone geblieben und sein Sohn Brian wäre in Nordirland aufgewachsen. Er wäre ein »Northerner« geworden und kein »Southerner«, er hätte die Queen's University in Belfast und nicht das University College in Dublin (UCD) besucht und hätte letztlich vielleicht ein völlig anderes Leben geführt und eine ganz andere schriftstellerische Entwicklung genommen.

So wie die Dinge lagen, entstanden durch die neue irische Souveränität freie Stellen im gesamten Beamtenapparat, denn wer dem neuen Staat nicht dienen wollte, konnte mit einer großzügigen Abfindung den Dienst quittieren. Michael O'Nolan wurde nach Dublin versetzt und trat dort im Rang eines Inspektors Zweiter Klasse in die neue Finanzbehörde ein. Nach offizieller Darstellung seines Ministeriums machte er »meteorengleich« Karriere. Im April 1924 wurde er zum Oberinspektor, im August 1924 zum Chefinspektor des Bezirks Dublin und am 1. April 1925 schließlich zum Commissioner ernannt.

Dabei mag geholfen haben, daß er aus dem Norden kam und fließend Irisch sprach. Der neue Staat legte Wert darauf, sich nicht separatistisch zu zeigen, weshalb schon 1925 bevorzugt irischsprachige Beamte gefördert wurden. Michael O'Nolan sprach stets Irisch mit den Kollegen, die diese Sprache beherrschten, und für sie war er M. V. Ó Nualláin, wenngleich er in seiner Personalakte merkwürdigerweise immer als M. V. Nolan bezeichnet wird.

Nach Dublin versetzt, bezog M. V. Ó Nualláin, oder Michael Nolan oder Michael O'Nolan, ein Haus in Herbert Place, einer ruhigen Straße mit georgianischen Reihenhäusern direkt am Grand Canal. Dieses Viertel lag im vornehmen südlichen Teil Dublins, und daß er sich dieses Haus leisten konnte, zeigt, welchen sozialen Status die Familie unter den neuen Verhältnissen erlangt hatte. W. B. Yeats, inzwischen Senator des Freistaats, war kurz zuvor in ein Haus am nahe gelegenen Merrion Square eingezogen, und sein Bruder Jack, der Maler, wohnte in demselben Viertel am Fitzwilliam Square.

Eine wichtige Folge dieses Umzugs bestand darin, daß Brian ein Dubliner wurde, worauf er zeit seines Lebens stolz sein sollte. Natürlich hatte er schon während der Jahre in Inchicore in einem Außenbezirk dieser Stadt gewohnt, aber ihren ganzen Einfluß erlebte er erst jetzt, im Alter von elf Jahren. Es ist fraglich, ob er die besondere Art von Heiterkeit, die er in Dublin erlebte, ebenso empfunden hätte, wenn er in der Hauptstadt geboren worden oder, wie so viele seiner schreibenden Zeitgenossen, erst sehr viel später dorthin gezogen wäre.

Kurz nach dem Einzug in das neue Dubliner Domizil entschied sich Michael O'Nolan schließlich doch, seine drei ältesten Söhne zur Schule zu schicken. Wie Ciarán später sarkastisch bemerkte, fragte er weder, ob sie damit einverstanden waren, noch, »ob das gegen unsere Grundsätze war. Er erklärte einfach, die Entscheidung sei getroffen.«[4] Er hatte sich für die Schule der Christlichen Brüder entschieden, die in der Synge Street, Ecke South Circular Road lag, über die Adelaide Street etwa zehn Minuten Fußweg. Für das so plötzliche und lange hinausgeschobene Eintauchen in die Schulwelt hätte es kaum einen schlechteren Ort geben können.

Die Christlichen Brüder waren sture Pauker und bekannt für ihre Fähigkeit, noch die unwilligsten Schüler durch die verschiedenen Klassen zu treiben, wobei sie mit Vorliebe auf Zwangsmaßnahmen zurückgriffen. Sie vertraten ausgeprägt katholische und nationalistische Anschauungen, und da die meisten Knabenschulen des Freistaats in ihren Händen lagen, übten sie auf die Mentalität des Landes, in dem Brian heranwuchs, einen beträchtlichen Einfluß aus. Die Ordensangehörigen waren nicht besonders qualifiziert, sie hatten, nur mit einem Oberschulabschluß der Christlichen Brüder ausgestattet, meist eine der ordenseigenen Lehrerbildungsanstalten besucht. Mit ihrem Armuts- und Zölibatsgelübde hatten sie alle Nachteile eines Priesterdaseins, genossen aber keinen der erhofften Vorteile wie etwa soziales Prestige, öffentliche Achtung oder priesterliche Macht. In Flann

O'Briens Roman *Das harte Leben* tritt der Held mit einer Ahnung, die sich bald bestätigen sollte, »durch das düstere Portal der Schule in der Synge Street« und lernt »das Leder« kennen:

>»Es ist nicht, wie man vermuten sollte, ein Lederriemen, wie er um Koffer geschnallt wird, nein, es ist eine ganze Reihe solcher Riemen, die übereinandergenäht sind, so daß ein dickes Ding entsteht, fast so hart wie eine Keule, aber doch elastisch genug, um einem nicht die Handknochen zu brechen. Schläge damit, besonders, wenn sie auf den oberen Teil des Daumens oder das Handgelenk gezielt waren (und sie waren oft gezielt), riefen eine augenblickliche Lähmung hervor, auf die ein unerträglicher Schmerz folgte, wenn das Blut versuchte, in die getroffenen Stellen zurückzuströmen.«[5]

Wenn man die Berichte seines späteren Alter ego, Myles na Gopaleen, auch nicht durchweg als wahre Schilderungen von Brian O'Nolans Erlebnissen betrachten darf, so ist die eindrucksvolle Darstellung der Schule in der Synge Street, die er vierzig Jahre später in »Cruiskeen Lawn« gab, ein recht genaues Porträt:

>»Die höheren Schulen sind ein wahrer Hort von Brutalität und Erniedrigung, und mit bitterem Lachen bringe ich einen Toast auf die Synge Street aus ... zumindest wie diese teuflische Anstalt vor mehr als dreißig Jahren ausgesehen hat. Ich war dort! Ganz gleich, wie fleißig, ja überhaupt intelligent ein Schüler war, an jedem Tag seines Schülerlebens hatte er mit einer Tracht Prügel zu rechnen. Gewöhnlich wurde eine Klasse im Laufe eines Tages von vier Lehrern unterrichtet; jeder betrachtete die Klasse als seine persönliche und private Angelegenheit und verteilte Strafen und Hausaufgaben, als gäbe es sonst nichts auf der Welt.
>   Wenn ein Jugendlicher gegen vier Uhr nachmittags zu seiner warmen Mahlzeit nach Hause kam, nachdem es mittags eine Scheibe Brot gegeben hatte, lagen mindestens sieben Stunden schriftliche Hausaufgaben vor ihm, ganz zu schweigen davon,

daß er bis zum nächsten Tag ›Lucy Gray‹ auswendig zu lernen
hatte (wie gut ich mich daran erinnere!). Morgens um neun fing
die Schule an, und schon vor acht saßen alle an ihren Pulten und
schrieben wie verrückt voneinander ab. Hatte man falsche Zahlen, bekam man eine Tracht Prügel mit dem ›Leder‹, war die Lösung aber richtig, ohne daß man sie erklären konnte, dann wurde
Kleinholz aus einem gemacht.

Das Lehrerkollegium setzte sich aus Christlichen Brüdern und
Laien zusammen, und obwohl sie nicht alle in gleichem Maße
verroht waren, hatten die Schlimmsten unter ihnen kaum noch
menschliche Züge. Zu charakterlicher Grobheit kam bei ihnen
eine abnorme geistige Ignoranz und Schwerfälligkeit. Wie gut ein
Schüler in Latein auch sein mochte, wehe, seine Übersetzung
stimmte nicht wortwörtlich mit der Fassung von Bells *Schlüssel
zu den Klassikern* überein, den der Lehrer in seinem Buch versteckte.

Ich entsinne mich eines rüpelhaften Lehrers, der verkündete,
daß er, da es nur noch sechs Wochen bis zur mittleren Reife seien,
mit einem Schreckensregiment zu beginnen gedenke. ›Ich werd'
euch alle schaffen‹, rief er, ungewollt zweideutig. Heutzutage
würde ich derartige Leute nicht als Sadisten, Rohlinge oder Psy-
chotiker bezeichnen, sondern schlicht als Kriminelle und verlangen, daß man sie ins Gefängnis steckt.«[6]

Gearóid beschrieb diese erste Begegnung mit der Schule als »Katastrophe«, und es steht außer Frage, daß es ein psychologischer
Schock allerersten Ranges gewesen sein muß. Synge Street war
wirklich nichts für originelle Einzelgänger wie die O'Nolans mit
ihrem Strabane-Akzent und ihrer Unkenntnis der harten Realität
des Schullebens. Weder in dem tyrannisch geführten Klassenzimmer noch auf dem überfüllten Pausenhof fühlten sich die drei
Jungen wohl.

Ihre Mitschüler merkten rasch, daß die Neulinge leichte Beute
waren, mit denen sie ihre Späße treiben konnten. In der ersten
großen Pause begann man, sie zu umringen und zu hänseln. Die

einen lenkten sie von vorn ab, während die anderen von hinten
boxten und traten. Bedrängt von der Meute, wichen die O'Nolans
zur Mauer zurück, waren aber auch dort nicht sicher, denn einige
waren auf die Mauer geklettert, traten sie von oben herab oder zogen sie an den Haaren, während die anderen laut grölend herum-
tanzten und die Zunge herausstreckten. Erst das laute Glocken-
zeichen am Ende der Pause beendete vorerst ihre Qualen.

So ging es drei Tage, bis Ciarán schließlich wutentbrannt einem Mitschüler eine Ohrfeige gab, woraufhin einige ältere Schüler witterten, daß sich daraus etwas machen lasse, und bestimmten, daß die beiden gegeneinander kämpfen sollten. Gewöhnlich
begleitete eine johlende Gruppe die O'Nolans ein Stück weit auf
ihrem Heimweg, doch diesmal wurden die beiden Kämpfer in die
nächste Seitenstraße eskortiert, und der Kampf konnte beginnen. Bald hatte Ciarán seinem Kontrahenten einen solchen
Schlag auf die Nase versetzt, daß sie heftig blutete und Ciarán
zum Sieger erklärt wurde. Daraufhin wurde es für die Brüder etwas leichter, auch wenn man sie bisweilen noch immer schikani-
erte und Gearóid und Ciarán ihre Fäuste einsetzen mußten, wenn
sie in eine Ecke gedrängt wurden.

Später schrieb Ciarán in seinem Buch *Óige An Dearthár* (Die
Jugend der Brüder) über ihre ersten Schulerlebnisse:

»Von Geburt an hatten wir bis dahin tun können, wonach uns der
Sinn stand, hatten keinen Kontakt zu anderen Jungen, mußten
keine Pflichten erfüllen, und kein Fremder durfte sich in unsere
Angelegenheiten einmischen oder uns Aufgaben erteilen. Wir
brauchten keinerlei Hausaufgaben zu machen. Es ist unvorstellbar, welch große Beklemmung all das Neue in uns auslöste, es
war wie eine schreckliche Prüfung, wie wenn man Menschen einer Feuerprobe unterzieht oder sie ins kalte Wasser wirft. So
schwer war es für uns, und wir brauchten so lange, uns daran zu
gewöhnen, daß ich fast sagen möchte: Die Freiheit unserer Jugend war nicht den hohen Preis wert, den wir dafür bezahlt haben.«[7]

Nachdem die ersten schrecklichen Wochen überstanden waren, bemerkte Ciarán an Brian jedoch eine Veränderung. Irgendein Charakterzug, etwas Unheimliches in seinem Blick schien die Angreifer einzuschüchtern und fernzuhalten, so daß Brian, wie sehr man ihn auch beleidigte, nie auf die Anwendung körperlicher Gewalt zurückgreifen mußte.

Glücklicherweise gingen die drei Jungen in dieselbe Klasse, so daß wenigstens ihre enge Beziehung, die in den vorangegangenen Jahren entstanden war, nicht zerstört wurde und nicht jeder sein Elend allein tragen mußte. Sie wurden alle in die vierte Klasse gesteckt, die als Jahr der Vorbereitung für die Zwischenprüfung galt. Psychisch waren sie, laut Gearóid, zwar sehr schlecht auf die Schule vorbereitet, aber in einigen Fächern waren sie besser als ihre Kameraden, besser sogar als ihr Hauptpeiniger unter den Lehrern, ein gewisser Bruder Brick. Dennoch mußte Brian seine gesamten drei Jahre bei den Christlichen Brüdern in die vierte Klasse gehen, bevor er zur Prüfung zugelassen wurde, die er mit guten Noten bestand, während Ciarán und Gearóid diese Klasse immerhin zwei Jahre lang besuchen mußten.

Das lag vermutlich daran, daß sie in Fächern wie Latein, Physik und Chemie, Algebra und Geometrie keine Ahnung hatten. Sie kannten sich ein wenig in Geschichte aus, waren im Rechnen so gut wie andere und in Englisch und Irisch besser. Über einige Texte im Englischlehrbuch amüsierten sie sich köstlich, etwa über Edmund Burkes berühmte Passage über das untergegangene Zeitalter der Ritterlichkeit oder die Geschichte von Marie Antoinette, die beim Gehen kaum die Erde berührt haben soll. Wann immer Brian sich später daran erinnerte, mußte er herzlich lachen, und einiges davon taucht in »Cruiskeen Lawn« wieder auf.

Als Schulneuling fand Brian es besonders ungerecht, daß er nach einem langen Tag im Klassenzimmer noch einen ganzen Berg Hausaufgaben machen mußte. Und natürlich empfanden die drei Jungen die Einbuße an freier Zeit und den Umstand, den Tagesablauf nicht mehr selbst gestalten zu können, sehr viel einschneidender als andere.

Bei besonders schwierigen Hausaufgaben pflegte Michael O'Nolan ihnen gelegentlich zu helfen, doch das kam nicht allzu häufig vor. Im allgemeinen fand zwischen ihm und den ältesten Söhnen kaum eine Kommunikation statt. Er sprach mit ihnen weder über Tagesereignisse noch über die Geschichte oder überhaupt irgendwelche Gedanken und Meinungen. Im Hause O'Nolan herrschte bei den Mahlzeiten ein ungewöhnliches Schweigen, das als Bestandteil der natürlichen Ordnung akzeptiert wurde. Als die Jungen Freundschaften mit anderen schlossen – was freilich erst geschah, nachdem sie die Schule in der Synge Street verlassen hatten –, waren sie bei ihren Besuchen erstaunt über die vielen Themen, die man dort behandelte, und über die Lebhaftigkeit, den Eifer und manchmal sogar die Empörung, mit der alle Familienmitglieder sich äußerten und, wenn es um etwas sehr Wichtiges ging, bisweilen vergaßen zu essen.

»Wahrscheinlich gibt es verschiedene Sorten Väter«, meinte Ciarán später, »und sie unterscheiden sich, so wie sich die Menschen voneinander unterscheiden. Es gibt Väter, die einem etwas erklären, die ihren Kindern, sobald sie ihren Verstand gebrauchen, zeigen, wie es auf der Welt zugeht. Ich erlebe das oft. Das ist wohl ganz gut.« Gleichzeitig legte er Wert darauf, den Unterschied zwischen der Distanz Michael O'Nolans und der eines »viktorianischen Vaters« zu verdeutlichen. Tatsächlich »lag es weder ihm noch uns, große Gespräche miteinander zu führen, etwa über unsere Gedanken. Ich bedaure das nicht sehr. Es lag uns einfach nicht, es entsprach nicht unserer Natur.«[8]

Sonntags pflegte Michael O'Nolan mit den drei ältesten Söhnen nach wie vor lange, wortlose Wanderungen auf den baumbestandenen, fast menschenleeren Nebenstraßen zu unternehmen, die an Steinmauern und kleinen Gütern vorbei bis zu den Ausläufern der Dubliner Berge führten. Ein typischer Sonntagsausflug ging etwa über Appian Way nach Ranelagh und Dundrum und weiter nach Goatstown oder Kilmacud und über die Bray Road zurück nach Herbert Place. Auf den Straßen war damals so wenig Verkehr, daß man sich sogar auf der Bray Road, heutzutage eine sechsspurige Ausfallstraße, nicht an den Bürgersteig halten mußte, sondern mitten auf der Chaussee gehen konnte. Da die Jungen keinen regelmäßigen Sport trieben, waren diese Wanderungen praktisch ihre einzige Form von Bewegung. Sie scheinen diese Ausflüge, bei denen jeder seinen eigenen Gedanken nachhängen konnte, aber gern unternommen zu haben. Nach der Heimkehr gab es immer einen Braten, den ein Fleischer aus Tullamore lieferte. Die Jungen entwickelten eine Abneigung gegen das eintönige Ritual dieses sonntäglichen Dinners. »Des einen Fleisch«, bemerkte Ciarán weise, »ist des anderen Gift.«

In seinem Verhältnis zu den Kindern scheint Michael O'Nolan ein gerechter, wenn auch distanzierter Vater gewesen zu sein. Er geriet nicht leicht in Zorn, und es ist nicht bekannt, daß er jemals zur Wahrung der Disziplin auf Strafen oder Prügel zurückgreifen mußte. Dennoch wurde die Disziplin immer aufrechterhalten, und seine Autorität stand nie in Frage.

Er war zeitlebens ein frommer Katholik, der jeden Sonntag zur Kirche ging. Gegen Ende seines Lebens ging er täglich zur Messe, und samstags besuchte er zwei Messen. Für das damalige Irland war das kein ungewöhnliches Maß an Frömmigkeit, und bei den O'Nolans herrschte, wie in vielen anderen irischen Familien der damaligen Zeit, die ausgeprägte Atmosphäre eines bedingungslosen Katholizismus. In der Eingangshalle hing ein Weihwasserbecken, und die Wände waren mit Heiligenbildern geschmückt. Keines der Kinder, Brian eingeschlossen, hat jemals die Lehrsätze des katholischen Glaubens in Zweifel gezogen, wenngleich Brians Katholizismus natürlich von seinem eigenen Temperament und seinen eher nihilistischen Auffassungen gefärbt und modifiziert war.

Michael O'Nolan, inzwischen eine angesehene Persönlichkeit, nutzte die vielfältigen Angebote des Dubliner kulturellen Lebens, in dem besonders das Theater eine große Rolle spielte. Mit seiner Frau und manchmal auch seinen drei ältesten Söhnen besuchte er jede Neuinszenierung im Abbey Theatre und sogar die Gastspiele, die von englischen Bühnen im Olympia oder Gaiety gegeben wurden. Daneben besuchte man auch Konzerte im Theatre Royal, in dem Heifetz, Paderewski und andere auftraten. Besonders gern hörten Mr. und Mrs. O'Nolan den Glasgow Orpheus Choir, der in jenen Jahren öfter in Dublin gastierte; und als Brian die Schule verließ, hatte er mindestens drei Konzerte mit John McCormack erlebt, der damals schon seinen Zenit überschritten hatte, aber noch immer ein weltberühmter Sänger war. In den zwanziger Jahren besaß Dublin noch immer, wie zu Joyces Zeiten, eine lebendige Laienmusikkultur. Der Onkel des Helden von *In Schwimmen-zwei-Vögel* und dessen Freund, Mr. Corcoran, sind Mitglieder in der größten Amateurgruppe, dem Opernverein von Rathmines und Rathgar, wobei »eine durchschnittliche Stimme in Baritonlage« dem Onkel »einen Platz im Chor vermittelt hatte«. Als die beiden einmal ein Grammophon mit nach Hause bringen, empfindet der Held über die Freude, mit der sie der Oper *Patience* lauschen, einen Unwillen und eine Abscheu, die zu verbergen ihm schwerfällt. Er zieht sich in sein Schlafzimmer zurück, doch die Musik ist dort noch immer zu hören, »dünner und hohler durch die dazwischenliegenden Türen, aber mit unverkennbarer Verstärkung, wenn ein Chor einsetzte«. Schließlich verläßt er das Haus.

In der Erinnerung der Söhne hatte es bei den O'Nolans immer ein Grammophon gegeben, und ihr Vater hatte immer irgendwelche Schallplatten gekauft, meistens populäre Konzertstücke, Salonmusik oder Opernmelodien. Es spricht nichts für die Annahme, der Onkel in *In Schwimmen-zwei-Vögel* sei ein Porträt Michael O'Nolans, denn dieser war in jeder Hinsicht kultivierter und gebildeter, wohl auch etwas freundlicher und gewiß weniger redselig. Die Szene deutet aber darauf hin, daß Brian die musikalischen Neigungen der Zeitgenossen seines Vaters satirisch sah, zumindest im nachhinein. Obwohl die jungen O'Nolans schon früh ermuntert worden waren, Instrumente zu spielen, und Brian zu einem ganz ordentlichen Geigenspieler avancierte, nachdem er in Strabane angefangen hatte, Unterricht zu nehmen, hat man sie merkwürdigerweise nie singen hören. Und, was vielleicht noch seltsamer ist, wenn andere Menschen in einem informellen, privaten Rahmen sangen, fanden die drei ältesten Söhne das immer furchtbar komisch. Bei Onkel Joes Proben in Strabane lachten sie sich schief und mußten hinausgehen, und wenn die jüngeren Geschwister vor Erwachsenen auftraten, machten die älteren jedesmal spöttische Bemerkungen.

Welche Art kultureller Ansprüche Michael O'Nolan hatte, zeigt sich unter anderem daran, daß er ein regelmäßiger Leser der englischen Zeitschrift *John O'London's Weekly* war. Die Ambivalenz seiner kulturellen Situation hingegen geht daraus hervor, daß er daneben die irischsprachige Zeitschrift *Fáinne An Lae* und den von dem Dichter George William Russell (»AE«) herausgegebenen *Irish Statesman* bezog. *John O'London's Weekly* bestand fast ausschließlich aus Buchbesprechungen, die in einer einfachen, lokkeren Sprache geschrieben waren und im Falle von Biographien oder Erinnerungen die Lebensgeschichte des Betreffenden kurz wiedergaben. Die Sprache war, was Dichtung und Belletristik anging, bewußt und manchmal aggressiv einfach, und die wöchentliche Kurzgeschichte gehörte zu der Sorte, die mit einer witzigen Pointe enden. Insofern dies Brians Einführung in die Literaturszene war, könnte seine spätere Abneigung gegen intellektuellen Snobismus vielleicht auch darauf zurückzuführen sein.

Viel Vergnügen bereitete Michael O'Nolan daneben das Schachspiel, das die Söhne ebenfalls lernten. In späteren Jahren prahlte Brian mit seinem schachspielerischen Können, doch ist es fraglich, ob er je die Spielstärke seines Vaters erreichte. Auch die Fotografie hatte es dem Vater angetan. Er besaß eine Kamera und hatte sich im Dachgeschoß eine Dunkelkammer eingerichtet, wo er seine Filme entwickeln und Abzüge herstellen konnte. Die erhaltenen Aufnahmen zeigen, daß er mit dem Apparat durchaus umgehen konnte, in der Wahl seiner Sujets aber eigentümlich konventionell war und selten etwas anderes fotografierte als die Familienangehörigen.

Einmal abgesehen davon, daß er gern Premieren besuchte und in Konzerte ging, war Michael O'Nolan kein besonders geselliger

Mensch und zweifellos auch kein Kneipengänger. Zu seinen
Gästen zählte jedoch George Gormley, der in Dubliner Journali-
stenkreisen mittlerweile eine bekannte Erscheinung war. George
gehörte zu jenen Zeitungsleuten, für die der Journalismus nie seinen Glanz verliert. Er kannte zahlreiche Anekdoten aus der Branche und pflegte bisweilen anzudeuten, daß dies der Weg zu
schnellem Reichtum sein konnte. Wenn er manchmal etwas be-
schwipst erschien, hüllte Michael O'Nolan sich in Schweigen und
überließ es seiner Frau, ihren Bruder, so gut sie konnte, zu unterhalten. Er selbst trank und rauchte nicht, obschon er an großen
Feiertagen, etwa zu Weihnachten, vielleicht zwei Flaschen Starkbier trank und eine angebotene Zigarette nahm, die er sich in einer umständlichen und pedantischen Art zwischen die steifen
Lippen klemmte, was seine drei ältesten Söhne furchtbar komisch fanden. Die Jungen entwickelten untereinander eine Art
heimlich amüsierten Blick auf ihre Umgebung und fanden komisch, was andere Menschen als feierlich, erstaunlich, ja tragisch
empfanden.

Im Jahre 1927 zogen die O'Nolans erneut um, und zwar in die
Avoca Terrace 4, ein großes Haus in einer ruhigen Seitenstraße in
Blackrock. Ursprünglich eine eigenständige Ortschaft am Süd-
ufer der Bucht von Dublin, war Blackrock im 19. Jahrhundert im
Zuge der Ausdehnung Dublins eingemeindet worden; die enge,
gewundene Hauptstraße, auf der quietschend und klingelnd die
Straßenbahn entlangrumpelte, zeugte noch immer von diesem
Ursprung. Avoca Terrace lag etwa eine Meile entfernt in Richtung
Foxrock, dem vornehmen Villenviertel an der Bray Road.
   Die O'Nolans wohnten hier in ausgesprochen gutbürgerlichen
Verhältnissen. Man hatte zwei Dienstmädchen, die morgens
blaue oder rosafarbene und abends schwarze Kleidung trugen.
Das Haus war groß, aber das Eßzimmer wurde nur an so beson-
deren Tagen wie Weihnachten genutzt; ansonsten spielte sich das
Leben in dem großen Frühstücksraum ab, der einen Gaskamin
hatte, in dem die Kinder mit Hilfe einer langen Gabel Brotschei-

ben rösteten. In allen Zimmern des Hauses gab es Gasbeleuchtung, und der Küchenherd wurde mit Paraffinöl gefeuert. Das Zimmer, das Brian später mit seinem jüngsten Bruder Micheál teilen sollte, lag im linken hinteren Teil des Hauses, und durch ein kleines Fenster blickte man hinunter auf eine Gasse und mehrere Schuppen. Wie die anderen Schlafzimmer war auch dieses mit Gasbeleuchtung ausgestattet, doch die Lampe hatte keinen Zylinder, so daß die nackte Flamme abends spuckte und flackerte. Hier sollte er später einen Großteil seines ersten Romans *In Schwimmen-zwei-Vögel* schreiben.

Da Blackrock etwa zehn Kilometer von der Dubliner Stadtmitte entfernt ist, konnten die Jungen zu ihrer großen Erleichterung nicht mehr in die Synge Street School gehen, und Michael O'Nolan mußte sich nach einer anderen Einrichtung umsehen. Seine Wahl fiel verständlicherweise auf das nahe gelegene Blackrock College, die Schule der Väter vom Heiligen Geist in Williamstown an der Hauptstraße von Blackrock nach Dublin.

Die Väter vom Heiligen Geist, ursprünglich aus Frankreich stammend, waren, seit sie sich im späten 19. Jahrhundert in Blackrock niedergelassen hatten, ein wichtiger Bestandteil der irischen Gesellschaft. Sie verstanden sich in erster Linie als Missionsorden, der seine Angehörigen nach Afrika und in andere Gegenden der Welt entsandte, um heidnische Völker zu ihrer spezifisch irischen Variante des christlichen Glaubens zu bekehren. Wie andere Ordensgemeinschaften hatten sie eine lohnende Aufgabe auch darin erblickt, die neuentstandene katholische Mittelschicht auszubilden.

In Blackrock hatten sie zunächst Williamstown Castle erworben, ein passenderweise kirchlich anmutendes Produkt der Neugotik, und dann damit begonnen, das weitläufige Grundstück zu bebauen. Die Externen kamen aus den besseren Vororten im Süden Dublins und die Internatsschüler meist aus Kaufmanns- oder Akademikerfamilien aus der Provinz. Diese beiden Gruppen entrichteten ein für damalige Verhältnisse beträchtliches Schulgeld, doch es gab noch eine dritte Kategorie, die sogenannten Scholastiker, die für Unterricht und Unterbringung nichts bezahlen mußten, unter der Maßgabe, daß sie Priester werden und später dem Orden als Missionare dienen würden.

Die Schule führte ein streng katholisches Regiment, durchsetzt mit den aus dem britischen Schulsystem übernommenen Werten wie Ehre, Aufrichtigkeit und Fair play. Besondere Bedeutung wurde unspektakulärem bürgerlichem Erfolg beigemessen sowie jenen geistloseren Tugenden, die dann wohl auch im Jenseits für Erfolg sorgen sollten. Der ideale Schüler war jemand, der später in der Politik, im Staatsdienst, im Geschäftsleben oder in einem akademischen Beruf unter Einhaltung der Spielregeln aufsteigen würde. Andere Wege zum Erfolg waren verpönt. Prominente Exschüler zu Brians Zeit waren unter anderen der Politiker Eamon De Valera, von dem oft gesprochen wurde, und der Schriftsteller Liam O'Flaherty, von dem nie gesprochen wurde.

Die katholischen Glaubenssätze wurden als Inbegriff aller wesentlichen Wahrheiten vermittelt. In der katholischen Apologetik stand der aristotelische erste Beweger, die Ursache alles Seienden, im Vordergrund, der zentrale Gottesbeweis des Thomas von Aquin. Eine große Rolle spielte in der Theologie der irischen Väter vom Heiligen Geist jedoch eine Marienverehrung, die fast an Marienkult grenzte. Die Muttergottes krönte den Glockenturm der Schule, und das marianische Blauweiß war die Farbe der angesehenen Rugbymannschaft.

Fotografien all jener Schüler, die im britischen Staats- und Kolonialdienst zu Einfluß und Ehren gekommen waren, schmückten den Korridor vor dem Refektorium, denn die Väter vom Heiligen Geist, die traditionell mit den britischen Kolonialbehörden in Afrika zusammenarbeiteten, waren nur mäßig nationalistisch gesonnen. Die Schule war jedoch, auch wenn diese Erfolge herausgestellt wurden, durchaus keine Anstalt, an der blind gepaukt wurde. Es bestand ein gewisser Spielraum; Erwerb von Wissen um seiner selbst willen wurde respektiert, und in den Klassenzimmern konnte durchaus über Literatur gesprochen werden.

Die Naturwissenschaften spielten freilich eine untergeordnete Rolle, und der Beruf des Naturforschers wurde den Jungen nicht ans Herz gelegt. Die Dekane wandten auch die Prügelstrafe an, und zwar mit einem Rohrstock, der Striemen auf der ausgestreckten Hand des Delinquenten hinterließ. Diese Art der Bestrafung gab es allerdings sehr viel seltener als in der Synge Street School.

Großen Wert legte man auch auf das Rugbyspiel, einen Sport, in dem die Schulmannschaft glänzende Erfolge erzielte und von dem man glaubte, er fördere eine »männliche« Haltung. Alles in allem war der »edle Ritter«, den die Väter vom Heiligen Geist hervorzubringen strebten, im körperlichen Sinne männlich, doch auch sehr rein und züchtig: der Muttergottes ergeben, die religiösen Vorschriften streng beachtend, nachsichtig gegenüber seinen weniger erfolgreichen Mitmenschen, aber doch so erfolgreich, um ein begehrtes Mitglied in den Vereinigungen ehemaliger Schüler zu sein.

Die drei jungen O'Nolans fügten sich in den Schulbetrieb ein, wie sie sich wohl überall eingefügt hätten. Einzelgängern wurde von Schülern wie Lehrern eine gewisse Toleranz entgegengebracht, und wenn die Internatsschüler einander auch schikanierten, so gab es dergleichen unter den Externen praktisch nicht. Sehr viel später sprach Ciarán von der angenehmeren und toleranteren Atmosphäre in Blackrock. Er meinte auch, die Brüder in der Synge Street hätten ihnen so viel eingetrichtert, daß sie an der neuen Schule so gut wie nichts hätten lernen müssen. Und obwohl unter den Schülern ein ziemlich barbarischer Kodex herrschte, wurden Einzelgänger, die klug waren, sehr viel respektvoller behandelt als jene, die man für dümmer hielt.

Die drei Jungen hatten anfangs keine Freunde. In der Mittagspause schlenderten sie gemeinsam herum, zuweilen völlig stumm, die Hände in den Hosentaschen; doch allmählich lernten sie Schüler kennen, die in ihrer Nähe wohnten oder denselben Heimweg hatten. Und schließlich gewannen sie sogar Freunde – für sie eine neue und aufregende Erfahrung. Da waren die Kennys, die in Blackrock ganz in der Nähe wohnten, die Quigleys und, was vor allem Brian betraf, Richard McManus, dem er die 1941 im Verlag der *Irish Times* erschienene Taschenbuchausgabe von *Cruiskeen Lawn* widmete. Richard war ein fröhlicher Junge, der sich für Literatur und Politik interessierte und fließend Irisch sprach. Fotos zeigen ihn als einen gutaussehenden jungen Mann, und wenngleich extrovertiert, war er doch ein Intellektueller. Er war Brian O'Nolans erster und lange Zeit engster Freund.

Als diese und andere Freunde die O'Nolans besuchten, fiel ihnen zuallererst auf, welche Stille im ganzen Haus herrschte, außer wenn gerade das Grammophon lief oder jemand Klavier spielte. Nie wurde laut gesprochen, man schien überhaupt nicht miteinander zu reden, jeder schien nur in das vertieft zu sein, was er gerade spielte, las oder tat. Und wenn, was selten genug passierte, einer der Freunde dem Vater begegnete, so reagierte auch er nicht besonders gesprächig. Er kam vielleicht in das vordere Zimmer, wenn ein Freund zu Besuch war, sagte in seiner fast unhörbaren Stimme ein paar Worte auf irisch und ging wieder hinaus, wenn der Besucher ihn nicht verstanden hatte.

Allerdings sprachen die O'Nolans außerhalb der Familie jetzt immer mehr Englisch, und ihre neuen Freunde, die Kennys, konnten überhaupt kein Irisch oder jedenfalls nur so viel, wie von einem durchschnittlich desinteressierten Schüler damals erwartet werden konnte, und das war nicht viel. Obwohl das Irische bei den O'Nolans als die erste Sprache galt, traf das in der Praxis von nun an immer weniger zu. Gegen Ende seines Lebens mochte Brian überhaupt kein Irisch mehr sprechen und antwortete in dieser Sprache nur noch seinem Bruder Ciarán. Daß ihr Vater in dieser Sache kein Fanatiker war, äußerte sich darin, daß er – im Unterschied zu anderen Eltern, die besonders eifrig auf den Gebrauch von *an teanga* (»die Zunge«) achteten, wie das Irische unter den enthusiastischeren Anhängern genannt wurde – seinen Söhnen keinerlei Vorschriften über den Umgang mit englischsprachigen Freunden machte. Wenn er seine Kinder Englisch sprechen hörte, äußerte er sich dazu nicht. In Blackrock wurde Irisch als ein Unterrichtsfach wie Französisch, Latein und Griechisch behandelt, und man konnte nicht, wie es bei den Christlichen Brüdern möglich gewesen war, dafür optieren, bestimmte Fächer auf irisch zu lernen.

Einer ihrer Lehrer in Blackrock war der strenge John Charles McQuaid, später Erzbischof von Dublin, der zu Brians Lebzeiten in allen Angelegenheiten, in denen sein Wort etwas galt, eisern über die Disziplin der Katholiken in seiner Diözese wachte. Zu jener Zeit war er Dekan und unterrichtete Englisch, Latein und Griechisch. Später, vor seiner Ernennung zum Erzbischof, war er Direktor der Schule und hatte enormen Einfluß auf seinen früheren Schüler Eamon De Valera, als dieser die irische Verfassung von 1937 konzipierte.

McQuaid war ein schmächtiger, schmalgesichtiger Mann, dessen asketische Haltung durch eine hochgezogene Schulter noch betont wurde. Er hatte einen durchdringenden Blick, einen amüsiert-erwartungsvollen Zug um den Mund und war insgesamt eine eindrucksvolle Erscheinung. Er war ein Theokrat, dessen Theokratie von einem frommen Marienkult durchsetzt war, und er pflegte eine geschliffene, wenngleich etwas altmodisch-verstaubte Sprache; in seinem Englischunterricht bezeichnete er Hilaire Belloc als den größten zeitgenössischen Prosaschriftsteller.

Belloc und Chesterton waren im damaligen Irland sehr populär als Verteidiger des Glaubens gegen die Spötter und Freidenker des gottlosen England. Ihre Debatten mit den Agnostikern Wells und Shaw wurden von den eher literarisch orientierten Englischlehrern, besonders den Geistlichen unter ihnen, oft erwähnt und ihre Erwiderungen und witzigen Ausfälle sehr bewundert. Diese Bewunderung beeinflußte natürlich die Kriterien der Literaturinterpretation, so daß in vielen Schulen, und wohl erst recht in Blackrock, die Werke dieser beiden Autoren den aufgeweckteren Schülern als Lektüre empfohlen wurden und in vielen Exemplaren zur Verfügung standen.

McQuaids geistliche Kollegen begegneten ihm geradezu ehrfürchtig und pflegten den Schülern hinter vorgehaltener Hand von seinen überragenden geistigen Fähigkeiten zu erzählen: daß er sich mit Eamon De Valera über die Relativitätstheorie unterhalten könne und daß er sich in einer einzigen Nacht Französisch beigebracht habe. Seine Ausdrucksweise wurde von den Jungen nachgeahmt, doch im großen und ganzen waren diese Imitationen respektvoll und bemüht, den Rahmen des Schicklichen nicht zu überschreiten. Eine besondere Zuneigung faßte McQuaid zu Ciarán, der in Blackrock die Englisch-Abschlußklasse besuchte; er sprach mit ihm über Literatur und empfahl ihm Bücher. Seine Kommentare zu den Arbeiten seiner Schüler waren kurz und knapp und im allgemeinen freundlich, bisweilen aber auch niederschmetternd. Sie waren in einer außerordentlich sauberen Handschrift geschrieben, deren einzelne Buchstaben nicht verbunden waren, sondern weit auseinander standen. Brian entwickelte sich zu einem anerkannten Imitator nicht nur seiner Handschrift, sondern auch seines präzisen Ausdrucks, und stundenlang übte er, um recht passable Imitationen von McQuaids Handschrift hinzubekommen. Ein erhaltenes Beispiel trägt den Titel von Thomas von Kempens unsäglich langweiligem Werk *Imitatio Christi*, einer berühmten mittelalterlichen Abhandlung, die in Blackrock jedem Schüler zur Lektüre empfohlen wurde; es ist in der irischen, lateinischen und englischen Version abgeschrieben und mit McQuaids Lieblingsspruch versehen, daß Literatur »Interesse wecken, unterhalten und erheben soll«.

Der Umzug nach Blackrock hatte, alles in allem, eine befreiende Wirkung auf Brian, und allmählich entwickelte sich in den zwei Jahren, die er dort verbrachte, seine Persönlichkeit. In der Anfangszeit, als er und seine Brüder noch erklärte Einzelgänger waren, bemerkten seine Mitschüler, wie schon die Jungen in der Synge Street, etwas nicht Geheures und womöglich Gefährliches in seinem Charakter, das bei jedem Konflikt oder Angriff zum Ausdruck kommen konnte. In seinem zweiten Jahr in Blackrock wurde er eine bekannte Figur, und er nahm oft an Debatten teil, vor allem solchen, die auf irisch geführt wurden. Das allein war schon bemerkenswert, denn daß Externe an Debatten teilnahmen oder nach dem Unterricht noch irgend etwas mit der Schule

zu tun hatten, war ungewöhnlich. Als Brian entdeckte, daß die
Blazer, die bei formellen Anlässen getragen werden mußten,
nicht in Irland, sondern in Leeds produziert waren, stellte er bei
jedem Thema, das damit in einen auch nur entfernten Zusammenhang gebracht werden konnte, diese Tatsache heraus – im
Grunde schon in der Art, wie er später in seiner »Cruiskeen
Lawn«-Kolumne immer wieder zu bestimmten Themen zurückkehrte.

Und dabei blieb es nicht. Er und ein Freund, Oscar Quigley
(der nicht in Blackrock zur Schule ging), besorgten sich einen Ei-
mer weißer Farbe und zogen zum Pausenhof, der zum Teil als
Handballfeld benutzt wurde. Auf die Mauer schrieben sie in gro-
ßen Lettern »Kauft keine britischen Blazer!«, was am nächsten
Tag für eine Sensation sorgte. Die Schulverwaltung ließ die
Schrift rasch entfernen, aber es war, wie Ciarán später sagte,
Brian O'Nolans allererster veröffentlichter Satz.

Kurz darauf bombardierten er, Ciarán und die Kennys den
Catholic Standard, eine neue Wochenzeitschrift, mit erfundenen
Leserbriefen zum Thema Hausaufgaben. Da meldeten sich »be-
sorgte Eltern« zu Wort, ein »Vater von vier Söhnen«, Lehrer gar,
die lieber anonym bleiben wollten. Entstanden sind all diese
Briefe am Eßtisch in der Avoca Terrace, an dem Brian später noch
viele Seiten schreiben sollte. Das war Brians erster Versuch auf
dem Gebiet des konstruierten Leserbriefs, eine seiner späteren
Spezialitäten; und als der *Standard* in seiner Reklame auf diese
Briefe hinwies, betrachtete Brian das als einen großen Erfolg.

Die jungen O'Nolans waren in jener Zeit, ob nun durch das Elternhaus oder anderweitig beeinflußt, glühende Nationalisten.
Und da viele Einwohner von Dún Laoghaire, einem größeren
Nachbarort, genau die entgegengesetzte, nämlich eine entschieden probritische Haltung vertraten, konnten sich die Brüder und
ihre Freunde auf deren Kosten ein paar Pennälerscherze erlauben. Dún Laoghaire hatte bis zur Gründung des Freistaats fünf
Jahre zuvor den Namen Kingstown getragen, und mancher Ein-
heimische benutzte ihn noch immer. Diese Leute pflegten in der

Straßenbahn mit lauter aristokratischer Stimme Fahrscheine nach Kingstown zu verlangen. Wenn in der Wochenschau der König oder die Königin zu sehen waren, applaudierten sie laut. An königlichen Geburtstagen schmückten sie ihre Häuser mit Union Jacks und rot-weiß-blauen Wimpeln. Diese Fähnchen pflegten die O'Nolans und ihre Freunde herunterzureißen, wo immer es ging. Einmal entfernten sie sogar den großen Union Jack des Royal Yacht Club von Dún Laoghaire vom Mast vor dem Gebäude, nahmen ihn mit in die Avoca Terrace und verbrannten ihn im Kennyschen Garten.

Die Jahre von Blackrock waren für Brian im großen und ganzen wohl eine glückliche Zeit, wenngleich zwei Klassenfotos einen etwas introvertierten und aggressiven Jugendlichen zeigen, der von einer eigentümlichen Entschlossenheit erfüllt zu sein scheint. Er sah gut aus, hatte dichte, gerade Brauen, tiefliegende Augen und einen etwas kleinen Mund, der beim Sprechen oder Lachen ein wenig hervorstehende, spitze Zähne entblößte. Im Juni 1929 bestand er die Reifeprüfung mit guten Noten in Irisch, Englisch, Latein und Geschichte und »Ausreichend« in Physik. Das war ein gutes Examen, das er ohne viel Büffeln, oder Bimsen, wie die Schüler es nannten, erreicht haben dürfte.

Brian O'Nolan war ein Mensch, dem Prüfungen nie besonders schwerfielen — zu seinem Guten oder Schlechten. Er hatte eine kleine, saubere Handschrift, konnte erstaunlich systematisch denken und besaß die Fähigkeit, die wesentlichen Aspekte einer Sache zu erfassen und den Eindruck zu erwecken, als sei er tiefer mit der Materie vertraut, als es tatsächlich der Fall war. Sein Reifezeugnis genügte für die Zulassung zum University College Dublin (UCD), an dem Ciarán bereits studierte — denn daß er dort studieren sollte, war längst beschlossene Sache.

Abgesehen von den Briefen an den *Catholic Standard* gibt es keine Beweise dafür, daß er in Blackrock irgend etwas geschrieben hätte, das nichts mit dem Unterricht zu tun hatte. Obwohl viele literarisch ambitionierte Schüler sich bemühten, im Schuljahrbuch etwas veröffentlichen zu können, ist in der Ausgabe von

1928 nichts von Brian enthalten. 1929 schrieb er aber ein kleines Gedicht, das in den Almanach jenes Jahres aufgenommen wurde. Es heißt »Ad Astra«:

> Ah! when the skies at night
> Are damascened with gold,
> Methinks the endless sight
> Eternity unrolled.

> Ach, wenn der Himmel des Nachts
> Damasziert ist mit Gold,
> Erscheint mir der endlose Anblick
> Als entfaltete Ewigkeit.

Seine Lehrer in Blackrock lobten dieses kleine Werk, und ihre Nachfolger loben es noch heute, weil sie in ihm Religiosität und inhaltliche Tiefe zu erkennen glaubten. Vielleicht kommt in diesem Gedicht eher das bekannte jugendliche Sehnen nach Unendlichkeit zum Ausdruck. Das Wort *damasziert* hat jedoch eine gewisse Individualität, und die abschließende kurze und dennoch dreihebige Zeile offenbart eine bemerkenswerte sprachliche Fertigkeit.

Obgleich er in Blackrock Brian O'Nolan hieß, setzte er unter sein Werk den Namen »Brian Ua Nualláin«, eine etwas pedantische irische Version, die er fortan eine Zeitlang verwenden sollte.

Unter den Klassenkameraden, die ebenfalls zur Universität gehen wollten, war auch Vivion De Valera, der Sohn Eamon De Valeras, des berühmtesten Exschülers von Blackrock, Oppositionsführer im Parlament des Freistaats, der aus der unterlegenen republikanischen Bewegung eine Partei (Fianna Fáil) gemacht hatte.

In ihren Schülerjahren hatten die drei ältesten O'Nolans Fahrräder bekommen, und Brian, Richard McManus und ein Klassenkamerad namens Tom Kenny hatten schon einmal im wilden

Glen of Imaal in der Grafschaft Wicklow eine mehrwöchige Campingtour gemacht. Jetzt planten sie eine noch anspruchsvollere Fahrt. Sie wollten mit den Fahrrädern und Zeltausrüstung in den Gaeltacht fahren, den irischsprachigen Teil von Donegal. Die Gruppe bestand aus Ciarán, Brian, Joseph und Desmond Kenny, den Nachbarskindern von der Avoca Terrace, sowie Tom Kenny, der mit den anderen Kennys nicht verwandt war.

Seit 1927 hatten die O'Nolans alljährlich Fahrten in die Gaeltachts unternommen, meist verbunden mit einem längeren Aufenthalt bei den Verwandten in Strabane. Auf diesen Touren erlebten sie die letzten Spuren jener Gesellschaft, wie sie Séamas Ó Grianna in seinen Donegal-Romanen gezeichnet hatte und Brian in seinem Roman *Irischer Lebenslauf* parodieren sollte. Man begegnete dort noch Frauen, die steife rote Röcke trugen, und alten Männern, deren Hosen, Westen und Jacken aus Schafleder genäht waren. Als Ciarán einmal in der Küche eines Hauses mit einer alten Frau allein war, zog sie etwas aus ihrer Rocktasche, steckte es ihm in das Hemd und bedeutete ihm mit einer Handbewegung, daß sie ihm etwas ganz Besonderes schenkte. Als er draußen im Freien das Ding herausholte, stellte er fest, daß es ein kleines Stückchen Fleisch war.

Eines Tages stießen sie während der Wanderung mitten im Moor auf eine kleine, strohgedeckte Hütte, die in einem so heruntergekommenen Zustand war, daß sie sich nicht einmal als Stall zu eignen schien, doch aus einem Loch im Dach stieg Rauch. Sie spähten in das raucherfüllte Dunkel. Zuerst konnten sie nichts sehen, dann aber hörten sie die Stimme einer alten Frau, die immer wieder die fünf Wörter eines Klagelieds sang. Erschrocken liefen sie davon. Am nächsten Tag sahen sie sie wieder: Es war ein unvergeßlicher Anblick. Die Frau hatte nur ein Bein, das bis zum Oberschenkel nackt war. Ohne Krücke oder eine andere Art von Stütze bewegte sie sich in mächtigen Sprüngen vorwärts und legte nur gelegentlich an einer Bank oder einem Graben eine Ruhepause ein. »Kuhhüpfer« nannte Ciarán später diese Art der Fortbewegung. Auf Nachfragen erfuhren sie, daß die Frau auf diese Weise allsonntäglich die drei Kilometer Wegstrecke zur Messe zurücklegte. Leute, die an der Straße wohnten, berichteten ihnen, sie hätten sie oft sogar im Schnee auf diese Weise vorbeihüpfen sehen. Wenn sie sich bei regnerischem Wetter nicht am Straßenrand hinhocken konnte, hielt sie etwa alle fünfzig Meter an einer Mauer oder einem Torpfosten an, um sich auszuruhen. Offenbar lebte sie mit ihrem Bruder in der dunklen Hütte mitten im Moor und hatte nicht gelernt, sich mit Hilfe einer Krücke fortzubewegen, und auch nie eine besessen.

Während dieser Ausflüge in die Gaeltachts besuchten die Brüder oft die lokalen céilidhes. Zu diesen Tanzveranstaltungen kamen auch viele Studenten und Besucher aus Dublin, doch die O'Nolans gingen, laut Ciarán, lieber mit den einheimischen Mädchen, die netter und hübscher als die Besucherinnen waren und mit denen sie sich auf irisch unterhalten konnten. Mit den Studentinnen konnten sie sich auch in Dublin oder anderswo treffen. Für Ciarán schien im Gaeltacht alles schöner zu sein als woanders, selbst das Sonnenlicht hatte dort einen goldeneren Schimmer.

Auf dieser Tour von 1929 kamen sie nicht bis Strabane, denn die jagdbegeisterten Kennys hatten eine 22er Büchse und eine Schrotflinte mitgenommen, und Waffen dieser Art waren nur im Freistaat erlaubt. Es regnete, als sie aufbrachen, und immer wieder suchten sie Schutz unter den Bäumen am Straßenrand und rauchten. Sie rauchten alle, tranken aber nicht, was laut Ciarán auch gut war, denn sonst wären sie über Lucan niemals hinausgekommen.

Am zweiten Tag erreichten sie Belturbet. Am Ortsrand entdeckten sie ein leerstehendes Haus und brachen ein. Am nächsten Tag schlugen sie auf Anraten eines Gendarmen ihr Zelt in einem Feld am Shannon auf, wurden aber von einer wütenden Menschenmenge mit Stöcken bedroht und aufgefordert weiterzufahren. Offenbar hatte man sie für reisende Mitglieder einer religiösen Sekte gehalten, die in der Woche zuvor diese Gegend per Fahrrad besucht und ebenfalls gezeltet hatten; nachdem der Irrtum aufgeklärt war, durften sie bleiben.

Ihr Zelt, oder »Biwak«, wie sie es nannten, war viel zu klein für fünf Personen, und ohnehin schien es ununterbrochen zu regnen. Deshalb brachen sie am folgenden Abend in Clonee wieder in ein leeres Haus ein, das von hohen Bäumen umgeben war und diesmal in der Ortsmitte stand. Offenkundig war es schon längere Zeit unbewohnt. Überall lagen dicke, stellenweise zehn Zentimeter starke Staubschichten. Am erträglichsten sah es noch im oberen Geschoß aus, in einem Zimmer, das zur Straße lag, und sie beschlossen, dort die Nacht zu verbringen. Allerdings klemmte das halb geöffnete Fenster, und als die Dämmerung einsetzte, fand eine Invasion von Fledermäusen statt. Mit allen möglichen Gegenständen machten sie Jagd auf die Tiere und töteten viele von ihnen. Brian und Ciarán hatten noch nie zuvor Fledermäuse gesehen, und sie bemerkten die mausartigen Köpfe und die außerordentliche Leichtigkeit der kleinen, pelzigen Tierchen.

Als Brian sich am nächsten Morgen rasierte, legte er seinen Rasierapparat kurz auf einer staubbedeckten Konsole ab, machte dann weiter und schnitt sich leicht. Das Ergebnis war eine entzündete Unterlippe, die nicht heilen wollte und ihn das ganze erste Studienjahr hindurch plagte. Immer wieder mußte er zum Arzt gehen und verschiedene nutzlose Salben auftragen. Die Fledermäuse hatten sich gerächt.

Drei Nächte blieben die Jungen in dem Haus, als sie entdeckten, daß der Besitzer nebenan wohnte und ihre Anwesenheit längst bemerkt hatte. Er hatte den Schein von Kerzen gesehen, die sie nachts angezündet hatten, war aber zu ängstlich, um nachzuschauen. Ob er sich vor Geistern oder Einbrechern fürchtete, konnten sie nicht sagen. Die Fledermäuse waren nach der ersten Nacht vernünftigerweise nicht wieder aufgetaucht.

Auf der Weiterfahrt suchten sie, wo immer es ging, Schutz vor dem Regen. Ein Bauer, der sie in seine Küche einlud und ihnen ein Glas Marmelade schenkte, lobte die Kochkünste seiner Frau in den höchsten Tönen. Für jeden Abgeordneten des Dáil könne sie kochen, sagte er — ein Urteil über die Kultiviertheit der Parlamentarier, das Brian später nicht unbedingt bestätigt hätte.

Ciaráns Bericht von ihrer Ankunft im Gaeltacht zeugt ein wenig von seiner fast mystischen Einstellung zur irischen Sprache: »Sobald ich mich damals dem Gaeltacht näherte«, sagt er, »erhob sich mein Herz und mit einem einfältigen Grinsen pflegte ich mich umzusehen, um festzustellen, ob ich schon im Gaeltacht sei, wo die Frauen anmutiger waren, die Männer männlicher, die Häuser schöner, die Äpfel röter und die Landschaft lieblicher als irgendwo sonst.«[9]

*Ein glänzender
Anfang*

D as University College Dublin konstituierte, zusammen mit anderen Einrichtungen, die noch junge Nationaluniversität von Irland, eine Nachfolgerin der Katholischen Universität, die Kardinal Newman gegründet hatte, sowie der Royal University, an der Joyce und seine Generation studiert hatten.

Das UCD war in einem großen klassizistischen Gebäude an der Earlsfort Terrace sowie in den Institutsgebäuden an der Südseite von St. Stephen's Green untergebracht. Brian O'Nolan beschrieb den Eindruck, den das Gebäude an der Earlsfort Terrace auf den Neuling machte, vor allem in *In Schwimmen-zwei-Vögel* und in *A Centenary History of the Literary and Historical Society, University College, Dublin*, einer 1957 veröffentlichten Festschrift, zu der auch er einen Beitrag lieferte. In *In Schwimmen-zwei-Vögel* porträtierte er das College so:

»Die Universität ist, von außen gesehen, ein schmuckloses, rechteckiges Gebäude mit einer schönen Vorhalle, in die sich im Sommer die Mittagssonne aus Richtung Donnybrook ergießt und zur Erquickung der Studenten erhitzt. Der Flur innen ist mit großen schwarzen und weißen Fliesen im herkömmlichen Schachbrettmuster belegt, und auf den umgebenden, anspruchslos cremefarben getünchten Wänden finden sich drei Schmutzstreifen, die von Hacken, Gesäß und Schultern der Studenten stammen.«

In der *Centenary History* erscheint diese Schmuddeligkeit noch ein wenig deutlicher:

»Die Halle war ganz leer. Auf den einfachen, weißen Wänden zeichneten sich in einer Höhe von ca. einem Meter, einem Meter fünfzig und einem Meter siebzig über dem schachbrettartig gekachelten Flur drei parallele Schmutzstreifen ab. Später erfuhr ich, daß dieses Triptychon von Hintern, Schultern und Haarpomade dort herumstehender Studenten zustande gebracht worden war.«[1]

Einige seiner Freunde beschrieben später seinen Einzug an der
Universität als aufsehenerregend. Niall Montgomery sagte beispielsweise, er sei über das UCD hereingebrochen »wie ein
Schwarm Fallschirmjäger«.[2] Doch dem war keineswegs so. Zumindest in der ersten Zeit hielt er sich, wie viele andere Erstseme-
ster, zurück, besuchte Vorlesungen und traf sich vor allem mit
den Freunden, die er von den letzten Schuljahren her kannte –
dem temperamentvollen, klugen Dickie McManus, der in der
Rock Road in einem anderen Teil von Blackrock wohnte, und Oscar Quigley aus Williamstown. Sie hatten inzwischen angefangen
zu trinken, und wenn sie nicht im Haus der Quigleys oder McManus' zusammenkamen, trafen sie sich in Keegans's Pub in Williamstown, vis-à-vis von Blackrock College. Nur sehr selten erschienen Brians und Ciaráns Freunde im Haus der O'Nolans.

Gegen Ende seines ersten Studienjahres begann Brian sich jedoch einen Namen zu machen, besonders durch seine Auftritte
bei den Versammlungen der Literary and Historical Society, die
in 86 St. Stephen's Green abgehalten wurden, einem von zwei
schlichten, schönen georgianischen Häusern, welche die Universität von ihren Vorgängerinnen geerbt hatte. Ein Vierteljahrhundert später beschrieb Brian O'Nolan in der *Centenary History*
diesen Ort und seine Atmosphäre:

»Die zahlreichen Studentenvereinigungen, von denen die L. & H.
die bedeutendste und älteste war, hielten ihre Versammlungen in
einem großen Gebäude in 86 St. Stephen's Green ab. Zu meiner
Zeit war das Haus sehr verdreckt und renovierungsbedürftig…
Wenn ich mich recht erinnere, gab es dort Gasbeleuchtung. Die
L. & H. versammelte sich jeden Samstagabend in einem halbrun-
den Hörsaal im oberen Geschoß jener Nummer 86. Es war ein
Hörsaal von üblicher Größe, aber mehr als zweihundert Plätze
dürften es wohl nicht gewesen sein, während zu den meisten Versammlungen nicht weniger als sechshundert Menschen erschienen. Das Gedränge, das Durcheinander und den Lärm kann man
sich vorstellen. Eine wogende Menschenmenge versammelte sich

und schob sich in der großen Wandelhalle vor dem Saal hin und her... Diese extrem heterogene Gemeinde, die unter einer einflammigen Gaslampe von hogarthscher Blässe (wenn sie nicht überhaupt von jemand gelöscht worden war) brüllend und singend daherwankte, wurde ›der Mob‹ genannt... Ein Außenstehender würde daraus vermutlich schließen, daß es sich bloß um eine Bande von Rowdys handelte, die zu dem Versuch einer bedauernswerten Person, drinnen im Saal eine Rede zu halten, eine Art Begleitmusik in Form von ohrenbetäubendem Lärm veranstalten wollte. Eine störende Bande war es schon, aber ihre Störungen waren keineswegs ziellos und dumm, sondern oft notwendig und heilsam...«[3]

Schon in *In Schwimmen-zwei-Vögel* hatte er den Mob und dessen Auftreten beschrieben, und zwar mit den Augen des Ich-Erzählers, der, anders als O'Nolan selbst, an den Vorgängen nicht teilnimmt und diese Szenen als völlig sinnloses Spektakel zu betrachten scheint:

»Außerhalb des Saales gab es eine geräumige Wandel- und Vorhalle, und hier pflegten sich die groben Kerle zu versammeln und ihre lärmenden Geräusche zu machen. Eine Gasflamme versorgte den Vorraum mit Licht, und wenn der Paroxysmus von Prügeln und Brüllen seinen Höhepunkt erreicht hatte, wurde das Licht wie von übernatürlichen oder teuflischen Kräften gelöscht, und die Dunkelheit unter solchen Umständen gab mir mehrfach Anlaß zu Angstzuständen körperlicher und seelischer Art, denn die Mehrzahl der Anwesenden schien mir von unreinen Geistern besessen zu sein. Das erleuchtete Rechteck des Halleneingangs wurde von manchen nicht nur als Behältnis für die schmutzigen und mißtönenden Reden betrachtet, die sie in dieser Richtung absonderten, sondern auch für viele Gegenstände wertloser Natur – zum Beispiel aufgerauchte Zigarettenkippen, alte Schuhe, Hüte von Freunden, mit feuchten Pferdeäpfeln gefüllte Pakete, Klumpen aus schmutziger Sackleinwand und nicht selten sehr, aber schon sehr abgetragene Damenkleidungsstücke.«

Dieser Mob war der spezielle Schrecken der Politiker und anderer Persönlichkeiten, die bei den Versammlungen der L. & H. den Ehrenvorsitz führten, zeigte sich aber für Witz oder rhetorisches Geschick nicht unempfänglich. Ein selbstbewußter und schlagfertiger Redner, der sich in der Nähe der Saaltür aufstellte, konnte beide Gruppen gleichzeitig beherrschen, und Brian entdeckte bald, daß er sowohl die Nerven als auch das Talent dazu besaß.

Er postierte sich neben der Tür, so daß er von innen nur andeutungsweise zu sehen war, achtete aber darauf, daß er eher als Angehöriger des Mobs denn als Teilnehmer der eigentlichen Versammlung angesehen wurde. Von dort aus pflegte er sich mit Rednern, Ehrenvorsitzenden und dem Präsidenten der Vereinigung in Geistesgegenwart und Schlagfertigkeit zu messen, wobei er in Form von Zwischenrufen oder Wortmeldungen gelegentlich zu rhetorischen Höhenflügen ansetzte. Er vermochte als erster die beiden Veranstaltungshälften zu verschmelzen, die grölende Meute draußen und die geordnete Versammlung drinnen. Zuerst versuchte er es mit schnellen, knappen Zwischenrufen, die nur seine unmittelbare Umgebung registrierte, und erweiterte dann allmählich seinen Radius. Nachdem er am ersten Abend einige Erfolge hatte verbuchen können und erlebt hatte, welch berauschende Wirkung von einem gelungenen Zwischenruf während einer Debatte ausgehen kann, kam er am darauffolgenden Samstag wieder und wurde bei den Veranstaltungen der L. & H. bald eine bekannte Erscheinung.

Mit seinem neuen Freund, dem Ingenieurstudenten Jack Nevin, traf er sich vor den Versammlungen im Winter Garden Palace, einem Pub an der Ecke Cuffe Street / St. Stephen's Green, um dort ein paar Gläser Bier zu trinken, denn die Großspurigkeit und Unverfrorenheit, die ein erfolgreicher Anführer des Mobs benötigte, setzte eine gewisse Alkoholisierung voraus. Nevin war ein aufgeweckter Bursche, der von nun an seine Talente (die ihm später den Auftrag einbrachten, in den Palästen der saudischen Herrscherfamilie die erste Klimaanlage zu installieren) bei der Bedienung der Lampen innerhalb und außerhalb des Hörsaals entfaltete. So konnte er nach Belieben die eine oder andere Seite in Dunkelheit tauchen, oft zur Untermalung für einen von Brians besseren Zwischenrufen, manchmal auch nur aus Jux. Nevin galt als O'Nolans Manager, technischer Berater und Fachmann für Spezialeffekte.

Eines Samstagabends, etwa um die Mitte seines zweiten Studienjahrs, betrat O'Nolan den Saal und begann, vom Auditorium aus zu sprechen; damit hatte er so großen Erfolg, daß er sich hinfort nur noch dieser Methode bediente. Einige seiner früheren Anhänger lehnten dieses Verfahren ab, und selbst Ciarán hielt es für eine Art Konzession an Etikette oder Autorität. Doch bald folgte ihm ein Teil des Mobs in den Saal, während die Mehrheit der draußen Versammelten ihn weiterhin als jemanden betrachtete, der für sie sprach und sich dem Snobismus und dem formalen Kram, der die Versammlungen prägte, niemals anpassen würde.

Die Literary and Historical Society war die einzige Gesellschaft am UCD, die in einer echten Tradition stand. James Joyce hatte vor der L.&H. seinen berühmten Ibsen-Vortrag »Drama und Leben« gehalten, und es war natürlich dieselbe Gesellschaft, der gegenüber sich Stephen Dedalus in der ersten Fassung des *Jugendbildnisses* ein wenig überheblich bereit erklärt hatte, seine ästhetischen Auffassungen darzulegen.

Dreißig Jahre später war die Gesellschaft sehr viel politischer geworden. Über Literatur wurde nie debattiert und über Geschichte nur im irischen Sinne – als eine Dimension von Politik, die nur erbittern konnte. Zu Brian O'Nolans Zeit waren die politischen Spannungen besonders heftig. Zwar war De Valera mit seiner Partei in den Dáil eingezogen und auch durchaus bereit, ein politisches Amt zu übernehmen; dennoch waren die Probleme, die zum Bürgerkrieg geführt hatten, und die Vorzüge und Nachteile des Anglo-Irischen Vertrags von 1922, des »Ausverkaufs«, wie einige es nannten, noch immer Reizthemen.

Welche Auffassung O'Nolan auch vertrat, er beteiligte sich nicht an diesem Hickhack. Sein Standpunkt war schon der des satirischen Beobachters, der die Anmaßungen, Heucheleien und Lügen aller Parteien für kommentierenswürdiger hielt als ihre tatsächliche Politik, der eher mit spitzen Pfeilen treffen als überzeugen wollte. Er war kein demagogischer Volksredner, und man kann sich auch nicht vorstellen, daß er, selbst wenn die Gesellschaft ihm damals zugehört hätte, seine ästhetischen Theorien wie weiland James Joyce und dessen Held vorgetragen hätte. Er war ein ausgemachter Satiriker und ein Spaßvogel, der desillusionieren und amüsieren wollte.

Gleichwohl waren seine Beiträge nicht ohne sozialen Bezug. Besonders gut erinnerte man sich später an seine Stegreifrede zum Thema »Die reizenden Vorzüge der Werbung«. Zunächst stand er wortlos da und suchte umständlich in den Taschen seines Mantels, den er noch anhatte. Schließlich zog er aus der Brusttasche eine zerknitterte Ausgabe des *Evening Herald*, strich sie langsam glatt und schlug sie auf, um nach einer bestimmten Annonce zu suchen, einer Reklame für LUX-Waschpulver mit dem Schriftzug »Ob er meinen ausgebleichten Unterrock sieht?«.

Nun wandte er sich den komischen Aspekten der Annonce zu, zitierte dabei häufig den Text, während das Auditorium vor Lachen brüllte. Allmählich verschob sich seine Argumentation, bis sie in einen wütenden Angriff auf den Betrug von Werbung ganz allgemein und auf die Rücksichtslosigkeit, mit der Erwartungen geweckt würden, einmündete. Für diese Rede wurde er mit der Rhetorik-Medaille des Semesters ausgezeichnet.

O'Nolan war mittlerweile eine bekannte Figur an der Universität, und er schloß neue Freundschaften. Wie viele andere, die in recht behüteten Verhältnissen aufgewachsen und in der Schule schikaniert worden waren, wollte er von den *tough guys* unter seinen Kommilitonen anerkannt werden. Zu ihnen gehörten Nevin und andere prominente Mitglieder des Mobs, doch die meisten neuen Freunde waren ihm auch intellektuell einigermaßen ebenbürtig und hatten literarische Ambitionen.

Seine Generation zählte zu den begabtesten in der Geschichte des UCD, und sie war auch die erste, die in einem unabhängigen Irland studierte und zu Kritikern der bestehenden Gesellschaft werden konnte. Und zu kritisieren gab es eine Menge. Obgleich in De Valeras Republican Party noch immer radikale Elemente aktiv waren und manche seiner Gegner ihn als die personifizierte »rote Gefahr« sahen, wurden die Politik und das öffentliche Leben des Freistaats von den Werten jener bäuerlichen und bürgerlichen Schichten geprägt, die am meisten vom Kampf gegen die Briten profitiert hatten. In Dublin herrschte große Armut. In der Gegend um Cuffe Street und York Street, also in der Nähe von Earlsfort Terrace, gab es einige der übelsten Slums von Europa, in denen noch immer ganze Familien unter katastrophalen hygienischen Bedingungen in verfallenen georgianischen Mietshäusern hausten.

Nach zehn Jahren Unabhängigkeit sahen besitzlose Menschen aus den armen ländlichen Gegenden weiterhin ihre einzige Chance in der Auswanderung. Ansätze zu einer Industrialisierung hatte es kaum gegeben und außer einer teilweisen Enteignung des noch existierenden Großgrundbesitzes auch keinen Versuch, in der neuen Republik sozial gerechtere Verhältnisse zu schaffen.

Die Regierung vertrat eine legalistische und extrem katholische Position, wenngleich sie den buchhalterischen Tugenden der protestantischen Kaufleute, deren Geschäfte auch nach der Unabhängigkeit florierten, eine gewisse Hochachtung entgegenbrachte. Am meisten fürchtete sie nämlich, abgesehen von der Ausbreitung des atheistischen Kommunismus nach Irland, eine staatliche Defizitfinanzierung. Der Freistaat legte Wert darauf, seine Schulden pünktlich zu bezahlen, und er erwartete das gleiche auch von anderen.

Während des Unabhängigkeitskampfes, der zum großen Teil ein Kampf gegen die anglo-irischen Großgrundbesitzer gewesen war, hatte es verdeckte Klassengegensätze gegeben. Die Interessen der Bauern, die am stärksten von der den Briten abgerungenen Bodengesetzgebung profitiert hatten und sich nun, nach der

Unabhängigkeit, weitere Vorteile ausrechneten, waren nicht identisch mit den Interessen der armen Landarbeiter oder all jener, die auf ein paar Hektar unfruchtbaren und steinigen Bodens im Westen Irlands ein karges Leben fristeten. Ebensowenig waren die Interessen der aufstrebenden katholischen Bourgeoisie identisch mit den Interessen der vielen, die in den ärmeren Außenbezirken der Kleinstädte hausten, geschweige denn mit den Interessen der Dubliner Arbeiter, die in den Betrieben der alteingesessenen Protestanten oder der neureichen katholischen Fabrikanten arbeiteten. Für diejenigen, die von den Kämpfen profitiert hatten, war die Billigung der Emigration und deren passive oder aktive Unterstützung die Hauptwaffe gegen soziale Unruhen, während für diejenigen, die nichts gewonnen hatten, die Emigration der einzige Ausweg war — ein Zustand, an dem sich zu O'Nolans Lebzeiten nichts änderte. Der Konflikt zwischen Vertragsanhängern und -gegnern im Bürgerkrieg spiegelte teilweise diese unterschiedlichen Interessen wider, und eine Zeitlang hatte sich das auch in den Programmen der politischen Parteien niedergeschlagen, wobei die Republican Party als die radikalere aufgetreten war.

Die eigentliche Trennungslinie, verborgen im Wirrwarr irischer Politik und im parteiübergreifenden nationalistischen Pathos, verlief zwischen denjenigen, die von einem unabhängigen Irland etwas zu gewinnen hatten, und jenen, die nichts zu gewinnen hatten. Die Studenten des UCD gehörten in ihrer Gesamtheit zur ersten Kategorie. Die Medizin- und Ingenieurstudenten, die damit rechneten, daß sie nach ihrem Examen auswandern würden, wußten, daß sie über das große Plus einer beruflichen Qualifikation verfügten, und sahen diesem Zeitpunkt einigermaßen gelassen entgegen. Die Juristen wußten, daß sie aufgrund ihres Berufs zur politisch herrschenden Klasse im neuen Staat gehören würden, und selbst die Geisteswissenschaftler konnten damit rechnen, Lehrer zu werden — mit etwas Glück auch Professor — oder eine Anstellung in der Verwaltung zu finden.

Unbehaglich fühlten sich nur die Intellektuellen, denn sie vor allem stießen sich an der katholischen Überheblichkeit, dem frömmelnden Pharisäertum, der puritanischen Moral und der bäuerlich-kleinbürgerlichen Ausrichtung des neuen Staates. Sie befanden sich in einer ambivalenten, wenn auch nicht völlig unvorteilhaften Situation, denn erstens waren sie die Erben aller Privilegien, die abgeschafft wurden, und zweitens sahen sie sich außerstande, mit dem Katholizismus zu brechen, ob nun im Glauben oder in der Praxis.

Der Einfluß des Katholizismus im damaligen Irland war zum Teil über das Elternhaus vermittelt. Sich von der Kirche zu lösen, ob öffentlich oder privat, war eine so radikale Geste, daß die meisten Menschen, die Zweifel oder Vorbehalte hatten, diese lieber unterdrückten – mit der Begründung, sie würden ansonsten ihren Eltern großen Kummer bereiten oder ihnen gar das Herz brechen. Gewiß, Joyce hatte das ein Vierteljahrhundert zuvor geschafft, doch das enorme Aufheben, das er darum gemacht hatte, zeigte, wie schwer es ihm gefallen war. Immerhin hatte er sich weigern müssen, am Bett seiner Mutter niederzuknien, hatte ins Exil gehen und das Leben eines Entwurzelten und Ausgestoßenen akzeptieren müssen.

Der Einfluß war zum Teil aber auch ideologischer Natur. Ein Bruch mit dem Katholizismus hätte Fragen nach der eigenen kulturellen, sozialen und geschichtlichen Identität aufgeworfen, Fragen auch nach der persönlichen Zukunft und dem eigenen Stand in der Gesellschaft. Selbst der Beruf und die Möglichkeit, davon leben zu können, standen auf dem Spiel. Der soziale Druck war vielleicht nicht immer offenkundig, aber vergessen durfte man ihn nie.

Dieses doppelte Unbehagen – einerseits Nutznießer einer nationalistischen Revolution zu sein, die man inzwischen überwiegend verachtete (obwohl natürlich niemand, wie groß diese Verachtung auch sein mochte, das Ende der britischen Herrschaft bedauerte), und andererseits passiv oder aktiv an einem Glauben festzuhalten, den man in seinen Lehren, zumindest aber in seinem öffentlichen Gebaren, abstoßend fand –, dies alles führte bei manchem Zeitgenossen O'Nolans zu einer merkwürdigen Spielart eines neuen Ästhetizismus.

Man befand sich moralisch, sozial und intellektuell in einer ambivalenten, um nicht zu sagen unredlichen Position. Man war, was die wesentlichen sozialen und philosophischen Fragen anging, ein Konformist unter Konformisten. Aber in der modernen Kunst und Literatur kannte man sich bereits aus. Man hatte die meisten der großen modernen Schriftsteller gelesen, und vor allem hatte man James Joyce gelesen. Dadurch unterschied man sich von den anderen: durch gemeinsame Witze über die Masse, der man ansonsten angehörte.

Als O'Nolan und seine Freunde am UCD studierten, waren die Werke James Joyces trotz des neuen Zensurgesetzes in Irland nicht verboten, obgleich die Werke vieler kleinerer und längst nicht so offenherzig schreibender Autoren bald unterdrückt wurden. Der englische Zoll, der in Dover die Exemplare des *Ulysses* in der Shakespeare-Press-Edition beschlagnahmt hatte, und die übervorsichtigen Dubliner Buchhändler hatten dem Zensor die Arbeit abgenommen. Exemplare dieses Buches waren praktisch nicht zu bekommen. Dies verstärkte den Snobismus derer, die den *Ulysses* kannten, und das Gefühl, einem erlauchten Zirkel anzugehören, wenn man das Buch doch irgendwo ergattert und schließlich gelesen hatte. Donagh MacDonagh, ein Freund O'Nolans, besaß eine schöne zweibändige schweizerische Ausgabe, die eifrig von Hand zu Hand weitergereicht wurde, bis sie schließlich in Brians Besitz gelangte. MacDonagh meinte später: »Er hat den ersten Band gestohlen, und da der zweite Band für mich nutzlos war, habe ich ihn ihm geschenkt. Er hat es mir nie verziehen.«[4]

Der Einfluß Joyces auf ihr Denken kann nicht hoch genug veranschlagt werden. Natürlich waren sie, der Zeit entsprechend, selbstbewußte Anhänger der Moderne; und Joyce war der große Ire − katholisch, oder jedenfalls katholisch geprägt, modern, nicht nur Ire, sondern Dubliner, der sich dort durchgesetzt hatte, wo es wirklich zählte: unter den Größen der Moderne. Sein Held Stephen Dedalus hatte die gleichen Schulen besucht wie sie und war in der gleichen Weise in den katholischen Glauben eingeführt worden. Er war, wie sie, täglich in 86 St. Stephen's Green ein- und ausgegangen und hatte auf den Stufen der Nationalbibliothek in der Kildare Street über Literatur diskutiert. Wie sie hatte er das Gewicht von »Nation, Sprache und Religion« gespürt, jene Netze, die in Irland, wie er es formulierte, über die Seele ausgeworfen werden, damit sie nicht entkommen kann. Wie O'Nolan und die meisten seiner nächsten Freunde hatte er eine der besseren und aufgeklärteren katholischen Schulen Dublins besucht und betrachtete die vorwiegend bäuerliche Denkweise Irlands mit Argwohn und Furcht.

Allerdings hatte sich Stephen von diesen Netzen nicht einfangen lassen. Er hatte rebelliert und die Flucht ergriffen, und seit seiner Verwandlung in Leopold Bloom gehörte er weniger zur irischen als vielmehr zur menschlichen Rasse. Sie dagegen saßen mehr oder weniger fest. Sie gingen in denselben Gebäuden aus und ein, sie hatten es mit den gleichen Priestern und Lehrern zu tun, den gleichen Beschränktheiten, Halbwahrheiten und nationalistischen Zerrbildern, die durch den Sieg des Nationalismus und der Sinn-Féin-Ideologie noch unerträglicher wurden – wenn man bedachte, wie dieser Sieg aussah. Und doch erschien es ihnen intellektuell unmöglich oder in Anbetracht der Situation nicht erstrebenswert, den Bruch so eindeutig und so kühn zu vollziehen wie Joyce.

Gleichwohl waren sie eine immens talentierte Generation. Donagh MacDonagh, der Brian das wertvolle Exemplar des *Ulysses* »geschenkt« hatte, begann als Dichter, dessen leicht an Auden erinnernde Verse hervorragend ins Programm des Verlags Faber and Faber paßten. Der Jurastudent Donagh – Sohn des 1916 hingerichteten Rebellenführers Thomas MacDonagh, auch er ein Dichter – hatte später als Richter keine Mühe, sich mit der neuen Ordnung zu identifizieren. Niall Montgomery war ein klarsichtiger und scharfzüngiger Architekturstudent, der eine wichtige Rolle in Brian O'Nolans Leben spielen sollte, nicht nur als Mitarbeiter bei journalistischen Projekten, sondern auch als eine Art intellektueller Mentor. Von Joyce war er besessen, wenn auch auf ambivalente Weise. Nach Aussage von Niall Sheridan, einem anderen Freund, »drückte Montgomery sich bisweilen so elliptisch und abstrus aus, daß der Eindruck entstehen konnte, als erzählte er sich selbst Witze«. Als geistreicher Sohn eines geistreichen Dubliners, Jimmy Montgomerys, des obersten Filmzensors der neuen Republik, betrachtete er die Werke von Joyce als intellektuelle Sandkastenspiele, fand sie esoterisch, kabbalistisch, wortverliebt. Er selbst verzichtete, soweit das überhaupt möglich war, auf Einfühlung und menschliche Inhalte und forderte Brian auf, es ihm gleichzutun. Er schrieb bemüht moderne Bühnenstücke und Gedichte, die kaum gespielt oder gedruckt wurden. Aber in Dublin, wo das vielversprechende Talent mehr bedeutete als das fertige Werk und wo es gewissermaßen ein Fehler war, etwas zu veröffentlichen, galt er während seiner besten Jahre als brillanter Kopf, und diesen Ruf hielt er durch gelegentliche, vielbeachtete Essays in Zeitschriften wie dem *Texas Quarterly* aufrecht.

Wie Montgomery waren auch die etwas älteren Dichter Denis Devlin und Brian Coffey recht bewußte Moderne. Devlin, der stark von französischen Vorbildern beeinflußt war, trat in den Diplomatischen Dienst ein und wurde irischer Botschafter in Italien. Coffey, als Dichter der bedeutendere von beiden, Sohn des Rektors vom UCD, war sozial weniger ambitioniert und gab sich damit zufrieden, seinen Lebensunterhalt als Lehrer zu verdienen. Von allen, die zu diesem brillanten Kreis gehörten, war er wohl der einzige, der seine Kunst mit rückhaltlosem Engagement betrieb, doch nicht zuletzt wegen des Altersunterschieds stand er Brian weniger nahe als die anderen. Dies galt auch für Charles Donnelly, der sich als einziger für tiefgreifende gesellschaftliche Veränderungen engagierte; ein oder zwei Jahre nach seinem Examen trat er in die Internationale Brigade ein und gab sein Leben für die spanische Republik. Die Handvoll Gedichte, die von ihm erhalten sind, zeugen von einer außerordentlichen Begabung und machen ihn zu der Figur, die man in Brian O'Nolans Generation vermißt. Während seines Studiums war Donnelly, der sich wegen seiner kommunistischen Überzeugungen mit seiner Familie überworfen hatte, von Zeit zu Zeit ohne Bleibe, was sich auch in seinem Äußeren zeigte. Als er eines Tages die Eingangshalle betrat, sah Brian sich zu der Bemerkung genötigt: »Dichter sollten ab und zu gebadet werden, wie Schafe.«[5]

Abgesehen von Niall Montgomery war es jedoch Niall Sheridan, der Brian O'Nolan am nächsten stand. Auch er schrieb Gedichte und veröffentlichte kurz nach Beendigung seines Studiums gemeinsam mit Donagh MacDonagh einen kleinen Band. Wie die anderen interessierte er sich sehr für Joyce und lernte später in Paris sogar den Meister persönlich kennen; er war in seinem Humor aber nicht so stark auf literarische Anspielungen angewiesen wie Montgomery, und er bot, neben Gesprächen über Literatur, auch jene Begegnung mit dem einfachen Leben, das eine bestimmte Seite in Brian O'Nolans Charakter ansprach. Er war eben nicht nur Intellektueller, sondern auch ein *tough guy*, der an den Zockertischen und in den Wettbüros neben Hartigan's Pub zu Hause war, und er hatte auch einen witzig-realistischen Zug, der Brian faszinierte. Als »Spürnase« der *Irish Times* sollte er später die jährlich vergebene Turf-Auszeichnung der *Sporting Life* erhalten. Und als das Fernsehen schließlich auch nach Irland kam, wurde er Chef der Abteilung für Öffentlichkeitsarbeit des Irischen Fernsehens.

Da die Mehrheit dieses Kreises – mit Ausnahme Coffeys – sich außerstande sah, einen Bruch à la Joyce zu vollziehen und sich der Literatur mit dessen Unbedingtheit zu verschreiben, mußte man sich mit Irland und den dort herrschenden Auffassungen arrangieren und eine Haltung zu ihnen entwickeln, wiewohl man gleichzeitig an der Bewunderung für Joyce und dessen Moral der Revolte festhielt und sie rechtfertigte. Das Ergebnis war, daß Literatur tendenziell eine Angelegenheit für Eingeweihte wurde, ein Ausweis der Überlegenheit und eine geheime Art der Verständigung untereinander, viel weniger jedoch ein Tun, dessen Impuls auf das Leben zurückwirkte. Da ihnen jene künstlerische Unbedingtheit fremd war, die Joyce und die anderen Meister der Moderne bewiesen hatten, neigten sie zu einer Spielart des »l'art pour l'art«.

Gewiß unterschied sich O'Nolan von den anderen. Da er zeitlebens gläubig war, schaffte der Katholizismus ihm keine Probleme – und ebensowenig der Nationalismus, denn grundsätzlich und von Natur aus war er so etwas wie ein Nationalist. Er war weder frankophil noch anglophil, und wenn er in späteren Jahren ausführlich Kritik an Irland übte, so stand für ihn doch außer Zweifel, daß es dort, trotz aller Unzulänglichkeiten, genauso schön war wie anderswo; nicht nur als Myles na Gopaleen wandte er sich sofort gegen Beleidigungen seiner Heimat oder gegen die Behauptung, andere Länder seien per se überlegen.

Sein Konformismus war deshalb weniger ambivalent als der mancher seiner Freunde; trotzdem mußte auch er anerkennen, daß er einen anderen Weg ging als Joyce, und auch er mußte gegenüber Irland zu einer Haltung finden, die es ihm ermöglichte, in diesem Land zu leben – gewissermaßen sogar *von* ihm zu leben. Die Synthese, die sich daraus ergab, ähnelte der Montgomeryschen Lösung. Joyce und seine Herausforderung wurden entschärft, indem man ihn zu einem Wortschmied machte, der mit der Sprache spielte, zu einem großen, aber wahnsinnigen Genie, das in seinem Elfenbeinturm schließlich verrückt werden würde. Zugegeben, er war auch ein wunderbar ordinärer Humorist, doch seine übertriebene Hingabe an eine Sache namens Kunst würde ihn am Ende ruinieren. Andererseits konnte Joyce – und damit eine Interpretation der Moderne als eine wesentlich ästhetische Sichtweise – all jenen eine Art Absolution erteilen und eine Art Infektionsschutz bieten, die das neue Irland zwar verachteten, sich den elterlichen und anderen Erwartungen aber anpaßten. Ein Zirkelschluß, aber eine saubere Lösung.

Etwa in der Mitte ihrer Studienzeit machten O'Nolan und Sheridan einen Besuch bei Joyces Vater. John Joyce war damals ein alter, bettlägeriger Mann, der in 5 Claud Road in Drumcondra, einem einfachen Viertel im nördlichen Dublin, ein Zimmer be-

wohnte. Er saß aufrecht und gutgelaunt im Bett, weigerte sich
aber, eine der sechs Flaschen Stout anzurühren, die sie mitgebracht hatten; Stout, erklärte er, sei ein »Kutschergetränk«.
   Sein Sohn Jim habe eine große Zukunft als Sänger gehabt,
meinte er; diesen Beruf hätte er ergreifen sollen. »Aber er hat es
ja wohl zu etwas gebracht«, fügte er hinzu. Darauf angesprochen,
daß das neue Buch seines Sohnes, das die Pariser Zeitschrift *transition* damals gerade in Fortsetzungen abdruckte, eine Schilderung der nächtlichen Träume der Hauptfigur sei, antwortete
er, er hoffe, sie seien besser als seine (des Autors) Tagträume.[6]
Dann erzählte er von alten Zeiten, besonders von seinen Aktivitäten als Anhänger Charles Stewart Parnells und von seiner Rolle
bei der Niederlage des Dubliner Abgeordneten Arthur E. Guinness bei der Wahl von 1885. – Über diesen Besuch wurde später in
Dublin viel geredet, denn als fast zwanzig Jahre später im *James
Joyce Yearbook* eine anonyme Schilderung eines Besuchs bei dem
alten Mann erschien, vermutete man dahinter Brian und seine
Freunde.

Die akademische Kost, die am UCD geboten wurde, beeinträch-
tigte das Überlegenheitsgefühl der Intellektuellen nicht. Es fanden kaum Seminare statt, sondern hauptsächlich Vorlesungen,
die vor Massen von lethargischen Studenten gehalten wurden. In
der Anglistik sahen diese Vorlesungen so aus, daß die Dozenten
einfach vorgefertigte Texte ablasen; zu eigenen Kommentaren
waren sie offenbar unfähig. Die moderne Literatur spielte im
Lehrbetrieb keine Rolle, und ebensowenig existierte eine neuere
Literaturwissenschaft, die den künftigen Englischlehrern eine
Auseinandersetzung mit methodologischen Fragen abverlangt
hätte.
   O'Nolan besuchte die Englischvorlesungen nur im ersten Studienjahr. Danach belegte er Irisch und Deutsch. Die Irischvorle-
sungen fand er allerdings nicht viel besser. Professor für Irisch
war Douglas Hyde, der verehrte Gründer der Gälischen Liga und
als solcher die treibende Kraft hinter den Bemühungen, die iri-

sche Sprache wiederzubeleben. Diese Idee hatte sich in Michael Victor O'Nolans Jugend wie ein Lauffeuer im ganzen Land verbreitet, doch inzwischen wurde sie, wie so vieles andere, von Brian und seinen Freunden mit einer gehörigen Portion Zynismus betrachtet.

Zu Brians Überraschung – so behauptete er jedenfalls später – sprach Hyde ein »fehlerhaftes und schlechtes Irisch«. Zehn Jahre nach dem Tod des großen Mannes (nachdem er unter De Valeras neuer Verfassung von 1937 erster Staatspräsident geworden war) schrieb »Myles na Gopaleen« einen Nachruf auf ihn, der zum Teil Brian O'Nolans Erlebnisse an der Universität wiedergibt:

»Nachdem ich einige seiner Vorlesungen besucht hatte ... beschloß ich, seinem Unterricht fernzubleiben... Eines Vormittags war ich aber zufällig anwesend und meldete mich, als bei der Anwesenheitskontrolle auch mein Name verlesen wurde. Hyde erbleichte wie vom Blitz getroffen und verdrehte die eindrucksvollen Augen. ›Ní féidir, ní féidir‹ (das ist nicht möglich, das ist nicht möglich), stöhnte er. Offenbar hatte er geglaubt, ich sei ein Mythos.«[7]

In seinem Beitrag zur *Centenary History of the Literary and Historical Society* berichtete er von dem Schock, mit dem er feststellte, welch »grauenhaftes Irisch« nicht nur Douglas Hyde sprach, sondern auch Agnes O'Farrelly, eine andere herausragende Persönlichkeit am Fachbereich Irisch. Doch attestierte er beiden ein Herz aus Gold – vermutlich wegen der Nachsicht, die sie bei der Beurteilung seiner schriftlichen Examensarbeit bewiesen hatten.

O'Nolan und seine Freunde bildeten, wie Sheridan es nannte, »eine Art intellektuelle Mafia, die das kulturelle und soziale Leben am University College stark prägte und mit Hilfe reichlich dubioser Wahltricks die meisten Clubs und Vereinigungen im geistenwissenschaftlichen Bereich kontrollierte«.[8] Sie schrieben regelmäßig für die Studentenzeitschrift *Comhthrom Féinne*, die der Studentenrat in Konkurrenz zur schon länger bestehenden und weniger aufmüpfigen Zeitschrift *National Student* herausgab. Das Amt des Chefredakteurs ›wurde gewöhnlich von einem Mitglied der Gruppe an das andere weitergereicht‹, und dort brachte Brian O'Nolan, wie Montgomery es nannte, »eine Myriade von pseudonymen Persönlichkeiten zum Einsatz, und zwar im Interesse der schieren Zerstörung«.⁹

Sheridan erzählte, als er Chefredakteur gewesen sei, habe er O'Nolan gebeten, eine Serie kurzer Geschichten über das moderne Dublin zu schreiben, eine Art Dubliner *Dekameron*. O'Nolan habe eingewilligt, aber nur unter der Bedingung, daß er auf altirisch schreiben dürfe, in einer Sprache, in der er keine Zensur seitens der Universität zu befürchten habe, da niemand das lesen könne.

Kaum war der erste Artikel gedruckt, wurde Sheridan zum Rektor, Dr. Denis Coffey (der Vater des Dichters) zitiert, um zu dem Vorwurf Stellung zu nehmen, er habe in einer von der Universität subventionierten Studentenzeitschrift obszöne Texte veröffentlicht. Coffey war ein stadtbekannter Exzentriker, der jeden Morgen in einer der wenigen Pferdedroschken, die es in Dublin noch gab, zur Universität fuhr.

Sheridan, der sich von einem befreundeten Jurastudenten hatte beraten lassen, räumte ein, grob fahrlässig gehandelt zu haben, jedoch nicht in krimineller Absicht; da er selbst den Text nicht habe lesen können, liege kein schweres Delikt vor. Bald merkte er, daß auch Coffey kein Altirisch verstand.

»Das gegenseitige Bedauern über unsere kulturellen Unzulänglichkeiten schuf eine freundlichere Atmosphäre, und wir wandten uns allgemeinen Themen zu. Unter anderem erörterten wir die ethischen und metaphysischen Aspekte des hippokratischen Eides und führten eine längere (wenngleich recht einseitige) Diskussion über die Ikonographie des hl. Patrick in Skandinavien – Themen, über die meine Kommilitonen nicht gerade häufig debattierten.«¹⁰

Als Sheridan die Gelegenheit nutzte und Dr. Coffey daran erinnerte, daß der Studentenschachclub wegen mangelnder finanzieller Unterstützung praktisch habe aufgelöst werden müssen,
bekam er beim Abschied eine Summe von fünfundzwanzig
Pfund Sterling, mit deren Hilfe der Club wieder auf die Beine gestellt werden sollte. Da er und Brian O'Nolan zu den wenigen regelmäßigen Schachspielern an der Universität gehörten, stand
fest, daß der eine der Vorsitzende und der andere der Schatzmei-
ster des neuen Schachclubs werden würde. Die fünfundzwanzig
Pfund konnten sie also in die eigene Tasche stecken – für die damalige Zeit, umgerechnet in Alkohol und Zigaretten, eine beträchtliche Summe.

Das ist eine hübsche Geschichte, und es ist wirklich schade,
daß sich der erwähnte Beitrag in *Comhthrom Féinne* nicht auffin-
den läßt. Möglicherweise hatte er Coffey als Druckfahne vorgele-
gen.

Bei dieser Episode aus dem geplanten *Dekameron* handelte es
sich vermutlich um einen Auszug aus Brian O'Nolans allerer-
stem, unvollendet gebliebenem Roman. Dieses auf irisch geschriebene Werk bezeichnete er einige Jahre später in einem Brief
an den Kunstkritiker Ned Sheehy als »furchtbar komisch und …
zu verstehen von jedem mit befriedigenden Irischkenntnissen,
wie es im Öffentlichen Dienst heißt«.[11] In diesem Brief räumt er
ein, daß das unvollendete Buch schon eine Weile bei ihm herum-
liege, behauptet aber, noch immer daran zu arbeiten. (Das war
1938, als sein erstes englischsprachiges Werk, *In Schwimmen-
zwei-Vögel*, kurz vor dem Abschluß stand.) Und »sofern veröffentlicht«, werde es »in bezug auf die irische Sprache das
absolute Nonplusultra« sein, »ein umfängliches Dokument, in
dem jeder bekannte & unbekannte irische Dialekt vorkommt,
einschließlich Mittelirisch, Altirisch, Bauernirisch, Bearlachas*,
Behördenirisch, Zukunftsirisch, mein eigenes Irisch und überhaupt jedes Irisch. Sein Titel lautet folglich ›Extractum O Bhark
i bPrágrais‹.«

* Bearlachas: mit Anglizismen durchsetztes Irisch [A.d.Ü.]

»Work in Progress« war 1938 eine beliebte und O'Nolan und
seinen Freunden sehr vertraute Bezeichnung, denn unter dieser
Überschrift erschien *Finnegans Wake* in *transition*, und Samuel
Beckett (den O'Nolan kannte) und andere hatten soeben ihre
Exagmination Round His Factification of Work in Progress veröffentlicht. Sheehy hatte er mit seinem Brief veranlassen wollen, das »Bhark i bPrágrais« auszugsweise in *Ireland Today* ab-
zudrucken, dessen Redaktion der Kunstkritiker angehörte.
Schließlich wurde tatsächlich ein sehr kurzes Stück von etwa anderthalb Seiten veröffentlicht, und zwar in einer kleineren
Schrifttype als die übrigen Beiträge. Es ist ein wunderlicher Text,
voller Anspielungen und in einer Sprache geschrieben, die mehr
mit Joyce zu tun hat als mit Alt- oder Mittelirisch. Ort der Handlung ist Grogan's Pub in der Lower Leeson Street, wo ein paar
Leute zusammensitzen und trinken. Wenn O'Nolan in seinem
Brief an Sheehy erklärt, daß »ein Exemplar des Artikels (ehrlich!) im Stockholmer Arciv fur Celtische Philolojia [sic!] oder so
ähnlich aufbewahrt wird«, so scheint das eine seiner Flunkereien
zu sein; erhalten ist heute nur noch der kurze Ausschnitt in *Ireland Today*. Bemerkenswert ist der Brief an Sheehy aber insofern,
als er dort das einzige Mal überhaupt einräumte, daß eines seiner
Werke durch James Joyce beeinflußt worden sei: »Seine Nähe zu
dem Werk eines anderen berühmten irischen Autors zu leugnen,
der heute in der französischen Hauptstadt lebt, ist zwecklos.«
Dieses Bekenntnis machte er vor der Veröffentlichung von *In
Schwimmen-zwei-Vögel* und bevor es üblich wurde, O'Nolan und
seine Arbeiten mit dem Etikett »joyceanisch« zu versehen. Daß er
dies auch in späteren Jahren noch zugegeben hätte, ist kaum vor-
stellbar.

Brian verfaßte zahllose Beiträge für *Comhthrom Féinne*, wobei er
sich mehrerer Pseudonyme bediente. Sheridans Behauptung, er
sei »als fertiger Schriftsteller über die Szene hereingebrochen«[12],
ist nicht ganz abwegig, denn das eigentlich Bemerkenswerte an
seinen Artikeln für die Studentenzeitschrift ist, wie schnell er zu

seiner Sprache findet. »Bruder Barnabas«, sein Hauptpseudonym, war bereits eine Vorform von Myles na Gopaleen: Er hatte die gleiche ungewöhnliche Geschichte, die ihn mit den Großen der Welt zusammengebracht hatte, die gleiche mißmutige Voraussicht, die gleiche amüsierte Toleranz gegenüber den Schwächen der menschlichen Natur und den Unzulänglichkeiten seiner irischen Leser. In den Episoden aus dem Leben Bruder Barnabas' werden die Gesetze von Zeit und Raum ebensowenig beachtet wie in denen von Sir Myles, und aus seiner Sicht ist Geschichte die gleiche surrealistische und ziemlich sinnlose Balgerei. Er ist ein russischer Adliger, der in einem Schlitten, von Wölfen gehetzt, über die Steppe floh, er schlug 1912 in Wien den Kaiser mit einer Reitgerte, er kennt Bernard Shaw, Harry Wharton, Billy Bunter und seine Rasselbande. Er hat Joyce entdeckt »und eiligst wieder zugedeckt«.[13]

Das zumindest aus der Sicht des Literaturwissenschaftlers bemerkenswerteste Stück schrieb O'Nolan freilich gegen Ende seines Studiums. Es heißt »Szenen in einem Roman, von Bruder Barnabas (vermutlich postum)«; darin erzählt er, wie Bruder Barnabas eines Nachts, nachdem er »neun Stout geschluckt hatte« und sich »vage blasphemisch fühlte«, eine Figur namens Carruthers McDaid schuf. Er gab ihm »eine gute, aber abgenutzte Mutter und einen arbeitsamen Vater und machte ihn, indem [er] fünfzig Jahre Eugenik gelassen negierte, zu einem wertlosen Schuft, einem Frauenbetrüger und heimlichen Trinker«.

Manche Schriftsteller, so Bruder Barnabas weiter, »haben mit einem guten und edlen Helden begonnen und dann seine Schwächung verfolgt, seine Erniedrigung und schließlich seinen Untergang; andere haben einen degenerierten Schurken vorgeführt, der innerhalb von zweiundzwanzig Kapiteln geadelt und erhoben wird, gewöhnlich durch Einwirkung einer Frau: ›Sie war nicht schön, aber eine Stumpfnase, ein etwas schiefer Mund und Augen, die randvoll mit einer simplen Komplexität geladen zu sein schienen, strahlten eine eigentümliche Anziehungskraft, einen unerklärlichen Zauber aus.‹ In meinem Fall sollte McDaid,

ein Taugenichts und Lump von Rang, langsam in den untersten
Tiefen menschlicher Erniedrigung versinken. Nichts, absolut
nichts sollte für ihn zu niedrig sein, den weizenhaarigen
Hund...«

Eines Abends zieht sich Bruder Barnabas, »mit einem Gläschen Porter und zwei Drei-Penny-Zigarren gestärkt«, auf sein
Zimmer zurück und widmet sich dem Fünften Kapitel. McDaid,
der mühsam vom Verkauf von Katzenjungen an verwirrte alte
Damen lebt – mit anderen Worten: von den unmoralischen Einkünften seiner Katze –, wird aufgefordert, in einer Kirche die
Sammelbüchse für Arme zu knacken. Er lehnt entschieden ab:

»›Tut mir leid, alter Junge‹, sagte er, ›aber das schaff ich beim besten Willen nicht.‹

›Was soll das denn, Mac‹, sagte ich, ›wirst auf deine alten Tage
heikel?‹

›Nicht direkt heikel‹, erwiderte er, ›aber bei Opferstöcken für
die Armen mache ich einen Punkt. Verdammtnochmal, deshalb
können Sie mich doch nicht heikel nennen. Denken Sie an die
Schlafzimmerkiste in Kapitel Zwei, Sie altes Ferkel.‹

›Kein Wort weiter‹, sagte ich ernst. ›Erinnerst du dich an den
neuen Rasierpinsel, den du dir gekauft hast?‹

›Ja.‹

›Na bravo; entweder du knackst den Opferstock, oder über-
morgen setzt es Milzbrand.‹«

Schließlich hat diese vermeintlich verdorbene Gestalt eine reli-
giöse Bekehrung erlebt. Als der Autor ihn auf »eine Gebetsver-
sammlung der Erweckungsbewegung [schickt], nur damit er
dort seinen Spott treiben und dem Leser die Schwärze seiner
Seele zeigen sollte«, bleibt er dort, um zu beten; und zwei Tage
später wird er dabei erwischt, als er morgens um sieben zur Kirche in der Gardiner Street hinausschleichen will.

Schlimmer noch, auch die anderen Figuren hatten zu revoltieren begonnen. Shaun Svoolish, der Held, dessen Heldensprache

zu gestalten den Autor »manchen schlaflosen Tag gekostet hat«,
hat sich in ein Dienstmädchen aus der Griffith Avenue verliebt;
und Shiela, seine feste Freundin, ein exquisites Geschöpf, das zu
dem einzigen Zweck geschaffen wurde, ihn zu lieben und seine
Frau zu werden, »will er offensichtlich abblitzen lassen«. Der Autor macht ihm Vorhaltungen: »Was ist mit Shiela, du schamloser
Lump? Ich gab ihr Grübchen, blaue Augen, blondes Haar und
eine schöne Seele. Bei euerm letzten Treffen hab ich ihr blaue
Wahnsinnsklamotten angezogen, frisch von der Stange. Jetzt
wirfst du mir das Ganze ins Gesicht...«
Doch Shaun läßt sich nicht beirren.

»›Vielleicht bin ich ein Tugendbold‹, erwiderte er, ›aber ich weiß,
was mir gefällt. Warum kann ich nicht meine Süße heiraten und
die Beamtenlaufbahn einschlagen?‹
›Ein Eisenbahnunglück kommt glücklicherweise nur selten
vor‹, sagte ich schließlich, ›aber wenn es passiert, dann ist es
fürchterlich. Denk mal drüber nach.‹«

Allmählich revoltieren alle Figuren, bis das Buch vor Verschwörung nur so brodelt. McDaid besorgt sich das Papiermesser, das
dem Pater Hennessy, einer anderen Figur, nur zum Herumspielen
während eines Gemeindebesuches verliehen wurde. Bruder Barnabas kommt es vor, als mische sich die Nachwelt in das Geschick
ihrer Vorfahren ein. Er sitzt am Fenster und denkt nach, erinnert
sich, träumt. Er überlegt, ob er die Polizei rufen soll, aber »wir
Autoren haben unseren närrischen Stolz«. Zum Schluß wird klar,
daß die von ihm geschaffenen Figuren ihn umbringen werden.[14]
Der Aufstand der Figuren des Romans im Roman, *In Schwimmen-zwei-Vögel*, ist hier schon deutlich angelegt.

Anfang der dreißiger Jahre, als Brian O'Nolan und seine Freunde
für *Comhthrom Féinne* schrieben und in Grogan's Pub in der Lower Leeson Street über Literatur diskutierten, war die große Zeit
des Irish Literary Revival schon vorbei. Weder jetzt noch irgend-

wann später vermochte Brian keltischen Mythen etwas abzuge-
winnen. Synge lehnte er entschieden ab, und sogar mit Yeats, der
1928, ein Jahr vor O'Nolans Studienbeginn, ein Buch mit dem Titel *Der Turm* veröffentlicht hatte (in dem unter anderem »Meer-
fahrt nach Byzanz« und »Meditation zur Zeit des Bürgerkriegs«
enthalten waren), konnte er nicht viel anfangen.

Obwohl seine eigenen Übertragungen irischer Gedichte von
großer Frische und Empfindsamkeit sind, hatte O'Nolan, was
Dichtung anging, eine Art blinden Fleck; aber Yeats war in Dublin ohnehin auf die Rolle des Märchenfreunds, des Spiritualisten
und des schwülstigen »großen Dichters« festgelegt. Dieses Bild
dürfte O'Nolan und seinen Freunden nicht zuletzt über Jimmy
Montgomery vermittelt worden sein, den Vater von Niall Montgomery, der als Insider der Dubliner Szene die großen Stars kannte
und alles, was an Klatsch über sie verbreitet wurde.

Wenn die Dichter des Irish Literary Revival O'Nolan kaum
interessierten, so galt das auch für die Schule der ziemlich schrul-
ligen poetischen Realisten wie Frank O'Connor oder Sean O'Faoláin, die als Neuerer galten, und erst recht für jene Stückeschrei-
ber, die Küchenkomödien für das Abbey schrieben und den
emanzipierten bürgerlichen Zuschauern das schöne Gefühl ver-
mittelten, über ihre bäuerliche Herkunft hinausgewachsen zu
sein. Der Olymp – das waren für ihn wie für seine Freunde die
großen und kleinen Götter jener Zeit: Eliot, Joyce, Aldous Huxley und Hemingway, aber auch ungewöhnliche Randfiguren wie
die Amerikaner Joseph Hergesheimer und James Branch Cabell.
Laut Sheridan las man auch die Russen des 19. Jahrhunderts sowie Proust, Kafka und Kierkegaard. Für diese drei hegte Brian
große Bewunderung, wenngleich ihn das später nicht davon abhielt, von den »Faulenzern aus den europäischen Slums« zu sprechen, »die in ihrer angekränkelten kleinen Psyche herumsto-
chern«.[15]

Daß er übermäßig viel Zeit mit Lektüre und angeregten Gesprächen über Literatur zugebracht hätte, kann man allerdings
nicht gerade behaupten. In der Universität befand sich neben der

Herrentoilette ein Billardraum, in dem Brian oft anzutreffen war. Vier Tische standen dort, zwei von üblicher Größe und zwei etwas kleinere, und Besuchern fiel der ungewöhnliche Umstand auf, daß die Spieler schwarze steife Hüte trugen, die sie sich tief in die Stirn zogen oder auch in den Nacken zurückschoben, wenn sie, über den Tisch gebeugt, zu einem Stoß ansetzten. Diese schwarzen Hüte gehörten ursprünglich den jesuitischen Studenten vom Clonliffe College; sie trugen sie, wenn sie würdevoll paarweise durch die Stadt zur Universität gingen. Jedem Theologiestudenten stand in der Garderobe neben dem Billardzimmer ein Holzspind zur Verfügung, in dem er seinen Hut deponieren konnte, während er Vorlesungen besuchte oder in der Bibliothek arbeitete.

Eines Tages steckte ein Spaßvogel einen Knallkörper ins Schlüsselloch eines dieser Spinde. Die Tür flog auf, ein Bücherstapel war zu sehen und darauf ein schwarzer Hut. Diesen nahm er heraus, setzte ihn auf und ging in das Nebenzimmer, um dort Billard zu spielen.

Die anderen Studenten guckten neidisch, und da solche Kracher nur ein paar Pennys kosteten, wurde es Mode, in den Schlüssellöchern dieser Spinde kleinere Explosionen zu veranstalten. Bald besaß jeder Spieler seinen eigenen schwarzen steifen Hut. Und da die Jesuiten nicht Billard spielten, erfuhren sie nie, was aus ihren Hüten geworden war.

Die männlichen Studenten verfügten außer dem Billardzimmer über ein sogenanntes Lesezimmer mit Sesseln und Tischen, auf denen die Morgenzeitungen ausgelegt waren. Meist lagen die Zeitungen nach einer Stunde überall auf dem Boden herum. Dann wurde in dem Zimmer fast nur noch gepokert.

Hartgesottene Spieler gingen morgens sofort in dieses Zimmer und verbrachten dort, in dicken Rauchschwaden über ihre Karten gebeugt, den ganzen Tag. Gespielt wurde um hohe Einsätze, und Betrügereien waren an der Tagesordnung. Ciarán, der gelegentlich spielte, entdeckte einmal fünf Asse in einem Spiel. Die Karten flogen in die Höhe, es kam zu einer Schlägerei, und aus irgendeinem Grund geriet eine Ecke des Zimmers in Brand.

In dieser unmöglichen Atmosphäre wurde auch Schach gespielt. Sheridan hat einmal Brians theatralische und einschüch-
ternde Spielweise beschrieben: »Mit hochgezogenen Lippen, so
daß man seine Kaninchenzähne sah, pflegte er das Brett anzu-
starren und beim Atmen merkwürdige Zischlaute von sich zu geben. Urplötzlich nahm er dann eine Figur und knallte sie auf ein
anderes Feld, und bei jedem Zug machte er eine Miene, als wollte
er einem den Gnadenstoß versetzen.« Er dachte sich eine neue
Eröffnungsvariante aus, die sogenannte Nolan-Phalanx, und
rühmte sich, mit ihrer Hilfe den russischen Großmeister Aljechin
und andere besiegt zu haben – noch zwanzig Jahre später prahlte
er mit seinem Sieg über Aljechin. Sheridan erinnerte sich freilich,
daß er »fuchsteufelswild wurde, als ein rothaariger Student aus
dem tiefsten Cavan ihn mit einer Variante der Spanischen Eröff-
nung erledigte, die er sich in den langen Winternächten ausgedacht hatte«.[16]

Weiterhin stand den Studenten am UCD ein, wie Brian es
nannte, »kleines Restaurant der Tee-und-Plätzchen-Katego-
rie«[17] zur Verfügung. Das war »der einzige Ort, wo man die Ge-
schlechtertrennung umgehen konnte«, da das Pendant des Lese-
zimmers für Studentinnen, der sogenannte Ruheraum, in dem es
keine Zeitungen und kein Pokerspiel gab, von Studenten natürlich nicht betreten werden durfte.

Die meiste Zeit verbrachten er und seine Freunde jedoch in
Grogan's Pub (heute O'Dwyers) an der Ecke Leeson Street, etwa
hundert Meter von der Universität entfernt. Ein großes Glas
Stout kostete damals sieben Pence, während Porter, das etwas bit-
terer schmeckte und weniger stark war, viereinhalb Pence kostete.

Brian verdiente inzwischen jeden Samstag auf der Hunderenn-
bahn Shelbourne Park dreißig Shilling, indem er am Eingang
diejenigen kontrollierte, die sich als Studenten ausgaben. Studenten erhielten ermäßigten Eintritt; da es seinerzeit aber keine
Studentenausweise gab, war eine Überprüfung erforderlich. Auf
welche Weise er die echten von den unechten Studenten unter-

scheiden wollte, ist jedoch unklar, und wahrscheinlich hat er fast alle hineingelassen. George Gormley, der viele Leute in der Hunde- und Pferdeszene kannte, hatte ihm diesen Job vermittelt, und er machte ihn vergleichsweise wohlhabend.

Er und seine Freunde trafen sich oft im Grogan's, und er entwickelte sich, selbst nach studentischen Maßstäben, zu einem starken Trinker. Daß er zum Abendessen, dem *tea*, in die Avoca Terrace zurückkehren und seinen Alkoholkonsum vor den Eltern verheimlichen mußte, dürfte allerdings von mäßigendem Einfluß gewesen sein.

Seine sexuellen Erfahrungen scheinen, selbst nach den bescheidenen Maßstäben der damaligen Zeit, eher dürftig gewesen zu sein. Bezeichnenderweise wurde anderes von ihm auch nicht erwartet, wenngleich über diesbezügliche Erlebnisse, wie unter Studenten üblich, natürlich geredet wurde. »Er sprühte intellektuell dermaßen, daß man auf diesen Gedanken gar nicht gekommen wäre«, meint Niall Sheridan.[18]

Nach den Veranstaltungen der L. & H. begleitete er einige Male eine Studentin namens Rosemary Coyle nach Hause. Sie wohnte in der Haddington Road am Kanal, wo man unter Bäumen spazieren konnte. Am ersten Abend stand aus irgendeinem Grund ihre Mutter erwartungsvoll in der Tür. Das war ungewöhnlich, und es wurde ein oft wiederholter Scherz zwischen ihnen, daß er in *Comhthrom Féinne* über die wachsame Mutter schreiben würde. Ein paarmal gingen sie, ausgestattet mit ein paar Flaschen Stout, in den kleinen Raum im Souterrain von 86 St. Stephen's Green, wo sich Liebespaare gelegentlich nach Veranstaltungen trafen. Sein Werben war nicht übermäßig leidenschaftlich, doch das erwarteten die Mädchen von ihren Kommilitonen auch nicht. Wie in vielen solcher Beziehungen üblich, kühlte sich ihr Interesse füreinander allmählich ab. Er bewahrte ihr jedoch eine freundschaftliche Erinnerung, und als Rosemary, inzwischen mit einem Ölmanager verheiratet, nach vielen Jahren in Nahost und Japan Ende der fünfziger Jahre nach Irland zurückkehrte, freute er sich, die Bekanntschaft fortsetzen zu können. Sie trafen sich gelegentlich auf einen Drink, und dann erzählte er von seinen literarischen Vorhaben und seinen materiellen Schwierigkeiten.

Dieses kurze Verhältnis blieb bei den anderen Studenten fast unbemerkt; ohnehin vermuteten die meisten, daß er für das andere Geschlecht nur Gleichgültigkeit und Feindseligkeit empfand – ein Eindruck, den in späteren Jahren auch andere Beobachter gewannen. Das führte aber keineswegs zu Spekulationen über sein Geschlechtsleben, wie sie in der postfreudianischen Epoche andernorts aufgekommen wären. Irland war ein Land, in dem das Ledigsein nicht bloß als normaler Zustand, sondern als empfehlenswerte Lebensweise galt. Männer heirateten später als anderswo in Europa, später als auf der ganzen Welt vermutlich. Dafür gab es in ländlichen Gegenden seit der großen Hungersnot wirtschaftliche Gründe. Ältere Söhne konnten erst heiraten, wenn sie den elterlichen Hof übernahmen. Jüngere Söhne und Töchter waren für das Auswandererschiff bestimmt. Der große Schrecken der Kleinbauern war eine Aufteilung des Familienbesitzes, da gerade die unkontrollierte Teilung zur Hungersnot geführt hatte und bei einer Aufteilung alle Angehörigen unter das Existenzminimum fielen. Heiraten konnte also nur ein Sohn, und auch nur dann, wenn die Eltern beschlossen, sich aufs Altenteil zurückzuziehen. Ungewollte Schwangerschaften waren für alle eine Katastrophe.

Aus einer anfänglich ökonomischen Notwendigkeit für die Kleinbauern entwickelte sich, unterstützt durch anglo-viktorianische Prüderie und vielleicht auch jene mönchische Askese, die in der irisch-christlichen Tradition gründet, ein Moralbegriff für das ganze Land. Die Kirche lehrte, daß Jungfräulichkeit an sich etwas Heiliges sei, und Wörter wie »rein« und »unbefleckt« zählten zu den mächtigsten ihres Vokabulars. Neben dem menschgewordenen Christus galt die Jungfrau Maria als das vollkommenste Wesen. Tausende von unverheirateten Männern, in kirchlichen wie in staatlichen Ämtern, dienten als lebender Beweis dafür, daß diese Lebensform nicht unnatürlich war und ihre Probleme anderswo übertrieben dargestellt wurden. In allen Schichten und

Bereichen traf man auf ledige Männer und Frauen, und nicht alle
mußten ihre Libido mit Hilfe des Alkohols oder des Gebets subli-
mieren – obwohl das genügend oft vorkam.

So verbreitet war das lebenslange Zölibat und so wenig verbreitet die Freudsche Theorie von der dominierenden Rolle des
Sexualtriebs, daß niemand diese unverheiratet Lebenden in
Frage stellte oder schief ansah. In Irland stand nicht unumstöß-
lich fest, daß anderweitig interessiert sein mußte, wem an hete-
rosexuellen Beziehungen offenkundig nichts lag. Desinteresse
am anderen Geschlecht ließ sich mit religiösem Eifer, den Umständen, normaler Gleichgültigkeit oder einer Kombination aus
allen dreien erklären; es war jedoch so verbreitet, daß die meisten
Menschen sich zu irgendwelchen Begründungen überhaupt nicht
veranlaßt sahen. Die meisten Freunde Brian O'Nolans hielten ihn
für einen natürlichen Zölibatären, für einen Einsiedler gar, der
eher grimmig und schwierig war als verweichlicht oder unmänn-
lich und dessen Klause der Pub war. Frauen hatten hier zumeist
keinen Zutritt.

Neben seinen eigenen Beiträgen brachte *Comhthrom Féinne*
gelegentlich auch spaßige Bemerkungen *über* ihn, die unter anderem auf seine wiederholt erklärte Abneigung gegenüber Studentinnen anspielten. Im Mai 1932 las man etwa: »Mr. Ua Nualláins Ansichten über Studentinnen wurden, den Bestimmungen
des Pressegesetzes entsprechend und aus Achtung vor den ohnehin zarten Gefühlen weiblicher Angehöriger der Pro-fide-Gesell-
schaft, außerordentlich widerstrebend gestrichen, können aber
auf Antrag im Redaktionsbüro eingesehen werden.«[19] Pro-fide
war eine katholische Gruppe, mit der sein Name in der Klatsch-
spalte gelegentlich in Zusammenhang gebracht wurde. Der Witz
ist wohl so zu verstehen, daß er oft von seiner Abneigung gegenüber den grotesken Zielen dieser Gruppe gesprochen hatte. Beispielsweise wird er als Direktor des neu eingerichteten Informa-
tionsbüros von Pro-fide bezeichnet, und in der Kolumne »*Kaum
zu glauben*« schrieb jemand: »Mr. B. Ua Nualláin unternimmt
sonntags eine Wanderung von fünf Kilometern. Pro-fide oder

Bona-fide?« — letzteres eine Anspielung darauf, daß Kneipen-
wirte in einem bestimmten Radius um Dublin auch außerhalb
der gesetzlichen Öffnungszeiten ausschenken durften. Diese
Pubs hießen »bona-fide«, weil man ihre Besucher »guten Glaubens« als Reisende betrachtete.

Ein andermal schrieb die Redaktion, sie könne den Lesern ein
paar Dinge über Brian O'Nolan erzählen, »aber das wird unser
Zensor nicht durchgehen lassen«.[20] Nur einmal, im Sommer 1931,
wird sein Name mit dem einer Studentin in Zusammenhang gebracht:

> The alluring and coy M-lly W-r
> As she swam in the Mull of Cantyre
> Remarked to the fishes
> I've got all my wishes
> It's BRINE OH NO LAND I desire.[21]

> Die charmante, aber schüchterne M-lly W-r
> Schwamm einmal im Mull of Cantyre.
> Sie sprach zu den Fischen
> Erfüllt sind meine Wünsche
> Mir fehlt nur BRINE OH NO LAND.

Der Witz bestand wahrscheinlich in der Verbindung zwischen
dem Namen einer auffällig schüchternen Studentin, Molly Wyer,
und dem Namen einer Collegeberühmtheit mit unverhüllt frau-
enfeindlichen Ansichten.

Im Sommer 1932 legte Brian in den Fächern Deutsch, Englisch
und Irisch die Bachelor-Prüfung ab. Er bestand mit befriedigenden Ergebnissen — ein gar nicht so schlechtes Resultat, wenn man
bedenkt, daß er im Ruf eines notorischen Faulpelzes stand. Bruder Barnabas hatte in seinen »College Notes« für 1932 prophezeit,
O'Nolan werde ein Prädikatsexamen ablegen und ein Auslandsstipendium bekommen. Und die Legende von dem faulen, aber

brillanten Studenten, an der er gern strickte, wurde an Neujahr durch eine Meldung in der Kolumne »*Kaum zu glauben*« noch unterstützt, in der es hieß: »Mr. B. Ó Nualláin bereitet sich auf sein Abschlußexamen vor.«[22]

In den sechs Monaten vor der Prüfung arbeitete er tatsächlich sehr intensiv, saß abends oft in der Universitätsbibliothek, wobei er sich das Ziel gesetzt hatte, mindestens anderthalb Stunden konzentriert zu lesen; und einmal schrieb er sogar unter seinem richtigen Namen einen Brief an die Zeitschrift, in dem er dagegen protestierte, daß die Bibliothek zugunsten einer Tanzveranstaltung geschlossen werden sollte.

Ab Herbst 1932 war er graduierter Student und damit aufgestiegen zu den höheren Semestern am UCD. Er war nicht nur für seine Auftritte in der L. & H. und seine Artikel in *Comhthrom Féinne* bekannt, sondern auch für seine irischsprachigen Kurzgeschichten, die er inzwischen für die *Irish Press*, die neue Tageszeitung der Fianna Fáil, und für den *Evening Telegraph* schrieb. Wie bei den meisten seiner Geschichten handelt es sich um Anekdoten mit einer recht mechanisch ausgearbeiteten Grundidee; in einem Milieu aber, in dem selbst ein Professor durch Veröffentlichungen in der Tagespresse an Prestige gewann, steigerten diese Geschichten beträchtlich den Ruf, den er genoß.

Und er genoß ihn tatsächlich. Bekanntheit in einem so geschlossenen Kreis wie dem UCD kann reizvoller und intensiver sein als der eher diffuse Ruf, den man später vielleicht in der großen Welt hat; ja, sie kann so berauschend sein, daß manche Menschen, sogar jene, die später berühmt werden, sich ihrer mit Nostalgie erinnern; und manche Existenz ist dadurch ruiniert worden.

Alles deutet darauf hin, daß Brian O'Nolan seine Bekanntheit an der Universität enorm genossen hat, und der eigentümlich sentimentale Unterton seiner Beiträge in Veröffentlichungen wie der *Centenary History of the L. & H.* zeigt deutlich die Nostalgie, die in seiner Rückschau liegt. In der *Centenary History* spricht er vom »Zauber jener Jahre«[23] – eine für ihn sehr untypische Formulierung. Tatsächlich war das UCD so sehr seine Welt geworden, daß sein Abschied etwas überstürzt und wenig überzeugend wirkte. Er war einer jener Studenten, die den Ort ihrer Triumphe nur ungern verlassen.

Zwischen 1932 und 1933 arbeiteten Brian und seine Freunde noch immer für *Comhthrom Féinne*. Im Januar 1933 übernahm er das Amt des Chefredakteurs. Er besuchte nicht nur weiterhin die Veranstaltungen der L. & H., sondern faßte in dieser Zeit auch den Entschluß, für das Amt des Präsidenten der Gesellschaft zu kandidieren. Dies sollte einen Schatten auf seinen endgültigen Abschied von der Universität werfen.

Als Konkurrent trat Vivion De Valera gegen ihn an, der in Blackrock sein Klassenkamerad gewesen war und dessen Vater, fünf Jahre nach seinem Einzug in den Dáil Éireann, die Wahlen von 1932 mit seiner Partei gewonnen hatte. De Valera kandidierte, wie man sich denken kann, mit ausgesprochen politischen Argumenten, und in der herrschenden Atmosphäre hatte der antipolitische oder unpolitische O Nualláin kaum Chancen, gewählt zu werden. Selbst seine gelegentlich ernsthaften politischen Redebeiträge waren stets in ironische Formulierungen gekleidet und durchweg witzig.

Die tatsächliche Bedeutung einer Rede, in der er die faschistischen »Blauhemden«, die in jener Zeit an Einfluß zu gewinnen schienen, verspottete und lächerlich machte, erschloß sich daher nicht, so daß seine Gegner ihn mühelos als Clown abtun konnten. R. N. Cooke schrieb in der *Centenary History*:

»Leider war er auf die Rolle des Witzbolds festgelegt. Die Gesellschaft erwartete das von ihm, und er enttäuschte sie selten, doch es bedeutete, daß seine wahre Qualität als erstklassiger Redner nie erkannt wurde. Den Schreihälsen, von denen wir reichlich hatten, gab dies Gelegenheit, ihn als potentiellen Präsidenten schlechtzumachen, was sie während des Wahlkampfs auch weidlich ausnutzten.

Andererseits war Vivion De Valera damals der seriöseste Mann Irlands. Man muß sagen, daß er vermutlich auch der fairste war. Das erwies sich als unser und Ó Nualláins Ruin. Auf der letzten Veranstaltung des Jahres erging sich Redner auf Redner in den übelsten Lobhudeleien auf die nationalen Bestrebungen, die sich, natürlich stellvertretend, in Vivion zu verkörpern schienen, bis der Eindruck entstanden war, als sei jede Stimme für Ó Nualláin ein Nagel im Sarg der Republik. Ó Nualláin war anwesend. Ruhig und beherrscht antwortete er auf den haarsträubenden Unsinn seiner Gegner. Aber er machte doch einige recht anzügliche Bemerkungen über den Statthalter des Präsidenten an der Universität, und so tranken wir vier unseren Kaffee im Savoy in gedrückter Stimmung.«[24]

Brian selbst zog einen ähnlichen Schluß:

»Die Sitzungsperiode 1932/33 war nicht ganz unwichtig, denn in dieser Zeit beschloß ich, es sei für mich an der Zeit, Präsident zu werden. Außer mir kandidierte noch Vivion De Valera. Die Fianna Fáil saß inzwischen fest im Sattel, der Himmel auf Erden war zum Greifen nahe, und de Valera profitierte von dieser Situation. Ich glaubte und erklärte auch öffentlich, daß diese Politiker ungeeignet seien; daher verlor ich die Wahl.

... In der L. & H. wurde zuviel politisiert, was unangenehm war – nicht weil Politik in studentischen Diskussionen nichts zu suchen hätte, sondern weil es einfach langweilig war. Vielleicht bin ich befangen, denn später sollte ich täglich viele Stunden im Dáil Éireann verbringen, wenngleich nicht als gewählter Staatsmann. Die Pein, die ich dabei empfand, ist mir noch viel zu frisch im Gedächtnis, als daß ich mich ihrer frei von Emotionen entsinnen könnte.«[25]

Man braucht nicht nach besonderen Gründen zu suchen, um diese Aversion gegen irische Parteipolitik in den Jahrzehnten nach Erlangung der Unabhängigkeit zu erklären, zumal bei je-

mandem, der viele Stunden im Dáil anwesend sein mußte; doch
möglicherweise war es der Ausgang dieser Wahl, der O'Nolan in
seiner Haltung gegenüber Parteiengezänk und den daran Beteiligten endgültig bestätigte. De Valera errang mit 42 zu 12 Stimmen einen klaren Sieg. Als James Joyce sich im Jahre 1900 um das
gleiche Amt bewarb, verlor er die Wahl gegen den Jurastudenten
Hugh Kennedy, der später Richter am High Court wurde, mit 15
zu 9 Stimmen. (Dem Verfasser erging es etwas besser: Er verlor
die Wahl zu diesem Amt ebenfalls an einen Jurastudenten, der
später Richter wurde, mit nur einer Stimme Unterschied, deren
Gültigkeit überdies noch angezweifelt wurde.)

Trotz seiner Niederlage nahm O'Nolan an den Veranstaltungen
der Gesellschaft weiterhin teil. Der Romancier Patrick Purcell
erinnerte sich an eine »großartige satirische Rede während der
Sitzungsperiode 1933/34, in der Ó Nualláin all jene durch den Ka-
kao zog, die in der irischen Politik mitwirkten, für welche Partei
auch immer«[26]; und laut R.N. Cooke »hielt er in jenem Jahr,
nachdem er die Präsidentenwahl verloren hatte, einige seiner besten Reden«.[27]

Ob er nun auf eine akademische Karriere hoffte oder nicht, er
hatte beschlossen, den Magistergrad zu erwerben. Das Thema
seiner schriftlichen Arbeit lautete »Die Natur in der irischen
Dichtung«, eine Entscheidung, die nach Gesprächen nicht nur
mit dem großen Douglas Hyde fiel, dem er jetzt näherkam und
viel mehr Respekt entgegenbrachte als in früheren Zeiten, sondern auch mit Agnes O'Farrelly, die als Betreuerin ausersehen
war. Anscheinend hat er, wie viele andere Studenten auch, das
von seinen Professoren vorgeschlagene Thema lustlos akzeptiert.
Dennoch war es eine überraschende Wahl.

Die Natur spielt eine gewisse Rolle in seinem Roman *Der dritte
Polizist* und prägt wesentlich das Elend in *Irischer Lebenslauf*,
aber die tatsächliche Naturbeobachtung in beiden Büchern ist
ebenso begrenzt und allgemein wie die Sprache, mit der sie beschrieben wird. Wie aus seiner Magisterarbeit hervorgeht, gilt
das für die irische Dichtung überhaupt, deren Naturbeschrei-

bungen formelhaft und homerisch sind, nicht spezifisch und exakt, wie es die englische Tradition verlangt. Sein jüngerer Bruder Kevin, der später Assistent am UCD wurde und die akademischen Gepflogenheiten kannte, kritisierte Brians Einstellung zu seiner Magisterarbeit und seine Wahl der Betreuerin: »Er hatte sein Examen abgelegt, wollte etwas tun und suchte sich eine, wie ich finde, leichte Betreuerin, nämlich Agnes O'Farrelly, die für Poetik und derlei zuständig war. Er wollte mit möglichst geringem Aufwand zu seinem Magister kommen, anstatt zu einem Mann wie Bergin zu gehen.«[28]

Osborn Bergin war eine der drei großen Autoritäten für Altirisch, die Myles na Gopaleen später in einer Verszeile vereinte: »Binchy und Bergin und Best«. Die Kritik seines Bruders ist nicht unberechtigt, da ein ehrgeiziger Student von O'Nolans Fähigkeiten sich gewiß für Bergin entschieden hätte. O'Nolan war ambitioniert – jedoch nicht als Gelehrter, sondern als Schriftsteller.

Kevin bezeichnet Agnes O'Farrelly als eine »unkomplizierte Person«:

»Wirklich seriös wäre Osborn Bergin gewesen. Wenn er [d. h. Brian] seinen Magister in Irisch erwerben wollte und zu ihm gegangen wäre, dann hätte er, um ihn zufriedenzustellen, wirklich hart arbeiten müssen. So entschied er sich für sie und bekam das Thema ›Die Natur in der irischen Dichtung‹. Ich glaube, das gefiel ihm, und er hat davon profitiert, aber die schriftliche Arbeit selbst war eine ganz unkomplizierte Sache; er hat verschiedene Gedichte zusammengestellt und dergleichen und ein paar wissenschaftliche Anmerkungen dazu gemacht.«[29]

Die schriftliche Arbeit bestand also lediglich aus einer Sammlung irischer Gedichte und einem eher banalen Kommentar. Er hatte weder Quellen- noch Textstudien betrieben, sondern alles aus vorliegenden Publikationen zusammengesucht – ein Witz, wie er auch später noch fand. Als Professor Alfred O'Rahilly seine Attacke gegen Myles na Gopaleen mit dem Zusatz »M. A.« unterschrieb, erwiderte Myles: »Ein M. A., du liebes bißchen! Ich habe auch einen M. A. dieser jämmerlichen Universität und kann (durch Vorlage der lächerlichen ›Magisterarbeit‹) nachweisen, daß der akademische Grad, wie die Universität, ein einziger Schwindel ist.«[30]

Im August 1934 reichte er seine schriftliche Arbeit ein und war ziemlich schockiert, als die »unkomplizierte« Agnes O'Farrelly sie prompt zurückgab. Seinen Freunden erzählte er, er werde die Arbeit einfach auf rosarotem Papier noch einmal abtippen und dann erneut einreichen, und später behauptete er, genau dies getan und Agnes O'Farrelly eine unveränderte Arbeit angedreht zu haben – was prompt in seine Legende einging. Tatsächlich wurde der Textteil überarbeitet und erweitert, was ihn nicht spannender machte, und die Gedichtsammlung wurde hier und da verändert. Ob getäuscht oder nicht, im Jahr darauf akzeptierte Agnes O'Farrelly die Arbeit, und O'Nolan erhielt den Grad eines Magister Artium.

In der *Centenary History of the L. & H.* bezeichnete er Douglas Hyde und Agnes O'Farrelly als »herzensgute Menschen«. Er wußte wohl, daß sie nachsichtig mit ihm waren – vielleicht, weil er bereits seinen Lebensunterhalt verdiente –, und er war ihnen dankbar dafür.

In den biographischen Darstellungen, die zu Brian O'Nolans Leben bislang vorliegen, werden die ersten Monate des Jahres 1934 gewöhnlich als die Zeit eines Deutschlandaufenthalts bezeichnet, den er später selbst zur Legende erhob. Die Fakten sind die folgenden: 1943 erschien in *Time* ein Beitrag über O'Nolan, der zu jener Zeit unter dem Pseudonym Myles na Gopaleen seine »Cruiskeen Lawn«-Kolumne für die *Irish Times* schrieb. In diesem Beitrag heißt es, er sei als »blasser, dreiundzwanzigjähriger Jüngling mit vorstehenden Zähnen« in den Staatsdienst eingetreten und habe »bis dahin, abgesehen von einer Deutschlandreise im Jahre 1933, ein ereignisloses Leben geführt«.

Und weiter: »Dort studierte er die Sprache und schaffte es, we-

gen abfälliger Äußerungen über Adolf Hitler verprügelt und aus
einer Gastwirtschaft geworfen zu werden: ›Die haben mich völlig
mißverstanden.‹ Er lernte dort auch die achtzehnjährige, blonde,
geigespielende Clara Ungerland kennen, die Tochter eines Kölner
Korbmachers. Sie heirateten, und einen Monat später starb sie.
O'Nolan kehrte nach Éire zurück und spricht seither nicht mehr
von ihr.«[31]

O'Nolans Freunde betrachteten diese Darstellung seiner
Deutschlandreise von Anfang an als Jux. Keiner von ihnen hatte
je von Clara Ungerland gehört, und alle waren überzeugt, daß er
Stanford Lee Cooper, dem Reporter von *Time*, schlicht einen Bä-
ren aufgebunden hatte. Und es gibt etliche Faktoren, die einen
längeren Deutschlandaufenthalt zweifelhaft erscheinen lassen,
zumal in dem Zeitraum, von dem gewöhnlich die Rede ist.

Zum einen findet sich im UCD kein Hinweis darauf, daß er ein
Auslandsstipendium gewann, und auch an der Universität Köln
existiert kein Beleg dafür, daß er dort jemals studiert hätte. Er besaß kein Geld, um einen längeren Aufenthalt selbst zu finanzieren, und erst recht nicht genug Geld, um an eine Ehe zu denken.

Im Mai 1933 hatte er sich um das Amt des Präsidenten der
L. & H. für die Sitzungsperiode 1933/34 beworben. Er unterlag,
blieb aber, wie R. N. Cooke in der *Centenary History* feststellt,
der Gesellschaft bis Herbst 1933 verbunden und zog sich erst im
Frühjahr/Sommer 1934 allmählich zurück. Anfang 1934 schrieb
er eine Reihe von Beiträgen für *Comhthrom Féinne*, darunter
auch die brillanten »Szenen in einem Roman« des Bruder Barnabas, von denen bereits die Rede war. Wenn man weiß, wie es bei
Studentenzeitschriften zugeht, ist einem klar, daß er die Artikel
schwerlich von Deutschland aus geschickt haben wird. Im August 1934 gründeten er und seine Freunde eine neue Zeitschrift
namens *Blather*, von der bis Januar 1935 fünf Nummern erschienen.

Diese Aktivitäten schließen einen längeren Auslandsaufenthalt praktisch aus, und soweit seine Reise bei Familie und Freunden überhaupt einen bleibenden Eindruck hinterließ, so stimm-

ten sie alle darin überein, daß sie nur sehr kurz gewesen sein kann – zwei, höchstens drei Wochen.

Er schickte ein paar nicht besonders erinnernswerte Ansichtskarten, von denen offenbar keine erhalten ist, und hatte nach seiner Rückkehr nur wenig zu erzählen. Er beschrieb seiner Familie, wie uniformierte SA-Leute in einer Seitenstraße jemand verprügelt hatten, und er machte ein paar Bemerkungen über Konzerte und Theateraufführungen – das war schon alles. Über die Eigenarten der Deutschen sprach er nicht und schon gar nicht über Politik. Er machte auch keinen Versuch, sich seinen Kommilitonen als Experte für zeitgenössische Politik zu präsentieren, obgleich in der Zeit zwischen Januar 1933, als Hitler Reichskanzler wurde, und Juli 1934, als Hindenburg starb, diese Ereignisse weltweit die Schlagzeilen beherrschten. Aber wie politisch oder unpolitisch O'Nolan auch gewesen sein mag, die Brutalität und die Bedeutung der Ereignisse in Deutschland wären ihm wohl kaum entgangen, wenn er sich länger als ein paar Wochen dort aufgehalten hätte. Von allem anderen abgesehen, fand im Februar 1934 an den Universitäten eine Säuberungskampagne statt; fast jeder fünfte Dozent wurde entlassen, Vorlesungen wurden häufig gestört, und einige Nazi-Professoren lehrten sogar in Uniform.

Für einen Sammelband mit dem Titel *Twentieth Century Authors* schrieb O'Nolan einen Artikel, den er offenbar aber nicht abschickte. Darin heißt es, er sei an die Universität Köln gegangen, um dort Sprachstudien zu betreiben, habe »viele Monate im Rheinland und in Bonn verbracht« und sei dabei »vom konzentrierten Studium etwas abgekommen«. Und dann: »In späteren Jahren lernte ich Berlin sehr gut kennen und entwickelte ein tiefes Interesse an den Deutschen.«[32]

»In späteren Jahren« scheint sich auf eine sehr viel spätere Zeit zu beziehen als auf die Zeit der fraglichen Reise, vielleicht sogar auf die Nachkriegsära, doch weder seine Freunde noch seine Verwandten können sich erinnern, daß er noch weitere Reisen unternommen hätte.

Es gibt noch einen zweiten wichtigen Grund für die Annahme,

daß sich O'Nolans Bekanntschaft mit Deutschland auf einen sehr
kurzen Aufenthalt im Jahre 1933 oder 1934 beschränkt hat. Auch
wenn er keineswegs der Polyglotte war, den er (und öfter noch
Myles na Gopaleen) herauskehrte, so war er doch überdurchschnittlich sprachbegabt. Deutsch war eines seiner Studienfä-
cher, und zur Prüfung mußte er selbstverständlich Kenntnisse
der Sprache und der Literatur nachweisen. Darüber hinaus behauptete er, ein Auslandsstipendium gewonnen zu haben, um
»Sprachstudien« zu betreiben. Wenn er 1933 oder 1934 nach
Deutschland gefahren wäre und dort geheiratet hätte, später gar
ein zweites Mal dort gewesen wäre oder »Berlin sehr gut kennengelernt« hätte, dann hätte er bestimmt fließend Deutsch gesprochen, jedenfalls gut genug, um Dokumente und Zeitungen zu lesen oder gewöhnliche Unterhaltungen zu führen.

Doch sein Deutsch war ziemlich mittelmäßig. Sein Bruder Kevin erinnerte sich, daß Brian in den fünfziger Jahren einmal mit
einem Geschäftsbrief zu ihm kam, den er sich am Germanisti-
schen Institut des UCD übersetzen lassen wollte. Und sollte er tatsächlich fließend Deutsch gesprochen haben, so ist das seinen
Freunden verborgen geblieben. In einer Anmerkung zu den Quellen seines Bühnenstücks *Faustus Kelly* spricht er davon, daß er
auf Treu und Glauben hinnehmen mußte, daß Goethes Stück ein
»Meisterwerk« sei. Er selbst habe den *Faust*, als er ihn auf der
Universität las, schwülstig gefunden, räumt aber ein, daß das an
seinen mangelhaften Sprachkenntnissen gelegen haben könne.
Hätte er sie später vervollkommnet, so hätte dies Myles gewiß als
erster verkündet.

All diese Überlegungen wären unerheblich, wenn nicht manche Kommentatoren nachweisen wollten, er habe intime und um-
fassende Kenntnisse von Nazideutschland gehabt, um sodann
den Umstand, daß er den Nationalsozialismus in seiner Kolumne
oder anderswo nicht verurteilt hat, als um so befremdlicher erscheinen zu lassen.

In Wahrheit läßt keiner seiner Beiträge aus der damaligen Zeit
auf ein mehr als oberflächliches Verständnis von Politik über-

haupt schließen, wieviel Kenntnis von den internen Mechanismen der irischen Politik er später auch gewinnen mochte. Und unabhängig von seinen Ansichten hätte Myles na Gopaleen, wie jeder andere Journalist auch, die Politik eines der kriegführenden Staaten schwerlich verurteilen können, da derlei Äußerungen in Irland unter die Zensur fielen. Er wandte sich aber, wie wir noch sehen werden, gegen Rassismus und völkische Reinheitslehren jedweder Art und hielt sogar nach ihren Erscheinungsformen im Gewand des Gälizismus Ausschau.

Was den Versuch angeht, eine Parallele zwischen O'Nolans mysteriösem Fräulein Ungerland und Wordsworths Annette Vallon zu ziehen — »Lag der wahre Reiz Deutschlands in etwas Persönlicherem als den Gedichten Heines, der Philosophie Kants und den Opern Richard Wagners? ... Es ist merkwürdig, daß ›Clara Ungerland‹, genau wie O'Nolan, Geige gespielt haben soll. Die Musik wird ein natürliches Band zwischen den jungen Leuten gewesen sein«[33] —, so kann auch das getrost Myles na Gopaleen überlassen bleiben. 1960 kam er nochmals auf den *Time*-Artikel zu sprechen und ergänzte ihn sogar um einige romantische Details, doch es bleibt fraglich, ob er Stanford Lee Cooper diese Angaben im Jahre 1943 wirklich gemacht hat. Rückblickend behauptet er, Cooper erzählt zu haben, der Kapitän eines Rheindampfers habe sie getraut und seine Braut sei an »galoppierender Schwindsucht« gestorben. Doppelsinnig stellt Myles fest: »Ich bin nicht der Schlechteste im Erfinden von unglaublichen und unmöglichen Geschichten, aber was ich damals produziert habe, war ganz großer Quatsch, den mir nicht einmal ein Zehnjähriger abgenommen hätte.«[34]

All das soll nicht heißen, daß Brian im Laufe der vermutlich einzigen Auslandsreise, die er je unternommen hat, nicht etwas sehr Bewegendes erlebt haben könnte, ein sexuelles Erlebnis oder irgend etwas anderes. Niall Sheridan, der ihm damals nahestand, glaubt, daß die Reise für ihn eine »traurige Erfahrung«[35] war, und sein Schweigen scheint das zu bestätigen. Darüber nachzudenken, ob das für den Aufenthalt insgesamt galt oder nur für eine einzelne Begebenheit, hieße jedoch nur, die Spekulation noch weiterzutreiben. Die Reise ist, wie Sheridan sagt, selbst für seine engsten Freunde immer »ein wenig mysteriös« geblieben.

Nach den Sommerferien 1934 scheint Brian, obwohl er noch immer eine aktive Rolle im Leben der Universität spielte, sich völlig aus der L. & H. zurückgezogen zu haben; doch es gab in diesem Zusammenhang noch eine weitere aufschlußreiche Episode. Anfang 1935 attackierte ein Student in *Comhthrom Féinne* die Gesellschaft wegen des »Klamauks« des Mobs als »barbarische Institution« und warf dem seinerzeit amtierenden Präsidenten vor, er sei unfähig, diese Szenen zu unterbinden. Ó Nualláin sprang den Angegriffenen bei. In der März-Nummer 1935 riet er Debattenrednern: »Sprecht zu Hafenarbeitern nicht über Kirchenrecht, aber wenn es nicht anders geht, dann sprecht in ihrer Sprache zu ihnen. Bringt sie zum Schweigen und zwingt sie, euch zuzuhören. Packt sie und fesselt sie. Sobald ihr lockerlaßt, werden sie euch Schwierigkeiten machen. Fesselt sie um jeden Preis, selbst auf Kosten guter Rhetorik oder einer ›kultivierten Ausdrucksweise‹.«[36] Angesichts dieser konfusen Thesen und der herablassenden Art nicht nur Hafenarbeitern, sondern auch dem Mob gegenüber, dessen Spott und Gelächter er so oft gewonnen hatte, fühlt man sich etwas unbehaglich; desgleichen bei dem pompösen Ton der anschließenden Bemerkungen: »Es ist eine schwache und rückgratlose Generation. Die richtigen Leute stehen noch immer in ungesunder Zugluft an der Tür. Sie werden die Gesellschaft durch ihre zersetzende Vernunft erhalten sowie durch die Weigerung, Imitationen hinzunehmen, bis echte Redner mit Charakter und Mumm in Erscheinung treten, was unvermeidbar ist. Blasierte, unfähige Leute werden sie weiterhin auspfeifen.«

Einige bissige Reaktionen ließen freilich erkennen, daß inzwischen eine neue Studentengeneration den Ton angab. In der nächsten Nummer erschien eine Attacke auf Ó Nualláin, über die er sich vielleicht um so mehr ärgerte, als manche Formulierungen nicht ganz aus der Luft gegriffen waren. Der Autor bezeichnete ihn als »giftig« und »publicitysüchtig« und erklärte: »In Mr. Ó Nualláins Studentenleben spielt das ›wäre, hätte, könnte‹ eine große Rolle – und zwar mehr, als der eitle Knopf zugeben wird.«[37] Der Angegriffene reagierte indes würdevoll und human. »Wenn Mr. Fitzpatrick erwachsen ist, wird er feststellen, daß das ›wäre, hätte, könnte‹ in seinem eigenen kleinen Leben, wie im Leben eines jeden Menschen, eine viel zu bedeutende Rolle spielt, als daß man es gefahrlos als Waffe gegen andere benutzen könnte.«[38]

Die Tatsache, daß er zum ersten Mal in seinem Studentenleben einen Artikel mit »Brian O'Nolan« unterschrieb, unterstreicht seine persönliche Betroffenheit, und als wollte er zeigen, daß es ihm etwas verspätet erschien, sich auf Debatten mit *undergraduates* einzulassen, fügte er hinzu: »Abschließend möchte ich sagen, daß ich aus akademischer Sicht schon seit zwei Jahren tot bin. Wenn man sich immatrikuliert, wird man geboren. Wenn man sein Examen macht und die Universität verläßt, stirbt man. *De mortuis nil nisi bonum.*«

Das UCD war kein Arkadien für Brian O'Nolan. Er fand dort nicht, was andere unter den verträumten Zinnen anderer Bildungsstätten fanden. Seine Erfahrungen mit dem Wahren, dem Schönen und selbst dem Guten waren begrenzt, zumindest außerhalb der Literatur. Trotzdem hatte das UCD ihm viel gegeben – das Gespräch mit quasi Gleichrangigen, eine Chance, seine Kräfte zu messen, viel Lachen und Stoff für künftiges Lachen, die Einführung in den Schmutz, dessen Exeget er sein würde.

Später behauptete er, daß die Universität, jedenfalls im akademischen Sinn, nichts für ihn getan habe. Eine Pressemeldung über das UCD im Juli 1958 veranlaßte Myles na Gopaleen zu der Feststellung: »Ich habe selbst dort studiert und versichere hiermit, daß ich das Niveau von ›Forschung und Lehre‹ erbärmlich und die Prüfungsanforderungen schlicht lachhaft fand.«[39]

Noch 1966 fragte sich Myles: »Was habe ich nach fünf Jahren meines Lebens vorzuweisen?«; und er antwortete:

»Um Bücher und Studium habe ich mich überhaupt nicht ge-
kümmert, und Vorlesungen betrachtete ich als Witz, was sie ja
auch waren, wenn man in fadem, stumpfsinnigem Gemurmel
über Themen, die jeder intelligente Mensch in ein paar Monaten
ohne fremde Hilfe bewältigen könnte, irgend etwas Witziges zu
entdecken vermag. Die Prüfungen fand ich kindisch, und überhaupt erschien mir das ganze Universitätssystem als Heuchelei.
Das einzige, was mein Vater für sein Geld bekam, war die Gewiß-
heit, daß sein Sohn ein makelloses Fundament zu einem System
schweren Trinkens gelegt hatte und daß man sich immer darauf
verlassen konnte, daß er selbst mit einem schlechten Queue eine
Serie von 25 erzielen konnte. Ich bin fest davon überzeugt, daß,
wenn Universitätsbildung allgemein zugänglich wäre und allgemein Gebrauch davon gemacht würde, das Land binnen einer
Generation ruiniert wäre.«[40]

Ab Sommer 1934 brachten Brian, sein Bruder Ciarán und Niall
Sheridan ein Satireblatt mit dem Namen *Blather* heraus. In der
Dame Street im Dubliner Geschäftszentrum, wo damals viele
Büroetagen mit schmuddeligen Hinterzimmern leerstanden,
mieteten sie sich im zweiten Stockwerk ein Büro und bestellten
P. J. Hogan, der ebenfalls am UCD studiert hatte, zum Geschäfts-
führer. Hogan hatte als Student zwei Kneipen geerbt und erlebte
später mit seiner Irish Bar ein wechselvolles Schicksal. Sein Cottage in Castlenock taufte er »Nulla Bona« – ein Terminus, den
Gerichtsvollzieher benutzen, wenn sie mangels pfändbarer Gegenstände einen Zahlungsbefehl nicht vollstrecken können.
    Blather wollte hauptsächlich schockieren und betrachtete
darin das englische Magazin *Razzle* als Vorbild. Im ersten Leitartikel heißt es:

»BLATHER IST DA.

Während wir vortreten, um uns zu verbeugen, werden Sie vergeblich nach Zeichen von Unterwürfigkeit suchen oder nach Sym-

ptomen eines sklavischen Verlangens zu gefallen. Wir sind ein
Haufen arroganter und verdorbener Schnösel. *Blather* ist alles
egal. Ein sardonisches Gelächter entfährt uns, während wir uns
verbeugen, gefühllose, zynische Hunde, die wir sind. Es ist ein
furchtbares Gelächter, das Gelächter verlorener Männer. Merken
Sie, wie es nach Porter riecht?«

Blather, hieß es weiter, sei ein »Gossenblatt«, das »in allem, was
am zeitgenössischen Journalismus schändlich, nichtswürdig und
unaussprechlich ist, ein völlig neues Niveau« erreichen wird.
Blather kenne »keine Prinzipien, keine Scham«; seine Themen
seien »die Förderung von Bereicherung und Korruption im öffentlichen Leben, die Unterstützung von Phrasen und Heuchelei,
die Ermutigung zu Betrug und Hysterie, die Verherrlichung von
Habgier und Wucherei«.[41]
Leider wurde die Zeitschrift dieser Beschreibung nicht ganz
gerecht. *Blather* war auf seine Weise viel politischer als alles, was
dieselben Autoren in *Comhthrom Féinne* geschrieben hatten,
auch wenn man die Auseinandersetzung mit Ereignissen und Personen des öffentlichen Lebens auf reichlich pennälerhafte Weise
betrieb.
Auf den Wahlsieg von De Valeras Fianna Fáil im Jahre 1932
hatten ihre Gegner reagiert, als wäre es ein Sieg linksradikaler
Republikaner gewesen. Die Wahrheit sah anders aus, aber die Be-
fürchtungen des *Irish Independent* erhielten Nahrung, als die
neue Regierung republikanische Strafgefangene aus verschiedenen Zuchthäusern entließ. Diese Ex-Gefangenen begannen nun,
Versammlungen der Cumann na nGaedheal-Partei, die einst für
den Freistaat gekämpft hatte und jetzt in der Opposition war, auf-
zumischen. Entlassen wurde auch der Polizeichef, General Eoin
O'Duffy, der daraufhin die parafaschistischen »Blauhemden«
gründete – angeblich zum Schutz von Cumann na nGaedheal
und anderen oppositionellen Versammlungen und zur Sicherung
der Meinungsfreiheit. Neuer Polizeichef wurde ein gewisser Colonel Broy, und fortan hießen die Polizeibeamten im Volksmund

Broy Harriers, in Anspielung auf das berühmte Jagdrevier in der Nähe der Ortschaft Bray, den Bray Harriers. Welches Echo diese Vorgänge auf den Seiten von *Blather* fanden, mag das folgende veranschaulichen:

»Was die Politik angeht, so wird unsere ganze rattenhafte List darauf gerichtet sein, aus Irland ein Land zu machen, in dem *Blathers* verdorbene Leser leben können. Bis dahin wird *Blather* alles tun, was Verzerrung, Entstellung und Langzeitlüge vermögen, um die politischen Parteien zu schädigen und zu ruinieren, eine wie die andere. Auf dem Wege der Korruption ist schon viel erreicht worden. Wir haben De Valera und das gesamte Kabinett der Fianna Fáil in der Tasche. Wir haben O'Duffy im Sack. Michael Hayes liegt, bildlich gesprochen, gefesselt und geknebelt in unserem Hühnerstall. Colonel Broy hat uns einen Polizisten ausgeliehen, der unsere Briefe zur Post bringt.«[42]

Blather verstand sich, kurz gesagt, als »Quälgeist für alle eure Parteien, legal oder illegal«. Diese antipolitische Einstellung führte aber keineswegs zu besonders schonungsloser Kritik und kam eigentlich nur in den respektlosen Absichtserklärungen der Leitartikel zum Ausdruck. Der Humor des Hauptteils war grotesk, literarisch und leichtfüßig wie in *Comhthrom Féinne* und längst nicht so schwarz und aggressiv, wie es die Leitartikel zu versprechen schienen. Es gab persiflierenden Ulk zum Programm des neugegründeten Senders Radio Athlone, nachgemachte Seufzerspalten, Preisausschreiben und Berufsbeschreibungen. Im Berufsbild des Cowboys hieß es u. a., daß »Cowboys immer vom Viehtreiben in Ringsend leben können«, was an *In Schwimmen-zwei-Vögel* anklingt und darauf hindeutet, daß Brian Ó Nualláin schon damals die Gewohnheit hatte, komische Themen lange Zeit in sich reifen zu lassen.

Eindrucksvoll wendet *Blather* auch die Technik der Fotomontage an. In einem Artikel über Sport wird beispielsweise De Valeras Kopf auf einen Sportlerkörper in Ringelhemd und Turnhose montiert. Dem Ó Blather, »dem berühmten Pressezar, Publizisten, Dramatiker, Dichter, Politiker und Pressezar [sic!]«[43], einer weitgereisten, mit vielen prominenten Persönlichkeiten bekannte Figur, die an Bruder Barnabas und Myles na Gopaleen erinnert, begegnen wir immer wieder.

Im großen und ganzen war *Blather* ein bemerkenswertes und mitunter brillantes Produkt, wenn auch ein wenig selbstbezogen und orientierungslos. Er verkaufte sich aber nicht besonders gut und mußte nach fünf Nummern aufgeben. Man hatte große Hoffnungen in das Projekt investiert, die jedoch unrealistisch waren, unter anderem auch deswegen, weil Hogan nicht begriffen hatte, daß eine Zeitschrift auch vom Anzeigengeschäft lebt. Obwohl es einige Ansätze gab, Kunden zu gewinnen, erschien in den fünf Nummern kein einziges Inserat.

Im Januar 1935 traf Brian O'Nolan die folgenschwere Entscheidung, sich auf eine Stelle als Junior Administrative Officer im Staatsdienst zu bewerben. Das war die übliche Eingangsstufe für Kandidaten im höheren Dienst. Bewerber mußten einen Universitätsabschluß und Schulkenntnisse in Irisch nachweisen und sich darüber hinaus einer schriftlichen Prüfung in Allgemeinwissen sowie einer mündlichen Irischprüfung unterziehen. In der Anzeige hieß es, daß mindestens drei Stellen besetzt würden und daß, falls zwei oder mehr Kandidaten dieselbe Punktzahl in Allgemeinwissen erreichten, die Note in Irisch den Ausschlag geben würde. Das Gehalt betrug £180 und stieg um £15 jährlich bis auf £400. Verheiratete bezogen ein Anfangsgehalt von £220, das bis auf £500 anstieg. Dazu kam ein Lebenshaltungszuschlag, der für Ledige bei £72 und für Verheiratete bei £134 begann. Verheiratete Frauen wurden nicht eingestellt, und wenn eine Frau nach ihrer Einstellung heiratete, mußte sie den Dienst quittieren.

O'Nolan unterzog sich der Prüfung im Februar, und am 1. März fand das Einstellungsgespräch statt. Mehrere hundert Kandidaten hatten sich beworben, aber nur wenige können, beurteilt nach Allgemeinwissen und gesprochenem Irisch, so geeignet gewesen sein wie er; so erreichte er einen der drei ersten Plätze. Seinen Dienst hatte er am 29. Juli im Ministerium für Kommunalverwaltung in Custom House anzutreten; am selben Tag verpflichtete er sich mit seiner Unterschrift auf die Einhaltung des Amtsgeheimnisses und anderer Dienstvorschriften für Beamte (»The Use of Influence by Civil Servants«, »Civil Servants and Politics«), was ihn später in Schwierigkeiten bringen sollte.

Custom House mit seiner Kuppel und Kolonnade, im Jahre 1781 von James Gandon errichtet und eines der schönsten Bauwerke Dublins, liegt am Liffey in der Nähe von O'Connell Bridge und damit fast genau im Mittelpunkt der Stadt. Es geriet 1921 bei einem IRA-Angriff in Brand, bei dem auch das Staatsarchiv vernichtet wurde; als Brian O'Nolan dort seinen Dienst antrat, befand sich das Gebäude aber weitgehend in seinem früheren Zustand. Die Beamten saßen in holzgetäfelten Zimmern, die an endlos langen, identischen Korridoren lagen.

Anfangs mußte Brian sich ein Büro mit vier oder fünf anderen teilen. Später bekam er ein eigenes Zimmer. Er wurde jener Abteilung zugewiesen, der die Aufsicht über die kommunale Wasserversorgung und Kanalisation oblag und die den Betrieb dieser Einrichtungen durch Kredite und Subventionen finanzierte.

Er hatte gleich zu Anfang ausgesprochenes Glück. Sein unmittelbarer Vorgesetzter war John Garvin, der im Ministerium als Literat und Intellektueller bekannt war. Nach der Veröffentlichung von *Finnegans Wake* schrieb er unter dem Pseudonym »Andrew Cass« einen Aufsatz, in dem er Shem the Penman als Joyce und Sean the Post als De Valera identifizierte. Das brachte ihm in Dublin den Ruf eines Mannes ein, der das dunkle Werk Joyces interpretieren, ja überhaupt lesen konnte. Noch jahrelang hieß es, er arbeite an einem Buch über Joyce, das ähnliche Erkenntnisse verspräche; und als dieses Buch dann unter dem Titel *James Joyce's Disunited Kingdom* etwa dreißig Jahre nach den ersten Gerüchten erschien, erwies es sich als ein seltsames Werk, das von Haß motiviert zu sein schien und in erster Linie nur beweisen wollte, daß Joyce von seinem Vater ein syphilitisches Leiden ge-

erbt hatte und daß dies die Rätselhaftigkeit und die irrationalen
Elemente seiner späten Werke, einschließlich *Finnegans Wake*, erkläre.

Brian war zunächst wohl bereit, in Garvin den Schriftsteller-
kollegen und Joyce-Spezialisten zu sehen und ihm zu schmei-
cheln. Garvin machte ihn dafür mit den Gepflogenheiten des
Beamtenapparats vertraut und behandelte ihn freundlich, aber
bestimmt. Später sagte er, daß O'Nolan »sich rasch Grundkennt-
nisse der Arbeit in unserer Behörde erwarb, doch es dauerte
einige Zeit, seinen reichen Sprachfluß in die Grenzen von Objek-
tivität und Genauigkeit zu lenken und ihm klarzumachen, daß
Behördenbriefe nicht das geeignete Medium sind, um dort seine
Persönlichkeit zum Ausdruck zu bringen«. Garvin war als Sekretär eines Ausschusses oft unterwegs, aber unter seiner Anleitung
lernte Brian bald, Schriftstücke aufzusetzen und Akten anzule-
gen, die der Vorgesetzte bei seiner Rückkehr dann ordentlich vorbereitet auf seinem Schreibtisch vorfand.

Ziemlich früh ereignete sich der folgende Vorfall: Brian versah
das Protokoll eines Gesprächs, das Garvin mit dem Parlamentarischen Staatssekretär im Ministerium für Kommunalverwaltung,
einem gewissen Dr. Ward, geführt hatte, mit einer Notiz. Dieser
Dr. Ward mußte später von der politischen Bühne abtreten, weil
er seine Beteiligung an einer Fleischfabrik in der Grafschaft Monaghan verschwiegen hatte, die mit staatlichen Geldern saniert
werden sollte. Wie alle Ministerialpolitiker dachte Ward ständig
daran, welches Echo Gesetzesvorhaben seines Hauses in seinem
Wahlkreis finden würden, und nachdem Garvin mit ihm über
einen solchen Plan gesprochen hatte, schrieb O'Nolan auf die
Akte: »Dem Parlamentarischen Staatssekretär zwecks Abwen-
dung unliebsamer Konsequenzen von Mr. Garvin vorgelegt«.[44]
Es versteht sich von selbst, daß Garvin ihn bei ihrer nächsten Begegnung bat, diese Notiz zu entfernen.

Die Stellung, die der Staatsdienst seinerzeit in der öffentlichen
Meinung und im Bewußtsein der Iren einnahm, ist heute nicht
leicht zu verstehen. In einem Land, in dem Arbeitsplätze schon

immer rar gewesen waren, bot er nicht nur Arbeit, sondern beinahe absolute Sicherheit, und zwar selbst denjenigen, die außer einem gewissen Prüfungstalent keinerlei Qualifikation besaßen. Es herrschte die Ansicht vor, daß man, einmal »verbeamtet«, nicht viel mehr tun mußte, als auf die Beförderung zu warten, und es war bekannt, daß man dann praktisch unkündbar war.

Irland hatte nur wenige größere Institutionen. Selbst unter der Herrschaft der Briten wurde »ein Beamtenjob« als Lösung für die meisten Probleme des Lebens betrachtet. Eltern intelligenter Sprößlinge, vor allem jene, die ihren Kindern kein Studium finanzieren konnten, sahen darin eine erste Zuflucht und sprachen besondere Gebete, damit ihre Kinder bei den Aufnahmeprüfungen bestehen mögen. Da die gesamte Verwaltung in Dublin ansässig war, bot dies auch die Chance, aus der Trostlosigkeit und den Beschränkungen einer dörflichen oder kleinstädtischen Existenz auszubrechen. Ein Großteil der Einwohner von Dublin war also im Staatsdienst beschäftigt, und der Provinzler, der eine Beamtenstelle ergattert hatte und jetzt die Dubliner herumscheuchte, war eine typische Figur der *Dublin Opinion* und anderer Witzblätter der damaligen Zeit. Obwohl auch viele Dubliner im Staatsdienst arbeiteten, sollte diese Karikatur selbst bei Brian O'Nolan noch des öfteren wiederkehren.

Befördert wurde nach Dienstalter. Man konnte auch schneller aufsteigen, aber befördert wurde man in jedem Fall, und daher lautete das Motto der meisten Beamten: Vorsicht. Auf den öffentlichen Dienst als Ganzes dürften die Worte des polnischen Schriftstellers Ryszard Kapuściński zutreffen, der den Hofstaat des Kaisers Haile Selassie so beschrieb:

»Wer die Stufen der Palasthierarchie hinaufklimmen wollte, der mußte sich zuerst negatives Wissen aneignen, das heißt in Erfahrung bringen, was er und seine Untergebenen nicht dürfen: was man nicht sagen und schreiben, was man nicht tun, übersehen oder vernachlässigen darf. Erst aus diesem negativen Wissen erwuchs positives, obwohl dieses immer nebelhaft und trügerisch

blieb: Während sich die Günstlinge des Kaisers mit größter Sicherheit auf dem Boden der Verbote bewegten, fühlten sie sich
auf dem Gebiet der Forderungen und Vorschläge unsicher und
gefährdet.«[45]

Für die meisten Beamten stand die beinahe absolute Sicherheit
des Arbeitsplatzes im Vordergrund: Abenteurer oder risikofreu-
dige Naturen waren eher selten. Die Worte »unkündbar« und
»pensionsberechtigt« hatten für sie einen magischen Klang, und
nur eine Minderheit betrachtete es als Teil ihrer Aufgabe, mitzu-
denken, Projekte anzuregen oder sich für alternative Lösungen
einzusetzen.

Erschwerend kam hinzu, daß die Fianna Fáil, die 1932 mit einem ziemlich radikalen und fortschrittlichen Programm an die
Macht gekommen war, in der Folgezeit eine immer borniertere
Haltung entwickelte. Respekt vor Politikern war unter den Intellektuellen im Staatsdienst aber ohnehin nicht besonders ausgeprägt; ihr Unbehagen über die eigene Stellung im System kam
weniger als offene Kritik zum Ausdruck als vielmehr in Scherzen
unter Kollegen, Schulterzucken und Witzen über die Korruption
und Dummheit ihrer politischen Herren oder über die Kleinkariertheit des Dienstes. Ein guter Beamter zu sein hieß, auch das
zu akzeptieren, was man durchschaut hatte oder mißbilligte.
Und es war gewiß etwas völlig anderes, als der Liebling des
»Mobs« der L. & H. zu sein oder der geistreiche junge Schriftsteller
im Kreise seiner avantgardistischen Kollegen.

Gleichwohl bemühte sich Brian O'Nolan, ein guter Beamter zu
sein, und einige Jahre hindurch gelang ihm das auch. Der Sinn
für Ordnung, Disziplin und geregelte, befriedigende Arbeitsab-
läufe, der genauso zur Jugend gehört wie Anarchie und Faulheit,
dürfte ihm zumindest in der Anfangszeit geholfen haben – und sicher auch der schlichte Wunsch nach Anerkennung. Die ersten
zwei Jahre galten als Probezeit. Danach wurde man »verbeamtet« und war damit, sofern man sich nichts zuschulden kommen
ließ, praktisch unkündbar, mit der Aussicht auf stetige Beförde-

122 EIN GLÄNZENDER ANFANG

rung und Pensionsanspruch. Alle sechs Monate wurde ein vertraulicher Bericht über die Entwicklung des Kandidaten angefertigt, erstmals jedoch schon drei Monate nach Dienstantritt.

In O'Nolans erster Beurteilung hieß es, er habe sich »für die ersten drei Monate sehr gute Kenntnisse« von den Aufgaben im Ministerium erworben. Seine Persönlichkeit und sein Charakter wurden als »vielversprechend und entwicklungsfähig« bezeichnet, seine Urteilskraft als »gut«, ebenso seine Manieren und sein Takt. Initiative, Sorgfalt und Gründlichkeit wurden als »zufriedenstellend«, seine Einsatzbereitschaft und sein dienstliches Auftreten als »sehr gut« bezeichnet. Seine Fähigkeit, Verantwortung zu übernehmen, »kann noch nicht abschließend beurteilt werden«, dafür sei es zu früh. In der Rubrik »Allgemeine Bemerkungen« hieß es: »Mr. Nolan hat ein aufrichtiges Interesse an seiner Arbeit bewiesen, und die Abteilung hat in ihm eine wertvolle Bereicherung erfahren.«[46] Unterzeichnet war dieser Bericht vom Unterstaatssekretär für Kommunalverwaltung.

Der nächste Bericht, der auf den Tag genau sechs Monate später, am 29. April 1936, angefertigt wurde, war von seinem unmittelbaren Vorgesetzten John Garvin unterschrieben. Darin hieß es, er habe »gute Kenntnisse von der Arbeit in meiner Abteilung«, seine Persönlichkeit und seine Charakterstärke seien »gut«, und seine Fähigkeit, Verantwortung zu übernehmen, »entwickelt sich«. In jeder der anderen Rubriken bekam er gute, sehr gute oder befriedigende Noten, und abschließend wurde festgestellt, daß er »sich lebhaft für seine Arbeit interessiert und binnen Jahresfrist imstande sein sollte, verantwortungsvollere Aufgaben zu übernehmen«.[47]

Im Bericht vom 29. Mai 1937, dem letzten vor der Entscheidung über die endgültige Übernahme ins Beamtenverhältnis, äußerte sich Garvin noch enthusiastischer: »Mr. O'Nolan ist ein tüchtiger und gewissenhafter Mitarbeiter. Er widmet sich seinen Aufgaben mit großem Engagement und könnte, sofern es möglich wäre, ihn von einem Teil der Routinearbeit zu entlasten, noch höhere Aufgaben übernehmen.«[48]

O'Nolans Anwesenheitszeugnis bestätigt die Angaben über seinen Arbeitseifer. Im ersten Jahr, 1935/36, fehlte er erstaunlicherweise keinen einzigen Tag; 1936/37 fehlte er acht Tage, wobei er für fünf ein ärztliches Attest vorlegen konnte. Dieses Zeugnis ist um so bemerkenswerter, als seine Mutter sich in dieser Zeit Sorgen um seine Gesundheit machte und ihn einmal soweit brachte, den Hausarzt aufzusuchen. Als sie vom Untersuchungsergebnis erfuhr, bat sie ihren Mann, wegen Brians Erschöpfungszustand bei dessen Vorgesetzten zu intervenieren. Als ranghoher Beamter, und daher nicht ohne Einfluß, hätte Michael O'Nolan durchaus etwas unternehmen können, aber man darf vermuten, daß nichts geschah.

Ein kleiner Schatten fiel doch auf Brian O'Nolans Flitterwochen mit dem Staatsdienst. Am 8. Februar 1937, nach knapp anderthalb Jahren im Ministerium, schrieb er an den Chef der Personalabteilung:

»Während meiner kürzlichen Abwesenheit erhielt ich zwei an B. Nolan adressierte Briefe. Dies ist weder der Name, mit dem ich in den Dienst eingetreten bin, noch die englische Transkription, wie sie in meiner Familie üblich ist. Mein eigener Name ist eines der wenigen Dinge, von denen ich etwas zu verstehen behaupte, und wenngleich ich umgangssprachliche Anredeformen unter Kollegen aus Zweckmäßigkeitsgründen akzeptiere, so wäre ich dankbar, wenn künftig in allen offiziellen Schreiben die von mir bevorzugte Version Verwendung fände. Ich möchte auch, daß mein Name in künftigen Ausgaben des Telefonverzeichnisses oder ähnlichen Rundschreiben korrekt eingetragen wird.«[49]

Das ist, man muß es schon sagen, ein wenig rätselhaft. Zur Aufnahmeprüfung hatte er sich eindeutig als »Brian Ó Nualláin« gemeldet, aber in dem ersten Dokument danach erscheint er als »Mr Nolan«. Viele Iren haben damals die irische Form des Namens angenommen, unter dem sie geboren wurden, einige mit gutem, andere mit weniger gutem Grund. Und diese Praxis war

unter Beamten verbreiteter als unter normalen Sterblichen, da
Begeisterung für die irische Sprache von Vorgesetzten gern gesehen wurde und, wie man glaubte, die Beförderungsaussichten
verbesserte.

Wenn jedoch ein Beamter, der sich für die irische Form entschieden hatte, zur englischen Version zurückkehrte, aus welchen Gründen auch immer, dann galt das als ausgesprochen un-
gehörig, geradezu als Affront. Zu vermuten ist daher, daß er sich
kurz nach seinem Eintritt in den Staatsdienst entweder aus Protest gegen die Gewohnheit, einen irischen Namen aus fragwürdigen Motiven anzunehmen, oder aus einer Laune heraus für die
englische Version seines Namens entschied – und zwar für den
eher proletarischen Nolan anstelle des etwas edler klingenden
O'Nolan. Diese Vermutung wird dadurch bekräftigt, daß in seiner Personalakte der schlichte Satz steht: »Mr. Nolan hat heute
seinen Dienst angetreten«; außerdem nahm er an einer späteren
Irischprüfung als Brian Nolan teil, während alle anderen Kandidaten ihre Namen in der irischen Form angaben, selbst diejenigen, die gewöhnlich einen englischen Namen benutzten. Er
scheint also bis dahin mit der vertrauten Anrede Brian Nolan
durchaus einverstanden gewesen zu sein.

Wie dem auch sei, am 29. Juli 1937, genau zwei Jahre nach
Dienstantritt, lief die Probezeit ab, und er wurde als Brian Ó
Nualláin zum Beamten auf Lebenszeit ernannt. In dem Dokument heißt es, er habe in dem genannten Zeitraum die seiner
Dienststufe und Dienstzeit gemäßen Aufgaben erfüllt und sich so
weiterentwickelt, daß er geeignet sei, den Aufgabenbereich seiner Stufe in voller Verantwortung zu übernehmen.

Als sei eine derart positive Amtseinführung nicht schon schick-
salhaft genug, geschah am selben Tag noch ein anderes Ereignis,
das seinem Leben eine entscheidende Wendung geben sollte. Michael O'Nolan erlitt am Abend, während er im Wohnzimmer gerade mit seiner jüngsten Tochter spielte, einen Schlaganfall und
starb innerhalb weniger Minuten.

Es gab damals weder Pensionen für Beamtenwitwen noch Kindergeld oder ganz gewöhnliche Hinterbliebenenrenten. Neben seiner Schwester Roisín, die als Lehrerin arbeitete, war Brian O'Nolan jetzt faktisch der Ernährer einer zwölfköpfigen Familie. Seine strahlende Zukunft hatte sich urplötzlich verdüstert.

Gearóid war drei Jahre, Ciarán ein Jahr älter als Brian, aber beide waren ohne jedes Einkommen. Gearóid hatte ein Ingenieurstudium am UCD abgebrochen und war arbeitslos. Ciarán saß an einem Roman, den er auf irisch schrieb. Zwei Jahre lang hatte Brian als junger, unverheirateter Beamtenanwärter kostenlos zu Hause gewohnt und einen für die damalige Zeit beträchtlichen Wohlstand genossen. Er war glorreich von der Universität abgegangen und hatte sich bereits in Dubliner Literaturkreisen einen Namen gemacht. Er hatte sich ein Auto gekauft, und wenn sein größtes Vergnügen darin bestand, mit seinen Freunden Sauftouren zu unternehmen, so scheiterte das jedenfalls nie an Geldmangel. Auf einmal war alles anders geworden.

Sein jüngster Bruder Micheál formuliert es so: »Im Sommer 1937 war Brian fünfundzwanzig, er hatte einen guten Job, eine Menge Geld, er besaß einen Morris 8, er war ein Junggeselle, der zu Hause wohnte, er war auf der Höhe seiner Kraft, und die Welt lag vor ihm. Das alles änderte sich nun, und zwar schlagartig.«[50] Wieviel Trauer er tatsächlich empfand, läßt sich schwer sagen. Der Tod des Vaters ist immer ein traumatisches Erlebnis, aber Michael O'Nolan war selbst für seine Zeit und seine Schicht ein außerordentlich verschlossener Mensch gewesen. In den Monaten vor seinem Tod hatte er sich mit Ciarán, der gerade an seinem Roman *Oíche i nGleann na nGealt* arbeitete, ein Zimmer geteilt, aber niemals danach gefragt, was er schrieb oder warum, und für das Ergebnis interessierte er sich schon gar nicht.

Obwohl er sich emotional so sehr für das Irische engagiert hatte, interessierte ihn nicht, was seine Söhne schrieben, und so starb er, ohne daß ihm bewußt geworden wäre, daß er der Vater des ersten großen modernen Prosaschriftstellers in dieser Sprache war. Während Brian und Ciarán für *Blather* schrieben, wurde zu Hause kein einziges Mal darüber gesprochen, obwohl sich unter den Papieren des Vaters ein Ordner mit sämtlichen Nummern der Zeitschrift fand. Ciarán schrieb viele Jahre später über diesen so extrem reservierten Menschen:

»Man könnte meinen, er habe keine Probleme oder größere Sorgen gekannt. Doch wer auf dieser Welt eine Zeitlang lebt, weiß, daß niemand davon frei ist, selbst wenn es äußerlich den Anschein hat. Jeder, der in Irland zwischen der Jahrhundertwende und der Zeit nach dem Ersten Weltkrieg lebte und eine große Familie zu ernähren hatte, muß eine Menge Sorgen und Probleme gehabt haben. Aber wenn dem so war, dann zeigte er es nicht und sagte auch nichts, woraus man es hätte schließen können.«[51]

Am Tag nach dem Tod des Vaters packte Brian die jüngsten Geschwister in sein Auto und fuhr mit ihnen hinaus zu den Ausläufern der Dubliner Berge. Vor einer der Schenken am Straßenrand, die wegen ihres »Bona-fide«-Status bei Generationen von Dublinern bekannt waren, hielt er an, kaufte den Kindern Limonade und versuchte ihnen klarzumachen, daß sie ihren Vater nie mehr wiedersehen würden, denn er sei im Himmel. Einige von ihnen waren jedoch noch zu jung, um es zu begreifen. Wie unbeteiligt fügte er hinzu, sie sollten brav sein und ihrer Mutter keinen Kummer machen. Offenbar fiel es ihm leicht, zumindest mit einem Teil seiner Person in die Rolle des Familienvaters zu schlüpfen.

Mit seinem Eintritt in den Staatsdienst hatte Brian O'Nolan die Entscheidung erst einmal aufgeschoben, ob seine schriftstellerische Weiterentwicklung wichtiger war als elterliche Erwartungen, Einkommen und die Befriedigung, sich auch auf anderem Gebiet als der Literatur zu beweisen. Indem er jetzt die Verantwortung für die Familie übernahm, löste er sich, bewußt oder unbewußt, von einem der zentralen Mythen des 19. und 20. Jahrhunderts – einem Mythos, dem angeblich auch Joyce gefolgt war. Es war dies das Bild vom Künstler, der vor allem danach strebt, jene Lebensweise zu finden, die seiner Kunst am zuträglichsten ist; der, sofern radikal genug, sich ausschließlich seiner Kunst verpflichtet fühlt.

Dieser Mythos hat Menschen ruiniert, sie zumindest aus ihren normalen sozialen Beziehungen herausgerissen, und so manchen, der ihm gerecht werden wollte, in größte seelische Konflikte gestürzt. Man könnte freilich argumentieren, daß Brian O'Nolan vom Gegenteil ruiniert wurde, nämlich durch ein allzu bereitwilliges Akzeptieren der Lebensweise der Mehrheit, die keine besondere Berufung kennt und von den Forderungen der Kunst unbelastet ist.

In seiner unmittelbaren Lage hätte er jedoch gar nichts anderes tun können. Die Folgen, die ein bloßes Sichtreibenlassen und ein ständiges Hinausschieben der Entscheidung gehabt hätten, darf man nicht unterschätzen. Aber sein Entschluß, in den Staatsdienst einzutreten, wie stark er von elterlichen Erwartungen auch beeinflußt gewesen sein mochte, war zunächst einmal eindeutig, und daraus leitete er die Verpflichtung ab, die er nun übernahm. Stephen Dedalus mochte danach gestrebt haben, »die Art Leben oder Kunst zu entdecken, in der mein Geist sich in uneingeschränkter Freiheit ausdrücken könnte...« – vertraute Worte für Brian. Doch über weite Strecken seines Lebens deutet nichts auf einen Konflikt, sich zwischen uneingeschränkter Freiheit und anderen Forderungen entscheiden zu müssen. Als er dann doch etwas Ähnliches verspürte, war es zu spät.

Er wurde nun als Herr des Hauses betrachtet und war unter anderem auch der Erbe der väterlichen Schlüssel. Der schwere dunkle Mantel, den er damals trug, wurde für die jüngeren Geschwister zum Zeichen seiner Anwesenheit. Da Avoca Terrace ein großes Haus war und sich das Leben zumeist im Souterrain abspielte, wo die Küche und das Frühstückszimmer lagen, das meist auch als Wohnzimmer diente, konnte Brian unbemerkt kommen und gehen; hing sein Mantel aber in der Flurgarderobe, dann hieß das, daß er sich irgendwo im Haus aufhielt. Der jüngste Bruder, Micheál, hatte bald verstanden, daß er, wenn er den Mantel dort hängen sah, in der Flurkommode eine Tüte Bonbons finden würde, die Brian den Kindern fast immer mitbrachte. Am Heiligabend dieses Jahres 1937 kam Brian gegen neun Uhr abends – im damaligen Dublin war das ziemlich früh für einen Junggesellen, die Kneipe zu verlassen – mit einem Koffer voller Geschenke nach Hause. Micheál erinnert sich, daß er einen Tuschkasten bekam.

Der Umstand, daß er die gesamte Familie ernährte, während die beiden älteren Brüder überhaupt nichts beisteuerten, belastete ihre Beziehung; und bestimmt wurmte es ihn, daß Ciarán (der seit seiner Kindheit als literarisches Talent betrachtet wurde) jetzt den ganzen Tag zu Hause hockte und einen irischen Kriminalroman schrieb, während er selbst in den letzten zwei Jahren, mit Unterbrechungen, an einem Buch gearbeitet hatte, von dem er wissen mußte, daß es ein Meisterwerk war.

Der erste Hinweis auf diesen Roman findet sich in dem Artikel »Literary Antecedents«, den Niall Sheridan im Juni 1935 für *Comhthrom Féinne* schrieb. Darin berichtete er seinen Lesern, daß Brian O'Nolan »an einem Roman arbeitet, der so raffiniert konstruiert ist, daß die Handlung seine volle Aufmerksamkeit beansprucht«.[52] Die psychischen und anderweitigen Umstellungen, die mit dem neuen Job einhergingen, bremsten natürlich sein Arbeitstempo; das Buch, auch wenn es den Titel noch nicht trug, war *In Schwimmen-zwei-Vögel*.

In diesem Roman arbeitete er vor allem mit der Verknüpfung von Mythen und Alltagswelt und mit dem Prinzip des Romans im Roman. Beides war nicht Brian O'Nolans Erfindung. Die Kombination von mythischen Elementen mit den schonungslos beleuchteten schäbigen Seiten des modernen Lebens war ein Stilmittel, das viele Moderne, einschließlich Joyce, Pound und Eliot, bereits angewendet hatten. Nur bei Joyce allerdings steht es im Dienste komischer Effekte.

Das Prinzip des Romans im Roman hatten mindestens zwei Autoren angewendet, deren Bücher Brian kannte. Der eine war der inzwischen fast vergessene Amerikaner James Branch Cabell, dessen Romane *Jurgen* und *The Cream of the Jest* zu Brians Zeiten am UCD von Hand zu Hand gingen und den er später in »Cruiskeen Lawn« als »James Joyce Cabell« bezeichnet. Den entscheidenden Anhaltspunkt liefert, wie so oft, das weniger bedeutende Buch.

The Cream of the Jest handelt von einem Autor historischer Abenteuerromane namens Felix Kennaston, der sich eine Geschichte ausdenkt, die an dem sagenhaften Ort Poictesme spielt. Der Erzähler ist ein kleiner Schreiber mit Namen Horvendile, der die Heldin Ezarre liebt. Ihr erklärt er:

»Es lebte einmal in einem sehr fernen Land ein Schreiber von Abenteuergeschichten. Einmal ersann er eine Geschichte, die er, wie es in meiner Heimat allgemeiner Brauch war, von einem alten Manuskript zu übersetzen behauptete, das ein uralter Schreiber namens Horvendile verfaßt hatte... Dieser Abenteuerschriftsteller bin ich. Dieser Raum, dieses Schloß, das weite, hügelige Land darum ist nur ein Teil meines Traums, und diese Orte existieren nur in meiner Phantasie... Und vielleicht ist es so, daß auch ich nur das Produkt eines größeren Traumes bin, genau wie du, und daß auch ich nichts verstehe... Wie könnte ich darüber urteilen, wenn auch ich eine Puppe wäre?«[53]

Doch das ist noch nicht die Pointe. Der eigentliche Witz besteht darin, daß auch Felix Kennaston eine fiktive Figur ist, die Hauptfigur in einem Buch von Richard Fentnor Harrowby (ein Name à la Bruder Barnabas oder Myles na Gopaleen), der selbst wiederum eine Figur in einem Buch von James Branch Cabell ist.

O'Nolan und seine Freunde waren deswegen auf Cabell gestoßen, weil *Jurgen* eines der ersten Penguin-Taschenbücher war. Die Werke des anderen Autors, auf den die Idee mit dem Roman im Roman zurückging, bedurften damals keiner derartigen Empfehlung, denn Aldous Huxley zählte zu den bewunderten, fashionablen und, wie man fand, avantgardistischen Autoren der dreißiger Jahre, dessen Bücher folglich auch auf dem Bücherbord des Helden in *In Schwimmen-zwei-Vögel* stehen. »Der Waschtisch hatte einen Sims, auf dem ich eine Anzahl Bücher angeordnet hatte. Jedes einzelne davon war laut allgemeiner Übereinkunft unentbehrlich für alle, die nach einer Würdigung der Natur zeitgenössischen Schrifttums trachten, und meine kleine Sammlung reichte von den Werken des Mr Joyce bis zu den vielgelesenen Büchern von Mr A. Huxley, dem hochangesehenen englischen Schriftsteller.«

Das Werk des hochangesehenen englischen Schriftstellers, von dem O'Nolan am meisten Gebrauch machte, war *Kontrapunkt des Lebens*. Darin denkt der Erzähler darüber nach, welche Vorteile es bietet, innerhalb eines Buches weitere Bücher oder Teile von Büchern einzuführen:

»Muß einen Romanschreiber in meinem Buch vorkommen lassen. Das rechtfertigt dann ästhetische Verallgemeinerungen, die interessant sein können – wenigstens für mich. Es rechtfertigt auch Experimente. Durch Proben seiner Arbeit können andere mögliche oder unmögliche Arten, eine Geschichte zu erzählen, veranschaulicht werden. Und wenn man ihn Teile derselben Geschichte, die man selbst erzählt, erzählen läßt, kann man ihn eine Variation über das Thema schreiben lassen. Aber warum bei *einem* Schriftsteller in einem solchen Roman die Grenze ziehen? Warum nicht einen zweiten in dem seinen? Und einen dritten im Roman des zweiten?«[54]

Allerdings, warum eigentlich nicht? muß O'Nolan bei der Lektüre dieser Stelle gedacht haben. Ein anderes Buch, das nach Auffassung von Kritikern die Struktur von *In Schwimmen-zwei-Vögel* beeinflußt hat, ist Laurence Sternes *Tristram Shandy*: Das mag stimmen; es gibt jedoch keinen Beleg aus jener Zeit, daß er das Buch gelesen hat, und obgleich er die Quellen, aus denen er schöpfte, früher oder später meist nannte, sei es auch nur aus dem Munde Myles na Gopaleens, ist *Tristram Shandy* nirgendwo erwähnt. Möglicherweise ist er durch einen flüchtigen Blick auf die ersten Seiten des *Tristram Shandy* auf die Idee der parallelen Romananfänge gekommen; wichtige Anregungen werden ja oft schnell und beiläufig aufgenommen.

Einige Figuren in *In Schwimmen-zwei-Vögel* tragen die Züge von O'Nolans Freunden. Als Niall Sheridan das Manuskript zu lesen bekam, erkannte er sich sofort in Brinsley wieder; Niall Montgomery meinte später, sich in Kerrigan wiederzuerkennen. Donagh MacDonagh ist der Dichter Donaghy, mit dem der Held über Literatur spricht: Sie unterhalten sich »auf elegante Art, verwendeten dabei häufig Wörter aus der französischen Sprache, diskutierten über die führende Stellung Amerikas und Irlands in der zeitgenössischen Literatur und sprachen über die minderwertigen Sachen, die von Schriftstellern englischer Nationalität hervorgebracht werden«.

Hinter Kelly, mit dem der Held ausgedehnte und ergebnislose Spaziergänge durch die Dubliner Southside unternimmt, verbirgt sich ein Student namens O'Rourke, während Michael Byrne, in dessen Haus er an einer literarischen Soiree teilnimmt, der Maler und stadtbekannte Exzentriker Cecil French-Salkeld ist; wie Byrne pflegte Salkeld viele Stunden whiskeytrinkend im Bett zu verbringen und in späteren Jahren das Bett fast nicht mehr zu verlassen; nur noch zu besonderen Anlässen stand er auf, etwa an den Tagen, wenn einmal jährlich seine Wandmalereien in Davy Byrne's, einem berühmten Pub nahe Grafton Street, überholt wurden.

Die These, daß der Onkel des Helden ein Porträt von Brians Vater sei, dürfte, wie gesagt, unbegründet sein. Der Held selbst lebt ja auch in völlig anderen Verhältnissen als O'Nolan, der all die Zeit über, in der das Buch entstand, im Elternhaus in der Avoca Terrace wohnte. Der Name »Trellis« für den Autor des ersten Buches im Buch hat eine seltsame Geschichte: Im Garten hinter dem O'Nolanschen Haus stand ein drei Meter hohes Holzspalier [*trellis*], das den Rasen von den Gemüsebeeten trennte. Dieses Spalier wurde bei Stürmen leicht umgeworfen und war wiederholt Anlaß zum Streit zwischen den ältesten Söhnen und dem Vater. Nachdem er ihnen aufgetragen hatte, das Spalier zu reparieren, diskutierten sie über den theoretischen Aspekt der ganzen Angelegenheit und kamen zu dem Ergebnis, daß es besser sei, das Ding in drei Teilen aufzustellen. Natürlich hatte ein gedritteltes Spalier noch weniger Chancen, einem Sturm zu widerstehen; schließlich wurden zwei Handwerker beauftragt, es zu reparieren und in seinen früheren Zustand zu versetzen. Nach dieser Aktion blieben auf dem Rasen ein paar Holzteile liegen, aus denen Brian sich einen Schreibtisch zusammenbaute. Er betrachtete sich, einigermaßen unbegründet, als Fachmann für Tischlereiarbeiten, wußte aber immerhin, wie man mit dem Werkzeug umging, das in einer Kiste an der Hintertür lag. Er schrieb das Buch mit der Underwood-Schreibmaschine, die er inzwischen gekauft hatte, auf eben diesem selbstgebauten Tisch im Schlafzimmer, das er mit seinem jüngsten Bruder Micheál teilte, und nannte eine der Hauptfiguren seines Buches Dermot »Trellis«.

Einfach alles, was ihm begegnete, war Wasser auf die Mühlen seiner schriftstellerischen Arbeit und wurde unbekümmert verwertet. Als Sheridan ihm einen Brief eines Turfagenten aus Newmarket zeigte, der wie viele Kollegen seine Geschäfte brieflich abwickelte, fand er ihn in dem nächsten Abschnitt des Manuskripts unverändert wieder. Ähnlich erging es der Übersetzung eines Catull-Textes, die er angefertigt und von der O'Nolan eine Durchschrift erbeten hatte. Der »Überblick über die Künste und Naturwissenschaften« war ein tatsächlich existierendes Lexikon, das Cecil French-Salkeld ihm geliehen hatte. Mit solchen Fundstücken schien er eine glückliche Hand zu haben – wie häufig bei Schriftstellern in schöpferischer Stimmung –, wobei das Glück darin bestand, eine Form gefunden zu haben, in die solch heterogenes Material paßte und in der die unterschiedlichsten Elemente in Beziehung zueinander treten und aufeinander einwirken konnten. Das griechische Epigramm ging auf einen Vorschlag Garvins zurück, dem er das Manuskript gezeigt hatte – eine Stelle aus Euripides' *Herakles*: »Denn alles tritt ab und macht anderem Platz.«

Im Januar 1938 war das Manuskript so weit vorangeschritten, daß er es Niall Sheridan zeigen konnte. Der schlug vor, den Text zu kürzen, woraufhin O'Nolan erwiderte, er könne das Zeug nicht mehr sehen und Sheridan solle die Kürzungen selbst vornehmen. Im Endergebnis wurde etwa ein Fünftel gestrichen, vor allem Szenen mit Finn Mac Cool. Das war fraglos ein Gewinn. Irgend jemand in Dublin, wahrscheinlich der Schriftsteller Brinsley MacNamara, hatte O'Nolan schon vorgeschlagen, sich einen Agenten zu nehmen, und ihm C. H. Brooks von der Agentur A. M. Heath & Co. empfohlen. Daraufhin schrieb O'Nolan einen Brief, der für einen jungen Schriftsteller in seiner Lage ziemlich typisch ist:

»Vor etwa einem Jahr hörte ich von Ihnen über einen Bekannten. Er meinte, Sie seien gern bereit, sich Manuskripte anzusehen und sie Verlegern für viel Geld anzubieten, wenn Sie glauben, sie ließen sich verkaufen. Ich weiß nicht, ob das stimmt, aber ich habe gerade etwas fertiggeschrieben, und da fiel mir ein, vielleicht hätten Sie Lust, das Manuskript einmal durchzulesen und zu prüfen, welche Chancen bestehen. Ich habe es noch keinem Verlag oder Agenten angeboten. Das Buch heißt ›In Schwimmen-zwei-Vögel‹...«[55]

Schon origineller war seine Charakterisierung des Buches als »äußerst verrückte Angelegenheit, unerträglich verrückt vielleicht«, ebenso die fraglos ironische Bemerkung zum irischen Element: »Trotz seiner vielen Mängel glaube ich, daß es die altehrwürdigen Ingredienzen besitzt, welche die Werke von Schriftstellern dieser wunderschönen kleinen Insel so annehmbar machen.«

Der Titel war in dieser Phase noch provisorisch, und O'Nolan war unzufrieden damit. Aber A. M. Heath gefiel das Buch. Er bot es zunächst Collins an, der ablehnte, und versuchte es dann zum Glück bei Longmans; dort arbeitete Graham Greene als Lektor, der schon *Am Abgrund des Lebens* und *Ein Sohn Englands* veröffentlicht hatte. Greenes Begeisterung gab den Ausschlag, und so konnte A. M. Heath dem Autor bald mitteilen, daß Longmans an dem Manuskript äußerst interessiert sei und ihn zu einem Gespräch in den Verlag einlade.

Gewisse Einwände, die der Verlag vorbrachte, akzeptierte er bereitwillig. Am 25. September schrieb er A. M. Heath: »Was die Derbheiten angeht, werde ich sofort eine Entschlackung vornehmen und Schritte unternehmen, um Licht in das Dunkel des Schlusses und anderer Stellen zu bringen. Ich hoffe, Ihnen in einer Woche ein überarbeitetes Manuskript zuschicken zu können.«

Am 3. Oktober ging er detailliert auf die Bedenken des Verlags ein. Er schrieb, daß er noch vor Longmans' positiver Entscheidung beabsichtigt habe, »eine ganze Reihe wesentlicher Änderungen vorzunehmen, hauptsächlich im Aufbau«. Er habe es sich aber »noch einmal überlegt, weil Longmans radikale Änderungen offenbar nicht für notwendig hält« und die zu beseitigenden Ungenauigkeiten und Unverständlichkeiten »wahrscheinlich durch neue ersetzt« würden. Er habe nur »geringfügige« Änderungen vorgenommen, glaube aber, daß sie »den Vorschlägen des Verlags entsprechen«. Punkt für Punkt zählte er sie auf:

»1. Derbe Ausdrücke und Anspielungen habe ich gestrichen oder verwässert und unschädlich gemacht.

2. Aus ›guter Geist‹ (ursprünglich ›Engel‹) wurde ›gute Fee‹. Ich halte diese Änderung für sinnvoll, weil ›Fee‹ besser zu ›Pooka‹ paßt, den religiösen Unterton vermeidet und das Ganze auf die Ebene des Mythologischen bringt.

3. Ich schlage vor, die ›Memoiren‹ (S. 327) zu streichen. Ich halte diese Stelle für schwach und überflüssig, habe aber nichts dagegen, wenn sie bleiben soll.

4. Auf S. 333 habe ich vorgeschlagen, ungefähr eine Seite mit amüsanterem Material aus dem Überblick [über die Künste und Naturwissenschaften] einzufügen. Ich weiß nicht, ob diese Auszüge an dieser Stelle des Buches nicht zu lang sind.

5. Den Trellis-Schluß (›der vorletzte‹) habe ich erweitert. Er zeigt jetzt klarer, daß durch das zufällige Verbrennen von Trellis' Ms. eine Menge Probleme gelöst werden und dem Autor das Leben gerettet wird. Ich glaube, dadurch wird die Unverständlichkeit weitgehend beseitigt.

6. Den schwachen Absatz ›Post von M. Byrne‹ als allerletzten Schluß habe ich gestrichen und durch eine Passage ersetzt, die, wie ich finde, typisch ist für die solide Gelehrtheit des ganzen Buchs.

7. Ich habe intensiv über die Frage des Titels nachgedacht und finde ›Sweeney in den Bäumen‹ ganz geeignet. Eingefallen ist mir ferner: ›Am nächsten Markttag‹ (Gedichtzitat), ›Das wohlriechende Manuskript‹, ›Die Wahrheit ist eine ungerade Zahl‹, ›Das Auge des Aufsehers‹, ›Durch eines Engels Augenlid‹ und Dutzende andere.

Falls Sie weitere kleine Änderungen für notwendig halten, bin ich bereit, die Entscheidung darüber Ihnen oder dem Verlag zu überlassen. Ich würde gern erfahren, ob Longmans die obengenannten Änderungen für ausreichend hält.

Wann wird das Buch voraussichtlich erscheinen?«[56]

Die zugängliche Haltung gegenüber den Vorschlägen des Verlags und seine Bereitschaft, Einwände vorwegzunehmen, zeigen erneut, wie wenig O'Nolan danach strebte, Joyce nachzueifern. Dessen Kompromißlosigkeit in diesen Dingen war in Dublin stadtbekannt und wurde für O'Nolans Generation durch die Veröffentlichung von Herbert Gormans Biographie nur noch bestätigt.

Die »derben Ausdrücke« waren im Grunde recht harmlos. In einer der Anfangsszenen, wo Brinsley sich mit dem Erzähler über die Vorteile von Roman und Drama als Kompositionsformen und über die Frage der Eigenständigkeit von Romanfiguren unterhält, wurde der Satz »Das ist sehr interessant, aber es ist von vorn bis hinten Kacke« durch »das ist mir alles scheißegal« ersetzt. Ein Vergleich mit der erhaltenen Rohfassung dieser Szene legt die

Vermutung nahe, daß das gesamte Buch kurz vor seiner Veröffentlichung ausgiebig überarbeitet und vor allem in Technik und Ausdruck erheblich verbessert wurde.[57] Beispielsweise wurde der kalte und mitleidlos-ironische Tonfall des Erzählers noch stärker herausgearbeitet; und die unveränderten Stellen sind durchaus nicht frei von dem überpersönlichen, beinahe kitschigen Element, unter dem das später entstandene Buch *Aus Dalkeys Archiven* leidet.

Von all den gestrichenen Stellen dürfte es um »Post von M. Byrne« nicht schade sein:

»Brinsley war hier und hat mir von dem Buch erzählt, es wäre sehr gut, wenn Sie die Idee rüberbringen könnten, daß Trellis neurotisch ist und sich vielleicht den ganzen neurotischen Kram nur vorstellt und daß ihm durchaus zuzutrauen ist, daß er im Nachthemd auf die Straße geht. Einfach ganz subtil andeuten, und dann soll jeder selbst seine Schlüsse ziehen – war Hamlet wirklich wahnsinnig und so weiter. Es würde nichts bringen, ihn als normalen Irren darzustellen, der gegen Geschöpfe seiner eigenen Phantasie ankämpft, das ist zu abgedroschen, ›dann wachte er auf‹ z. B. als Erklärung für eine ansonsten unerklärliche Situation.«

Die Streichung der »Memoiren« von Pookas Vater, des Crack MacPhellimey, ist schon eher zu bedauern:

»Sein Vater, nah und fern als Der Crack MacPhellimey bekannt, war ein schwer arbeitender landfahrender Teufel, der Jahrmärkte mit dem Zweck besucht, Bauernjungen vom Pfade der Rechtschaffenheit abzubringen, indem er ihnen unechte Münzen aus eigener Herstellung anbot, welche (mittels eines geheimen chemischen Prozesses) die Tasche oder Matratze, in der sie aufbewahrt wurden, verrotten ließen und den menschlichen Körper mit einer ansteckenden trockenen Hautflechte versahen –, wobei das Ziel des Handels darin bestand, die befallenen jungen Burschen zu Äußerungen von Flüchen und gottlosen Verwünschungen hinzureißen.«

Die Erweiterung des (»vorletzten«) Trellis-Schlusses sollte verdeutlichen, daß sich die rebellischen Figuren durch das zufällige Verbrennen des Manuskripts als nicht existent erwiesen und somit sein Leben gerettet war. Gewiß, der Bezug wurde damit klarer. Welche Gefahren jedoch im Überarbeiten eines langen Textes liegen, zeigt die Erwähnung von Hamlet und Claudius im »allerletzten« Schluß des Buches. Ohne den Bezug auf die Stelle in »Post von M. Byrne« ist zumindest Claudius ein wenig rätselhaft, wenngleich Hamlet sicher keiner Erklärung bedarf.

Der mysteriöse Titel ist eine wörtliche Übersetzung des irischen Ortsnamens Snámh Dá Ean, einer der Ruheplätze König Sweeneys im originalen Sweeney-Zyklus, doch die Sache wird dadurch noch mysteriöser, daß der Autor das Gedicht, welches Sweeney dort spricht, nicht übersetzt. Wir sollten vielleicht froh sein, daß Longmans diesem Titel den Vorzug vor den anderen gab, auch wenn O'Nolan sich noch im selben Monat überrascht zeigte, daß der Verlag sich nicht für »Sweeney in den Bäumen« entschieden hatte. Ihm selbst gefiel *In Schwimmen-zwei-Vögel* immer weniger. Am 10. November schrieb er, er sei einverstanden, wenn es dabei bleibe, »obwohl ich ihn nicht besonders gut finde, es sei denn als Titel für einen dünnen Lyrikband«.[58]

In diesem Brief plädierte er auch für die Verwendung eines Pseudonyms. »Ich habe über die Frage eines *nom de plume* nachgedacht und schlage Flann O'Brien vor. Ich denke, diese Erfindung bietet den Vorteil, daß sie aus einem ungewöhnlichen und einem ganz normalen Namen besteht. ›Flann‹ ist ein alter irischer Name, den man heutzutage selten hört.« Später erklärte er, daß er den mürrischen und farblosen »John Hackett« besser fände. »Flann O'Brien« hatte er schon als *nom de guerre* in Leserbriefen an die *Irish Times* verwendet, in denen er Sean O'Faoláin und Frank O'Connor attackiert hatte, und vielleicht befürchtete er

daher, die irische Literaturszene werde seinem Buch gegenüber
voreingenommen sein.

Der Name Flann O'Brien war in der Tat ein kleiner Genie-
streich. Er hatte etwas unverkennbar, ja sogar recht poetisch Irisches, und indem er so bekannte und existierende Pseudonyme
wie Frank O'Connor evozierte, reihte er seinen Träger automatisch unter die Angehörigen einer Schule oder Bewegung ein. All
das steigerte die Originalität und die Schockwirkung des Buches
von der ersten Seite an.

Auf Anfrage teilte er Longmans mit, daß sein vollständiger
Name »Brian O'Nolan« laute und daß er »Ire bzw. Staatsangehö-
riger von Eire« sei. »Ich finde, ich sollte als ›Ire‹ bezeichnet werden, mit allem, was das impliziert. Ich denke, daß diese Bezeichnung in solchen Zusammenhängen gebräuchlich ist.«[59] Sein
wirklicher Name erschien aber versehentlich auf dem Schutzumschlag: Auf dessen Rückseite wird das — möglicherweise neufor-
mulierte — Erstgutachten von Graham Greene zitiert, in dem von
O'Nolan die Rede ist.

Greene erklärt, er habe das Buch »mit anhaltender Begeisterung und jenem großen Vergnügen gelesen, das man empfindet,
wenn auf der Bühne Porzellan zu Bruch geht«. Das Buch sei geschrieben

»... nach Art des *Tristram Shandy* und des *Ulysses*: Sein erstaun-
liches Temperament verbirgt nicht die Ernsthaftigkeit des Ver-
suchs, alle literarischen Traditionen Irlands simultan vorzuführen
— die keltische Sage (in den Geschichten Finns), die populären
Abenteuerromane (eines Mr. Tracey), das Alptraumhafte, dem
man bei Joyce begegnet, die glühende Poesie des irischen Barden
und die Arbeiterlyrik des absurden Harry [sic!] Casey. All das fügt
der Autor mit der ihm eigenen humoristischen Kraft zusammen,
und seine Technik ist ebenso wirkungsvoll wie originell.«[60]

Dann gibt Greene eine Zusammenfassung von Handlung oder
Aufbau, die gegenüber den zahllosen anderen, die seither ver-

sucht wurden, wohl noch immer die beste ist: »Das Buch im Buch ist nichts Neues, aber O'Nolan geht noch ein ganzes Stück weiter als Pirandello und Gide. Er dreht die Schraube so weit, bis man (a) ein Buch über einen Mann namens Trellis hat, der (b) ein Buch über bestimmte Figuren schreibt, die (c) den Spieß umdrehen und ein Buch über Trellis schreiben.« Abschließend macht er auf das – heute würde man sagen – postmoderne Element dieses Romans aufmerksam: »Es ist eine wilde, phantastische, fabelhaft komische Idee, aber im nachhinein begreift man, daß das Realistische, das Märchenhafte und das Unterhaltende nur so verknüpft werden konnten.«

John Garvin bekam den Roman erst zu sehen, nachdem feststand, daß das Buch bei Longmans erscheinen würde. Als er ihm das Manuskript überreichte, erklärte Brian im Behördenjargon, er lege das Werk zur gefälligen Stellungnahme und Begutachtung vor. Mr. Garvin möge ihm ferner ein griechisches Zitat vorschlagen, das sich als Epigramm verwenden ließe. Auch zum Titel *In Schwimmen-zwei-Vögel* möge er Stellung nehmen und eventuell Alternativvorschläge machen.

Garvin selbst will das Buch noch in derselben Nacht gelesen haben. »Tags darauf kam Brian in mein Büro, sah sein Erzeugnis neben mir auf dem Tisch liegen und erwartete mein Urteil mit jenem unsicheren Ausdruck, mit dem er auch Akten vorzulegen pflegte.« Recht trocken lobte Garvin das Werk als den »gelungenen Versuch, eine solche Vielfalt von Themen und Stilrichtungen künstlerisch zu verschmelzen«. Der Titel stelle »den des Irischen unkundigen Leser zwar vor ein Rätsel, doch im Text selbst findet sich ja eine angemessene Erklärung als Übersetzung von Snámh Dá Ean, der historischen Shannon-Furt bei Cluain Mhic Nóis«[61]. Garvin wies darauf hin, daß das Werk möglichst explizit sein sollte, und ihm verdanken wir die Überarbeitung der Stelle, die klar zeigt, daß die Figuren in Trellis' Buch umkommen, als das Dienstmädchen das Manuskript verbrennt, auf dem ihre Existenz basiert.

In Schwimmen-zwei-Vögel erschien am 13. März 1939. Am

Abend desselben Tages beschlossen O'Nolan und Garvin, dem das stilistische Durcheinander zwar nicht behagte, der aber auf seinen Untergebenen stolz war und sich wohl auch freute, an einem solchen Tag in seiner Gegenwart zu sein, das Ereignis in der Palace Bar zu feiern. Daß sie sich für diese Kneipe entschieden, war bezeichnend.

Das Palace, in der Fleet Street unweit der *Irish Times* gelegen, war das Stammlokal der Journalisten dieser Zeitung, des literarischen Establishments und all jener höheren Beamten, die gern in dieser Gesellschaft verkehrten. Hier sprach man, Patrick Kavanagh zufolge, über so wichtige Dinge wie die Verwendung des Semikolons bei George Moore und über die Frage, wieviel Geld englische Zeitschriften für Buchbesprechungen zahlten. Lässig trug Brian ein Exemplar seines neuen Romans mit dem grünen, auffällig beschrifteten Schutzumschlag in der Hand und ließ es reihum gehen. Garvin hat diese Szene in einer charakteristisch humorlosen Beschreibung festgehalten, die dennoch etwas von der verdrießlichen Kleinkariertheit dieses Kreises vermittelt, in dem Literatur und Außerliterarisches sich kreuzen:

»Brians literarischer Triumph wurde gebührend gefeiert. Gemeinsam verließen wir das Amt und setzten uns in der Palace Bar zu Bertie Smyllie und Alec Newman von der *Irish Times*. Austin Clarke, der an einem Nebentisch saß, meinte, O'Nolan habe ›sich in die Tradition eingereiht‹, und zitierte die ›heilige Heiligenglocke, die so heilig ist‹.* Ich murmelte, daß Clarke selber einen hübschen Doppelgänger von Sweeney in den Bäumen abgeben würde. Pussy O'Mahoney kam aus einer der Nischen hervor, die es im hinteren Teil damals noch gab, und gesellte sich zu uns. Ich fragte ihn, was er trinken wolle, und er sagte: nichts, er habe alles bei sich, und zog ein Glas Whiskey aus seiner Westentasche. ›Alles‹, sagte er, ›nur um diesem Schwadroneur von O'Riordan, Ex-D.I., RIC**, zu entgehen, der von Battersby's rüberkam und hin-

---

* Vgl. *In Schwimmen-zwei-Vögel*, S. 90 [A.d.Ü.]
** D.I.: Deputy Inspector; RIC: Royal Irish Constabulary [A.d.Ü.]

ten im Kabuff sitzt, sich brüstet mit all den IRA-Leuten, die er vor
den Black and Tans gerettet hat.‹ Irgendwo hinter mir rief Alec
McCabe, daß O'Riordan ein verdammter Lügner sei, und ›das
weißt du auch, John‹. Dann kehrte Smyllie zu dem Thema zurück,
von dem offenbar bis dahin gesprochen worden war – der Überfall
auf die Tschechoslowakei und der verrückte Ausdruck auf dem
machtbesessenen Gesicht des Führers, als er auf die Schönheiten
Prags herabblickte. Mir fiel auf, daß Brian inzwischen stumm da-
saß, in sich gekehrt hinter einer starren Grimasse, die Zähne ent-
blößt, die melancholischen Augen angewidert auf das leere Glas
gerichtet. Er lebte ein wenig auf, als ich eine neue Runde bestellte,
und wurde noch munterer, als Alec Newman, der Altphilologe
vom Trinity, sich erkundigte, woher er das griechische Zitat hatte,
das dem sogenannten Kapitel I vorangestellt sei...«[62]

Die hier beschriebenen Charaktere verhalten sich außerordentlich berechenbar: Austin Clarke, Lyrikrezensent der *Irish Times*,
war selbst Fachmann auf dem Gebiet der frühen irischen Dichtung; Pussy O'Mahoney, Chef der Anzeigenabteilung der *Irish
Times*, war ein stadtbekannter Witzbold und Possenreißer; Alec
McCabe hatte im Unabhängigkeitskrieg gekämpft und war Abgeordneter im ersten Dáil; Smyllie, Herausgeber der *Irish Times*,
interessierte sich speziell für den Balkan und die mitteleuropäi-
schen Länder; während der Autor in melancholisches Schweigen
versinkt, wenn er nichts zu trinken hat und nicht beachtet wird.
Was am Charakter des Autors freilich am stärksten auffällt, ist
seine gar nicht unsympathische Eitelkeit.
   Die erste Rezension erschien erstaunlicherweise schon eine Woche nach Erscheinen im *Times Literary Supplement*. Der Rezensent zeigte sich ein wenig verwirrt und vermochte nicht zu erkennen, wer jeweils wo über wen schrieb, doch seine Besprechung
war keineswegs ein Verriß:

»Das Ganze ist gescheit und lebendig geschrieben und gar nicht
uninteressant, vor allem für den Leser, der mit den Kontroversen

in der irischen Gegenwartsliteratur vertraut ist... Alles in allem
ist es eine ›tour de force‹, in der das einzig Ungewöhnliche die mil-
den, pennälerhaften Vulgarismen sind. Ob Mr. O'Brien gelungen
ist, was er erreichen wollte, ist schwer zu beurteilen. Anfangs
scheint er sich auf den Stoff und die Methode des modernen Romans konzentriert zu haben, und möglicherweise ist er während
des Schreibens davon nicht mehr losgekommen. Wie auch immer,
nachdem er außerordentlich kunstvoll irischen Inhalt und irischen Stil so gut wie erschöpft hat – warum macht er sich jetzt
nicht daran und versucht, einen irischen Roman zu schreiben?«[63]

Wenn diese Worte Hoffnung auf Anerkennung bei den Kritikern
geweckt hatten, so wurde sie am darauffolgenden Sonntag enttäuscht. Rezensent des *Observer* war Frank Swinnerton, ein
Schüler der großen Edwardianer und gewiß kein Anhänger der
modernen oder avantgardistischen Literatur. Er nahm sich, wie
so viele Rezensenten, zuerst den Klappentext vor und erklärte:
»Ich stelle fest, daß *In Schwimmen-zwei-Vögel* mit *Tristram
Shandy* und *Ulysses* verglichen worden ist. Das Buch kommt an
beide nicht heran.«[64]

Sodann verkündete er sein eigenes Urteil: »Das Buch liest sich
wie die Arbeit eines irischen Studenten, der zwar mit Büchern
und anderen Erzeugnissen der jüngeren Zeit durchaus vertraut
ist, der sich aber keiner Sache sicher ist außer seines Humors und
seines Wunsches, ein Stück Literatur zu produzieren.« Ebenso
streng schließt er: »Mr O'Brien verfügt über viele Wörter und
schreibt außerordentlich spaßig. Mir ist aber nicht aufgefallen,
daß er auch nur eine einzige eigene Idee zum Ausdruck gebracht
hätte: Schweren Herzens werde ich ihn zu den Langweilern zählen müssen.«

Wenige Tage später erhielt Brian von einem Freund aus Grey-
stones, einem Badeort in der Nähe von Dublin, einen Briefum-
schlag, in dem sich ein Blechplättchen aus einem Prägeautoma-
ten befand. Darauf eingestanzt war »F. Swinnerton«.*

* »F[uck] Swinnerton« [A.d.Ü.]

Die folgenden Rezensionen waren kaum besser, bis Anthony
West vom *New Statesman* im Juni eine kurze Rezension schrieb.
Zwar fand er das Buch »unsicher und stark von Joyce beeinflußt«, und er erklärte, »lange Passagen, joyceanische Parodien
frühirischer Sagen, sind unsäglich langweilig, und wo er Joyces
Faszination an rotzgrünem Schmutz sklavisch nachahmt, wird es
noch schlimmer«. Doch insgesamt sei das Buch sehr komisch,
ausgezeichnet zu lesen und glänzender Nonsens, »über den man
sich kranklacht«. West war auch so scharfsinnig, um zu erkennen, daß das Werk als Auseinandersetzung mit der Romanform
intendiert war.[65]

Sean O'Faoláin besprach das Buch in der Zeitschrift *John
O'Londons's Weekly*, die Brian vom Elternhaus her kannte. O'Faoláin identifizierte »Flann O'Brien« als Pseudonym und stieß auf
dem Schutzumschlag auf den Namen O'Nolan. Obgleich er, wie
noch zu zeigen sein wird, Anlaß hatte, sich ungerecht behandelt
zu fühlen, war seine Rezension nicht kleinlich, und im großen und
ganzen sah er in dem Buch ein Zeugnis jugendlicher Brillanz und
Lebendigkeit, die zu Besserem führen würde. Auch er verwies auf
Joyce: »Das Ganze riecht, als sei es von Joyce durchtränkt.«

Neben den Rezensionen gab es aber auch Tröstliches. Im Mai
heiratete Niall Sheridan. Er wollte die Flitterwochen in Paris verbringen, und Brian brachte ihn zum Schiff nach Dún Laoghaire.
Am Fuß der Gangway gab er ihm zaghaft ein Exemplar seines Romans, das er während der Hochzeitsfeier und des anschließenden Empfangs offenbar irgendwo versteckt hatte, und bat ihn, es
James Joyce zu überreichen. Sheridan, dessen Vater Joyce von der
Royal University her kannte, hatte Joyce während eines einjähri-
gen Parisaufenthalts kennengelernt. Während der Überfahrt öff-
nete Sheridan das Buch. Auf dem Titelblatt stand die folgende
Widmung:

> Für James Joyce vom Autor
> Brian O'Nolan mit viel:
> Siehe Seite 305

Auf Seite 305 war »Selbstzweifel des Autors« unterstrichen.

Joyce hatte gerade die Wohnung 34 rue de Vignes bezogen. Auf dem Holzfußboden lag ein Geschenk eines Bewunderers, ein Wollteppich, auf dem der Lauf des Liffey von der Quelle bis zur Mündung dargestellt war. An einer Wand hing das Bildnis des Vaters, das der irische Maler Patrick Tuohy gemalt hatte, und auf einem Couchtisch lag ein druckfrisches Exemplar von *Finnegans Wake*. Bis zum Kriegsausbruch und Joyces endgültigem Weggang aus Paris sollten es nur noch vier Monate sein.

Joyce erzählte Sheridan, daß Samuel Beckett *In Schwimmen-zwei-Vögel* in den höchsten Tönen gelobt habe und daß er sich selbst auf die Lektüre des Buches freue. Kurz darauf teilte Brian Longmans mit, daß Joyce, dem er über einen Bekannten ein Exemplar habe überbringen lassen, das Buch schon gelesen habe:

»Da er mittlerweile fast blind sei, habe er mit der Lupe fast eine Woche dafür benötigt, und seit fünf Jahren habe er kein Buch mehr gelesen, was demnach wohl als Kompliment des Führers* aufzufassen ist. Er hatte großes Vergnügen daran – wenngleich er, *Finnegan's* [sic!] *Wake* in der Hand haltend, sich beschwerte, daß ich dem Leser allerhand zumute – und versprach, in seinem internationalen Umfeld in Paris ganz unauffällig für das Buch zu werben. In diesem Zusammenhang möchte er, daß Maurice Denhoff, der im *Mercure de France* schreibt, ein Exemplar erhält. Denhoffs Adresse ist rue de Suresnes, Paris VIII. Ob Sie ihm freundlicherweise ein Exemplar zuschicken können? Falls ein Rezensionsexemplar unmöglich ist, dann berechnen Sie mir die Kosten. Joyce legt Wert darauf, daß seine Stellungnahme nicht ungefragt irgendwo zu Reklamezwecken abgedruckt wird. Er erhielt von mir eine entsprechende Zusicherung.«[66]

Mit den Jahren variierte Sheridan seine Schilderung von Joyces Reaktion ein wenig. In einem Brief an den Verlag MacGibbon and Kee, der das Buch im Jahre 1960 in einer Neuauflage heraus-

---

* Im Original: from the Führer [A. d. Ü.]

brachte, schrieb er, er habe mit Verwunderung festgestellt, daß
Joyce »In Schwimmen-zwei-Vögel schon gelesen und viel Gefallen
daran gefunden hatte«. Joyce, fuhr er fort, »hat sich wenig für die
Gegenwartsliteratur interessiert«, aber sein Urteil über Flann
O'Briens Buch war kurz und bündig. »Er ist ein wahrer Schrift-
steller mit einem echten Sinn für Komik. Ein wirklich witziges
Buch.«[67] Vermutlich fiel diese Äußerung erst bei einer späteren
Begegnung, nachdem er angefangen hatte, das Buch zu lesen,
seine letzte Romanlektüre überhaupt.

Joyce setzte sich tatsächlich für In Schwimmen-zwei-Vögel ein.
Er schlug Denhoff vor, das Buch im Mercure de France zu bespre-
chen; durch Denhoffs plötzlichen Tod zerschlug sich aber diese
Initiative. Auch um andere Rezensenten bemühte er sich. Neun
Monate vor seinem Tod schrieb er Sheridan, diesmal aus Vichy,
und berichtete von seinen kontinuierlichen Bemühungen in dieser Angelegenheit.

Der einzige Literaturpreis, den es damals in Irland gab, war
der nach dem Dichter George William Russell (AE) benannte
AE Memorial Fund, der von der Bank von Irland verwaltet und
alle fünf Jahre auf Vorschlag eines unabhängigen Gutachter-
gremiums verliehen wurde. Im Jahre 1939 gab die Bank die
ungewöhnliche Entscheidung bekannt, daß der Hauptpreis von
£150 an den Dichter Patrick Kavanagh für dessen 1936 bei Macmillan in der »Shilling Poet Series« veröffentlichte Sammlung
Ploughman and Other Poems gehen sollte, daneben aber ein Son-
derpreis von £30 an Flann O'Brien für In Schwimmen-zwei-Vögel. Beide Preisträger reagierten mit gemischten Gefühlen auf
diese Entscheidung.

Neben James Joyce versuchte O'Nolan auch die damals enorm
populäre Schriftstellerin Ethel Mannin auf sich aufmerksam zu
machen. Diese Aktion war typisch für sein merkwürdig gespalte-
nes Weltbild und für sein unsicheres Werturteil, das ihn zeitlebens
begleiten und ihm, man muß schon sagen, nicht unbeträcht-
lichen Schaden zufügen sollte. In Schwimmen-zwei-Vögel war,
nach damaligem Sprachgebrauch, high-brow; Ethel Mannin da-

gegen war als Autorin populärer Schnulzen kaum mehr als eine Spezialistin in Sachen Publikumsgeschmack. O'Nolan schrieb ihr am 10. Juli, ein Freund habe ihm berichtet, daß sie vielleicht sein Buch lesen würde und daß er seinen Verlag gebeten habe, ihr ein Exemplar zukommen zu lassen. »Es ist, je nach Standpunkt, ein Mordsspaß oder literarisch erstklassiges, hochgestochenes Gewäsch«, schrieb er. »Manche finden, daß man davon mehr Kopfschmerzen kriegt als von dem übelsten Whiskey, also verbrennen Sie das Buch ruhig, wenn Sie das für angebracht halten.«[68]

Miss Mannins Antwort bestand in einer Postkarte, auf der sie ihn über absichtliche Unklarheit, ordinäre Sprache und den schädlichen Einfluß von Joyce belehrte. Statt nun aber diese Abfuhr ad acta zu legen, verteidigte er sich in einem ausführlichen Antwortbrief, der zunächst scherzhaft beginnt:

»Als Genie erwarte ich nicht, daß man mich sofort versteht, aber vielleicht überrascht es Sie zu hören, daß mein Buch ein absoluter Meilenstein in der Literatur ist, den englischen Roman von Grund auf revolutioniert und die seichten, langweiligen englischen Schriftsteller auf die Plätze verweist. Natürlich weiß ich, daß Sie wegen der IRA-Anschläge mir gegenüber voreingenommen sind.«

Es zeigte sich jedoch, daß ihre Kritik ihn enttäuscht, ja sogar verletzt hatte:

»Im Ernst, Ihre Meinung zu derlei Dingen verstehe ich nicht ganz. Es ging doch nicht darum, in einer bläßlich-edlen Manier den Spiegel hochzuhalten, und mit James Joyce hatte es überhaupt nichts zu tun. Das Buch will derb sein und frotzeln und schallend lachen, und ich glaube ehrlich, daß es teilweise auch witzig ist. Es will auch all das Gewäsch verspotten, das aus Irland über den gutgläubigen Engländern abgeladen wird, wenngleich es stimmt, daß sie genug eigenes Gewäsch produzieren, um nicht

auf Importe angewiesen zu sein. Ich glaube nicht, daß sich Ihr
Diktum von der ›klaren Ausdrucksweise‹ vor Gericht aufrechterhalten ließe. Sie werden bei den Marx Brothers und selbst bei
Karl Marx lange nach einer klaren Aussage suchen müssen ...
Der phantastische Titel (der mir eine Menge törichter Anfragen
von Vogelfreunden eingebracht hat) wird auf Seite 95 erklärt und
ist hauptsächlich ein Einfall meines seriösen, altmodischen Verle-
gers. Mein eigener Titel lautete ›Sweeney in den Bäumen‹. Aber
fragen Sie mich nicht, wie ich Ihnen diese absichtliche Unklarheit
begründen soll.«[69]

Der Brief verrät seine übertrieben große Enttäuschung. Sein Leben lang hielt O'Nolan an dem naiven Glauben fest, daß seine
Bücher sich umgehend als Erfolge erweisen und in großer Zahl
verkaufen, ihm womöglich eine Menge Geld einbringen würden
und daß er, wie Ethel Mannin oder gar Margaret Mitchell, ein rei-
cher, populärer Autor werden würde. Diese Hoffnung ist nicht eh-
renrührig, aber doch töricht. Sie verrät den Provinzler, der mit
der eigenen Intellektualität nur schlecht zu Rande kam, und
zweifellos brachte sie ihm Schmerz und Enttäuschung. Was er
sich von einem Lob Miss Mannins im Hinblick auf Rezensionen
oder Verkaufszahlen eigentlich versprach, ist nicht klar. Wahrscheinlich hatte er die vage Vorstellung, mit Hilfe der Bestseller-
autorin den gleichen Status erlangen zu können wie sie.

Als *In Schwimmen-zwei-Vögel* erschien, hatte sich sein Dienst-
rang und damit auch sein Aufgabengebiet schon seit längerem
geändert. Um O'Nolans finanzielle Lage zu verbessern und ihm
die Möglichkeit zu geben, nach dem Tod des Vaters die Familie
besser versorgen zu können, hatte Garvin ihn im Jahre 1937 für
den vakanten Posten eines Privatsekretärs des Ministers vorgeschlagen. O'Nolan trat die Stelle im September 1937 an. Das bedeutete für ihn eine Gehaltserhöhung von £50 jährlich sowie eine
Zulage für die Überstunden und die gestiegene Verantwortung.
Er diente drei aufeinanderfolgenden Ministern für Gesundheit

und Kommunalverwaltung als Privatsekretär, und daß alle drei
ihn als fähig akzeptierten, zeigt, was für ein cleverer und flexibler
Beamter er in dieser Phase seiner Karriere war. Das Amt eines Privatsekretärs ist der »Schleudersitz« in jedem Ministerium und einer der wenigen Jobs im Staatsdienst, bei denen es nicht nur auf
die üblichen administrativen Fertigkeiten ankommt, sondern
auch auf Takt, Flexibilität und Feingespür.

Der Privatsekretär sitzt buchstäblich vor der Tür des Ministers.
Er hat vertrauliche Dinge für ihn zu erledigen, ist Zerberus und
Kammerdiener, Rausschmeißer und Diplomat zugleich. Er ent-
scheidet, wer unangemeldet zu seinem Herrn darf, und hat, um
dieser Aufgabe gerecht zu werden, eine hohes Maß an politischem Sachverstand einzusetzen. Das Verhältnis des Ministers zu
seiner eigenen Behörde hängt weitgehend vom Feingefühl und
gesunden Menschenverstand ab, mit dem der Privatsekretär
Mitteilungen und Anweisungen weiterleitet. Er muß mit dem Be-
hördenapparat vertraut sein und für ein gutes Verhältnis zu den
Privatsekretären anderer Minister sorgen, um Kollisionen und
Konflikte mit anderen Fachressorts zu vermeiden.

Der Privatsekretär bekommt von Temperament, Geschmack
und Gewohnheiten seines Chefs viel mit, aber auch von dessen
wirklichen Fähigkeiten und fachlicher Eignung. Er ist Zeuge so
manchen Fehlers, Desasters und Verschleierungsversuchs, und in
diesen Dingen wird absolutes Stillschweigen von ihm verlangt
und erwartet. Daß Brian O'Nolan selbst in späteren Jahren, als er
seine ehemaligen politischen Dienstherrn fast täglich in seiner
Kolumne attackierte, nie Anekdoten erzählte oder Geheimnisse
preisgab, verrät einiges von seinem Charakter. Er schrieb böse
Kommentare über Politiker, doch fast immer benutzte er allgemeine Wendungen oder nahm Äußerungen aufs Korn, die in der
Öffentlichkeit gefallen waren. Gleichwohl muß er viel gesehen
und gehört haben, was eine Veröffentlichung vertragen könnte.

Selbst in politisch relativ friedlichen Zeiten ist die Aufgabe eines Privatsekretärs ein anstrengender Job, dem sich oft die Versetzung auf einen ruhigeren Posten anschließt. Um so erstaun-

licher ist es, wieviel Energie Brian O'Nolan in all diesen Jahren noch für seine schriftstellerische Tätigkeit aufbrachte.

Der erste Minister, dem er als Privatsekretär diente, war Sean T. O'Kelly, ein Veteran des politischen Kampfes um Unabhängigkeit, einer der prominentesten Männer in der Hierarchie der Fianna Fáil, an Einfluß nur noch von De Valera übertroffen und überdies ein eindrucksvoller politischer Stratege. O'Kelly war, wie Brian O'Nolan, von kleiner Statur und sah mit seiner Brille, die ihm auf der Nasenspitze saß, wie ein Kobold aus. Der gebürtige Dubliner wurde von den gebildeten Juristen und Akademikern der oppositionellen Fine Gael als Prolet angesehen. Als Fianna Fáil bei Regierungsantritt beschloß, ungeachtet ihrer revolutionären Geschichte bei formellen Anlässen auch entsprechende Kleidung zu tragen, fanden sie den Anblick von Sean T. im Gehrock besonders komisch. Sie schienen nicht zu bemerken, daß O'Kellys anspruchslose Art auch Ausdruck einer politischen Haltung war.

Allerdings trank er gern ein Gläschen, und mit den Jahren wurde diese Neigung immer stärker. Als er 1944 Brian O'Nolans ehemaligem Mentor, Douglas Hyde, im Amt des Präsidenten folgte – ein überwiegend symbolisches Amt, das unter De Valeras Verfassung von 1937 eingerichtet worden war, damit Irland ein Staatsoberhaupt hatte –, gehörte zu seiner persönlichen Entourage ein Bediensteter, dem das »Einkleiden des Präsidenten« oblag. Dieses Einkleiden bestand in erster Linie darin, dafür zu sorgen, daß der Präsident immer ein Fläschchen Whiskey bei sich hatte – tagsüber in der Gesäßtasche des Straßenanzugs, bei Abendveranstaltungen in der Brusttasche des Fracks. Wenn das entsprechende Kleidungsstück angelegt war, pflegte der Präsident zu fragen: »Ist jetzt alles in Ordnung, Arthur?« Woraufhin Arthur zu antworten pflegte: »Jawohl, Sir. Alles tipptopp!«

Als Brian im Jahre 1937 sein Privatsekretär wurde, stand Sean T. O'Kelly noch auf dem Zenit seiner politischen Macht, war aber gelegentlich etwas mitgenommen und verließ sich völlig auf das diplomatische Geschick seines Assistenten.

In dem Brief, in dem Brian seinem Verleger von Joyces Interesse an *In Schwimmen-zwei-Vögel* berichtete, heißt es:

»Ich habe hinsichtlich eines neuen Romans noch nichts unternommen, außer daß ich ein paar Gedanken in meinem Kopf hin- und herschiebe. Mein Problem besteht darin, die Zeit für eine solche Arbeit zu finden. Die Tätigkeit, mit der ich meinen Lebensunterhalt verdiene, hält mich zu dieser Jahreszeit nämlich bis spätabends auf Trab, und ich glaube nicht, daß ich vor Spätsommer etwas Neues anfangen kann, und fertig würde es wohl nicht vor November. Ich hätte gern von Ihnen gehört, ob aus Gründen der Kontinuität für den Teil der Öffentlichkeit, der sich für mich interessiert, das nächste Buch eher schnell erscheinen sollte oder ob gegen eine längere Pause nichts einzuwenden wäre.

Kurz gesagt: Die Geschichte, an die ich denke, fängt als ganz orthodoxe Kriminalgeschichte in irgendeinem ländlichen Bezirk an. Die verwirrten Parteien wenden sich an die lokale Wache, in der sie aber auf ganz ungewöhnliche Polizisten stoßen, die ihre Ermittlungen oder Tätigkeiten nicht auf das Diesseits oder auf bekannte Ebenen und Dimensionen beschränken. Noch die beiläufigste Bemerkung, die sie machen, schafft tausend neue Rätsel, aber anders als im letzten, schwierigeren Buch werden hier nicht die Fetzen fliegen. Mir kommt es darauf an, die schwindelerregendsten Handlungen der Polizisten völlig logisch und nüchtern darzustellen. Ich möchte dies recht sorgfältig ausführen und einige Zeit darauf verwenden...«[70]

Dieser Roman war *Der dritte Polizist*. – Jener Sommer, in dem *In Schwimmen-zwei-Vögel* veröffentlicht wurde und dunkle Kriegswolken sich zusammenbrauten, hellte sich für O'Nolan und seine Freunde durch einen Besuch des amerikanischen Schriftstellers William Saroyan auf, den sie mehr oder weniger unter ihre Fittiche nahmen und während seines Aufenthalts als ihr Eigentum betrachteten. Saroyan war der Autor von *Der waghalsige junge Mann auf dem fliegenden Trapez*, einem Roman, den sie alle von der kurz zuvor erschienenen Penguin-Taschenbuchausgabe her kannten; Saroyan stand damals auf der Höhe der recht kurzzeitigen Berühmtheit (jedenfalls als Prosaschriftsteller, als Dramatiker konnte er seinen Ruf etwas länger behaupten), die dieses Buch begründet hatte.

Der waghalsige junge Mann auf dem fliegenden Trapez ist noch immer ein bemerkenswertes Werk, auch deswegen, weil dort, wie *In Schwimmen-zwei-Vögel*, das Geschichtenerzählen nicht nur als Kunst, sondern schon als bloßes Prinzip in Zweifel gezogen wird. Immer wieder erklärt Saroyan in diesem Buch, daß er keine Geschichte schreibe; er glaube nicht an Geschichten, Geschichten seien Lügen; er bemühe sich nur, wahrheitsgemäß zu berichten, was er erlebt habe. Der Glaube, daß es möglich oder sinnvoll ist, Geschichten zu erzählen, die wahre Erfahrungen aufrichtig widerspiegeln, dürfte durch dieses Buch bei so manchem erschüttert worden sein.

Doch anscheinend am stärksten beeindruckte O'Nolan und seine Freunde, daß Saroyan ein erfolgreicher Autor war, der durch Schreiben Geld verdiente, viel Geld, und daß er ihnen eine Welt kommerzieller Möglichkeiten vor Augen führte, die sonst nur ein entferntes Gerücht geblieben wäre. Tatsächlich sprach er jene Seite in Brian O'Nolan an, die an die Möglichkeit glaubte – oder glauben wollte –, als Schriftsteller Geld verdienen zu können. Zugleich war Saroyan ein äußerst charmanter, großzügiger, amüsanter und angenehmer Mensch, der sich freute, mit Sheridan zu trinken und zu plaudern und bei den Pferderennen zu wetten. Er fühlte sich wohl in Dublin und besonders in den Vierteln, die sie ihm umgehend zeigten.

Im Juni kehrte Saroyan in die Vereinigten Staaten zurück. Er hatte Brian vorgeschlagen, sich an seinen Agenten Harold Matson zu wenden, um *In Schwimmen-zwei-Vögel* bei einem amerikanischen Verleger unterzubringen. Im Juli teilte O'Nolan ihm mit, daß er Matson das Buch geschickt habe:

»Ich habe vorsichtshalber meinen Londoner Agenten (Heath) gefragt, was er von der Idee hält; er fand sie gut... Ich würde gern
hören, was Matson sagt, wenn er das Buch gesehen und mit Ihnen
darüber geredet hat – ich hoffe einfach, daß sich irgendwie etwas
ergibt.«[71]

Im September schrieb Saroyan, daß Matson mit dem Buch kein
Glück gehabt habe, und O'Nolan antwortete:

»Zu dem Buch: daß es in Amerika keinen Verleger findet, überrascht mich überhaupt nicht. Das war mir völlig klar. Amerika
hat eine große Bevölkerung, aber nicht genügend Verrückte, die
sich in ausreichender Zahl für so ein Zeug interessieren. Joyce beherrscht den Markt. Ich werde das Buch ad acta legen. Ich habe
zwar keine Zahlen, aber ich glaube, hier ist es genauso ein Flop.
Ich finde, es ist sowieso ziemlicher Mist. Ich schreibe gerade ein
sehr komisches Buch über Fahrräder und Polizisten, vielleicht
wird es ganz gut und bringt mir ein bißchen Geld ein. Wenn ich
es fertig habe, werde ich Ihnen sofort ein Exemplar schicken,
dann können Sie es an Matson weitergeben, wenn Sie glauben,
daß er das nicht als Zumutung empfindet.«[72]

Die Unbekümmertheit – »Ich finde, es ist sowieso ziemlicher
Mist« – erklärt sich teils daraus, daß er den knallharten amerikanischen Profi spielen will, teils aus seiner eigenen unklaren Haltung zum Verhältnis von Literatur und Geldverdienen. Von *In
Schwimmen-zwei-Vögel* waren bis dahin 244 Exemplare ver-
kauft, und es sollten kaum mehr werden. Einem deutschen Bom-
benangriff, bei dem im Herbst 1940 der Verlag Longmans an St.
Paul's Churchyard zerstört wurde, fielen auch die restlichen
Lagerbestände zum Opfer, und nur ein paar Bogen, die noch
nicht gebunden waren, blieben erhalten.
     Sechs Monate später, am Valentinstag 1940, berichtete O'Nolan
William Saroyan ausführlich von dem inzwischen fertiggestellten
Roman *Der dritte Polizist*. Sein Brief begann mit Komplimenten:

»Vielen herzlichen Dank für Ihren Brief, den ich vor ein paar Wochen erhielt. Mir ist völlig unklar, wie Sie es schaffen, immer wieder ein neues Stück zu schreiben. Ich verstehe nicht, wie Sie es
schaffen, gewöhnliche Dinge so wahnsinnig komisch darzustellen, so aussagekräftig und gefühlvoll, und daß Sie gesünder wirken als andere, einfach indem Sie verrückt sind. Ich habe gerade
Einmal im Leben angefangen, und ich finde, es ist Spitze. Es ist
furchtbar komisch. Alles, was Sie schreiben, hat eine große Lebendigkeit. Ich habe daraus viele Ideen gewonnen, kann sie einstweilen aber nicht umsetzen, weil das auf Imitieren hinausliefe,
und sowieso glaube ich allmählich, daß ich überhaupt nicht
schreiben kann – ich meine, etwas schreiben, was alle Menschen
anspricht, einfach weil sie Menschen sind, so wie Sie es können.«[73]

Angesichts dieses überschwenglichen Tons ist es doch recht be-
dauerlich, daß O'Nolan später leugnete, an Saroyans »absonder-
lichen Stoffen« – wie er es 1961 nannte – je Gefallen gefunden zu
haben. Saroyan jedenfalls bewahrte sich eine glückliche Erinnerung an seinen Besuch in Dublin, und als er 1964 Tim O'Keeffe,
O'Nolans damaligen Verleger, zum Lunch traf, sprach er herzlich
und vergnügt von dem Empfang, den O'Nolan und die Freunde
ihm bereitet hatten.
   O'Nolan erkundigte sich im weiteren nach dem Stück, für das
Saroyan, wie vereinbart, den Titel »Sweeney in den Bäumen« verwenden sollte, den ursprünglichen Titel von *In Schwimmen-
zwei-Vögel*. »Ich überlege, wie Ihr neues Stück wohl ist und wie
sich der Titel macht. Hat Hollywood schon angefangen, an Ihren
Stücken herumzuschnuppern?« Dann berichtete er, daß *Der
dritte Polizist* fertiggestellt sei, und beschrieb den Inhalt. Selbst
unter Berücksichtigung eines vernünftigen Maßes an Selbstkritik
schlägt er einen erstaunlich abfälligen Ton an. »Ich habe gerade
ein weiteres Buch beendet, das Mist ist. Ich glaube nicht, daß es
viel taugt, und habe es noch nirgendwo angeboten.«[74]
   Das stimmte nicht. *Der dritte Polizist* war fertig, er hatte das

Buch im Januar an Longmans geschickt, und als er Saroyan
schrieb, wartete er schon gespannt auf eine Antwort. Im gleichen
selbstkritischen Ton erklärte er:

»Das einzig Gute daran ist die Handlung, und ich überlege, ob ich
ein verrücktes Saroyansches Stück daraus machen könnte. Am
Ende des Buches wird einem klar, daß mein Held bzw. meine
Hauptfigur (er ist ein Gauner und Killer) die ganze Zeit hindurch
tot ist und daß all die komischen, schrecklichen Sachen, die ihm
zustoßen, in einer Art Hölle passieren, die er für den Mord verdient hat. Gegen Ende des Buches (bevor man weiß, daß er tot
ist) gelingt es ihm, zu seinem Haus zurückzukehren, in dem er
früher mit einem anderen Mann wohnte, der bei dem ersten Mord
sein Komplize war. Obwohl er nur drei Tage weg gewesen war, ist
dieser andere Bursche 20 Jahre älter und kriegt einen Mords-
schreck, als er den anderen in der Tür stehen sieht. Dann gehen
die beiden wieder zurück in die Hölle und erleben unterwegs all
die gleichen Abenteuer wieder, wobei der erste Bursche genauso
erstaunt und erschrocken ist wie beim ersten Mal, als hätte er das
Ganze noch nie erlebt. Es wird klar, daß diese Geschichte sich
ewig wiederholt – so, das wär's. Es soll sehr komisch sein, aber da
bin ich mir nicht so sicher.«

Der Brief endet mit der gleichen Mischung aus Neid und Selbst-
zweifeln:

»Wenn es je veröffentlicht wird, werde ich Ihnen ein Exemplar
schicken. Ich beneide Sie, wie Sie einfach das schreiben, was Sie
schreiben wollen, und daß es Ihnen gefällt, wenn es fertig ist. Ich
habe den Eindruck, daß ich nie etwas richtig hinbekomme.
Trotzdem finde ich die Idee mit dem Mann, der die ganze Zeit
über tot ist, ziemlich originell. Wenn man über die Welt der Toten
– und der Verdammten – schreibt, in der keine Regel und kein Gesetz gilt, nicht einmal das Gesetz der Schwerkraft, dann hat man
viel Raum für komische Dialoge und Verrücktheiten.«[75]

Alles in allem spricht aus den Briefen jener Zeit nicht der jugendliche Autor, der nur so strotzt vor Energie und Selbstvertrauen
und der überzeugt ist, kurz vor triumphalen Erfolgen zu stehen.
Alle Künstler sind unzufrieden mit dem Erreichten und sind sich
seiner Mängel deutlich bewußt, aber selbst wenn man dies und
vielleicht auch die unbewußte Melancholie berücksichtigt, die
dem Humoristen eigen ist, drückt sich in diesen Briefen an Saroyan eine seltsam pessimistische Niedergeschlagenheit und eine
Kraftlosigkeit aus, die zu dem Elan und Temperament einiger be-
kannterer Äußerungen aus jener Zeit in einem merkwürdigen
Kontrast stehen. Unverändert wie seine Selbstzweifel bleiben
auch seine Unsicherheiten hinsichtlich des Zwecks und der Möglichkeiten erzählender Literatur:

»Ich persönlich schaffe es nicht, etwas zu schreiben, was mir
auch nur ansatzweise gefällt, allerdings bemühe ich mich nicht
sehr und habe auch nicht vor, mich krank zu grübeln... Gleichzeitig ist es so, daß ich manchmal nicht einschlafen kann, weil ich
an *Vom Winde verweht* denken muß – ich meine, an all die Kohle,
die die talentierte Romanschriftstellerin verdient hat.«[76]

Das ist natürlich scherzhaft gemeint, doch er kommt immer wieder auf dieses Thema zurück, und es ist ein Scherz, den man sich
bei Joyce oder bei einem anderen großen Meister der Moderne
nicht vorstellen kann.
    Am 11. März übermittelte ihm Patience Ross von der Agentur
A. M. Heath und Co. Longmans Urteil: »Wir sind uns der Fähigkeiten des Autors bewußt, finden aber, daß er weniger phanta-
stisch schreiben sollte; in diesem neuen Roman wird er statt dessen noch absurder.« Die Agentur versuchte es mit einem anderen
Verlag, aber ohne Erfolg, und Ende August schickte O'Nolan ein
Exemplar an Matson. Am 11. September schrieb er an Saroyan:

»Neulich, es regnete an dem Tag gerade, hatte ich den Anblick
des verschmierten [unleserlich] Manuskripts dieser Geschichte

über einen Polizisten dermaßen satt, daß ich es in einem Anfall von Wahnsinn (der Sweeneyschen Art) zusammen mit 2 Kurzgeschichten in einen Karton packte und das ganze Zeug über den Ozean an Matson und Duggan schickte. Jetzt muß ich denen schreiben, und ich weiß nicht, was ich sagen soll, weil ich (im Ernst) glaube, daß ich die Sache versaut habe und daß es eine gute Idee ist, die ich vermasselt habe, weil ich nicht genug daran gearbeitet habe, ohne Konzentration und Ausdauer. Ich hätte es nicht abschicken, sondern noch einmal überarbeiten sollen. Solche Dinge müssen einfach stimmen, oder sie taugen nichts. Ich glaube, es ist ziemlich schädlich, wenn man den Verlegern stinkendes Zeug schickt. Kommt man später mit etwas Gutem vorbei, erinnern sie sich an den Gestank und reißen höchstens die Fenster auf. Aber vielleicht verstehen sie davon mehr als ich.«

Matson schrieb zurück, daß ihm das Buch gefalle – in seiner Version trug es den Titel *Hell Goes Round and Round* –, er aber keinen Verlag finden könne. Später ging das Manuskript verloren, und er mußte sich eine Kopie schicken lassen; trotzdem fand er keinen interessierten Verleger.

O'Nolan nahm diese Ablehnungen unverhältnismäßig schwer. Trotz der selbstbewußten und angriffslustigen Art, die er gern zur Schau trug, war er innerlich sehr unsicher und in allem, was er schrieb, auf Bestätigung angewiesen. Wie aus seinem Brief an Saroyan hervorgeht, hatten die Schwierigkeiten seines Agenten, einen englischen Verleger zu finden, ihn tief getroffen und entmutigt, auch wenn er diese Ablehnungen nicht erwähnt. Vielleicht hätte er geduldiger sein sollen, doch das Buch gefiel ihm schon nicht mehr, möglicherweise *wegen* der Zurückweisungen. Er wollte die Figur des Joe, die Stimme des Gewissens, herausnehmen und fand, daß es besser sei, die Geschichte umzubauen und in der dritten Person zu erzählen. Aber er konnte sich nicht dazu durchringen, diese Änderungen vorzunehmen, und im Laufe der Zeit wurde ihm das Buch immer unsympathischer.

Er befand sich mittlerweile in einer schwierigen Lage, und

seine Reaktion offenbart nicht nur seine tiefe Verletzlichkeit, sondern auch, wie empfindlich er hinsichtlich des Status war, den er unter seinen Freunden und in Dublin genoß oder zu genießen glaubte. Offenbar fand er die Vorstellung unerträglich, zugeben zu müssen, daß sein Buch keinen Verlag gefunden hatte. Am UCD war er der Mittelpunkt einer großen Schar von Bewunderern gewesen. Man hatte Bedeutendes von ihm erwartet, und er konnte behaupten, einen Anfang gemacht zu haben. Sein Ruhm war nach außen gedrungen und hatte sich, wie er vermutlich glaubte, bis in das literarische Dublin ausgebreitet – zumindest in jenen Teil der Literaturszene, der sich auf literarischen Soireen oder in der Palace Bar traf, wo man unter breitkrempigen schwarzen Hüten über die »Stars von morgen« diskutierte.

Trotz der Tatsache, daß seine Freunde sich als Bewunderer von James Joyce verstanden und sicher wußten, welche Kluft im 20. Jahrhundert zwischen kommerziell orientierten Verlegern und solchen besteht, die beharrlich ihren eigenen Weg gehen, scheint ihnen nicht klar gewesen zu sein, daß Einsamkeit, Verkanntwerden und Ablehnung das wahrscheinlich unvermeidbare Los avantgardistischer Schriftsteller ist. Obwohl sie bestimmt wußten, daß *Dubliner* unzählige Male abgelehnt worden war und daß die größten Werke des Jahrhunderts oft mehr oder weniger zufällig und durch Initiative von Kleinverlegern den Weg an die Öffentlichkeit gefunden hatten, muß Brian geglaubt haben, daß er in ihren Augen keine so glänzende Figur machte, wenn sie von der Ablehnung durch Longmans und andere erführen. Wie heute fanden auch damals die Urteile englischer Verleger sofort ehrfürchtige Verbreitung in Dublin. Wer seinerzeit beeindruckt gewesen war, daß Longmans *In Schwimmen-zwei-Vögel* angenommen hatte, würde natürlich genauso beeindruckt auf die Ablehnung des nächsten Werks reagieren.

Und so beschloß er einigermaßen überstürzt, die Story vom verlorengegangenen Manuskript in die Welt zu setzen. Niall Sheridan erzählte er, er habe es irgendwo, wahrscheinlich in einer Straßenbahn, liegenlassen. Garvin tischte er eine weitschweifige

Geschichte auf: daß er das Manuskript am Abend zuvor mit ins
Dolphin Hotel genommen habe, um es dort jemandem zu zeigen,
und daß er in all dem Trubel ohne sein Werk wieder nach Hause
gegangen sei. »Ich komme gerade von dort«, sagte er, »sie haben
das ganze Haus auf den Kopf gestellt, aber nirgends auch nur
eine Spur gefunden.«[77] Dem Schauspieler Liam Redmond, einem
früheren Kommilitonen vom UCD, der Verbindung zu dem englischen Regisseur David Rawlings hatte und glaubte, daß sich ein
gutes Drehbuch aus dem Manuskript machen lasse, erzählte er,
es sei ihm im Zug abhanden gekommen. Und anderen erzählte er
die noch verrücktere Variante, daß ihm das Manuskript während
einer Reise nach Donegal Seite für Seite aus dem Auto geflattert
sei. Nur Donagh MacDonagh berichtete er, was wirklich passiert
war, und er bat ihn, sich das Manuskript noch einmal anzusehen
und ihm zu sagen, »was es daran auszusetzen gebe«. MacDo-
naghs Antwort: »Nichts«.

Auch dieses Buch hatte viele Quellen. MacDonagh war es, der
in den zahlreichen Fußnoten – die er guthieß – den Einfluß von
Gibbon entdeckte, den Brian gelesen hatte. Die Figur De Selbys
dürfte teilweise von dem Porträt des eigenwilligen Einsiedlers
Des Esseintes inspiriert sein, des Helden in Huysmans' Roman
Gegen den Strich, den Sheridan sich von Devlin ausgeliehen und
an Brian weitergegeben hatte. Aber natürlich hatten ihm literarische Porträts von dogmatischen und exzentrischen Genies wie
Sherlock Holmes schon immer gefallen.

Später ist in *Der dritte Polizist* der Einfluß von J. W. Dunnes
Büchern *An Experiment With Time* und *The Serial Universe* erkannt worden, die Brian und seine Freunde ebenfalls lasen.
Dunne argumentiert in *An Experiment With Time*, daß Zeit eine
Dimension sei, in der wir gezwungen sind, uns blind in einer
Richtung und in einer Geschwindigkeit zu bewegen. Nur in unseren Träumen können wir uns schneller vorwärtsbewegen. Dunne
notierte seine Träume und stellte fest, daß sie sich in vielen Fällen
»bewahrheiteten«. Er glaubte auch, daß das Bewußtsein den Tod
überdauere und daß aus unserem Verhältnis zur Zeit dann ein-

deutiger eine Beziehung zu einer vierten Dimension würde. Dunnes Bücher lesen sich heute wie höherer Schwachsinn, aber in O'Nolans Freundeskreis und unter Dubliner Intellektuellen ganz allgemein waren sie in den dreißiger und vierziger Jahren populär – womöglich deswegen, weil sie die Illusion erzeugten, als ginge es um die Fragen Einsteins, den kein Mensch verstand. Myles na Gopaleen tat jedenfalls so, als hätte er die Relativitätstheorie verstanden. Er behauptete sogar, bei der Versammlung der Royal Society in London anwesend gewesen zu sein, »als der englische Hofastronom erklärte, die Fotos von der berühmten Sonnenfinsternis hätten nach Prüfung durch seine Kollegen vom Observatorium von Greenwich Einsteins These von der Lichtablenkung im Schwerefeld der Sonne bestätigt«[78]; aber nirgendwo sagte er etwas über die Relativität, was nicht ebenso aus einer populärwissenschaftlichen Schrift hätte stammen können.

Die fröhliche Reduktion allen Wissens, exemplarisch vorgeführt in der Figur des einfältigen De Selby, betrieb O'Nolan immer wieder gern und mit spöttischem Vergnügen. Myles na Gopaleen bringt das am klarsten zum Ausdruck. Auch er ist ein Enzyklopädist, der vorgibt, sich auf allen Wissensgebieten auszukennen, der über hunderterlei Themen sprechen kann, in den Naturwissenschaften ebenso mühelos wie in anderen Disziplinen. Wie De Selby ist er geradezu allwissend und unfehlbar. Wie De Selby ist er ein Erfinder, genial, aber meist ziemlich erfolglos. Dabei treibt ihn keine wahre intellektuelle Neugier. Er erwartet nicht voller Ungeduld irgendwelche Forschungsergebnisse, und im Unterschied zu De Selby weiß er, daß das Ganze ein Witz ist. Ihm ist klar, daß keines dieser Forschungsgebiete den geringsten Ertrag abwirft, und aus der Erkenntnis, daß sie unsere wahre Statur nicht um einen Zentimeter verändern oder irgendeinen Einfluß auf unseren erschreckenden Zustand haben, spricht er von ihnen nicht anders als mit dem Unterton des Spotts.

Ein wirklich neugieriger Mensch war auch O'Nolan nicht. Trotz seiner geistigen Wachheit, ja Quirligkeit klagte er oft über Langeweile. Er verfolgte kein Thema über relativ enggesteckte

Grenzen hinaus, nicht einmal spekulativ. Die Wissenschaft war
eine unterhaltsame Domäne, in der gescheite Menschen sich vergnügen konnten; letztlich aber war sie ohne Bedeutung. Die wahren Fragen standen fest, und die Antworten waren bekannt.

Der dritte Polizist ist das einzige von O'Nolans Werken, in dem
es so etwas wie eine eigenständige Auseinandersetzung mit philosophischen Fragen, mit dem Mysterium des Seins zu geben
scheint. Doch dieser Eindruck täuscht. Brian O'Nolan war und
blieb zeitlebens ein Katholik. Wenn er überhaupt an seinem Glauben, in dem er erzogen worden war, zweifelte, dann bewegte er
sich auf manichäischem Grund: Im Universum – jedenfalls wie
wir es kennen – schien sich das Gleichgewicht von Gut und Böse
irgendwie zugunsten des Bösen verschoben zu haben. Das Diesseits war vielleicht die Hölle oder ein Teil von ihr. Ein katholischer
Schriftsteller kann orthodoxe Grundpositionen durchaus mit einer manichäischen Sichtweise oder zumindest einer Tendenz
zum Manichäismus verbinden. Häresien sind schließlich nichts
anderes als Äste am Stammbaum – Graham Greene hat sich bei
Gelegenheit so beschrieben.[79] Das Erstaunliche an Brian O'Nolans Werken ist eben auch, wie dieser Glaube an die Macht des Bösen zusammenfällt mit dem Nihilismus des Humoristen und ihn
noch verstärkt.

Wie die meisten irischen Katholiken seiner Generation war er
in seiner Einstellung zu vielen Dingen, einschließlich wissen-
schaftlicher Theorie und Forschung, ein Thomist. Für den Tho-
misten sind alle großen Fragen entschieden, und der Sinn des
Lebens ist klar. Es gibt nur ein Gutes, das Seelenheil des Menschen, und nur eine wirkliche Katastrophe, die Verdammnis.
Wenn auch zu akzeptieren ist, daß der Mensch ein etwas ange-
nehmeres Leben führen möchte, in gewissen Grenzen sogar
dafür kämpft, so müssen sich diese Bemühungen doch strikt der
Bestimmung des Daseins unterordnen.

Gottes Wege bleiben natürlich dunkel, aber die Menschheitsge-
schichte muß im Lichte des Kampfes gesehen werden, den Gott
und der Teufel um die Seele des Menschen führen. Das einzig Be-

deutsame in dieser Geschichte ist daher die christliche Offenbarung. Jede Seele, die seit der Menschwerdung Christi geboren wurde, hatte eine Chance auf Erlösung. Einen weiteren, wirklich bedeutenden Fortschritt kann es nicht geben. Mit dem Empfang der Offenbarung war alles gerichtet. Die göttliche Gnade behauptet durch die christlichen Sakramente den eroberten Boden und verhindert einen auch nur partiellen Triumph des Bösen über den Menschen und seine Erlösung. Wissenschaft, gesellschaftliche Strukturen und Psychologie – das alles ist nahezu belanglos.

Alle säkulare Wissenschaft ist daher im Grunde ein Witz, und Naturwissenschaft und Philosophie um so mehr, als sie die Illusion erwecken, sie könnten Erkenntnisse über das Mysterium des Lebens liefern oder das Verhältnis zwischen Gut und Böse beeinflussen. Alle Wissenschaftler sind in gewissem Maße verrückt, und ihr Archetyp ist der lächerliche De Selby, dessen Theorien sich der Protagonist von *Der dritte Polizist* verschrieben hat – um derentwillen er sogar seine Erlösung aufs Spiel setzt.

Wenn Brian O'Nolan Zweifel an dem Glauben hatte, in den er hineingeboren war, dann bewegten sie sich, wie gesagt, auf manichäischem Grund, denn ihm, wie anderen katholischen Schriftstellern, erschien der Manichäismus als die entwickeltste Form des Glaubens. Die Höllenlandschaft in *Der dritte Polizist* ist, wie Aidan Higgins darlegt, unverkennbar die Landschaft der Irish Midlands, in der Brian den größten Teil seiner Kindheit offenbar sehr idyllisch verbracht hat. Die Hölle – das ist ein Ort irgendwo in der Nähe von Tullamore.

In seinem Buch erscheint das Böse als ein erstaunlich zwanglos akzeptierter Teil der natürlichen Ordnung. Der Held wird zum Mörder, ohne daß er sich darüber Gedanken macht. Er zeigt keinerlei Reue. »Ich hatte begonnen, ihn zu mögen, und fand es schade, daß man ihn ermordet hatte«, sagt er von seinem Opfer, während er ihn in dem leeren Haus betrachtet, fügt aber sofort hinzu: »Ich fühlte mich erleichtert und weniger verwirrt, und ich war sicher, daß ich die schwarze Kassette bald bekommen sollte.«

Die Welt dieses Buches ist rational und sogar wissenschaftlich, eine normale Welt, wäre sie nicht von dem Gefühl durchdrungen, daß etwas sich verschoben hat, daß das Gleichgewicht von Gut und Böse, der normale Zustand, irgendwie gestört ist. Die Ebene, auf der wir leben, ist gewissermaßen auf den Kopf gestellt worden.

Als Brian später Teile von *Der dritte Polizist* in das Buch *Aus Dalkeys Archiven* einarbeitete, erwähnte er ausdrücklich den manichäischen Glauben und die Möglichkeit, daß der »schreckliche Zusammenstoß zwischen Gott und dem rebellischen Luzifer«, trotz allem, was uns berichtet wurde, tatsächlich »anders ausgegangen« ist. *Der dritte Polizist* ist vielleicht unbeschwerter, aber auch kühler. Wir sehen die Dinge im Lichte der Ewigkeit. Noch scheint die Sonne auf die flache, unbestimmte Landschaft der irischen Midlands. Der Himmel ist »ein helles Blau ohne Entfernung, weder nah noch fern«. Man kann ihn »anstarren, durch ihn hindurch und über ihn hinaus und [...] dabei die delikate Lüge seines Nichtseins unvergleichlich viel klarer und näher durchschauen«.

Es soll hier nicht behauptet werden, daß Brian O'Nolan eine klare, konsistente und wohldurchdachte manichäische Sichtweise vertreten hätte. Er war ja nicht nur der instinktiv reagierende Schriftsteller, sondern gehörte einem Land und einer Kultur an, in der die Menschen, zumal die Katholiken, nicht dazu neigten, die Dinge »zu Ende zu denken«. Ein wenig von dieser Haltung lag in der Luft, die er atmete. An allen Bildungseinrichtungen, die er besuchte, wurde ein thomistisch geprägter Katholizismus gelehrt, selbst am UCD, in dessen philosophischen Seminaren immer nur bekräftigt wurde, daß alles Wissenswerte in der *Summa Theologica* des Thomas von Aquin enthalten sei, der großen Synthese von katholischer Doktrin und aristotelischer Philosophie. Alles andere sei müßige Spekulation. Das manichäische Weltbild paßte genau zu O'Nolans eigener Sichtweise, und wenn man an das spätere Werk *Aus Dalkeys Archiven* denkt, so war er sich dessen sehr wohl bewußt und hatte darüber nachgedacht, wenngleich in unsystematischer, wenig überzeugender Weise.

Der dritte Polizist ist in einer eigentümlichen Syntax geschrieben. Das Buch liest sich stellenweise wie eine Übersetzung aus dem Irischen, allerdings nicht in der von Lady Gregory und John Synge eingeführten poetisierenden Variante der irischen Syntax, dem sogenannten »Kiltartan«:

»An meine Mutter erinnere ich mich lebhaft. Sie hatte, da sie sich immer über den Herd beugte, ein ständig gerötetes und gereiztes Gesicht; sie verbrachte ihr Leben mit der Zubereitung von Tee, um die Zeit totzuschlagen, sowie mit dem Gesang von Bruchstükken alter Lieder, um die Zwischenzeit totzuschlagen. Ich kannte sie gut, mein Vater und ich dagegen waren Fremde, und wir pflegten wenig Konversation. Aber oft konnte ich ihn durch die dünne Tür zum Laden hören, wenn ich in der Küche meinen Studien nachging, wie er stundenlang von seinem Stuhl unter der Öllampe aus auf Mick, den Hütehund, einsprach.«

Auch die einfache Sprache des Ich-Erzählers aus *In Schwimmen-zwei-Vögel* mutet bisweilen wie eine Übersetzung aus dem Irischen an. An anderen Stellen erwecken die akribische Genauigkeit, die penible Klarheit und Eintönigkeit den Eindruck, als sei Englisch für O'Nolan eine tote Sprache gewesen:

»Am selben Nachmittag saß ich in berauschtem Zustand auf einem Hocker in Grogans konzessioniertem Ausschank. Die Nachbarhocker trugen die Gestalten von Brinsley und Kelly, meinen beiden wahren Freunden. Wir drei waren damit beschäftigt, Gläser voller Starkbier in unser Körperinneres zu füllen und das daraus resultierende Gefühl physischen und seelischen Wohlbehagens durch subtile Disputation zum Ausdruck zu bringen. In meiner Hosentasche hatte ich elf Shilling acht Pence in gewichtig hin- und herpendelnden verschiedenartigen Münzen. Jede der auf dem Regal vor mir aufgestellten Flaschen, ob schmal oder dickbäuchig, wies ein mattes Abbild des Gaslampenanschlusses auf.«

Wie in *Der dritte Polizist* meint man es mit einer Übung in Deper-
sonalisation zu tun zu haben – möglicherweise ein Protest O'Nolans gegen den überpersonalisierten, forcierten »Stil« so vieler
englischsprachiger Schriftsteller, wie etwa die schlichte Syntax,
die Ernest Hemingway bei Gertrude Stein gelernt hatte, sicher
aber auch ein Ausdruck des Staunens darüber, daß eine Sprache
wie das Englische existiert und daß mit ihrer Hilfe Fakten, Erscheinungen und Gefühle ausgedrückt werden können. Natürlich bildet sie auch, humoristisch eingesetzt, einen Kontrast zu
der idiomatisch eigenwilligen und reichen Sprache der Figuren
und zu den üppigen Schnörkeln und Fußnoten. Beide Elemente,
die absurde Genauigkeit und die Exzentrik, werden in *Der dritte
Polizist* mit viel Witz verbunden: »Was ist ein Schaf anderes als
Millionen von kleinen schafsmäßigen Teilen, die umherwirbeln
und im Innern des Schafs verzwickte Windungen ausführen? Was
bitte?«

Anfang 1939, als *In Schwimmen-zwei-Vögel* kurz vor der Veröffentlichung stand, schalteten sich O'Nolan und Sheridan lustvoll
in eine Debatte ein, die in der *Irish Times* über ein Stück von
Frank O'Connor geführt wurde; dieses war am Abbey inszeniert
und vom Theaterkritiker des Blattes verrissen worden. Zum Verteidiger des Stückes hatte sich auch Sean O'Faoláin gemacht, neben Frank O'Connor die beherrschende Figur unter den Schriftstellern, die seit dem Ende des Irish Literary Revival und der
Gründung des irischen Freistaats in Erscheinung getreten waren.
O'Nolan schrieb seine Leserbriefe hauptsächlich unter dem
Pseudonym »Flann O'Brien«, das bald auf der Titelseite seines
Buchs stehen sollte, und indem er und Sheridan besonders diese
beiden Protagonisten unter Beschuß nahmen, verkündeten sie
den Beginn einer *nouvelle vague* in der irischen Literatur.
    Die Kontroverse wurde ziemlich heftig geführt; offensichtlich
hatten O'Faoláin und O'Connor in »Flann O'Brien« ein Pseud-
onym erkannt, wußten aber nicht, wer sich dahinter verbarg.
O'Faoláin erklärte, der Name sei wie ein »Osterei mit Bart«, und

sprach von dem angeblichen Flann O'Brien als dem »Mann hinter der gälischen Maske«. O'Connor forderte den Herausgeber der *Irish Times* auf, zu erklären, ob er wisse, wer sich hinter diesem Flann O'Brien verbarg, und ob er selbst und Mr. O'Faoláin diese Person kannten. Die erste Frage beantwortete der Herausgeber mit ja, zur zweiten erklärte er, daß er das nicht wisse. Offenbar glaubten die Fragesteller, es mit einer Verschwörung zu tun zu haben; sie forderten den Herausgeber auf, die Identität seiner »literarischen Gauner« preiszugeben und sich namens der *Irish Times* von den Methoden von »Literaturgangstern« zu distanzieren.

Der vielleicht witzigste Brief der Verschwörer kam von einem Francis O'Connor, der den Herausgeber fragte, ob ihm klar sei, daß jemand Leserbriefe »über Künstler und das Abbey Theatre« schreibe und mit seinem Namen unterzeichne. Der »wahre« Francis O'Connor erklärte, sich nie in Politik oder Diskussionen eingemischt zu haben, und sprach von der peinlichen Situation, in die diese Briefe ihn gebracht hätten.

Diese fingierte Kontroverse, bei der die verschiedensten Pseudonyme zum Einsatz kamen, war ein Medium, dessen Vorteile Brian O'Nolan schon als Schüler erkannt hatte; damals hatten er, Ciarán und andere ihre Unzufriedenheit mit den Hausaufgaben der Redaktion und den Lesern des *Catholic Standard* mitgeteilt. Vielleicht hatte er schon damals den Eindruck gewonnen, daß solch eine Kampagne auch für die Zeitung selbst reizvoll sein könnte. Ob der Chef der *Irish Times* wirklich eine Partei in der konzertierten Attacke auf O'Connor und O'Faoláin war oder nicht – er muß jedenfalls bald erkannt haben, daß er es mit einer straff organisierten Verschwörung zu tun hatte, als Anfang des nächsten Jahres Sheridan, O'Nolan und Montgomery das Blatt erneut überfielen.

Wieder ging es um eine Inszenierung, und die ersten beiden Briefe waren echt. Der erste, in dem gefragt wurde, warum die Dubliner »für Tschechows Meisterwerk *Die drei Schwestern* in der exquisiten Inszenierung von Lord Longfords Company am

Gate Theatre nichts übrig haben«, liest sich wie ein lanciertes Lob. Die in einem ganz anderen Ton gehaltene Erwiderung, unterzeichnet von einem gewissen HP, erklärt das mangelnde Publikumsinteresse mit der irischen Neigung zu amerikanischen Filmen und mit dem spezifischen Chauvinismus, der mit der Irisch-Renaissance einherging. Danach erschienen Briefe von F. O'Brien, D.C. Barry, Lir O'Connor, Whit Cassidy, Paul Desmond, Oscar Love, Luna O'Connor und anderen, die mit an Sicherheit grenzender Wahrscheinlichkeit von O'Nolan und seinen Freunden stammten. Man kann nicht behaupten, daß sie heute furchtbar spaßig wirken. Ihre Sprache war getränkt von Pseudobetroffenheit, Angeberei und komisch-prätentiöser Literaturkritik.

Einen Monat später nahm die Sache eine neue Wendung. Patrick Kavanagh hatte als Kritiker für die *Irish Times* zu schreiben begonnen. Neben »Flann O'Brien« war Kavanagh der bei weitem wichtigste Neuankömmling in der irischen Literaturszene der ausgehenden dreißiger Jahre. Geboren als Sohn eines kleinen Bauern und Schuhmachers im armen Monaghan, der Grafschaft im Norden, veröffentlichte er als junger Mann in AE's angesehener Zeitschrift *The Irish Statesman* kurze Gedichte, die schließlich die Aufmerksamkeit des literarischen Dublin erregten. Sein 1938 erschienener Prosaband *The Green Fool* hatte sein Image des naiven und ungebildeten Dichters bestätigt, dem die Palace Bar selbstgefällig und herablassend begegnen konnte, und als er nach Dublin zog, um dort seinen Lebensunterhalt zu verdienen, entsprach sein äußerliches Erscheinungsbild diesem Vorurteil. Hochgewachsen, schlaksig und in Bewegung, Gebärden und Schulterhaltung der scheinbar schüchterne Provinzler, wurde er in Dublin zur Zielscheibe des Spottes und zur Witzfigur so mancher Anekdote.

Da er freilich ein gebildeter und, in Grenzen, belesener Mann war, entwickelte sich sein künftiges Verhältnis zur Dubliner Literaturszene zwangsläufig als Komödie der Irrungen mit tragischen Elementen. Wie Brian O'Nolan fühlte er sich besonders zum Journalismus hingezogen, von dem er romantische Vorstellungen hatte und die Illusion, damit Geld verdienen zu können. Zu dieser Zeit schrieb er in der *Irish Press* eine Kolumne unter dem Pseudonym »Piers Ploughman«, und bald fand er beim *Catholic Standard* eine Anstellung als Reporter und, ziemlich unpassenderweise, als Filmkritiker.

Am Samstag, den 20. Juli 1940, erschien in der *Irish Times* seine Besprechung des Romans *The Hill is Mine* von Maurice Walsh. Walsh war unter den irischen Schriftstellern, zumindest unter den Stammgästen der Palace Bar, eine Ausnahmeerscheinung, weil seine Bücher, die überwiegend bei Chambers in Edinburgh erschienen, bei einem breiten Publikum sehr populär waren und sich durchweg gut verkauften. Er war bescheiden, literarisch nicht besonders ambitioniert, und Kavanagh fand ihn sympathisch. Seine Rezension begann mit der Frage: »Was ist ein Künstler? Kann ein Bestsellerautor wie Maurice Walsh ein Künstler sein?«[80] Es war kein glänzender Beitrag, doch er stellte einige grundsätzliche Fragen nach dem Wesen von Popularität und dem Verhältnis zwischen Erfolg und künstlerischer Qualität. Daneben fanden sich Bemerkungen über *Vom Winde verweht*, das er als dumm und langweilig bezeichnete, und über die Pfadfinder, was ein paar Spinner veranlaßte, Protestbriefe zu schreiben. Eine Woche später erschien im Feuilleton eines von Kavanaghs besten Gedichten jener Zeit, »Spraying the Potatoes«.

Das war O'Nolan und seinen Freunden Anlaß genug für ausgiebige Frotzeleien. Vieles bezog sich nur andeutungsweise auf die beiden Beiträge Kavanaghs, trotzdem war er mehr oder weniger die Zielscheibe ihres Spotts. F. O'Brien tat, als interpretiere er den Titel »Spraying the Potatoes« so, daß irische Geldscheine »regelmäßig mit einem geeigneten Insektenvertilgungsmittel besprüht« würden*; dann beschrieb er seine Empfindungen, als er merkte, daß es Mr. Kavanagh um die Rolle der Chemie in der modernen Landwirtschaft gegangen sei:

---

* Potatoe: auch »Geld, Geldscheine« [A.d.Ü.]

»Ich bin kein Experte für Dichtung – das einzige Gedicht, das ich je geschrieben habe, entstand, als ich mit Leib und Seele in den vergoldeten Armen von Frau Laudanum lag –, aber ich finde, Mr. Kavanagh ist auf dem richtigen Weg. Vielleicht wird uns die *Irish Times*, ewiger Anwalt unserer Bauernschaft, mit einer ähnlich gemachten Serie über weitere ländliche Probleme erfreuen, zum Beispiel entzündete Ziegeneuter, von Dasselbeulen befallene Kurzhornrinder, ansteckende Mißgeburten, nicht-ovoide Eileiter sowie Nervenkrankheiten bei den Gentlemen, die die Pacht bezahlen.«

Diese konstruierten Leserbriefe waren im Ton durchweg witzig und pseudoseriös. Vermutlich war es Montgomery, der Parodien auf Joyces gerade erst erschienenes Buch *Finnegans Wake* beisteuerte. Heute wirkt alles ein wenig ermüdend. Einige von Kavanaghs Jüngern sahen sich später veranlaßt, die Geschichte in einem sehr persönlichen Licht zu interpretieren:

»Der arme Kavanagh hatte weiß Gott mit einer Menge realer Probleme zu kämpfen. Diese plötzliche Eruption einer völlig grundlosen, unsinnigen, pennälerhaften Aggression seitens einer so erschreckend einigen Truppe jugendlicher Delinquenten muß ihn bestürzt haben. Die Botschaft dürfte klar gewesen sein – du bist keiner von uns. Du gehörst nicht zu unserer Klasse. Du bist nicht so gebildet wie wir. Du bist kein Dubliner. Halt's Maul oder verschwinde!«[81]

Tatsache aber ist, daß Kavanagh, obwohl er sich noch lange an den Spott und die Demütigungen erinnerte, die er seinerzeit in Dublin erlebte, diese Leserbriefkampagne offenbar nicht so aufgefaßt hat; er brachte Brian O'Nolan später jedenfalls keine Animosität entgegen. In seiner Erwiderung, mit der die Korrespondenz zwei Wochen später beendet wurde, verwies er freilich auf einen besonderen Aspekt: die völlige Inhaltsleere dieser Witze. »In meiner Besprechung von Maurice Walshs *The Hill is Mine*«,

sagte er, »habe ich von der leeren Virtuosität von Künstlern gesprochen, die Experten in der Kunst des Nichtssagens sind. Pflü-
ger ohne Land. Einer meiner Kritiker hielt das für eine nostalgi-
sche Bemerkung, und vielleicht hat er recht. Aber wenn je ein
Kritiker von seinen Kritikern ganz und gar bestätigt wurde, dann
in diesem Fall.«[82]

Inhaltsleer oder nicht, bei den Lesern der *Irish Times* war der
Witz außerordentlich gut angekommen, und der Herausgeber
des Blattes machte O'Nolan das Angebot, eine Kolumne zu
schreiben. R. M. Smyllie, eine wohlbeleibte Figur, zumindest kör-
perlich von großem Gewicht, nahm im Bewußtsein der Dubliner
Literaturszene damals eine vielleicht übertrieben wichtige Stellung ein. Er war eine zentrale Figur im selbstproduzierten
Mythos dieser Szene als einer Welt, in der schwere Trinker, die zugleich blitzgescheite Leute waren, täglich viele Stunden mit Gesprächen über Literatur verbrachten und dabei immer wieder
Anekdoten und Epigramme einzustreuen wußten. Obgleich er
selbst nur wenig schrieb – hauptsächlich die recht weitschweifige
Kolumne, die samstags unter dem Pesudonym »Nichevo« erschien –, trug Smyllie den großen schwarzen Hut, der zur
Standardausstattung der Dubliner Literaturwelt gehörte. Diese
Filzhüte mit ihren besonders breiten Krempen waren in den ge-
wöhnlichen Hutläden nicht erhältlich, sondern nur in einem
Fachgeschäft für Priesterkleidung in Talbot Street in der Nähe
der Pro-Cathedral, das altmodische Dorfpfarrer mit diesen Kopfbedeckungen belieferte. Smyllie trug seinen Hut gelegentlich,
wenn er in der Palace Bar unweit der *Irish Times* an seinem Tisch
saß; daneben zwei, drei andere Gestalten, die den gleichen Hut
trugen – die Dichter Austin Clarke und Patrick MacDonogh, der
Romancier Brinsley MacNamara und andere. In dem Brief, den
O'Nolan im Oktober 1938 vor dem Erscheinen von *In Schwimmen-zwei-Vögel* an A. M. Heath geschrieben hatte, hieß es unter
anderem, daß er froh wäre, wenn Longmans sich zu einem Vor-
schuß überreden ließe. »Ich möchte mir nämlich einen schwarzen Hut und andere Accessoires kaufen.« Überraschenderweise

kaufte er sich dann tatsächlich solch einen Hut, der zwar nicht so breitkrempig war wie andere, seine Zugehörigkeit zur Dubliner Literaturszene aber nachdrücklich dokumentierte.

Smyllie war stets die dominierende Figur an diesem Tisch, und die anwesenden Schriftsteller und Journalisten behandelten ihn mit großer Ehrerbietung. In seinem Beruf autoritär, war er dennoch ein liebenswürdiger Mensch, der viele Stunden in Gesellschaft seiner auserwählten Gefolgsleute verbringen konnte, das gerötete Gesicht glühend vor Vergnügen, eine Pfeife im Mund und im Schnurrbart manchmal Spuren von Guinness oder Scotch. Sein spätnachmittägliches Eintreffen bei der *Irish Times* hat Niall Sheridan einmal beschrieben:

»In Erwartung seiner Ankunft war das Vorzimmer häufig von einem versprengten Trupp Bittsteller belagert – verarmte alte Bekannte, denen er kleinere Geldbeträge schenkte, Spinner, die für ihre verrückten Projekte die Werbetrommel rührten, ein bekannter arbeitsloser Rechtsanwalt, der Geld für einen Schuß Kokain benötigte, eine ältere Dame aus einem der besseren Vororte, die mit ihrem Regenschirm auf den Tresen donnerte und den Chef zu sprechen verlangte.«[83]

Die Begegnung mit Brian wurde von Sheridan vermittelt und fand im Palace statt. Die beiden verstanden sich prächtig; Smyllie war begeistert von dem Schwung und den Geistesblitzen seines neuen jungen Mitarbeiters.

Die *Irish Times* war traditionell das Blatt der protestantischen, überwiegend unionistischen Minderheit, deren Angehörige mit der Gründung des Freistaats an den Rand gedrängt worden waren und sich einigermaßen reserviert auf dieses Gemeinwesen eingelassen hatten. Sie kontrollierten noch immer einen überproportional großen Sektor der Dubliner Geschäftswelt, und obgleich die Aristokraten unter ihnen durch die Landreform den größten Teil ihres Bodenbesitzes verloren hatten, war man wirtschaftlich noch immer so gut gestellt, daß weiterhin Jagden und

Pferderennen in großem Stil stattfanden. Während der Winter-
monate berichtete die *Irish Times* regelmäßig über die Fingal
Harriers und andere Jagden und widmete den diversen Bällen
und gesellschaftlichen Veranstaltungen, auf denen sich die frühere Oberschicht ein Stelldichein gab, breiten Raum. Es war eine
seriöse Zeitung, auf deren erster Seite noch immer Inserate abgedruckt wurden, aber sie war das Leib- und Magenblatt der Intellektuellen – mehr oder weniger in Ermangelung einer Alternative
und weil der Ton der beiden anderen Zeitungen, des *Irish Independent* und der *Irish Press*, für die O'Nolan schon ein, zwei Artikel auf irisch geschrieben hatte, nicht nach ihrem Geschmack
war.

Der *Independent* brachte viel zu deutlich das katholische Überlegenheitsgefühl der wohlhabenderen Bauern und städtischen
Steuerzahler zum Ausdruck. Als der Romancier Benedict Kiely
als Leitartikler in die Redaktion eintrat, erklärte man ihm: »In
diesem Blatt gibt es für einen Leitartikler nur zwei Themen, nämlich die rote Gefahr und die Bürde des Steuerzahlers.«[84] Die *Irish
Press*, die De Valera von einer Abonnementszeitung mit kleiner
Auflage zum Organ seiner Fianna-Fáil-Partei gemacht hatte,
sprach eine radikalere, populistische Sprache und vertrat einen
eher völkisch gefärbten Chauvinismus. Ihre Begeisterung für alles Irische war den Intellektuellen aber doch zu fanatisch.

Smyllie hatte sich vorgenommen, die Abhängigkeit der *Irish
Times* von der protestantisch-unionistischen Leserschaft, deren
Zahl täglich kleiner wurde, zu verringern, das Blatt zum Sprach-
rohr der liberaleren und intellektuellen Elemente des neuen
Staats zu machen und dementsprechend seine »westbritische«
Haltung zu ändern. Er wollte zeigen, daß die Zeitung nicht gegen
die irische Sprache an sich war, sondern nur gegen den Chauvinismus und die damit einhergehende Heuchelei. Ihm muß sofort
klargeworden sein, welch idealen Mitstreiter er in diesem potentiellen neuen Kollegen hatte; und er sollte recht behalten.

Die beiden kannten einander bereits, da O'Nolan schon vor der
Veröffentlichung von *In Schwimmen-zwei-Vögel* regelmäßig im

Palace aufgetaucht war, und Smyllie hatte sich während der O'Faoláin/O'Connor-Affäre für seinen Bekannten verbürgt, nachdem Frank O'Connor ihn dazu aufgefordert hatte. Man wurde sich also auch ohne viele Whiskeys über die Kolumne einig, und die erste erschien am 4. Oktober 1940. Ihr Titel lautete »Cruiskeen Lawn«, was übersetzt »gefüllter Krug« heißt. Sie erschien in einer bereits ausgedünnten *Irish Times*, die aufgrund der kriegsbedingten Papierknappheit schließlich auf acht Seiten reduziert wurde. Hauptnachricht des Tages waren die deutschen Bombardierungen der Londoner Vorstädte und der Angriff auf einen Zug in Mittelengland. Die Royal Air Force hatte diese Einsätze mit einem Luftangriff auf Hamburg beantwortet. Neville Chamberlain hatte sich mit seinem Rücktritt vom Amt des Präsidenten des Geheimen Staatsrats aus dem politischen Leben zurückgezogen, und die Deutschen hatten sich für einen Angriff auf eine Molkerei in der Grafschaft Wexford entschuldigt, bei dem drei Arbeiterinnen ums Leben gekommen waren. (Dies war einer von nur zwei Luftangriffen auf irisches Territorium während des Krieges.)

O'Nolans erste Kolumne erschien auf der Meinungsseite, gerade gegenüber jenen Meldungen. Es war eine zweisprachige Glosse mit deutlichem Bezug auf die Tagesereignisse. Bereits zuvor war in einem (möglicherweise bestellten) Leitartikel von der Sinnlosigkeit staatlicher Bemühungen die Rede gewesen, den Gebrauch der irischen Sprache zu fördern:

»Diese Aufgabe wäre in normalen Zeiten schon schwer genug ... aber in einer Zeit wie der gegenwärtigen, in der Kinder überall auf der Welt versuchen, Schritt zu halten mit einem Strom neuer Wörter, die durch Militärkommuniqués Verbreitung finden, ist das so gut wie unmöglich. Eltern, die das Gespräch bei den Mahlzeiten auf die irische Sprache beschränken, dürften Mühe haben, Wörter wie Luftschutzwart, Brandbombe, Nichtangriffspakt, Entgasung und Bombenabwurfgerät zu erklären. Hat gälischer Einfallsreichtum übrigens schon ein wirklich aussagekräftiges, einheimisches Äquivalent für die bekannte ›Achse‹ gefunden?«

O'Nolan präsentierte in seiner Kolumne daraufhin einen auf irisch geführten Dialog zwischen einer Mutter und deren Sohn, der sein Porridge nicht essen will, solange sie ihm nicht sagt, was Bombenabwurfgerät auf irisch heißt. Er bezweifelt, daß es für solche modernen Begriffe irische Entsprechungen gibt. Das Irische kennt nur althergebrachte Spruchweisheiten, »dummes Zeug«, wie er sagt. »Warum können wir in diesem Haus nicht Englisch sprechen?« fragt er. Schließlich gibt sie ihm eine Ohrfeige: »Da hast du dein Bombenabwurfgerät.«

Dem folgt ein kleines Kabinettstück in wortverdrehender Sophisterei. Schon in seiner allerersten Kolumne ist die ironische Standpunktlosigkeit, die Weigerung, bei Konflikten wirklich Partei zu ergreifen, deutlich zu erkennen. Myles präsentiert mehrere mögliche Übersetzungen für »Bombenabwurfgerät«, eine verzwickter und anspielungsreicher als die andere, und erklärt dann:

»Das Irische wiederzubeleben, so hören wir, sei schwierig, ›wenn man sich nicht auf Gespräche beschränkt, in denen es nur um Essen und Trinken geht‹... Warum nicht zugeben, daß kaum jemand an etwas anderes denkt? Würde ab morgen die *Irish Times* komplett auf irisch gedruckt, so stünde in ihr kein Wort, das nicht mit Essen und Trinken zu tun hätte. Wer meint, daß er ohne ›Brandbomben‹, ›Entgasung‹ und dergleichen nicht auskommt, müßte sich eine andere Zeitung für sein makabres Frühstück besorgen. Das Irische wäre voll von *cainnt no ndaoine*, Auszügen aus *Séadna, corra-cainnte, sean-fhocla* und *dánta díreacha* und würde Beispiele von *béarla féinne* und sogar *énbhéarla* oder Vogeldialekte enthalten.«

Der Kolumnist will also sagen, daß eine auf irisch geschriebene Zeitung voll von Sprichwörtern, idiomatischen Wendungen,

Volkssagen und alten Weisheiten wäre, dem antiquierten Zeug der Spracherwecker. Und doch verspottet er auch den Leitartikler mit seiner Ansicht, daß die Sprache modernisiert werden müsse, wenn sie überhaupt eine Zukunft haben sollte.

In der zweiten Kolumne, die sechs Tage später erschien und zum größten Teil auf englisch geschrieben war, beschäftigte sich Myles mit der Vieldeutigkeit und Unklarheit von Wortinhalten, die, wie er behauptete, ein Merkmal des Irischen seien:

»In diesen wechselvollen Zeiten, da die meisten von uns keiner Sache mehr sicher sind, wird die irische Sprache wahrscheinlich ein unschätzbares Instrument für den Ausdruck der eigenen Persönlichkeit werden. Der Irischsprechende, der größte Wortverdreher unter Gottes Geschöpfen, drückt seine uneindeutige Existenz mit Hilfe zweier völlig unterschiedlicher Verben aus – ›sein‹ ist ›is‹ und ›tá‹.«[85]

Typischerweise behauptete er später, daß das Irische von allen Sprachen die präziseste sei. »Darin liegt das Geheimnis, warum Irisch nicht wiedererweckt werden kann; das gegenwärtige Zeitalter schreckt vor Präzision zurück und ›versteht‹ nur weiche, wolkige Worte, die im Grunde keine spezifische Bedeutung haben, wie beispielsweise ›kulturelles Erbe‹ oder ›die vordringlichen Gebote moderner Verkehrsplanung‹.« Überhaupt bereitete ihm die Fülle von Wortdefinitionen, die in Pater Dineens Irisch-Standardwörterbuch verzeichnet waren, immer wieder großes Vergnügen.

Das Kolumnenprojekt war Smyllie auch mit dem Hinweis schmackhaft gemacht worden, daß es vorteilhaft wäre, in der Zeitung regelmäßig einen anspruchsvollen, aktuellen Beitrag auf irisch zu bringen. Aber in den ersten drei Wochen las man Anekdoten und Geschichten auf englisch und einmal sogar einen dreisprachigen Witz über eine Rede des japanischen Premierministers Matsuoka. Am 25. Oktober erschien eine lustige Geschichte über einen Hund, der einen Hasen beißt; sie schloß mit den Wor-

ten: »Diejenigen, die kein Irisch können, mögen sich damit trösten, daß dies ein Beispiel für den stinkenden und erbärmlichen
Quatsch ist, der gelegentlich auf irisch in dieser Zeitung abgedruckt wird.« Tags darauf gab es eine kleine Irischlektion, in der
die unterschiedlichen Konsonanten und die Regeln der Aspira-
tion erklärt wurden. Die strengen Worte eines Richters, der Jazz
als fremde, importierte Musik ablehnte, wurden als gerechtfertigt bezeichnet, da das Wort selbst drei Konsonanten enthalte, die
sich im Irischen nicht wiedergeben ließen; und von der »Verbreitung des Irischen in England« hieß es, sie würde, wenn die Aussprache nicht so schwierig wäre, schneller vorangehen, obwohl
umgekehrt die Engländer »heutzutage, in einer Zeit der Papierknappheit, die Vorzüge einer Sprache eigentlich schätzen müß-
ten, die ein kleineres Alphabet hat und daher weniger Platz benö-
tigen würde«.

Nach dem ersten halben Dutzend Kolumnen wurde das Englische immer seltener verwendet, und bis Ende 1941 wurde die Kolumne, die etwa dreimal pro Woche erschien, fast ausschließlich
auf irisch geschrieben. Danach erschien sie täglich, und zwar abwechselnd auf irisch und englisch. Allmählich ging das Irische
aber zurück, und ab Anfang 1944 erschien sie fast nur noch auf
englisch, obschon O'Nolan von der *Irish Times* gelegentlich gedrängt wurde, doch häufiger Irisch zu schreiben.

Viele Jahre lang, selbst als sie schon täglich erschienen, wurden
die Kolumnen stapelweise am Sonntagnachmittag geschrieben.
O'Nolan saß im Eßzimmer in der Avoca Terrace am Ende des langen polierten Mahagonitisches, mit dem Rücken zum Kamin,
und hämmerte seine Texte, anscheinend ohne Stocken oder
irgendwelche Mühe, in die Underwood-Schreibmaschine. Im
Laufe der Woche machte er sich Notizen auf Zetteln, die er in
seine Taschen steckte, und das sonntägliche Ritual pflegte mit
der Durchsicht dieser Zettel zu beginnen. Wie viele andere
Schriftsteller bediente er sich eines Zwei-Finger-Systems, und
mit völlig unnötiger Wucht hieb er auf die Tasten der alten Underwood ein. Zur Verwunderung der Journalisten der *Irish Times*

waren seine Manuskripte aber gewöhnlich sauber getippt und
immer korrekt interpunktiert. Mit dem linken Daumen, der
hochfuhr, um die Walze weiterzudrehen, hatte er im Laufe der
Zeit das anfängliche UND des Schriftzugs UNDERWOOD STANDARD
TYPEWRITER weggekratzt, und mit dem rechten Daumen, der den
Schlitten zurückdonnerte, die vier letzten Buchstaben. In dieser
frühen Zeit, in der ihm alles leicht von der Hand ging, war er weit
entfernt von dem zaudernden Lohnschreiber, wie er ihn in einer
späteren Kolumne einmal beschrieb: »Zusammengesunken saß
er in seinem Stuhl und strich mit toten, schweren Augen durch
anderer Leute Bücher, um irgendeinen miesen Witz aufzuga-
beln«, um sich dann in Erinnerung zu rufen, daß er heute auf
englisch schrieb und daher »ein wenig aufpassen muß – auf englisch komme ich mit Mord nicht so leicht davon«.[86]

In dieser Zeit saßen oft einige der jüngeren Geschwister mit am
Tisch, um Hausaufgaben zu machen. Sie beschwerten sich über
den Lärm und die Erschütterungen der Tischplatte, woraufhin
O'Nolan eine dicke grüne Filzplatte unter die Schreibmaschine
legte, um das Geräusch zu dämpfen und die Vibrationen zu verringern. Den Stapel sauber getippter Kolumnen (die oft auf li-
niertem Behördenpapier geschrieben waren) pflegte er sonntags
abends bei der *Irish Times* abzuliefern.

Anfangs nannte er sich »Myles na gCopaleen«, d. h. Myles von
den Pferdchen, wobei das g vor dem C die sogenannte Genitiv-
Eklipsis bezeichnet. Später, als er hoffte, auch außerhalb Irlands
bekannt zu werden, verwendete er den einfacheren »Myles na
Gopaleen«, zum großen Bedauern einiger Mitarbeiter der *Irish
Times*, die das pedantische Genitiv-g sehr schön fanden.

Der ursprüngliche Myles war eine Figur in Gerald Griffins außerordentlich populärem Roman *The Collegians*, den Dion Boucicault zu einem noch populäreren Bühnenstück mit dem Titel
The Colleen Bawn umgeschrieben hatte. Griffins' Myles ist eine
quasiheroische Figur, teils Außenseiter, teils pittoresk-bauern-
schlauer Geschichtenerzähler. Er hatte eine »breite und glänzende Stirn, dünne Locken, blaue, fröhliche Augen, eine Nase,

die ihm in Persien einen Thron verschafft hätte, gesunde Wangen, einen charaktervollen Mund und einen stabil gebauten, fast riesigen Körper« sowie »ein stolzes und selbstsicheres, dabei durchaus bescheidenes Auftreten«.[87] Boucicault legte diese Figur breiter an und verlieh ihr eher komische, karikaturhafte Züge. Der Kolumnen-Myles kam, wie die Figuren in TV-Seifenopern, deren Vergangenheit nur schrittweise und in zahllosen Episoden enthüllt wird, erst allmählich zu einer vollständigen Biographie.

»Sir Myles« war, wie vor ihm schon »Bruder Barnabas«, fast überall gewesen und kannte praktisch jedermann. Er hatte sich mit Clemenceau darum bemüht, in Frankreich einen *rappel à l'ordre* herbeizuführen, er hatte mit Einstein geforscht, für Kreisler gespielt, bei Scarlatti studiert, kannte John McCormack und natürlich James Joyce. Er war 1801 in Paris zur Welt gekommen, wo sein Vater Erster Konsul war, 1646 in Montevideo, 1863 auf der Paddington Station und zu vielen anderen Zeiten an vielen anderen Orten.

Er war Rektor des Trinity College gewesen, Präsident der Republik der Schönen Künste, ja sogar Landgerichtsrat in Ballybofey. Kein Wunder also, daß er den Ruf des UCD auf den Lehrstuhl für Architektur ablehnte und sich auch der Aufforderung widersetzte, das Amt des Präsidenten von Irland zu übernehmen. Viele, darunter auch sein Freund, der Politiker James Dillon, registrierten mit Erstaunen, daß er einen englischen Adelstitel annahm. Dillon, der ihn als den besten Mann in Irland und »meinen verschworenen Freund« bezeichnete, erklärte, das irische Irland sei »verdutzt und schockiert über den ungeheuerlichen und gemeinen Verrat seines einstigen Anwalts.«

Man nannte ihn Baron, Se. Gnaden, Se. Satanische Hoheit, während er sich selbst gewöhnlich als Meine Exzellenz bezeichnete. Er war auch der Weise von Santry, der Wordsworth von Irland, der Gälische Demosthenes, der Mann mit dem Hut und der Zuchtmeister Irlands.

Er war der Boß von Cruiskeen Industries, einer Filiale der Cruiskeen Corporation, die »Cruiskeen Lawn« für die *Irish Times* produzierte, sowie Direktor der Myles na gCopaleen Banking Corporation und Präsident der Hiberno-American Air-Lions Incorporated.

Er wohnte selbstverständlich in Santry, und für Familie und Gefolgsleute war er Sir Myles oder »der Pa«. So real wurde diese Figur im Laufe der Jahre, daß ich immer an sie denken mußte, wenn ich an Santry House vorbeikam.

Möglicherweise war die Kolumne von »By The Way« inspiriert, der berühmten Kolumne von »Beachcomber« im *Daily Express*. »Beachcomber« war J.B. Morton. Sein Bruder H.V. Morton, ein populärer Reiseschriftsteller, war eine bekannte Figur in Dublin, die auch Brian O'Nolan kannte. Man wußte, daß die Mortons Katholiken waren, und in Beachcombers Satiren meinte man in Dublin eine typisch katholische Schärfe zu erkennen. Wie in »Cruiskeen Lawn« traten auch in »By The Way« mehrere Figuren auf: Captain Foulenough, Dr. Strabismus aus Utrecht und andere. Wie in »Cruiskeen Lawn« wurde ausgiebig zitiert; und wie Myles na gCopaleen attackierte Beachcomber jede Form von intellektueller Überheblichkeit mit einer geradezu spießbürgerlichen Wut, wenngleich der Spießbürger in »Cruiskeen Lawn« besser argumentierte und besser informiert war – bisweilen übrigens auch ziemlich humorlos, doch auch das entsprach O'Nolans Grundeinstellung. Auch die Kunst hatte ihre Schranken zu beachten.

Eine interessante Parallele zu »Cruiskeen Lawn«, wenn auch vermutlich keine Quelle, sind die journalistischen Arbeiten von Karl Kraus. Wie Brian O'Nolan besaß Kraus einen trotz aller Enttäuschungen unbeirrbaren Glauben an den Journalismus. Wie Myles na gCopaleen beschäftigte er sich mit der Sprache und war insbesondere an drei Aspekten interessiert: in welcher Weise Wörter ihre Benutzer entlarven, wie sie die unechten und lächerlichen Aspekte einer Kultur und eines Zeitalters offenlegen und wie sie es dem einzelnen und der Gesellschaft insgesamt leichtmachen, sich zu blamieren. Wie Myles na gCopaleen war Karl Kraus auch ein produktiver Publizist, der die Illusion der Unsterblichkeit als das Ende jeden literarischen Schaffens verachtete.

Die Kolumne war, selbst in der Zeit, als sie auf irisch erschien, sofort ein glänzender Erfolg — sicher auch deswegen, weil Brian O'Nolan und seine Freunde sogleich mit einer entsprechenden Leserbriefkampagne begannen. Viele der abgedruckten Briefe stammten von ihnen, doch die scheinheilige Feierlichkeit auf der einen Seite und die Ablehnung und der Zynismus auf der anderen, die das Irische damals hervorrief, waren dermaßen ausgeprägt, daß man nicht genau sagen kann, welche Briefe erfunden und welche echt sind. Ein »westbritischer Nationalist« beispielsweise, der sich als Angehöriger der Oberschicht bezeichnete, erklärte seine Loyalität gegenüber König, Vaterland und Empire und meinte dann: »Ich begreife nicht, von welchen achtbaren Motiven Ihre Seitenhiebe auf die gälische Sprache und deren Anhänger inspiriert sein könnten ... es klingt mir ziemlich nach Nestbeschmutzung.« Das erscheint heute erfunden, kann aber durchaus authentisch sein. »Ich habe viele kritische Bemerkungen über das Irische gehört«, schloß er. »Aber Sie spucken darauf!«[88]

Andere warfen Myles na gCopaleen vor, er wolle »die Verbreitung der Sprache und alles Irischen sabotieren« und teile Schläge aus, die unter die Gürtellinie gingen. Ein etwas besonnenerer Schreiber verwies zu Recht auf die »abgeschmackten, albernen Artikel nach Art von Schulaufsätzen, die in den anderen Zeitungen der Hauptstadt als gälischer Journalismus ausgegeben werden«, und begrüßte das Wirken von Myles als segensreiche Wohltat.

Die neue Kolumne, selten länger als fünf- bis sechshundert Wörter, erschien auf der Meinungsseite der *Irish Times* neben anderen Beiträgen wie »Tagebuch eines Iren« von Quidnunc und »Brief aus London«. Auf der gegenüberliegenden Seite standen die wichtigen politischen Nachrichten des Tages, von der *Battle of Britain*, von Hitlers Begegnung mit Pétain und Franco und von dem gescheiterten italienischen Überfall auf Griechenland. De Valera inspirierte inzwischen die Küchen des irischen Armeecamps Curragh und rief zur Verstärkung der neuaufgestellten irischen Heimwehr durch hunderttausend Rekruten auf. Auf ihrer recht seriösen Bildseite brachte die *Irish Times* weiterhin Hochzeitsfotos, zumeist protestantischer Brautpaare, neben Fotos von den ersten Jagdgesellschaften der Wintersaison; manchmal gab es allerdings auch Aufnahmen wie die eines Bürgers, der auf dem Polizeirevier sein Fernglas als Spende für die Armee abliefert.

Bei Kriegsausbruch hatte De Valera die Neutralität Irlands verkündet, und nach den Bestimmungen eines neuen Notstandsgesetzes sorgte ein staatlicher Zensor dafür, daß in den Zeitungen nichts erschien, was eine der kriegführenden Seiten unterstützt hätte. Die britischen Marinestützpunkte in Cobh (Grafschaft Cork) und Lough Swilly (Grafschaft Donegal) waren 1938 aufgrund eines Abkommens zwischen Chamberlain und De Valera an die Republik Irland zurückgegeben worden. Während Myles' erste Kolumnen erschienen, wies Churchill in Beantwortung einer parlamentarischen Anfrage auf den immensen Blutzoll hin, den der Verzicht auf diese Stützpunkte die Briten kostete, woraufhin De Valera sofort erklärte, daß die Stützpunkte unter keinerlei Bedingungen zurückgegeben werden könnten. Damit unterstrich er, daß die irische Neutralität gegen beide Seiten verteidigt würde. In allen regierungsamtlichen Erklärungen und Verlautbarungen wurde der Krieg als »der Ernstfall« bezeichnet, und in den folgenden Jahren war »das Fortdauern des gegenwärtigen Ernstfalls« eine vertraute Floskel. Nach dem Krieg sprach De Valera gelegentlich davon, daß die, wie er sagte, Besetzung der sechs nordirischen Grafschaften durch Großbritannien der Hauptgrund für Irlands Neutralität gewesen sei. Grundsätzlich wurde die Neutralitätspolitik der Regierung von den einfachen Leuten aber gebilligt, einfach deswegen, weil sie nicht wollten, daß das Land in einen Krieg hineingezogen würde.

Die *Irish Times* war, wie die meisten ihrer Leser, entschieden probritisch, hätte das aber, selbst wenn sie es gewollt hätte, nicht zum Ausdruck bringen dürfen; und natürlich fielen auch Myles na gCopaleens Ansichten zum Kriegsausgang unter die Zensur. 1940, als er mit seiner Kolumne begann, hatten die Deutschen bereits Frankreich, die Niederlande und Skandinavien überrannt. Eine Invasion Englands schien unmittelbar bevorzustehen, und selbst Irland war eindeutig bedroht. Aber irgendwie war der Krieg nicht so tief in das öffentliche Bewußtsein eingedrungen, wie man vielleicht erwartet hätte, und auch die wahre Natur der faschistischen Diktaturen war niemandem richtig klar. Obgleich die Mehrheit zweifellos einen Sieg der Alliierten wünschte, gab es speziell unter den Nationalisten einige Leute, die den Achsenmächten die traditionelle Sympathie für die Feinde Großbritanniens entgegenbrachten.

In der Presse durften solche Emotionen jedoch nicht zutage treten, und merkwürdigerweise sprach man auch in privater Unterhaltung nicht viel darüber, nicht einmal unter Freunden. Der Krieg wurde, wie seinerzeit »die Unruhen«, ein Thema, dem man sich meist sehr behutsam näherte; und Sprachregelungen wie »der gegenwärtige Ernstfall« oder »der gegenwärtige globale Konflikt« sowie die Zensur von Filmen und Wochenschauen erzeugten eine psychologische Distanz. In einem Land, in dem schon vor der Benzinknappheit Autos ein Luxus gewesen waren, den nur wenige sich leisten konnten, in dem die überwiegende Mehrheit der Bevölkerung noch nie auf einem Schiff, geschweige denn in einem Flugzeug gereist war, war die geographische Nähe zum Krieg nicht wirklich fühlbar. In ländlichen Gegenden, in denen die kleine Karre, der Einspänner und das Fahrrad die üblichen Verkehrsmittel waren, änderte sich eigentlich nichts. Es gab kaum ernsthafte Engpässe in der Nahrungsmittelversorgung, abgesehen von Tee und Brot, und obgleich im Radio immer wieder über den Fortgang des Krieges berichtet wurde, fanden Diskussionen über dessen Ursachen oder über die Absichten der Teilnehmer nicht statt. Selbst in Dublin nahmen die meisten Menschen bei Gesprächen mit Zufallsbekanntschaften eine neutrale Haltung ein. Und wieviel man von den Ereignissen in anderen Ländern auch mitbekam, daß im eigenen Land irgend etwas Schreckliches oder Ungewöhnliches passieren sollte, erschien einem unvorstellbar.

All die dramatischen und furchtbaren Dinge, die ältere Menschen erlebt hatten, waren das Ergebnis innenpolitischer Konflikte gewesen, und ein Wiederaufleben der Unruhen schien wegen des Krieges völlig ausgeschlossen zu sein. Kurz nach Kriegsausbruch hatte die IRA versucht, ein Militärdepot im Phoenix Park zu überfallen, was der Regierung als Vorwand diente, alle verdächtigen IRA-Mitglieder in einem Lager in der Nähe des Militärstützpunkts Curragh zu internieren. Mangels lohnender Objekte herrschte in Dublin auch nicht jene Atmosphäre fieberhafter Spionage, die man mit anderen Hauptstädten neutraler Länder wie etwa Lissabon und Istanbul assoziiert. Und selbst wenn die meisten Menschen eine Invasion theoretisch für möglich hielten, so schien unvorstellbar, daß irgend etwas am Himmel oder in der Bucht auftauchen und den immer gleichen Gang der Dinge stören könnte.

Doch die Situation hatte auch paradoxe Züge. Zehntausende Iren arbeiteten inzwischen in britischen Waffenfabriken, und noch einmal Tausende hatten sich zu den britischen Streitkräften gemeldet, sei es, weil sie Arbeit suchten, sei es, weil sie der Monotonie und der Sinnleere zu Hause entfliehen wollten. Wie gewöhnlich hatte die Emigration neben der wichtigeren ökonomischen Dimension auch einen psychologischen, ja psychosexuellen Aspekt. Die Emigranten gingen am North Wall, unweit vom Custom House, und in Dún Laoghaire an Bord abgedunkelter, überfüllter Schiffe, auf denen zum Teil auch Vieh transportiert wurde. Niemand schenkte ihrer Abreise große Beachtung. Aus den Augen, aus dem Sinn – wie der Krieg selbst.

Am 18. August 1941 zog infolge einer Kabinettsumbildung Sean MacEntee als neuer Chef in das Ministerium für Kommunalverwaltung ein, und Brian O'Nolan wurde auch sein Privatsekretär. Seine Übernahme läßt die Vermutung zu, daß O'Kelly ihn dem neuen Minister aufs wärmste empfohlen hatte. Gewiß spielte auch sein gutes Anwesenheitszeugnis eine Rolle, denn im Jahr zuvor war O'Nolan nur an sechs Tagen dem Dienst ferngeblieben, dreimal wegen Grippe, zweimal wegen Erkältung und einmal wegen Augenbeschwerden.

Wie O'Kelly war auch MacEntee ein hoher Funktionär in der Fianna-Fáil-Hierarchie. Wie O'Kelly, und übrigens auch O'Nolan, war er von kleiner Statur, besaß aber nicht O'Kellys Jovialität und Nachsicht, sondern war ein recht rabiater, scharfzüngiger politischer Kämpfer, der im Dáil häufig an unschönen Streitereien beteiligt war. Wie sein Privatsekretär stammte er aus dem Norden, aus Belfast, und war als Ingenieur beinahe zufällig in die nationalistische Politik geraten, was ihm seine politischen Gegner immer wieder unter die Nase rieben. Die Behauptung, er wäre im Jahre 1916 zur britischen Armee gegangen, wenn er in Mallow nicht den Zug verpaßt hätte, gehörte zu den Standardwitzen im Dáil.

Weniger bekannt war, daß er als Dichter angefangen und ein schmales grünes Bändchen mit romantischen Versen publiziert hatte, voll der übelsten Klischees des Irish Literary Revival. Daß sein Urteilsvermögen sich im Laufe der Jahre verbessert hatte, bewies sein Entschluß, alle Exemplare aufzukaufen, die in den Buchhandlungen auftauchten. O'Nolan und MacEntee verstanden sich offenbar ganz gut, was bestimmt kein Nachteil war, denn sie mußten, wie Divney und der namenlose Held in *Der dritte Polizist*, viele Stunden miteinander verbringen. Die Aufgabe des Privatsekretärs bestand unter anderem darin, seinen Minister in den Dáil zu begleiten, wenn eine von seinem Ministerium vorbereitete Gesetzesvorlage durch das Parlament gebracht werden mußte. Wenn der Minister sprach oder im Sitzungssaal bleiben mußte, um die Diskussion zu verfolgen oder auf Fragen zu antworten, saß O'Nolan auf der Bank für Staatssekretäre, einem abgetrennten Bereich in der Nähe der Regierungsbank. Diese Stunden im Dáil waren für Brian O'Nolan eine Qual, da sich die Parlamentsdebatten seinerzeit auf meist miserablem Niveau abspielten. Mit dem Ende der alten Irish Party schien auch die Redekunst völlig abhanden gekommen zu sein; und wenn es in den Debatten nicht gerade besonders hitzig herging und alle Vorsicht über Bord geworfen wurde, benutzte man anstelle der kraftvollen irischen Ausdrücke gern jenen Amtsjargon, der es Politikern erlaubt, mit vielen Worten nichts zu sagen.

Dazu kam, daß MacEntee von den literarischen Talenten seines Privatsekretärs wußte und sich von ihm gelegentlich eine Rede schreiben ließ oder ihn beauftragte, eine von einem anderen Ministerialbeamten geschriebene Rede zu verbessern. Eine Lektüre seiner Stellungnahmen erlaubt heute keinen Aufschluß mehr darüber, was möglicherweise von Brian O'Nolan geschrieben oder überarbeitet wurde; wahrscheinlich beschloß er, seinen Chef einfach dadurch zufriedenzustellen, daß er diese Reden lediglich straffte oder vielleicht etwas weniger schlichte Klischees verwendete. Kein Wunder, daß er selbst ein Liebhaber und Sammler von Klischees wurde. MacEntee brüstete sich damit, daß sein Sekretär seine geheimsten Gedanken kannte und sie besser auszudrücken vermochte als er selbst. Vermutlich waren diese Gedanken so vorhersagbar, daß der Sekretär leichtes Spiel hatte. Das eigentlich Erstaunliche ist, daß er sein Interesse an der Arbeit bewahrte und für seinen Vorgesetzten sogar eine Art Herzlichkeit empfand. Sicher, er probierte seine Fähigkeiten noch aus, war zweifellos stolz auf sie, und das nicht zu Unrecht. Die Bedeutung und die Freuden, die das bloße Ausfüllen einer Rolle zu verschaffen vermag, sollte man nicht unterschätzen.

In den Jahren 1940 und 1941 war Brian O'Nolans Interesse an der irischen Sprache, ihrer Natur und ihren Möglichkeiten vielleicht ausgeprägter als jemals zuvor oder danach. Die Sprachrenaissance war jetzt etwa ein halbes Jahrhundert alt, denn die Gälische Liga mit Douglas Hyde als ihrem ersten Präsidenten war am 31. Juli 1893 gegründet worden. In den folgenden Jahren hatte eine enorme Begeisterung für die Wiedererweckung des Irischen das Land erfaßt, und zu der Zeit, als Michael Victor Nolan seiner Braut in Strabane den Hof machte, strömten im ganzen Land junge Leute zu den Sprachkursen und natürlich auch zu den céilidhes und anderen Kulturveranstaltungen. Fast alle Führer des Aufstands von 1916 hatten aus der Begegnung mit der Sprache zusätzliche Kraft geschöpft, und nach 1916 gehörte es gleichsam zu den Pflichten jedes Politikers, seine Irischkenntnisse zu de monstrieren. Pearse hatte verkündet, daß das Irland der Zukunft nicht nur frei, sondern auch gälisch sein würde; überhaupt hielt er die Gälisierung des Landes für ebenso wichtig wie die Erlangung der politischen Unabhängigkeit, denn die englische Sprache war für ihn und viele seiner Zeitgenossen ein Signum der Knechtschaft. Viele Menschen hofften, daß mit der Unabhängigkeit auch eine landesweite Anstrengung einsetzen würde, das Irische zur Alltagssprache der Iren zu machen.

Diese Hoffnung erfüllte sich nicht. Die erste Regierung des Freistaats hatte das Irische zum Pflichtfach an Schulen bestimmt, und wer ein öffentliches Amt bekleiden wollte, mußte Irischkenntnisse nachweisen. Merkwürdigerweise machte aber genau in diesem Moment der leidenschaftliche Elan der ersten Generation von Sprachenthusiasten einer weitverbreiteten, zynischen Teilnahmslosigkeit Platz.

Die Iren haben etwas gegen Zwang, und sie haben ein waches Auge für alle Formen von Käuflichkeit und Amtsmißbrauch. Nach der Gründung des Freistaats begann man die Sprache als Domäne der Karrieristen und Postenjäger aufzufassen. Dieser Eindruck war nicht ganz falsch. Karrierebewußte Beamte bedienten sich, wie schon erwähnt, der irischen Version ihres Namens, und das galt auch für viele Mitarbeiter des neuen staatlichen Rundfunks. Politiker pflegten ihre Ansprachen mit zwei Sätzen in grauenvollem Irisch zu beginnen und dann zu erklären: »Mit Rücksicht auf all diejenigen, die ihre Muttersprache nicht verstehen, werde ich meine Rede nun auf englisch fortsetzen.« Was viele Intellektuelle noch mehr störte, war die Tatsache, daß die Sprache mit dem Puritanismus und der moralischen Hexenjägerei assoziiert wurde, die bedauerlicherweise zum katholischen Nationalismus gehörten. All jene, die den Standpunkt vertraten, daß die irische Jugend beiderlei Geschlechts, vor allem aber junge Irinnen, von Natur aus besser sei als die Jugend anderer Länder – sofern durch ausländische Einflüsse noch nicht verdorben –, sahen in der Sprache ein Instrument zur Verteidigung von Keuschheit und Reinheit. Sie beharrten darauf – nicht unbedingt in Übereinstimmung mit den Fakten –, daß in der Literatur das Irische stets eine Quelle frommer und ritterlicher Gefühle gewesen sei.

O'Nolans Freund Niall Sheridan hatte 1938 in dem Monatsmagazin *Ireland Today* geschrieben, daß sich die Gälisierungsbewegung durch eine humorlose Bigotterie auszeichne, die ganz und gar unirisch sei. »Diejenigen, die das Irische um seiner Kultur willen schätzen, fühlen sich von den Methoden der Erneuerer allmählich abgestoßen. Die Intoleranz und Bigotterie ihrer Anführer haben all jene entfremdet, die die Sprache nicht als Gewerbe betreiben.«[89] Zweifellos teilte auch O'Nolan diese Ansicht, wie überhaupt der ganze Intellektuellenzirkel, dem er angehörte.

Er saß freilich in einer Zwickmühle und mußte daher zu einer differenzierten Antwort finden. Auch er verachtete die professionellen *Gaelgeoirs*, eine Gattung, deren Vertretern er im Staatsdienst und anderswo häufig begegnete; und für das, was in offiziellen Sprachzirkeln als zeitgenössische Literatur angesehen wurde, hatte er nur abgrundtiefe Verachtung übrig. 1957 schrieb er: »Der staatlich subventionierte Verlag ›Gúm‹ überschüttet uns mit Romanen, Gedichten, Essays und Theaterstücken auf gälisch; kaum eine Seele kauft oder liest sie, weil sie hauptsächlich aus peinlichem Schwachsinn bestehen.« Noch später schrieb er: »Der Staatsverlag hat im Laufe der Jahre viele Bücher auf irisch veröffentlicht, Übersetzungen und Romanversuche. Ich würde sagen, daß 90 Prozent davon wertlos und zehn höchstens mittelmäßig sind.«

Er hatte ein feines Gespür für die lächerlichen Aspekte der Gälisierungskampagne und distanzierte sich von den Bauerntölpeln, die gemeinsame Sache mit den Postenjägern und Aufsteigern machten. Anfang 1940, bevor seine erste »Cruiskeen Lawn«-Kolumne erschien, verfaßte er einen Brief an Quidnunc, der in der *Irish Times* die Kolumne »Tagebuch eines Iren« schrieb:

»Es ist allgemein bekannt, daß bestimmte Kategorien von Irischsprechenden Bauern sind. Diese Männer haben Nonnengesichter,

laufen andauernd mit Hosenklammern herum, reden auf irisch
nur über *ceist na teanga* [die Sprachenfrage] und haben ein über-
triebenes Vertrauen zum irischen Tanz als einem allgemeinen nationalen Prophylaktikum ... Mancher bewußt denkende Mensch
vermeidet es daher tunlichst, in den Verdacht zu geraten, als ver-
stünde er Irisch, um nicht Gefahr zu laufen, mit diesen Bauern in
einen Topf geworfen zu werden. Hier liegt jedoch ein Trugschluß
vor. Wer Irisch versteht, teilt nicht automatisch die gesellschaftlichen, kulturellen oder politischen Anschauungen irgendeines anderen Irischsprechenden.«[90]

Die Propaganda für das Irische war oft Bestandteil einer generellen Forderung nach größerer ethnischer Reinheit. Diese Propagandisten gehörten meist zu jenem Menschenschlag, der für
Buchzensur war und nicht nur die — angeblich — verdorbenen
englischen Sonntagszeitungen verbieten wollte, sondern auch
ausländische Tänze, ausländische Spiele und vermeintlich unmo-
ralische Kleidung. Zumindest Myles na gCopaleen wußte genau,
welchen Standpunkt er in diesen Fragen vertrat. Zu der durchaus
ernst zu nehmenden Forderung nach einem Verbot der englischen
Sonntagszeitungen erklärte er in den fünfziger Jahren: »Ich
finde, daß alle einheimischen Presseerzeugnisse, ganz gleich, in
welchem Land, durch die Konkurrenz mit importierten Zeitungen an Lebendigkeit gewinnen. Das gleiche gilt für das Blut des
irischen Volkes. Wir wollen hier mehr und nicht weniger Ausländer haben, und unser Bedarf an fremden geistigen Einflüssen ist
grenzenlos.«[91] Später griff er das Thema erneut auf. »Tatsächlich
gibt es hierzulande nicht annähernd genug Fremdes«, erklärte er.
    In den vierziger Jahren entstanden kleine faschistisch geprägte
Organisationen, die die üblichen Forderungen nach einem Verbot
ausländischer Kulturimporte erhoben, damit die sittliche und
kulturelle Reinheit des irischen Volkes geschützt werde. Wenn es
auch gefährlich ist, die Meinungen und Reaktionen von Myles na
gCopaleen mit denen Brian O'Nolans zu verwechseln, und wenngleich Myles na gCopaleen bei einer Frage meist mehrere Stand-

punkte gleichzeitig vertritt, ist die Schärfe der folgenden Worte
doch unverkennbar:

»Neulich wurde ich in Dublin an einer Straßenecke von einer
kleinen Ansammlung aufgehalten, die einem jungen Mann zu-
hörte, der auf einem Gerüst stand und mit einem stark nordirischen Akzent sprach.

›Glún na Buaidhe‹, brüllte er, ›hat ihre eigenen Vorstellungen
von Banken, hat ihre eigenen Vorstellungen von Vergnügungen,
hat ihre eigenen Vorstellungen vom Tanz. Es gibt eine Sorte
Tanz, die Glún na Buaidhe nicht gestatten wird, und das ist Jazztanz. Weil der Jazztanz das Produkt der dreckigen Niggerkultur
Amerikas ist, der dreckigen, ordinären Niggerkultur von Amerika...‹ Man ersetze Nigger durch Jude, und sofort hat man etwas
Neues und Modernes. Was mich aber fuchste, war, daß niemand
der Umstehenden lachte.«[92]

Und dann spottet er über die »mystische Verbindung, die zwischen dem Jig, der irischen Sprache, alkoholischer Enthaltsam-
keit, Moral und Seelenheil« gezogen wird.

Ungeachtet seiner Bedenken über die finsteren Aspekte der
Sprachbewegung und über die diversen Dunkelmänner, Karrie-
remacher und Heuchler, die den Enthusiasmus für die Renais-
sance des Irischen in Mißkredit gebracht hatten, verstand Brian
O'Nolan sehr wohl, daß der unwiderrufliche Untergang dieser
Sprache eine kulturelle Tragödie wäre. So ironisch Myles na gCopaleen immer wieder darauf hinwies, daß das Irische ein diffe-
renzierteres und präziseres Kommunikationsinstrument sei als
das Englische und daß es für die Ambivalenzen und Dichotomien
des irischen Denkens hervorragend geeignet sei, so gab doch
Brian O'Nolan wiederholt zu erkennen, daß er an das Irische als
eine Schatzkammer und als ein Instrument literarischer Kommunikation glaube, deren Verlust nicht bloß sprachlicher Art wäre.

Bei den verlogenen Kontroversen, die mit der Sprachbewegung
einhergingen, spielten die Gaeltachts eine große Rolle, die über-

wiegend im Westen gelegenen Gegenden, in denen sich das Irische als lebendige Alltagssprache erhalten hatte. Pearse, De Valera und der legendäre Michael Collins, ein Opfer des Bürgerkriegs, hatten allesamt das Loblied auf die Gaeltachts und ihre Bewohner gesungen. In *The Path to Freedom*, veröffentlicht im Jahr seines Todes, hatte Collins geschrieben: »Heutzutage begegnet man nur noch in den entfernten Ecken im Süden, Westen und Nordwesten Irlands irgendwelchen Spuren der alten irischen Kultur. Dorthin hat die soziale Seite der Anglisierung nur schwer vordringen können. Nur dort hat sich die ursprüngliche Schönheit und Würde irischen Lebens bis heute erhalten...«[93]

In der frühen Phase der Revivalbewegung waren diese Gegenden herrliche Jagdgründe für Linguisten und Sprachbegeisterte gewesen. Yeats, Lady Gregory und John Synge hatten dazu beigetragen, daß die urbanen Intellektuellen und Literaten mit Neid auf die Lebensweise der westlichen Distrikte blickten. Die eigene und ausländische Regierungen entsandten Scharen von Inspektoren und Lehrern in die Gaeltachts. Kurz nachdem die Fianna Fáil 1932 an die Macht gekommen war, beschloß die Regierung, allen Familien, deren Kinder Irisch sprachen, eine Prämie zu zahlen, und sie subventionierte die Fischerei und die Landwirtschaft. Nach der Unabhängigkeit fuhren Angehörige der Dubliner Mittelschicht – vielfach Karrieristen, die Irisch lernen wollten, um ihre Aufstiegschancen zu verbessern, aber auch eher schlichte Gemüter und Romantiker – in die Gaeltachts, um dort Urlaub zu machen, oder sie schickten ihre Kinder dorthin. Die Gaeltachts blieben jedoch Ghettos und zugleich Slums mit nahezu unlösbaren ökonomischen Problemen. Ihre Bewohner konnten in dem Irland der Mehrheit nur dann einen Platz finden, wenn sie ihre Sprache und traditionellen Lebensformen aufgaben, also genau das, wodurch sie sich als höhere Sterbliche auswiesen. So sehr sie von Sprachenthusiasten, Rassisten und bourgeoisen Urlaubern auch verklärt wurden, die Gaeltacht-Bewohner emigrierten weiterhin nach Boston und Springfield, Massachusetts.

Brian O'Nolan selbst war als Schüler ermuntert worden, den Gaeltacht von Donegal zu bereisen, und auch als Erwachsener war er immer wieder dort hingefahren. Er konnte sich damit herausreden, daß sein Vater einer der ersten Sprachenthusiasten gewesen war, der sich mit The Rosses und den angrenzenden Distrikten vertraut gemacht hatte, und daß er selbst in Strabane, also ganz in der Nähe, geboren und aufgewachsen war. Als aber 1940 in ihm der Plan heranreifte, einen satirischen Roman über die Gaeltachts zu schreiben, der den Titel *Irischer Lebenslauf* tragen sollte, war ihm längst klar, daß die vereinten Bemühungen von Romantikern, Naturschützern und Rassisten die Objekte ihres Enthusiasmus lächerlich machten und entwürdigten.

Aber natürlich entstand das Buch in seiner Phantasie nicht in Gestalt einer solchen These, und er schrieb es auch nicht, um sie zu beweisen. Es war das Produkt einer nicht ungewöhnlichen Form von literarischer Inversion. Die Gaeltachts, und vor allem die Blasket Islands, hatten inzwischen einiges an Literatur hervorgebracht. Da gab es die Donegal-Romane von Séamas Ó Grianna, der sich »Máire« nannte, die Autobiographien von Muiris Ó Súileabháin, Peig Sayers und vor allem Tomás Ó Criomhthain, dessen Buch *An t-Oileánach* [Der Insulaner] eine kleine literarische Sensation hervorgerufen hatte, als es in der Übersetzung von Robin Flower aus Oxford vorgelegt wurde. All diese Werke kannte O'Nolan. Sein Vater war ein Bewunderer von Ó Griannas Romanen gewesen, und überall in Donegal las man sie.

Irischer Lebenslauf wurde als Satire auf diese Romane betrachtet, auf *An t-Oileánach* und auf die gälische Literaturtradition ganz allgemein. Myles na gCopaleen sagte später (*Irischer Lebenslauf* hat schließlich er geschrieben und nicht Flann O'Brien), daß er *An t-Oileánach* kurz nach Erscheinen – »um 1930« – gelesen habe und daß es ihn so sehr verwirrt habe, daß er es beiseite gelegt habe; »ich wollte es nicht sehen oder darüber nachdenken und erst recht nicht mit Fremden darüber sprechen«. Trotzdem hatte das Buch eine »gewaltige Wirkung. Innerhalb einer Woche schrieb ich eine Parodie darauf, die ich *An Béal Bocht* [*Irischer Lebenslauf*] nannte.«[94] Ein andermal erklärte er: »Kaum hatte ich dieses großartige Buch — *An t-Oileánach* — aus der Hand gelegt, war ich schon dabei, ein spöttisch-parodistisches Pendant zu schreiben. Darin, wenn Sie so wollen, beweist sich große Literatur — daß ein bedeutendes Werk ein anderes anregt. Es heißt ja, die *Commedia* sei von der *Aeneis* angeregt worden.«[95] In einer seiner »Cruiskeen Lawn«-Kolumnen schreibt er, daß »während der Zeit, als das Buch entstand — etwa vier Wochen höchstens —, die Nachricht davon durchsickerte und ein berühmter Dubliner Verlag bei mir anfragte, ob sie die Ehre haben dürften, das Buch herauszubringen«. Der Verlag war Browne and Nolan, der Schulbücher und ein paar allgemeine Titel publizierte, und aus dessen Lektoratsgutachten zitiert Myles nun:

»Ich kann eindeutig feststellen, daß ich in meiner sechzigjährigen Erfahrung keinem so verrückten Werk auf irisch begegnet bin. Am meisten hat mich die Selbstsicherheit des Autors überrascht — eines Mannes, der auf jeder Seite zwanzigmal beweist, daß er in der irischen Sprache ein völliger Anfänger ist. Er weiß einfach nicht, wie man einen Satz richtig beginnt, fortsetzt oder beendet. Konstruktionen, wie er sie schreibt, hat es im Irischen nie zuvor gegeben, und es ist wirklich zu hoffen, daß sich dergleichen nicht wiederholt. Stephen McKenna hat einmal vorgeschlagen, ein Buch folgenden Titels zu schreiben:

WIE SCHREIBE ICH IRISCH

von

EINEM, DER'S NICHT KANN

und hier haben wir nach meiner Überzeugung einen Autor, der dieses Projekt mit großen Erfolgsaussichten aufgreifen könnte.«[96]

Der Lektor kam dann, Myles zufolge, auf die Episode mit dem stinkenden Schwein zu sprechen:

»Der Autor könnte erwidern, daß die ganze Sache eine Burleske
sei, aber selbst wenn jedes Wort seines Manuskripts eine *echte*
Perle oder ein Juwehl [sic!] wäre: Dieses minderwertige Irisch
würde alles ruinieren…
  Mein Rat: – für dieses Werk kein Geld ausgeben.«

In Wahrheit hatte der Lektor ein vorsichtig positives Urteil abge-
geben und sich, im großen und ganzen, für eine Veröffentlichung
ausgesprochen. Der Autor habe, sagt er, ein »schönes Buch« geschrieben, das den Leser zum Lachen bringe; es wäre aber
schade, es in der vorgelegten Form zu publizieren. »Der Autor hat
einen neuen Ton in der gälischen Literatur angeschlagen, er
schreibt recht gut, könnte aber noch besser sein. Er sollte die be-
anstandeten Stellen herausnehmen und noch mehrere solcher
Kapitel wie Kap. 4 schreiben.«[97]
  Zusammen mit dieser Stellungnahme ging das Manuskript an
den Autor zurück, und wieder zeigte sich O'Nolan erstaunlich
beflissen, sein Werk nach den Vorstellungen eines Verlags von allem, was anstößig erschien, zu säubern. »Ich habe absolut jeden
Hinweis auf ›sexuelle Dinge‹ gestrichen und überhaupt alle Änderungen vorgenommen, die notwendig sind, um den Text völlig
aseptisch und harmlos zu machen«, schrieb er.[98] Anderen Vorstellungen widersetzte er sich jedoch. »Ich halte es für sinnlos zu
sagen, daß bei den Leuten im Westen keine Schweine in der Küche herumlaufen, weil alles andere im Buch ja auch nicht stimmt
und auch gar nicht den Anspruch hat. Ähnliches gilt für das Kapitel mit dem Diebstahl. Die meisten Leser werden wissen, daß
die Menschen im Westen nicht davon leben, in anderer Leute
Häuser einzubrechen (und einander die aufgehängte Wäsche zu
stehlen). Abgesehen von der Absurdität dieser Vorstellung ist
doch sonnenklar, daß solch eine Wirtschaftsform in der Praxis
unmöglich wäre.« Im übrigen war er nun froh, daß »das Ding
jetzt vor puritanischen Einwänden sicher ist, aber doch nicht so
blutleer, als daß ich nicht in den Zeitungen unter tausend Deck-
namen eine Diskussion über das Buch entfachen könnte. Es ist

komisch, und ich glaube, es wird sich verkaufen, wenn es vor *der Tag* [im Original deutsch] erscheinen könnte…«

Sex kommt so selten in O'Nolans Œuvre vor, daß man bedauert, daß die gestrichenen Stellen nicht mehr existieren. Vermutlich waren sie ziemlich harmlos. Dennoch waren Browne und Nolan noch immer nicht zufrieden. Diesmal schickten sie ihm das Manuskript mit der Bitte zurück, im Verlag vorzusprechen. Als er dort erschien, wurde ihm einfach erklärt, der Lektor, Richard Foley, verstehe den Text nicht und habe sich gegen eine Veröffentlichung ausgesprochen. Zum Glück gab es noch andere Verlage, darunter auch The National Press, ein trotz des grandiosen Namens kleines Unternehmen, das erst kurz zuvor von Pádraig Ó Canainn gegründet worden war. Ó Canainn schrieb ihm am 17. Juni: »Wir haben defintiv beschlossen, *Irischer Lebenslauf* zu veröffentlichen und werden zum frühestmöglichen Zeitpunkt mit dem Satz beginnen.«[99] Man einigte sich darauf, daß der Autor für die ersten 1000 Exemplare 10% und für die folgenden 12,5% bekommen sollte. Der Verlag erklärte, daß er das Werk noch vor Herbst herauszubringen gedenke, und O'Nolan fing sofort an, das Buch in seiner Kolumne anzupreisen. Tatsächlich hatte er in »Cruiskeen Lawn« seit November des vorangegangen Jahres mehrere Skizzen zu diesem Thema vorgelegt und einige Male auch Corca Dorcha erwähnt, das fiktive Gaeltacht-Gebiet, in dem der Roman spielt. Myles na gCopaleen behauptete jetzt, zahlreiche Leseranfragen zu diesem Ort erhalten zu haben, und verkündete, daß alle Neugier in einem Buch befriedigt werde, das in Kürze, noch vor Weihnachten, erscheinen werde, und zwar zu einem Preis von 25 Shilling. Tatsächlich kostete das Buch 3 Shilling, Sixpence, bei postalischer Zusendung 3 Shilling, 9 Pence, und Erscheinungstag war der 3. Dezember 1941.

Am 28. November hatte er an The National Press geschrieben und darin den Erhalt eines unkorrigierten Leseexemplars bestätigt, das ihm gut gefiel. »Ich werde selbst eine Besprechung für die *Times* schreiben, und was die anderen Tageszeitungen angeht, werde ich tun, was ich kann«, schrieb er. »Wenn das Buch

keinen Streit mit den Reaktionären auslöst, werde ich ihn selbst
anzetteln müssen, indem ich die Presse mit pseudonymen Briefen
überschütte.«[100] Daß das Buch unter seinem Kolumnenpseud-
onym erschienen war, eröffnete ihm natürlich sehr viel mehr
Möglichkeiten, es in den höchsten Tönen zu loben, als wenn er es
unter seinem richtigen Namen oder als Flann O'Brien veröffentlicht hätte. Am 12. Dezember, nachdem die ersten Rezensionen erschienen waren, schrieb Myles na gCopaleen:

»Ich bin recht zufrieden mit den Reaktionen auf mein Buch *Irischer Lebenslauf.* Mit Genugtuung habe ich registriert, daß ein
bedeutendes literarisches Werk hierzulande die Anerkennung er-
fährt, die ihm gebührt. Gelehrte, Studenten, Lebemänner, Geistliche, Parlamentsabgeordnete, Damen von Welt, ja sogar die besseren Eckensteher haben sich um die druckfrischen Exemplare
gerissen. Wie lange wird die strikt limitierte Auflage von
50 000 Exemplaren reichen? Eine Woche? Einen Monat? Wer
weiß. Hier sei nur gesagt, daß man sein Exemplar nicht rechtzei-
tig genug bestellen kann. Aufgrund der Papierknappheit ist fraglich, ob zumindest in unserer Generation noch einmal eine Auflage von 50 000 Stück gedruckt werden kann.«[101]

Das Buch selbst, sagte er, sei »tadellos«, und er warnte seine Leser
vor Imitationen. »Bestehen Sie auf dem Original! Jedes echte Exemplar trägt den Namen ›Myles na gCopaleen‹.«
    Die Rezensionen fielen sehr positiv aus, vielleicht auch deswe-
gen, weil Myles na gCopaleen schon viel dafür getan hatte, daß
ein bestimmter Typus irischsprachiger Leser ein gewisses intellektuelles Niveau einfach voraussetzte. Manche lasen das Buch
als Satire auf Gaeltacht-Autobiographien, andere als eine längst
überfällige Satire auf die Gaelgeoiri, die den Gaeltacht heimsuch-
ten und seine Bewohner bevormundeten. Es gab aber auch Kritik, zumeist mit dem naheliegenden Argument, der Autor habe
die Gaeltachtbewohner karikiert. Richard Foley, der Lektor bei
Browne and Nolan, der das Buch abgelehnt hatte, schrieb im

Irish Library Bulletin einen Verriß. Und ein Rezensent in *The Bell*, der die Geschichte von dem Inspektor, der auf die verkleideten Schweine hereinfällt, überhaupt nicht komisch fand, schloß mit der einigermaßen nichtssagenden Feststellung: »Was immer man über den Gaeltacht sagen mag, er war nie bloß schäbig.«[102]

Unter den Lesern des Buchs befand sich auch Frank O'Connor, für den die wahre Identität von Flann O'Brien, und sicher auch von Myles na gCopaleen, inzwischen kein Geheimnis mehr war. In einem Brief an die *Irish Times* bat er die Leser um Informationen zu einer Biographie des verstorbenen Myles na gCopaleen, an der er angeblich arbeitete. »Besonders dankbar wäre ich für Augenzeugenberichte über seine tragische Kindheit in Corca Dorcha«, schrieb er, »denn ich brauche wohl nicht zu sagen, daß es diese in *Irischer Lebenslauf* beschriebenen trostlosen Jahren waren, die ihm jene melancholische Art verliehen und ihn schließlich völlig zerrütteten.«[103]

Jack Carney, der mit Sean O'Casey befreundet war, schlug O'Nolan vor, dem berühmten Dramatiker ein Exemplar zu schicken, was auch prompt geschah. Am 2. April 1942 antwortete O'Casey:

»Ein herzlicher Dank geht an Sie dafür, daß Sie mir ein Exemplar Ihres *Irischen Lebenslaufs* geschickt haben. Vieles läuft mir über den Weg und bittet laut oder still um ein gutes Wort (obwohl ich feierlich vor Gott erkläre, daß mein Wort nichts als die Meinung eines intelligenten Menschen ist), das es (meines Erachtens) selten verdient; Ihr Buch ist freilich eine schöne Ausnahme, obwohl viele in Corca Dorcha gewiß anderer Meinung sind. Ich finde, man spürt darin die Schärfe eines Swiftschen Spotts, sehr schön eingebettet in das herzliche Lachen eines Mark Twain. Es ist gut, daß wir Gälen lernen, daß Gälen nicht nur vom Gälischen leben, obwohl natürlich kein Gäle wirklich darauf verzichten kann. Die Geburt des Jungen ist sehr schön getroffen, sein Zuhause und alles, was darin ist – ein tückischer Biß in die Hand, die ihn nie fütterte; mit dem ›Alten-Grauen-Knaben‹ inmitten des Elends, ein gälischer Polonius, mit seinem ›Wie es war im Anfang, jetzt und immerdar‹: der üble Geruch der Strafgesetze und allem, was ihnen folgte. Das Kapitel über das Kommen und Gehen der Gaedhilgeoiri ist wunderbar und das anschließende Féis großartig. Wie oft habe ich ähnliches gesehen und empfunden! Die Beschreibung der Szene auf Seite 62, wo der Junge am Ufer steht und das Meer beobachtet, ist schön. Ihr Buch gefällt mir außerordentlich.«[104]

Nach der Ablehnung seines Stücks *Der Preispokal* durch das Abbey Theatre und dessen führenden Geist, W. B. Yeats, war O'Casey nach England ausgewandert. Wie so viele seiner Zeitgenossen hatte er sein Irisch vor dem Ersten Weltkrieg in den Sprachkursen der Gälischen Liga gelernt, aber er sprach jetzt fließend Irisch und war, wie Brian O'Nolan, ein Bewunderer von Tomás Ó Criomhthains Buch. Daß *Irischer Lebenslauf* eine Satire auf Ó Criomhthains Werk oder zumindest eine komische Verkehrung davon war, störte ihn nicht. Und den Leser brauchte es ja auch nicht zu stören. Alle Literatur bewegt sich zwischen den Polen einer heroischen und einer abgründigen Sicht auf die Welt. Ó Criomhthains Buch steht für das Heroische, das mit einem gewissen Alltagsrealismus versetzt ist, O'Nolans Werk für das Dunkle, das mit unerhört Komödiantischem angereichert ist. Beide sind »wahr«, wenngleich man einwenden kann, daß O'Nolan für seine Zeit »wahrer« war.

Alle Fragen zum satirischen oder sonstigen Ursprung des Buchs sind letztlich jedoch irrelevant. Der Ausgangspunkt könnte O'Nolans unbezähmbarer Sinn für Komik gewesen sein, mit dem er sich die Donegal-Gaeltacht-Romane vornahm, die sein Vater so gern las, ja sogar *An t-Oileánach*, ein Werk, das er selbst bewunderte; und daneben gab es den Blick des Satirikers auf die Gaelgeoirs, die den Gaeltacht zu ihrer Domäne gemacht hatten. Über beides reicht jedoch das Ergebnis weit hinaus.

Patrick C. Power, der 1973 die erste Übersetzung vorlegte, schreibt:

»In *The Poor Mouth** kommentiert Myles gnadenlos das irische
Leben schlechthin und nicht nur die Gaeltachtbewohner. Worte
wie ›schwere Zeiten‹, ›Armut‹, ›Trunkenheit‹, ›geistige Getränke‹
und ›Kartoffeln‹ tauchen im Text mit nahezu monotoner Regel-
mäßigkeit auf. Die Atmosphäre dampft förmlich vor Regen und
regelmäßigen Niederschlägen, und mit unermüdlicher Eindring-
lichkeit spricht der Autor von Menschen, die sich ›zur Ewigkeit
rüsten‹, und dergleichen. Die Schlüsselwörter in diesem Werk
sind sicherlich ›Niederschläge‹, ›Ewigkeit‹ und ›Kartoffeln‹, alles
gegen einen Hintergrund aus Schmutz und Armut abgesetzt.«[105]

Man könnte noch weiter gehen. Indem Myles na gCopaleen auf so
extrem karikaturistische Weise das Leben im Gaeltacht oder, wie
Patrick C. Power meint, das Irische schlechthin, eine Art Elemen-
tarzustand des Irischseins beschreibt, vermag er eine − wenn
auch außerordentlich komisch angelegte − Interpretation der
conditio humana zu liefern. Wie sein Landsmann Samuel Beckett
gelangt er zu dieser Sichtweise durch äußerste und rücksichtslose
Übertreibung: eine zermürbende *reductio ad absurdum* oder zumindest eine Reduzierung auf die Grundbedürfnisse und deren
Befriedigung, auf die nacktesten und ärmlichsten Formen des
Daseins. Wie Beckett setzt er sich mit der Erbärmlichkeit unserer
körperlichen und damit auch unserer geistigen Existenz auseinander. Seine Methode zwingt uns anzuerkennen, daß, wenn all
die edlen und sorgfältig ersonnenen Dinge gesagt und getan sind,
nur noch eines bleibt: der Kampf, das Elend, das Sichfestklam-
mern an der behüteten Seite des Lebens − und das ist am Ende
ekelhaft, brutal und kurz. Seine Methode ist die uralte Methode
des Komikers: die Überzeichnung, das Herunterreißen der
Maske, die Zerstörung der Illusion; und anders als bei anderen
humoristischen Autoren gibt es zumindest in diesem Buch kein
Einlenken. Wie Beckett hört er nicht auf zu verletzen. Das Ergebnis ist eine unerbittliche düstere Interpretation der menschlichen
Existenz − und zugleich der Triumph des Komischen.

* Der Titel von *Irischer Lebenslauf* in der englischen Übersetzung [A. d. Ü.]

Irischer Lebenslauf ist von Brian O'Nolans frühen Werken vielleicht das einzige, dem er zeitlebens seine Zuneigung bewahrte.
Wenn in späteren Jahren von diesem Buch die Rede war, freute er
sich und lachte vergnügt. Myles na gCopaleen kam in seiner
Kolumne immer wieder auf das Buch zurück, lobte dessen Qualitäten und verwies auf den Erfolg (der allerdings nicht so groß
war, wie er behauptete: innerhalb von drei Jahren wurden
1100 Exemplare verkauft). Ansonsten aber griff er, wenn er seine
Bücher pries, meistens zu unglücklichen Formulierungen, indem
er sie etwa als Schlag ins Kontor oder als Hohngelächter bezeichnete, während sie selbstverständlich mehr waren als das. Auch
beim *Irischen Lebenslauf* verhielt es sich so. In seiner Antwort an
O'Casey, unmittelbar nach Erhalt von dessen Brief, heißt es: »Es
ist keineswegs alles das, was Sie sagen, aber doch ein ehrlich ge-
meinter Versuch, einem bestimmten Typus von ›Gälen‹, den ich
für das ekelhafteste Phänomen in Europa halte, unter die Haut
zu gehen. Ich meine diese hirnlosen Enthusiasten, die von nichts
eine Ahnung haben, selbst von der irischen Sprache nicht. Bestimmt gab es sie auch schon zu Ihrer Zeit in ausreichender
Zahl.« Dann erklärt er, er sähe keine Chance für eine Wiederbelebung des Irischen »angesichts seiner gegenwärtigen Verbreitung
und der Art und Weise, wie dafür gearbeitet wird«, stimmt
O'Casey aber zu, daß das Irische »wesentlich ist, besonders für
jeden, der schriftstellerisch tätig ist. Es erzeugt jenes unbekannte
Element in uns, das uns ermöglicht, die englische Sprache umzu-
formen, und das scheint auch für Menschen zu gelten, die, wie
Joyce, wenig oder gar kein Irisch sprechen. Anscheinend ist es etwas Angeborenes.«[106]
    Er berichtet O'Casey, daß er dessen »letztes Buch mit großem
Interesse und Vergnügen« gelesen habe, womit wohl der 1939 veröffentlichte erste Band der Autobiographie *Ich klopfe an* gemeint
sein dürfte. Er schließt: »Schade, daß Sie nicht auf einen Sprung
nach Irland kommen. Die Neuinszenierung von *Der Pflug* im
Abbey kürzlich war ein enormer Erfolg. Ich bin im Begriff, mit einem Theaterstück anzufangen, das ›Faustus Kelly‹ heißen wird.

Kelly verkauft seine Seele an den Teufel, um ein T.D.* zu werden.«

Dieser Ehrgeiz, ein Theaterstück zu schreiben, läßt sich leicht erklären. In Dublin schrieben alle für das Theater, auch viele Leute, die überhaupt keine Schriftsteller waren, und sie boten ihre Stücke für gewöhnlich dem Abbey an. In Brians Jugend wurde in beiden Zweigen der Familie viel über Theater gesprochen. Sein Onkel Eugene hatte mindestens ein Stück geschrieben, das jedoch nie aufgeführt wurde. Sein Onkel Fergus war der Autor eines aufgeführten Stücks und hatte, zusammen mit seinem Vater, mehrere andere geschrieben, die nicht inszeniert wurden. Niall Montgomery hatte ihn gedrängt, *In Schwimmen-zwei-Vögel* für die Bühne umzuschreiben, und William Saroyan hatte mit seiner Erlaubnis den abgelehnten Titel jenes Buches, *Sweeney in den Bäumen*, für ein erfolgreiches eigenes Stück verwendet. Im Sommer 1939 hatte er mit Saroyan ausgiebig über dramatisches Arbeiten gesprochen und darüber, wieviel Geld man damit verdienen konnte. Nach der Fertigstellung von *Der dritte Polizist* und bevor er von Longmans Ablehnung hörte, schrieb er Saroyan, daß er sich überlege, eventuell »ein verrücktes Stück daraus zu machen«.

Er hatte inzwischen Hilton Edwards und Micheál MacLiammóir kennengelernt, die Gründer des Gate Theatre, einer eher kosmopolitisch und experimentell ausgerichteten Bühne, die sich mehr oder weniger als Konkurrentin zum Abbey verstand. Edwards und MacLiammóir, zwei Homosexuelle, die zusammenlebten und in ihrem Haus in der Harcourt Terrace berühmte Partys gaben, hatten ein lange entbehrtes intellektuelles Element in die Dubliner Theaterwelt hineingetragen. Die beiden bildeten ein sehr gegensätzliches Paar: Edwards sehr englisch und MacLiammóir professionell irisch, der eine ein ausgezeichneter Geschäftsmann, der andere ein Schauspieler, der auch etwas Schmierenkomödiantisches hatte. Sie hatten Denis Johnstons frühe expressionistische Stücke inszeniert, darunter *The Old*

* T.D.: Teachta Dála = Abgeordneter des Dáil [A.d.Ü.]

Lady Says »No!«, das unter einem anderen Titel vom Abbey abgelehnt worden war — mit ebendiesem Satz »Die alte Dame sagt
Nein«, handschriftlich auf dem Deckblatt vermerkt, wobei mit
der »alten Dame« Lady Gregory gemeint war.

Einen Sketch von O'Nolan, *Durst*, brachte das Gate 1942 im
Rahmen seines Weihnachtsprogramms. In diesem Jahr dachte
O'Nolan offenbar noch immer daran, eine Bühnenfassung von
Der dritte Polizist anzufertigen, denn er schrieb Hilton Edwards,
er habe eine Idee zu einem Stück über »schreckliche Vorstellungen von Zeit und Leben und Tod, das Stücke wie *Berkeley Square*
völlig in den Schatten stellt«.[107]

Faustus Kelly jedoch war, wie er Edwards erklärte, bewußt für
das Abbey geschrieben. Das Abbey hatte viele Jahre hindurch
ausschließlich von Burlesken und Possen gelebt, die im ländlichen oder kleinstädtischen Irland spielten und in denen die Welt
und die Vorstellungen der Provinzler verspottet wurden. Derlei
sahen die Zuschauer gerne, denn es bot ihnen eine Möglichkeit,
über genau das Milieu zu lachen, dem sie gerade erst entflohen
waren. Indem O'Nolan eine Komödie schrieb, die in einer Pro-
vinzkleinstadt spielte und »zum Brüllen komisch« sein sollte[108],
wie er Hilton Edwards mitteilte, folgte er der etablierten Abbey-
Tradition. Sein Fehler war vielleicht, daß er seinem Stück zuviel
Schärfe gab.

In seinem Brief an Hilton Edwards heißt es, er habe das Stück
beim Abbey eingereicht, aber noch keine Antwort erhalten. Tatsächlich hatte ihm das Abbey inzwischen schon geantwortet und,
durchaus interessiert, einige Änderungen vorgeschlagen: vor
allem eine stärkere Herausarbeitung der Figur des Teufels, um
deutlich zu machen, welche anderen Formen der Versuchung er
sich noch ausdenken mochte; zur Einstimmung einen Prolog, eine
Kürzung vieler Dialoge sowie eine stärkere Akzentuierung des
dramatischen Elements. In seiner üblichen Umgänglichkeit akzeptierte O'Nolan diese Vorschläge, und am selben Tag, an dem er
Hilton Edwards schrieb, antwortete er dem Abbey: »Ich werde die
ganze Sache jetzt schnell überarbeiten und Ihnen zuschicken.«

Das Stück ging unmittelbar auf O'Nolans Erlebnisse im Parlament zurück — die grotesken Reden, die geschäftige und egozentrische Selbstdarstellung der Politiker. Viele Jahre später schrieb er: »In meiner Funktion als Privatsekretär mußte ich etwa sieben Jahre lang fast täglich den Sitzungen in Leinster House beiwohnen. Geschwätzigkeit ist nur ein schwacher Ausdruck für das, was ich im Dáil Eireann erlebte...«[109] In dem Stück verkauft der Stadtrat Kelly, der es unbedingt zum Abgeordneten des Dáil bringen will, dem Teufel seine Seele — gegen das Versprechen, ihm zu einem Parlamentssitz zu verhelfen. Es tritt auch eine Mrs. Crockett auf, die Kelly gerne zur Frau hätte, die aber als Charakter, wie so oft bei O'Nolans weiblichen Figuren, nicht besonders plausibel gezeichnet ist. Er selbst war Dr. Faustus, dem »Schattenmann«, wie er ihn nennt, erstmals auf der Universität begegnet. Da Deutsch sein Nebenfach war, hatte er sich bald »kopfüber in Goethes Meisterwerk gestürzt«. Diesen Ausdruck hatte er, wohlgemerkt, »auf Treu und Glauben übernommen«, denn er selbst fand das Stück »schwülstig«; er räumte zwar ein, daß das möglicherweise an seinen unzureichenden Deutschkenntnissen liegen könnte, doch entwickelte er um diese Zeit einen bemerkenswerten Widerstand gegen die anerkannten Meisterwerke der Literatur.

Die Uraufführung des Stückes fand am 25. Januar 1943 vor ausverkauftem Haus und mit erstklassiger Besetzung statt. F. J. McCormick, der erste Charakterdarsteller des Abbey, verkörperte Kelly, während der Amtssekretär von Cyril Cusack gespielt wurde, einem früheren Kommilitonen O'Nolans am UCD. In weiteren Rollen traten so bekannte Abbey-Schauspieler wie Eileen Crowe, Ria Mooney, Liam Redmond (den O'Nolan ebenfalls aus UCD-Zeiten kannte), Michael J. Dolan, Brian O'Higgins und Denis O'Dea auf. Unter den Zuschauern war Joseph Holloway, ein großer Premierenfan, der seit Jahren keine Uraufführung in Dublin ausgelassen hatte und seine Impressionen in einem Tagebuch festhielt. Er hatte das Stück schon während der Proben gesehen und fand es »trocken«. Er bemerkte, daß das Haus »ausverkauft und erwartungsvoll« war, und schrieb die allgemeine Atmosphäre gespannter Erwartung und Ausgelassenheit der Tatsache zu, daß Myles na gCopaleen wegen seiner Kolumne in der *Irish Times* eine große Anhängerschaft hatte. Neben diesen Fans gab es aber auch jene, die sich einen handfesten Skandal erhofften, wie etwa bei den Premieren von *Ein wahrer Held* und *Der Pflug und die Sterne*.

Für Holloways Begriffe wurde in dem Stück zuviel geredet und zuwenig gespielt. Viele Dialoge fand er »witzig und pointiert, aber nach einem vielversprechenden ersten Akt − eine Sitzung des Stadtrats − fand nur noch unsinniges und hochtrabendes Geschwätz statt«, das ihn an *The Eloquent Dempsey* erinnerte, einen bekannten irischen Schwank von C. J. Boyle, »wobei Boyle seinen eloquenten Schwätzer sehr viel bühnenwirksamer einsetzt«. Die Grundidee, daß Kelly sich an den Teufel verkauft, um an einen Parlamentssitz zu kommen, fand er »drollig«; er war aber der Meinung, daß »der Autor es zugelassen hat, daß seine Figuren alle dramaturgischen Möglichkeiten dieser Idee zerreden«.[110]

Auch Patrick Kavanagh, der unter den Zuschauern war, fand das Stück nicht besonders gut und fügte noch hinzu: »Ordinäres Zeug kann ich nicht ausstehen.« Wie seine Beiträge im *Standard* zeigen, war Kavanagh zu jener Zeit überaus puritanisch, und »ordinär« war eines der Wörter, mit denen er recht unpräzise beschrieb, was ihm sprachlich oder inhaltlich mißfiel; was er in diesem Fall meinte, ist schwer zu erraten. Einige Jahre später erzählte er mir, er habe den ersten Akt von *Faustus Kelly* für das Beste gehalten, was »der kleine Myles« je geschrieben habe.

Im großen und ganzen teilten die Kritiker die Ansicht Holloways. Das Premierenpublikum dagegen schien anderer Meinung zu sein, und nachdem der Schlußvorhang gefallen war, wurde begeistert nach dem Autor gerufen. Daraufhin erschien ein als Bühnen-Ire (mit Pfeife, Schlapphut und Gehrock) kostümierter Mann, der eine kurze Gigue tanzte und dann wortlos verschwand. Holloway und einige Zuschauer mißbilligten dieses schauspielerhafte Auftreten des Autors; tatsächlich hatte es sich bei dieser gnomhaften Figur um einen Schauspieler des Abbey gehandelt. Das Stück war als Werk von Myles na gCopaleen angekündigt worden, und es war dieses mythische Wesen, das den Beifall entgegennahm, und nicht Brian O'Nolan.

Brian hatte einigen seiner Geschwister Eintrittskarten geschenkt, sie zum Dinner in das Bailey, das bekannte Restaurant an der Grafton Street, eingeladen und dann beschlossen, sich zu verdrücken und die Aufführung von einem der hintersten Rangplätze aus zu verfolgen, um das Risiko einer öffentlichen Identifizierung von Myles na gCopaleen als Brian O'Nolan zu vermeiden. Ihm war klar, daß er sich als Beamter mit dieser Satire auf Politiker in einer heiklen Situation befand. Zum ersten Mal war der Schatten dieser schwierigen Doppelrolle auf eines seiner Werke gefallen. »In diesem Stück gibt es bestimmte politische Implikationen, bei denen mir als Beamter nicht allzu wohl ist«, schrieb er an Ernest Blythe, den Intendanten des Abbey.[111] Blythe war früher selbst Politiker gewesen, 1918 hatte er mit O'Nolans Onkel Eugene im Belfaster Crumlin-Road-Gefängnis eingesessen. Jetzt war er berüchtigt als jener ehemalige Finanzminister, der 1932 als Sparmaßnahme die Renten gekürzt und damit der Fianna Fáil zum Sieg verholfen hatte.

Das Stück wurde zwei Wochen lang vor gut besetztem Haus gespielt; später behauptete O'Nolan, inzwischen zunehmend erbittert über Politiker, Blythe habe das Stück auf behördlichen Druck hin abgesetzt. Er sprach sich lobend über sein Werk aus, ließ dabei aber erkennen, wie unsicher er seinerzeit gewesen war:

»Warum fanden wir alle, auch ich, es so schlecht? Damals, in jener schon so fernen Vergangenheit, dachte ich, ich sei zu weit gegangen, hätte mit meinem Stück (obgleich eindeutig eine Farce) zu viele Menschen verletzt und daß sich derlei in Irland nicht auszahlt. Auch manche typisch irischen Unzulänglichkeiten erschienen mir übertrieben dargestellt. Wenn ich es heute, inzwischen älter geworden, noch einmal durchlese, bin ich überzeugt, daß ich recht hatte, daß das Stück aber eine neue Bedeutung gewinnt, insofern es vom Leben und von den Fakten eingeholt wurde. Sein Inhalt war ungeahnt orakelhaft und prophetisch.«[112]

O'Nolan hielt es damals (1954) für »ein Meisterwerk in der Art
Voltaires, das die menschliche Dummheit mit gewissermaßen
makabrem Vergnügen betrachtete«. So gut ist es nun auch wieder
nicht, aber es ist besser, als die Kritiker anzuerkennen bereit waren. Daß ein Bühnenstück ein sprachliches Konstrukt ist, kann
ihm objektiv kaum vorgeworfen werden; wenn doch, dann gilt
das ebenso für den *Hamlet*. Auch hat dramaturgische Qualität
nicht unbedingt etwas mit Konfrontationen und Enthüllungen
zu tun. Eine sehr viel plausiblere Kritik wäre der Hinweis darauf
gewesen, daß die alte Kunst des Geschichtenerzählens nach den
ersten Szenen in *Faustus Kelly* zu kurz kommt. Wie die meisten
Arbeiten Brian O'Nolans ist *Faustus Kelly* recht statisch. Witzig
ist, was die Personen sagen, nicht, was sie tun. Sie offenbaren sich
durch ihre Art zu sprechen – ein in der irischen Literatur häufig
anzutreffendes Verfahren. Die Szene, in der Kelly zu Captain
Shaw über die Engländer spricht, erinnert peinlich an die berühmte Rede des Bürgers in Joyces *Ulysses*. Dies mag eine unbewußte Anlehnung gewesen sein, aber 1943 war Joyce noch immer
Eigentum eines sehr kleinen Kreises in Dublin, und daher wurde
die Parallele nicht bemerkt.

Sechs Wochen nach Absetzung von *Faustus Kelly* fand
O'Nolans zweiter größerer Vorstoß in die Domäne des Theaters
statt. Seine Bearbeitung des berühmten Stücks *Aus dem Leben der
Insekten* des tschechischen Autors Karel Čapek, inszeniert von
Edwards/MacLiammóir, wurde am 22. März im Gaiety uraufgeführt und nur fünfmal gespielt. Der Vorschlag, dieses Stück zu bearbeiten, stammte von Hilton Edwards und ging vermutlich auf
seinen Erfolg mit expressionistischen Werken zurück, denn seine
Bühne hatte nicht nur Denis Johnstons expressionistische Dramen
gespielt, sondern auch Werke von Ernst Toller und anderen.

O'Nolan arbeitete mit einer Übersetzung, die Edwards ihm zur Verfügung gestellt hatte. Aus Čapeks untätigen, schönen Schmetterlingen machte er kraftlose und schleppend sprechende Wespen, und er verlieh dem Stück Lokalkolorit, indem er Čapeks Grillen mit Corker Akzent und die Käfer mit Dubliner Akzent sprechen ließ. Alles in allem hatte die *Evening Mail* nicht ganz unrecht mit ihrer Ansicht, O'Nolan habe die Vorlage verwendet, um ein paar Banalitäten »rüberzubringen«, die eher in ein Varieté paßten als auf eine seriöse Theaterbühne.[113] Das satirische Element blieb den meisten verborgen, und im Gegensatz zur Vorlage war es O'Nolan auch nicht gelungen, das Leben der Insekten als allegorischen Zerrspiegel der menschlichen Gesellschaft vorzuführen. Selbst das Moment der Verzweiflung über die menschliche Existenz wurde bei ihm nicht erkennbar. Das Stück war kein Publikumserfolg, und damit zerschlugen sich O'Nolans zeitweilige Bühnenambitionen.

Im März 1943 wurde Brian O'Nolan zum Acting Assistant Principal Officer im Ministerium für Kommunalverwaltung befördert. Das war ein enormer Karrieresprung, und in dem entsprechenden Eintrag in seiner Personalakte heißt es: »Er ist nicht nur qualifiziert, sondern auch von allen in Frage kommenden Beamten dieses Ministeriums der qualifizierteste.«[114] Er bezog nun ein Gehalt von £400 per annum, das jährlich um £15 bis auf maximal £500 anstieg, für einen unverheirateten Mann ohne Versorgungsverpflichtungen damals eine ganz anständige Summe.

Er war jedoch, obgleich ledig, keineswegs frei von familiären Verpflichtungen. Gearóid, der sein Ingenieurstudium abgebrochen hatte, war zur irischen Armee gegangen, einer Truppe, von der es hieß, sie könne im Falle einer Invasion das Land für ein paar Stunden verteidigen. Auch wenn er schließlich zum Offizier befördert wurde, war er in jeder Hinsicht ein miserabler Soldat. Aber immerhin stand er finanziell auf eigenen Beinen. Das galt auch für Ciarán, der mittlerweile als irischsprachiger Journalist ein bescheidenes Einkommen bezog, in einem Beruf also, besser

gesagt einer uneigennützigen Tätigkeit, mit der man in einem
Land, das sich angeblich der Wiederbelebung des Irischen verschrieben hatte, erstaunlich wenig Geld verdiente. Ciarán, ein etwas jähzornig veranlagter Junggeselle, hatte einen Hang zur
Donquichotterie, der seinem Leben eine gewisse Würde verlieh.
Roisín, die an einer Dominikanerinnenschule unterrichtete,
stand ebenfalls auf eigenen Beinen, und Fergus war kurz zuvor
Arzt geworden und diente in der Royal Air Force. Aber die Verantwortung für die anderen Geschwister, für seine Mutter und für
den Unterhalt des Hauses in Blackrock oblag noch immer Brian.
Die zusätzlichen Aufwendungen, die einem Verheirateten entstanden, wurden vom Staat in Form einer Verheiratetenzulage ge-
würdigt, während andere Arten von Unterhaltspflicht, wie auch
immer begründet, nicht anerkannt wurden; so bekam Brian, de
facto Vater einer großen Familie, keine Zulage. Er beschwerte
sich oft darüber bei seinen Kollegen mit dem Hinweis, daß er
schlechter gestellt sei als verheiratete Männer, die weniger Mäuler
zu stopfen hätten und auch noch mehr Geld dafür bekämen.

Im selben Monat, in dem O'Nolan befördert wurde, setzte der
Minister für Kommunalverwaltung einen Ausschuß zur Untersuchung eines Brandes ein, der in Cavan in einem von den Poor
Clares, einem Nonnenorden, geführten Waisenhaus ausgebrochen war und bei dem 35 Kinder den Tod gefunden hatten. Unter
den Einheimischen ging das Gerücht um, die Nonnen hätten aus
Sorge, die Helfer könnten die jungen Mädchen in ihren Nacht-
hemden sehen, die Türen des Schlafsaals so lange verschlossen
gehalten, bis es zu spät war; und auch die Rettungsaktion selbst
hatte zahlreiche Fragen aufgeworfen.

Der Untersuchungsausschuß sollte die Brandursache ermitteln und die nötigen Empfehlungen geben. Die Sitzungen begannen am 7. April im Amtsgericht von Cavan. Brian O'Nolan oder,
wie er im offiziellen Protokoll des Untersuchungsausschusses
heißt, Brian Ó Nualláin, »Vertreter des Ministeriums für Kommunalverwaltung«, wurde zum Schriftführer ernannt.

Insgesamt wurden 64 Zeugen in elf öffentlichen Sitzungen ge-

hört, acht davon in Cavan und drei in Dublin. Der Generalstaats-
anwalt, die Äbtissin und die Nonnen, der Stadtrat von Cavan und
die Elektrizitätsgesellschaft wurden allesamt von Scharen hochrangiger und weniger hochrangiger Anwälte vertreten, während
bemerkenswerterweise die Kinder und deren Vormunde nur von
Rechtsbeiständen vertreten wurden. Aufgabe des Schriftführers
war es, laut ministerieller Verfügung, »detailliert die Aussagen zu
protokollieren und bei der Anfertigung des Berichts zu helfen«.
Im selben Dokument heißt es, daß »die Arbeit hauptsächlich
nach der offiziellen Dienstzeit zu leisten« sei. In Wahrheit mußte
der Schriftführer viele Stunden lang bisweilen sehr bedrückende
und sich wiederholende Aussagen anhören, die in den wesentlichen Punkten zu protokollieren waren, und er mußte auch bei
den abschließenden Beratungen anwesend sein. Der Bericht
wurde dem Minister am 17. September 1943 vorgelegt und kurze
Zeit später auf grauem Kriegspapier gedruckt und veröffentlicht.

Er ist, wie zu erwarten war, ein Muster an konziser, klarer Sprache. Es wurde festgestellt, daß der Brand, der in der Nacht des
23. Februar, nachdem die Kinder zu Bett gegangen waren, in der
Waschküche ausgebrochen war, aller Wahrscheinlichkeit nach
von einem Defekt am Heizungsrohr ausgelöst wurde, »der auch
bei größter Sorgfalt nicht hätte entdeckt oder vorausgesehen werden können«; Ursache für den Verlust an Menschenleben war indes eine Reihe von Faktoren, unter anderem Panik und mangel-
hafte Vertrautheit mit Lösch- und Evakuierungsmaßnahmen.[115]
Der Ausschuß empfahl hauptsächlich Sicherheitsinspektionen
derartiger Gebäude, die Einrichtung von Notausgängen und den
Erlaß einer Vorschrift, daß in derartigen Institutionen regelmäßig Lösch- und Evakuierungsübungen abzuhalten seien. Viele
waren mit dem Bericht unzufrieden, darunter wohl auch O'Nolan selbst. Als er nach der Anhörung in einer örtlichen Kneipe mit
einem der beteiligten Anwälte zusammenkam, dem späteren Ju-
stizminister und Kandidaten für das Präsidentenamt T. F. O'Higgins, verfaßten sie gemeinsam einen Limerick:

> In Cavan there was a great fire;
> Joe McCarthy came down to inquire,
> If the nuns were to blame,
> It would be a shame,
> So it had to be caused by a wire.

> In Cavan, da gab's mal 'nen Brand,
> Joe McCarthy fuhr hin kurzerhand.
> Warn's etwa die Schwestern?
> Das gäbe ein Lästern!
> Drum als Ursach' ein Kabel man fand.

Es bestand und besteht Grund zu der Vermutung, daß der Untersuchungsausschuß nicht bei allen Zeugen intensiv genug nachgehakt hat, vor allem bezüglich der Frage, ob die Schlafsaaltüren verschlossen waren oder nicht; und die Anwälte hatten ebensowenig Interesse daran, diesem Aspekt nachzugehen. Seitdem halten sich in der Gegend Gerüchte, daß die Kinder in einen der Schlafsäle getrieben wurden und dort sterben mußten, obwohl sie durchaus hätten gerettet werden können. Wenn Brian O'Nolan hier irgendeine Vertuschung aufgefallen ist, so hat er jedenfalls nie darüber gesprochen. In Angelegenheiten, von denen er in dienstlicher Funktion Kenntnis besaß, wahrte er ja immer ein bemerkenswertes Stillschweigen. Hinterher sprach er aber von den furchtbaren Schilderungen jener Nacht und welchen Eindruck sie auf ihn gemacht hatten. Freilich darf man nicht vergessen, daß der Ausschuß nicht untersuchen sollte, wie es in den von Ordensgemeinschaften geleiteten Waisenhäusern und Besserungsanstalten für Jugendliche seinerzeit aussah, sondern nur Fragen zu stellen hatte, die sich unmittelbar auf den Brand bezogen. Wie aus dem Protokoll hervorgeht, ist keiner der Vorwürfe, die seither gegen die Poor Clares vorgebracht wurden, vor dem Ausschuß laut geworden.

Unmittelbar danach hatte O'Nolan eine Auseinandersetzung mit dem Ministerium. Er erklärte, daß ihm noch fünf Tage Ur-

laub zustünden, die er wegen seiner Tätigkeit als Ausschußsekre-
tär nicht habe wahrnehmen können, und beantragte, diese fünf
Tage dem Urlaub des nächsten Jahres zuzuschlagen. Das Ministerium für Kommunalverwaltung machte daraufhin geltend, daß
akkumulierter Urlaub noch nie genehmigt worden sei. Man wolle
ihm aber für die Überstunden, die er als Schriftführer des Untersuchungsausschusses geleistet habe, eine Prämie von £30 zahlen.
Tatsächlich erhielt er £15.

Im März jenes Jahres, kurz bevor der Ausschuß eingesetzt
wurde, hatte O'Nolan eine Versetzung in die Abteilung Rundfunk
des Ministeriums für Post- und Fernmeldewesen beantragt. In
seinem Gesuch schrieb er, er verfüge nicht nur über »vielfältige
Erfahrung in der Verwaltung«, sondern auch über »beträchtliche
Erfahrungen als Schriftsteller und Publizist – in einem Bereich
also, mit dem die Sektion Rundfunk vermutlich zu tun haben
dürfte«.[116] Die Bewerbung zeigt klar die Unzufriedenheit über
den Verlauf, den sein Leben inzwischen genommen hatte, und sie
läßt die unübersehbare Kluft zwischen seinen kreativen und beruflichen Tätigkeiten erkennen. Die Rundfunksektion kontrollierte Radio Éireann, und offensichtlich hoffte er, daß sich daraus
eine Tätigkeit als Regisseur oder als Redakteur ergeben könnte.
Seiner Bewerbung lag eine Empfehlung des eigenen Ministeriums bei, in der es hieß, er verfüge über gute Kenntnis der Arbeit
im Ministerium für Kommunalverwaltung und sei Privatsekretär
des Ministers gewesen. Er wurde, sicher völlig zu Recht, als
»höchst kompetent und tüchtig« beschrieben. Im Mai 1943 wurde
er zu einem Bewerbungsgespräch eingeladen.

Die Fragen, die man ihm bei dieser Gelegenheit stellte, stützten
sich vor allem auf das Statistische Jahrbuch; dabei soll ihn, vermutlich laut O'Nolans eigener Darstellung, einer der Prüfer gefragt haben, wie viele Lokomotiven es in Irland gebe. Er nannte
die richtige Zahl, der Fragende sah im Statistischen Jahrbuch
nach, das vor ihm auf dem Tisch lag, und schüttelte den Kopf,
woraufhin O'Nolan erwiderte: »Sie sind in der falschen Rubrik.«
Wie auch immer, er bekam die Stelle nicht.

Dieser gescheiterte Versuch, aus dem Ministerium für Kommunalverwaltung in die etwas entspanntere und auch kreativere Atmosphäre des Rundfunks überzuwechseln – keineswegs eine dramatische Niederlage –, erschien ihm gewiß als Abfuhr; später hat
sie wohl auch seine Einstellung zur Staatlichen Rundfunkgesell-
schaft beeinflußt, wenngleich seine Kommentare zu deren büro-
kratischem Geist meist objektiv gerechtfertigt waren. Er hatte
einigen Grund, sich ungerecht behandelt zu fühlen, und einigen
Grund auch, die Kluft zwischen seinen verschiedenen Existenzen
immer schärfer zu empfinden.

Im intellektuellen Dublin der Kriegsjahre, in einem kleinen
Kreis also, war seine Kolumne mittlerweile berühmt. Im Jahr
1943 veröffentlichte die *Irish Times* eine Auswahl seiner Beiträge,
und zwar in einer zweisprachigen Ausgabe, mit einer irischen
und einer englischen Spalte. Der Einband imitierte eine Titelseite
der *Irish Times*: »Myles na gCopaleen in Tara zum König ge-
krönt«, »Dáil durch königliches Dekret aufgelöst« lauteten die
Schlagzeilen. Auch wenn dieser Band zur Hälfte aus irischen Texten bestand, in seiner Kolumne erschienen nun fast keine irischsprachigen Beiträge mehr. Auf Schwerpunktthemen kam er jedoch immer wieder zurück. Da gab es das »Research Bureau« mit
seinen treffsicheren Illustrationen, die zum größten Teil aus einer
viktorianischen Enzyklopädie stammten, die Brian in Custom
House gefunden hatte, oder aus Veröffentlichungen wie *The
Boys' Book of Inventions*. Zum Teil waren es auch eigene Zeichnungen oder Montagen aus verschiedenen Quellen. Das »Research Bureau« war erstmals 1941 aufgetaucht, aber auch andere
komische Figuren gehörten mittlerweile zu seinem festen Repertoire. »Das einfache irische Volk«, möglicherweise inspiriert von
Beachcombers »Prodnose«, meldete sich regelmäßig zu Wort.
»Der Bruder« knöpfte sich seine verdutzten, aber höflichen Gesprächspartner an Bushaltestellen vor. Das Leben und die Abenteuer von Keats und Chapman wurden allmählich enthüllt; ab
1942 wurde kontinuierlich der »Katechismus der Klischees« er-
gänzt, wobei Klischee definiert wurde als »ein verknöcherter

Ausdruck, dessen Elemente durch ständigen Gebrauch ihres Innenlebens und ihrer Bedeutung entkleidet worden sind«.[117] Der »Service für Buchhandhabung« existierte ebenso wie der »Begleiterservice«, und »Für Dampfmänner« brachte regelmäßige Beiträge über Einfachexpansions- und Verbundmaschinen, über Ventile und die wunderschönen Manley-Überhitzer, die um 1921 aufgekommen waren.

Seine Kenntnisse von Dampflokomotiven waren, wie bei anderen Themen auch, längst nicht so umfassend, wie er gern vorgab, aber sein Interesse dafür ging bis in die Tage von Strabane zurück, das damals ein wichtiger Eisenbahnknotenpunkt mit etlichen Bahnsteigen war. In Inchicore hatten die O'Nolans in der Nähe des Eisenbahnausbesserungswerks gewohnt, und in Herbert Place hatten die drei ältesten Jungen eine große Eisenbahnanlage gehabt, die dann auch in Avoca Terrace aufgebaut wurde. In einer späteren »Cruiskeen Lawn«-Kolumne schrieb er über eine berühmte Lokomotive: »Ich kenne die Maedbh. Ich habe bei ihrer Konstruktion mitgewirkt, und als sich die Jungs 1949 eine Jubiläumsfahrt zur Hundertjahrfeier der Great Southern and Western ausdachten, fuhr ich auf Bitten der Unternehmensleitung die Lokomotive von Dublin nach Cork... Um den Zug fahren zu dürfen, mußte ich etwa sechs Gewerkschaften beitreten, und die Kosten für diese Transaktion wurden von mir ganz allein getragen.«[118] Die *Irish Times* veröffentlichte eine Fotografie der Lokomotive, die gerade in den Bahnhof von Cork einfuhr und auf deren Führerstand ein rußgeschwärzter Myles in Overall und Mütze stand; tatsächlich jedoch war er beim letzten Halt auf die Lokomotive geklettert, und seine Anwesenheit dort machte böses Blut. Als er in der Kolumne sein Erlebnis schilderte, schrieb ein Leser: »Was Myles' Behauptung betrifft, er habe diese Lokomotive auf ihrer Jubiläumsfahrt nach Cork gelenkt, so habe ich erfahren, daß er sie unterwegs ohne offizielle Erlaubnis unter einem Vorwand betreten hat.«

Myles na gCopaleens frühe Kolumnen erschienen vor dem Hintergrund eines Dublin in Kriegszeiten. Die Stadt lag in den letzten Zügen einer Paralyse, die bereits Joyce als ihr wesentliches Merkmal betrachtet hatte. Endhaltestelle der Straßenbahnen war noch immer Nelson's Pillar, von wo aus sie wieder nach Blackrock, Dalkey und in die viktorianischen Vororte Rathgar, Terenure und Rathmines zurückfuhren. Zum Teil wurden offene Wagen eingesetzt, besonders auf der Linie, die Brian O'Nolan morgens benutzte, wenn er von Blackrock zum Custom House fuhr. In den Straßen, durch die man kam, war es so still, daß das Zischen der Gabel an der Stromleitung und das Glockensignal des Schaffners schon von weitem deutlich zu hören waren. Vertraute Geräusche waren auch die Klingeln der Fahrradfahrer, die in Scharen durch die Straßen des Zentrums fuhren, das Klappern der Hufe und das Geräusch der beschlagenen Wagenräder, denn die Pferdefuhrwerke, die nie völlig verschwunden waren, wurden jetzt wieder viel benutzt. Die berühmten Dubliner Droschken und *jaunting cars* warteten vor Jury's und dem Shelbourne auf Kundschaft, und auch Rollwagen und Lieferfuhrwerke waren zu neuen Ehren gekommen.

Es gab noch immer Slums — verfallene, übervölkerte georgianische Straßenzüge, deren Elend mit der klassizistischen Architektur kontrastierte. Die zerbrochenen Oberlichter der Türbogen und die Hauseingänge, deren Türen oft herausgerissen und (vermutlich ebenso wie die Treppengeländer) verheizt worden waren, behaupteten gleichsam Ebenmaß und Harmonie gegen die Habsucht von Hausbesitzern und die Verelendung der Mieter. Obwohl die Fianna-Fáil-Regierungen nach 1932 ehrgeizige Wohnungsbauprojekte auf die Beine gestellt hatten und es ihnen gelungen war, einen Großteil der Bevölkerung in die neuen Vororte Kimmage und Crumlin umzusiedeln, existierten diese Slums in unmittelbarer Nähe des Zentrums noch immer. Überall streunten die Kinder der Armen umher. Und ganz in der Nähe gab es noch winzige Kramläden, in denen man für ein, zwei Pennys von Tee und Zucker bis zu Brennholzbündeln praktisch alles kaufen konnte. In den georgianischen Straßen und Plätzen, die ihren ursprünglichen Charakter bewahrt hatten, residierten hauptsäch-

lich Anwälte und Ärzte, aber in den oberen Geschossen vieler
Häuser gab es separate Wohnungen, die zum Teil noch von Einzelpersonen oder Familien bewohnt waren.

Die Angehörigen der bürgerlichen Mittelschicht wohnten zumeist in den großen Backsteinhäusern der edwardianischen und
viktorianischen Vororte Ballsbridge, Rathmines, Rathgar und
Terenure, während in den älteren Vierteln des inneren Rings Tausende von Studenten und kleinen Beamten, bei Voll- oder Halb-
pension, in Zimmern und Buden hausten, die man sich oft mit
zwei oder drei anderen teilte. Viele dieser Beamten waren eingefleischte Junggesellen, die ihr ganzes Leben in diesen Quartieren
zubrachten – in späteren Jahren waren sie finanziell vielleicht ein
wenig besser gestellt, aber beim Essen lehnten sie die Abendzei-
tung nach wie vor gegen die Saucenflasche und kamen morgens
nach durchzechter Nacht verkatert zum Frühstück herunter.

Das Vergnügungsangebot der Stadt war spärlich. Dublin hatte,
umgerechnet auf die Zahl der Bevölkerung, von allen europäischen Städten die meisten Kinoplätze, und freitags und samstags
bildeten sich lange Schlangen vor dem Savoy und dem Carlton,
dem Metropole und dem Theatre Royal. Neben den Kinos gab es
für unternehmungslustige Pärchen nur die Tanzsäle, das Olym-
pic und das Classic, die Four Provinces und das National, wenn
diese auch mehr von Männern und Frauen besucht wurden, die
mit ihren Geschlechtsgenossen dorthin gingen. Man beäugte einander erst vorsichtig und quer über die Tanzfläche hinweg, bevor
man ein Mädchen ansprach, es später dann auf einem langen Weg
nach Hause begleitete und vor der Wohnungstür noch heftig um-
warb. Natürlich gab es, außer in den reinen Wohnvierteln, in jeder Straße und an jeder Ecke eine Kneipe, die den Ecken oft sogar ihren Namen gaben, Doyle's im Norden und Leonards und
Kelly's im Süden. In einem Artikel, den Flann O'Brien 1940 für
The Bell schrieb – einer von drei Dokumentarbeiträgen über
Hunderennbahnen, Tanzsäle und Kneipen –, hat er sie alle porträtiert – die neuen *Lounges* und *Select Lounges*, Doran's in Marl-

borough Street, das als Sündenpfuhl galt, auch wenn er das nicht bestätigen konnte, Neary's und die Waterloo Bar. Die besseren Kneipen, schrieb er, »sind ruhig und gemütlich, haben gedämpftes Licht und sind eine Wohltat für jeden vernünftigen, erschöpften Menschen, der Anregung sucht, ohne dauernd angerempelt zu werden, dem soziale Trends egal sind und der nicht findet, daß eine gutgekleidete Frau in einem Pub eine Beleidigung ist, die das Bier schal schmecken läßt«. In den anderen bekam man jedoch eine Ahnung davon, was viele Wirte sich unter »modern« vorstellten. »Sie scheinen darunter einfach Röhren zu verstehen – aus Röhren gebaute Stühle, eine Beleidigung für Augen und Hintern gleichermaßen, röhrenförmige Lampen, röhrenförmige Dekorationselemente... Die Häßlichkeit einer solchen Schenke wird auch dadurch nicht aufgewogen, daß die meisten Gäste offenbar Filmstars sind oder daß der Mann, der einen bedient, ein Hotelpage aus New York ist.«[119] Er lobte Davy Byrne's in der Duke Street, weil es noch nicht zu einer Lounge degeneriert sei und weil es, wie das Bailey gegenüber und die Bodega in der Dame Street, einer der wenigen »konzessionierten Tempel« sei, die durch den regelmäßigen Besuch berühmter Figuren der jüngsten Vergangenheit geheiligt worden seien, unter anderem »der Vogel« Flanagan und »der Schnorrer« Doyle, beides bekannte Dubliner Originale, sowie literarische und politische Größen wie Orpen, Gogarty, Griffith und Joyce.

Viele der von ihm beschriebenen Pubs waren auch durch seine eigene Person »geheiligt« worden. Grogan's in der Leeson Street und Higgins's in der Pembroke Street waren seit der Studentenzeit seine Stammkneipen, und Grogan's mit seinen Gaslampen und Marmortischen spielt eine wichtige Rolle in *In Schwimmen-zwei-Vögel*. Eine neuere Entdeckung war das Scotch House am Burgh Quay. Dieses große, gutgeführte Etablissement mit seinen Nischen hinter Trennwänden aus Glas und Holz war für seinen ausgezeichneten Whiskey berühmt, und für einen Gewohnheitstrinker wie Brian O'Nolan spielte die Qualität des Whiskeys, ob in Kriegszeiten oder später, eine wesentliche Rolle. Das Scotch

House befand sich auch strategisch in günstiger Lage, denn es war, am anderen Ufer des Liffey gelegen, nur ein paar hundert Meter von Custom House entfernt und hatte, wie viele Dubliner Pubs der damaligen Zeit, einen separaten Eingang für Gäste, die unbemerkt kommen und gehen wollten. In späteren Jahren war O'Nolan immer öfter dort, sogar während der Arbeitszeit; jetzt war es ein günstig gelegener Ort, um nach dem Dienst rasch ein Gläschen zu trinken.

Und das Scotch House hatte noch einen anderen Vorzug. Da es in der Nähe von O'Connell Bridge und etlichen Bus- und Straßenbahnhaltestellen lag, kam viel Laufkundschaft herein, meist Leute, die auf dem Nachhauseweg waren oder noch Besorgungen zu erledigen hatten. Wie in Dublin üblich, kam man rasch ins Gespräch mit anderen Gästen oder mit dem Barmann, selbst aus größerer Entfernung, weshalb das Scotch House einen erstklassigen Horchposten abgab. Ihm vor allem sind die unzähligen Zitate namenloser und vergessener Dubliner zu verdanken, die in O'Nolans Kolumne und an anderen Stellen wiederkehren. Er verbrachte zahllose Stunden dort allein und mußte sich, wie einsame, stille Trinker es oft erleben, auch über erstaunliche Entfernungen hinweg Beschwerden, Anekdoten, Theorien und Charakterisierungen von Personen des öffentlichen Lebens anhören. Das Scotch House wurde dann in »Cruiskeen Lawn« sehr oft erwähnt. Als es Ende der fünfziger Jahre versteigert wurde, schlug Myles vor, in den Kaufvertrag eine Klausel folgenden Inhalts aufzunehmen: »Die Käufer verpflichten sich, Myles na Gopaleen als einem menschlichen Wesen, das über dem positiven Recht steht, zu gestatten, das Lokal nach Belieben zu betreten und nötigenfalls abzutreten...«[120] Zum Glück erkannte der neue Besitzer, Hugo Dolan, daß er mit Myles na Gopaleen ein wertvolles Inventarstück erworben hatte.

Nicht weit vom Scotch House, den Burgh Quay hinunter und auf der anderen Seite der breiten, damals relativ verkehrsarmen Westmoreland Street lag die Palace Bar, und dorthin pflegte Brian bisweilen noch zu gehen, wenn er genügend getankt hatte, um seine angeborene Schüchternheit zu überwinden. Nach Ausbruch des Krieges hatte die Palace Bar für die Dubliner Literaturszene noch mehr an Bedeutung gewonnen. Ausländer und Exilanten wie Cyril Connolly, Louis MacNeice und John Betjeman, die aus einem verdunkelten und bombardierten London kamen, wo Literaten sich nur in den Bohemelokalen von Fitzrovia trafen, fanden das Palace zu Recht beeindruckend. Hier schien man von dem Druck, der Brutalität und den Entbehrungen, die der Krieg gebracht hatte, weit entfernt. Trotz der Exzentrik vieler Stammgäste und ihrer gelegentlichen Kontroversen war das große Hinterzimmer ein ruhiger, friedlicher Zufluchtsort. Dort waren nur Männer zugelassen, eher aufgrund einer Gewohnheit, die nie in Frage gestellt wurde, als aufgrund einer Vorschrift des Besitzers. Whiskey war stets reichlich vorhanden und wurde, außer in den allerletzten Kriegsmonaten, als die Vorräte ein wenig knapp geworden waren, ausgiebig konsumiert. Und abgesehen von Kavanagh und Brian O'Nolan, die sich beide nach Kräften bemühten, dem akzeptierten Brauch zu entsprechen, wurde man dort auch nur selten von »jener komischen Sache namens Genie« gestört. Die Gespräche drehten sich zwar um Literatur, waren jedoch ausgiebig mit Anekdoten durchsetzt. Wortspiele waren beliebt, und gesuchte Witzeleien, Gift für jede natürliche Unterhaltung, wurden sehr bewundert. R. M. Smyllie leitete gewissermaßen die Versammlungen, hauptsächlich deswegen, weil er eine Zeitung herausgab, die im samstäglichen Feuilleton Buchrezensionen und ein Gedicht brachte. Eine berühmte zeitgenössische Karikatur des Neuseeländers Alan Reeve zeigt einen überfüllten Raum; im Hintergrund erhebt sich Patrick Kavanagh, der die Hand zum Protest ausstreckt, von einem Tisch, an dem Brian O'Nolan und seine Freunde Liam Redmond und Donagh MacDonagh sitzen. Er ist aber die einzige Figur im Raum, die wirklich lebendig wirkt. Smyllie wirft einen nervösen Blick über die Schulter, als befürchte er, Kavanagh könne in Wort oder Tat sein gemütliches Regiment gefährden; doch die anderen achten nicht darauf, sie wiegen sich in dem Wissen, daß sie den

den Kellner rufen können, daß sie vor unwillkommenen Fremden geschützt sind und daß sie alle nach Schankschluß mit der Straßenbahn in ihr kleines bürgerliches Heim zurückkehren werden.

Bruce Williamson, ein junger Dichter, der um diese Zeit zur *Irish Times* kam und später deren Feuilletonredakteur wurde, erinnerte sich an Myles als ein »Phantom«, das bei diesen Gesellschaften auftauchte, umgeben von einem »unsichtbaren Kreis«, »ein Einzelgänger«, der ruhig über das ein andere oder andere stritt und ein paar Bemerkungen machte, »manchmal ruppig, gelegentlich komisch«. Er war kein gewandter Unterhalter, und wenn er länger sprach, dann oft, um mit Hilfe einer witzigen Anekdote »die Verärgerung eines Bürgers« zu illustrieren. Sein Äußeres war »ganz gewöhnlich«, und in der Menge fiel er nicht auf.[121] Später sagte Brendan Behan von ihm: »Man mußte zweimal hinschauen, um zu sehen, ob er überhaupt anwesend war.«

Trotzdem war Myles na gCopaleen in Dublin mittlerweile eine Persönlichkeit, ebenso wie Flann O'Brien und in geringerem Maße auch Brian O'Nolan oder Brian Ó Nualláin. Gewiß, Myles' Ruf beschränkte sich mehr oder weniger auf die Leser der *Irish Times*, und nur die einigermaßen Informierten wußten von der Verbindung zwischen ihm, Flann O'Brien und dem öffentlichen Dienst. Aber welchen Ruf diese aus mehreren Personen bestehende Figur im Jahre 1944 auch außerhalb eines kleinen Kreises von Eingeweihten genoß, schildere ich vielleicht am besten mit einer Erinnerung aus meinem eigenen Leben.

Zu dieser Zeit bewohnte ich ein Zimmer in der Mespil Road. Es war Sommer und, wie Patrick Kavanagh es formulierte:

The eerie beat of madness in Europe
Trembled the wings of butterflies along the canal.[122]

Die unheimlichen Schläge des Wahnsinns in Europa
Ließen die Flügel der Schmetterlinge am Kanal erzittern.

Am 6. Juni hatte in der Normandie die alliierte Invasion begonnen, unter Beteiligung einer Flotte von mehr als viertausend Schiffen. In Caën waren die vorrückenden Truppen nach erbitterten Kämpfen gestoppt worden, und die ersten VI-Raketen, eine neue deutsche Waffe, waren auf London niedergegangen. Zu meinen Zimmernachbarn gehörte ein Mr. Heffernan, ein Lehrer. Er war ein ziemlich typischer Bewohner eines solchen Hauses: Junggeselle, Mitte dreißig, der abends im Lehrerklub Bridge spielte und in seiner Art etwas Intellektuelles hatte. Wir borgten einander gelegentlich Bücher, und eines Tages lieh er mir ein Bibliotheksexemplar eines Romans mit grünem Schutzumschlag. Auf der Rückseite stand ein Zitat von Graham Greene, dessen Buch *Ein Sohn Englands* ich seit kurzem kannte und über den ich etwas in einem Artikel von Walter Allen gelesen hatte, erschienen in John Lehmanns *Penguin New Writing* (für Leute wie mich damals eine wichtige Informationsquelle). Als Studienanfänger am UCD strebte ich nach Intellektualität – in der Kunst und, zaghaft und in Maßen, auch in meinem eigenen Leben. Ich kaufte die *Irish Times*, wann immer ich es mir leisten konnte, weil sie das Symbol der Befreiung von den Werten der Eltern war, die den *Irish Independent* lasen, aber auch das Symbol der Zugehörigkeit zum intellektuellen Dublin. In dieser Zeitung stieß ich auf Myles na gCopaleen, dessen Kolumne die weitaus anspruchsvollste Produktion war, die man in einer irischen Publikation finden konnte; strenggenommen kaufte ich, wie andere auch, das Blatt hauptsächlich wegen dieser Kolumne.

Als Mr. Heffernan mir erklärte, daß Myles na gCopaleen in Wahrheit Flann O'Brien sei, der Autor des Buches, das er mir geliehen hatte, wurde mein Interesse sofort wach. Mr. Heffernan wußte noch mehr. Er erzählte mir, daß *In Schwimmen-zwei-Vögel*, abgesehen von einem auf irisch erschienenen Buch, einer Art Gälen-Satire für Insider, bislang der einzige Roman des Autors sei. Es sei ein »Flop« gewesen, woraus sich auch die Boshaftigkeit oder, wie er es nannte, Giftigkeit der Kolumne erkläre. Obwohl er gern den Informierten herauskehrte, um anderen zu demonstrie-

ren, daß er zu den Insidern gehörte, wußte er offenbar nichts
über das Privatleben des Autors, auch wenn er erklärte, daß er
O'Nolan hieß (aber das stand ohnehin auf dem Schutzumschlag)
und daß er Beamter war. Mr. Heffernan überreichte mir dann das
Buch mit der Bemerkung, daß es »ganz große Klasse« sei, aber
abgesehen von diesem Urteil, Graham Greenes Lob und dem
Wissen, daß es sich bei dem Autor um Myles na gCopaleen handelte, kam es mir ohne jede Rezension oder Empfehlung in die
Hände – was bei einem Werk der zeitgenössischen Literatur
selbst damals selten war und inzwischen vielleicht unmöglich ist.

Auf der Suche nach Intellektualität, einer Mangelware im damaligen Irland, fühlte ich mich auf der Stelle zu dem Buch hingezogen; denn, was es sonst auch sein mochte, intellektuell war es
zweifellos. Es war auch unverkennbar avantgardistisch, was für
meine Begriffe nicht dasselbe war wie intellektuell anspruchs-
voll, aber ebenso wichtig. Sein genereller Zynismus schien zu im-
plizieren, daß die Gegenwart wichtiger sei als die Vergangenheit
und daß die Vergangenheit ein Witz sei. Wie Graham Greene es
ausdrückte: »Es erfüllte einen mit jenem Vergnügen, das man
empfindet, wenn auf der Bühne Porzellan zu Bruch geht.« Das
Buch kannte keine Ehrfurcht. Während man im Irland der vierziger Jahre für alles mögliche eine romantische Ehrfurcht empfand, dürstete man auch nach Respektlosigkeit. Und natürlich
war das Buch darüber hinaus sehr, sehr komisch.

Es hatte auch andere Qualitäten, die ich nur beschreiben kann
in bezug auf das Leben, das man führte und kannte. Sein Held,
dessen Name nirgends erwähnt wird, studierte am UCD wie Stephen Dedalus, war jedoch in einer segensreichen Weise zynischer.
Sein Zynismus galt vor allem den materiellen Aspekten des Lebens, den Masken und Konventionen, die notwendig sind, um
gesellschaftlich akzeptiert zu werden. Sein Medium war der
Schmutz. Er verbrachte viel Zeit im Bett, wie Dermot Trellis,
seine Schöpfung und der Autor des Buches im Buch, aber nicht
bloß, weil er faul war oder es an Sinn für Hygiene fehlen ließ.
Seine Haltung, und die Haltung des Buches ganz allgemein,

schien näher an der Wahrheit zu sein, einer Wahrheit über die physische Existenz, als die Haltung eher kämpferischer Autoren.

In der Mespil Road wohnten wir Studenten zu dritt in einem Zimmer, während Mr. Heffernan ganz für sich allein ein Zimmerchen im Seitenflügel bewohnte. Gegen Kriegsende brach in Dublin eine Krätzeepidemie aus, von der besonders die Menschen betroffen waren, die auf engem Raum zusammenlebten. In diesem Frühjahr, als die alliierten Truppen schließlich doch nach Deutschland vorstießen, wurde auch die Zensur aufgehoben, die so lange die Realität des Kriegs verdunkelt hatte. In den Kinos wurden die ersten Filme aus Belsen und Buchenwald gezeigt, diese Bilder von ausgemergelten Körpern und scheinbar übergroßen Köpfen, die niemand mehr vergessen konnte. Wie komisch und peripher Flann O'Briens Buch denjenigen auch erschien, die einen ausdrücklichen Kommentar zu politischen Ereignissen verlangten – diese aufeinander bezogenen Fakten, das kriegsbedingte Elend zu Hause und das noch viel größere Elend der Lager, schienen seine Sichtweise irgendwie zu bestätigen.

Und sie schienen auch der kulturellen Redlichkeit des Buches recht zu geben. Gegen Ende der langen Nachkriegsära sollte eine Zeit kommen, in der scharfzüngige junge Engländer mit ihrem Spott über die geistige Hohlheit ihrer Gesellschaft die Kritiker schockieren würden. Flann O'Briens Held, für den der Name Rousseau immer mit dem Anblick eines kleinen Mannes verknüpft ist, der seinen abgelegten, mit Erbrochenem beschmutzten Mantel schüttelt und an der Wand sauberreibt, war schon vor ihnen dagewesen. Und obgleich man es damals nicht wissen konnte, war er auch vor vielem anderem schon dagewesen.

Er hatte seinen eigenen Text dekonstruiert, lange bevor der Begriff Dekonstruktion aufkam, und das Gebot der Dekonstruktionisten, »die Opposition literarisch/nichtliterarisch als absolute Unterscheidung« abzulehnen, hatte er befolgt, noch ehe es formuliert war. Man kann sogar den genauen Zeitpunkt bestimmen. Das war, als Niall Sheridan ihm einen Brief von V. Wright, dem Turfberater aus Wyvern Cottage, Newmarket (Suffolk), zeigte,

der folgendermaßen begann: »Lieber Freund, liebes Mitglied, besten Dank für Ihr Vertrauen in meine Fähigkeiten. Es ist tröstlich
zu wissen, daß ich Klienten habe, die Sportsmänner sind und
nicht gleich den Mut verlieren, wenn das Glück ›auf der falschen
Seite‹ ist.« Er beschloß sofort, diesen Brief in sein Manuskript
einzuarbeiten. Er hatte auch einige Grundthesen des Poststrukturalismus vorweggenommen, die gleichfalls erst sehr viel später
formuliert wurden. Terry Eagleton zu einigen dieser Positionen:

»Alle literarischen Texte sind aus anderen literarischen Texten ge-
woben, nicht im konventionellen Sinne als Spuren des ›Einflusses‹ anderer Texte, sondern in dem radikaleren Sinne, daß jedes
Wort, jeder Satz, jeder Abschnitt die Neubearbeitung anderer
Schriften darstellt, die dem individuellen Werk vorausgehen oder
es umgeben. So etwas wie ›literarische Originalität‹, wie das ›erste‹ literarische Werk, gibt es gar nicht: Sämtliche Literatur ist
›intertextuell‹. Ein spezifisches Textstück hat somit keine klarde-
finierten Grenzen: Es fließt unablässig in andere Werke über, die
sich darum herumdrängen, und schafft hundert verschiedene
Perspektiven, die bis zum völligen Verschwinden immer weiter
zusammenschrumpfen.«[123]

Dies wäre nichts Neues für den Helden von *In Schwimmen-zwei-
Vögel*, der es als eigene Überzeugung so formuliert:

»Der moderne Roman habe weitgehend aus Verweisen zu bestehen. Die meisten Autoren verbrächten ihre Zeit damit zu sagen,
was früher schon gesagt worden sei — und das meist viel besser.
Eine Fülle von Verweisen auf bereits vorhandene Werke würde
den Leser augenblicklich mit dem Wesen eines jeden Charakters
bekannt und ermüdende Erläuterungen hinfällig machen sowie
Scharlatane, Parvenüs, Taschenspieler und Leute niederen Bil-
dungsstandes von einem Verständnis der Gegenwartsliteratur
wirksam ausschließen.«

Im Jahr 1939 war Brian O'Nolan aber auch ein Postmoderner, obwohl die »Postmoderne« erst in den späten sechziger Jahren entstand und als definierter Stil noch sehr viel später auftrat. Frederic Jameson, ein Hohepriester der Postmoderne, schrieb 1982:

»Das zweite Merkmal dieser verschiedenen Postmodernismen ist
die Aufhebung wesentlicher Grenzen oder Trennlinien, vor allem
die Erosion der alten Unterscheidung zwischen hoher Kultur und
der sogenannten Massen- oder Volkskultur... der sogenannten
Paraliteratur mit ihrer Kiosktaschenbuchvariante des Schauer-
und Liebesromans, der populären Biographie, des Kriminalro-
mans und des Science-fiction- oder Fantasy-Romans. Sie ›zitieren‹ derartige ›Texte‹ nicht mehr, wie ein Joyce es noch getan
hätte oder ein Mahler, sondern sie arbeiten sie ein.«[124]

Und noch mehr treffen auf Flann O'Briens erstes Buch Jamesons
Bemerkungen über die Rolle des Pastiche und der »reinen Ironie«
in der Postmoderne zu:

»Zu den charakteristischsten Merkmalen oder Praktiken der
Postmoderne gehört der Pastiche. Ich möchte diesen Begriff, der
im allgemeinen mit dem verwandten Stilmittel namens Parodie
verwechselt oder gleichgesetzt wird, zunächst erläutern. Pastiche
und Parodie bedienen sich der Imitation, besser gesagt, der Nach-
bildung anderer Stile, besonders aber der Eigenheiten und stilistischen Eigenwilligkeiten anderer Stile... Wie die Parodie ist der
Pastiche die Imitation eines besonderen oder spezifischen Stils,
das Tragen einer Stilmaske, der Gebrauch einer toten Sprache: Er
praktiziert diese Nachahmung aber in einer neutralen Weise,
ohne den satirischen Impuls der Parodie... Pastiche ist reine Parodie... Er verhält sich zur Parodie wie dieses merkwürdige Ding,
die moderne Praxis einer gewissermaßen leeren Ironie, zu dem,
was Wayne Booth die statischen und komischen Ironien beispielsweise des 18. Jahrhunderts genannt hat.«

In der Endphase des Krieges, als die Alliierten durch die Normandie vorrückten und in Dublin Pferdefuhrwerke friedlich über das
sonnenbeschienene Pflaster klapperten, lagen Begriffe wie Strukturalismus, Poststrukturalismus und Postmoderne natürlich
noch in weiter Ferne. Zumindest *ein* Leser gewann jedoch den
Eindruck, daß mit der Veröffentlichung von *In Schwimmen-
zwei-Vögel* in der Literatur allgemein und im Roman im besonderen etwas Dramatisches und in gewisser Weise auch Unwieder-
bringliches geschehen war.

Auch der Begriff Antiroman existierte noch nicht, und wie der
Strukturalismus entstanden die erklärten Antiromane von Robert Pinget, Alain Robbe-Grillet und Nathalie Sarraute erst Ende
der fünfziger Jahre. Jener ungeschulte Leser, der selbst an den literarischen Formen verzweifelte, aber nicht den Mut hatte, sich
über literarische Konventionen hinwegzusetzen, fand jedoch,
daß Flann O'Brien, oder Myles na gCopaleen oder wer immer er
war, zur Abschaffung des fiktionalen Erzählens sehr viel beigetragen habe.

Diese Abschaffung hatte zu einem einfachen, aber wesentlichen Teil darin bestanden, daß er dem absolut Banalen und Irre-
levanten einen zentralen Platz in seinem Werk zugewiesen hatte.
Natürlich hatte ich damals noch nicht den *Ulysses* gelesen, denn
in Dublin gab es nur sehr wenige Exemplare dieses Buches, und
ich verkehrte noch nicht in den Kreisen, in denen es besonders
hoch geschätzt wurde. Aber selbst wenn dem so gewesen wäre,
hätte ich vermutlich bemerkt, daß Flann O'Brien, indem er das
Banale und das Irrelevante von seiner Funktion für Aufbau und
Handlung des Romans befreite, sehr viel weiter gegangen war als
Joyce. Keine Passage in *Ulysses* ist so frei von den Fesseln der spezifischen Logik und der Bedeutungsakzente des Autors wie die
Geschichte des hüpfenden Iren oder die Diskussion über die Fidel
als Musikinstrument in *In Schwimmen-zwei-Vögel*.

Was mir damals aber vielleicht als erstes auffiel, war die
schlichte Genauigkeit: Erst später wurde mir klar, daß die Authentizität der Gespräche zwischen Furriskey, Shanahan und den

anderen nur möglich war, weil sie nicht zu einem Resultat führen mußten, das von Handlung oder Aufbau diktiert worden wäre. Aber wahrscheinlich erkannte ich schon damals das Obsessive daran: die Obsession eines Malers, der einen Gegenstand um seiner selbst willen abbildet und nicht, weil er mit dem Bild noch etwas anderes ausdrücken will. Abgesehen von dem kategorischen Imperativ, mit dem jede Kunst kämpft – das Vergängliche, das Ephemere, das scheinbar Unbedeutende festzuhalten –, gibt es eigentlich gar keinen Grund, warum Flann O'Brien die Gespräche der Dubliner Kleinbürger der dreißiger und vierziger Jahre hätte festhalten sollen. Manchmal freilich dienen seine Aufzeichnungen auch den dunklen Absichten des Humoristen:

»Als der Beifall sich gelegt hatte, sagte Lamont, stolziert unser guter Bagenal herum, dreht dem Wachtmeister den Rücken zu, bittet um eine Zigarette und fängt an, mit seinen Freunden dumm herumzuschwätzen. Was tut da unser Wachtmeister, was meinen Sie, Mr. Shanahan?

Ich meine gar nichts, sagte der kluge Shanahan.

Weiß Gott, Sie sind ein weiser Mann. Wachtmeister Craddock hält den Mund, nimmt einen kleinen Anlauf und springt vierundzwanzigeinhalb.

Was Sie nicht sagen, rief Furriskey.

Vierundzwanzigeinhalb.«

Der Dubliner

In der unmittelbaren Nachkriegszeit zog die offizielle Dubliner Literaturszene mitsamt ihren schwarzen Hüten von der Palace Bar, nachdem es mit deren Wirt zu Meinungsverschiedenheiten über Whiskey oder Schecks gekommen war, in das Pearl auf der anderen Seite der Westmoreland Street. Dieser Umzug brachte sie um eine Straßenbreite näher an die *Irish Times* und schien Smyllies Herrschaft über seine schüchternen Literaten noch zu verstärken. Aber wie furchtsam sie innerlich auch sein mochten, alle blieben gelassen und gefaßt. Es gab keine literarischen Animositäten und selten einen Ausdruck von kosmischer oder überhaupt irgendeiner Angst. Jeder dachte nur daran, mit möglichst geistreichen Bonmots aufzuwarten, die eher harmlos-spöttisch als aggressiv oder verletzend waren, aber oft auf den Namen eines Anwesenden anspielten. Die allgemeine Beschaulichkeit wurde nur durch gelegentliche Eruptionen von Patrick Kavanagh gestört, der seinen schreibenden und dichtenden Kollegen immer weniger Toleranz entgegenbrachte, was durchaus auf Gegenseitigkeit beruhte. Sein Auftreten wurde aber doch ein wenig gemäßigt durch die Hoffnung auf Aufträge. Für eine gewisse Erregung sorgte das Eintreffen des nordirischen Dichters W. R. Rodgers und seines Kollegen Douglas Cleverdon von der BBC, die eine ihrer bekannten Radiosendungen über Joyce, Yeats, Synge oder die anderen Meister machen wollten, in deren Glanz sich alle sonnten.

Das Pearl war aber nur eine von mehreren Kneipen, die Brian O'Nolan inzwischen regelmäßig ansteuerte. Zu ihnen gehörte noch immer das Scotch House, das so nahe beim Ministerium lag, daß er sich während der Arbeitszeit hinausstehlen und dort rasch ein Gläschen trinken konnte. Das wurde ihm immer mehr zur Gewohnheit. Irgendwann gegen Ende der vierziger Jahre gab er Garvin, der ihn mit der freundlichen Bemerkung »Man hat Sie ins Scotch House gehen sehen« vor schwatzhaften Kollegen im Ministerium warnen wollte, die berühmte Antwort: »Sie meinen wohl, man hat mich ins Scotch House kommen sehen.« Diese Erwiderung erinnerte Garvin an eine Geschichte, die ihm ein älterer

Mitarbeiter erzählt hatte, als er in den zwanziger Jahren in Custom House angefangen hatte. Dieser Mann kannte John Joyce, und eines Tages traf er ihn im Scotch House in Begleitung eines jungen Mannes, den Joyce senior ihm als seinen Sohn Jimmie vorstellte. Er selbst, Mr. Tully, wurde ihm als ein Beamter in Custom House vorgestellt. »Du meinst wohl«, sagte der junge Mann, »ein Beamter außerhalb von Custom House.«

Etwas weiter westlich, in der Essex Street, lag das Dolphin, ein Hotel, das nur acht Zimmer hatte, aber einen Speisesaal mit einem berühmten offenen Holzkohlegrill, auf dem während des Krieges ein nicht enden wollender Vorrat an Steaks zubereitet wurde. Das Hotel gehörte Jack Nugent, der aus einer bekannten Familie von Pferdesportenthusiasten stammte. In der Bar trafen sich die Rennbesucher, wenn sie vom Phoenix Park zurückkehrten, und die Rugbyanhänger, die »Sport Kings« oder »Alickadoos«. Da Rugby in Irland überwiegend ein Sport von Geschäftsleuten und Angehörigen der höheren Berufsstände ist, kamen vor allem sie ins Dolphin, aber Brian O'Nolan hatte immer etwas Chamäleonhaftes und konnte sich mit seiner Fähigkeit zum Small talk auch in Kreisen bewegen, in denen keine literarischen oder intellektuellen Gespräche geführt wurden. Selbst sein schwarzer Hut, der ihm im Pearl als orthodoxes Accessoire des Literaten diente, konnte mit der nicht allzu breiten Krempe in der Bar des Dolphin als gewöhnlicher Filzhut durchgehen. Als ehemaliger Blackrock-Schüler konnte er immerhin Rugbykenntnisse vorweisen oder zumindest das eine oder andere Wortspiel auf den Namen eines Spielers beisteuern, und er hatte ohnehin das Talent, auf fast jedem Gebiet wissender zu erscheinen, als er in Wirklichkeit war. Als Irland in der Saison 1948/49 die Triple Crown gewann, feierte er das in seiner Kolumne und brachte unter anderem eine lange Namenliste von »Sport Kings«, die angeblich ein Schiff gechartert hatten und nach Cardiff gefahren waren, um dort »durch bloße Stimmgewalt die Waliser das Fürchten zu lehren«.[1] Warum er sich mit solchen Spielereien überhaupt befaßte, ist eine andere Sache; vielleicht ist das nur aus der Einsamkeit des Genies zu erklären, die es bisweilen am deutlichsten in literarischer Gesellschaft empfand.

In dieser Phase der Rugbybegeisterung pflegte Douglas Gageby, der gerade aus der Armee entlassen worden war und als Reporter bei der *Sunday Press* arbeitete, gegen elf, halb zwölf mit seinem Kollegen Dick Wilkes in das Scotch House zu kommen. In dem großen Raum im oberen Geschoß trafen sie fast täglich auf Brian O'Nolan oder Myles, wie sie ihn bald nannten. Er war meist allein, höchstens in Gesellschaft von ein, zwei anderen Stammgästen, die zur gemischten Klientel des Scotch House gehörten, laut Gageby meist »harte Kerle«. Sie freundeten sich mit Myles bald an, fanden ihn sympathisch und gewannen den Eindruck, daß er ein Rugbyfan war – so sehr, daß Wilkes auf die glorreiche Idee kam, ihn zu fragen, ob er für die Sportredaktion der *Sunday Press* über einen bevorstehenden internationalen Wettkampf berichten wolle. O'Nolan war sofort einverstanden, nur die Frage des Pseudonyms Myles na gCopaleen müsse vorher mit Bertie Smyllie geklärt werden. Um einer eventuellen Enttäuschung vorzubeugen, bereiteten Gageby und Wilkes unabhängig vom Spielausgang einen Ersatzartikel vor, den sie notfalls verwenden konnten.

An dem fraglichen Samstag erschien Brian wie verabredet im Scotch House, und er und Dick Wilkes fuhren zur Lansdowne Road hinaus, ohne Mäntel, aber mit kleinen Whiskeyflaschen, sogenannten »baby Powers«, ausgerüstet, die in ihren Jackentaschen aneinanderklirrten. Als sie um 17 Uhr zur *Sunday Press* zurückkehrten, setzte sich Brian sofort an die Schreibmaschine, aber nach etwa einer halben Stunde stand für Wilkes fest, daß nichts Brauchbares dabei herauskommen würde, und so wurde statt dessen der Ersatzartikel verwendet.

Angesichts von so viel Enthusiasmus stellt man, je nach Standpunkt, mit Bedauern oder Erleichterung fest, daß in späteren Jahren seine Rugbyleidenschaft schwand und das Spiel selbst, dessen Freunde und Anhänger sowie die Irish Rugby Football Union (IRFU) zur Zielscheibe ständiger Attacken in »Cruiskeen

Lawn« wurden. Einige dieser Angriffe galten der Entscheidung der IRFU, trotz zahlreicher Proteste ein Turnier gegen eine südafrikanische Mannschaft auszutragen, doch der Ton deutet darauf hin, daß Brian jeder Knüppel recht war, um auf die »Sport Kings« und die »Alickadoos« einzuhauen.

Eine andere Gesellschaft fand er bei Neary's in der Chatham Street, Ecke Grafton Street, und bei Sinnott's in der South King Street gleich in der Nähe. Der Hinterausgang von Neary's war über eine Gasse mit dem Bühneneingang des Gaiety Theatre verbunden, das sich genau gegenüber der Stelle befindet, wo früher das Sinnott's war, und in einem der beiden Pubs war stets Jimmy O'Dea anzutreffen, der ihm geistig zweifellos näherstand als all die Rechtsanwälte, Zahnärzte und Wirtschaftsprüfer, mit denen er im Dolphin zusammenkam. Jimmy O'Dea, der große Dubliner Schauspieler dieser Epoche, war ein wahrer Künstler in seinem Fach, ein liebenswürdiger Mann mit melancholischen Augen, der mit seinen kurzen Beinen immer Mühe zu haben schien, beim Sitzen den Fußboden zu berühren, selbst wenn er bei Neary's auf einem niedrigen Hocker an einem der Kupfertische saß. Außerhalb des Theaters war er höflich und aufmerksam und durchaus bereit, seinen Trinkgenossen das Gespräch zu überlassen. Er wirkte verletzlich, und in seinem Auftreten war die enorme Energie und Lebendigkeit, mit der er seine Dubliner Originale porträtierte, darunter auch den berühmten Biddie Mulligan, kaum mehr zu spüren. Diese zwei Dubliner Komödianten, die, beide von kleinem Wuchs, an einem Tisch beieinandersaßen, boten ihren Bewunderern einen unvergeßlichen Anblick. Jimmy wollte in der Kneipe wie ein ganz gewöhnlicher Mensch erscheinen, und das galt genauso für Brian O'Nolan, auch wenn ihm das nicht immer gelang.

An normalen Tagen kehrte er zuletzt noch bei O'Rourke's in Blackrock ein, wo er vielleicht den befreundeten Maler Sean O'Sullivan traf, der ebenfalls die Gefahren und Versuchungen anderer Pubs heil überstanden hatte und auf dem Nachhauseweg war, um zu Bett zu gehen. Brian, der später seine Schlafenszeit er-

heblich vorverlegte, blieb manchmal bis Schankschluß bei
O'Rourke's und ging anschließend in das Haus von Paddy
O'Connor hinüber, einem ehemaligen Polizisten, um dort bei ei-
ner Flasche Whiskey noch ein wenig Karten zu spielen.

Nach Kriegsende war die Benzinrationierung aufgehoben worden, und auf den Straßen sah man wieder Privatautos. Brian
hatte seinen Vorkriegsmorris gegen einen neuen Ford Anglia ein-
getauscht, aber er war zeitlebens ein schlechter Fahrer und hatte
ständig Ärger. In dieser Zeit berichtete er Garvin beispielsweise
von einem Vorfall, der eine Delle an seiner Neuerwerbung erklären sollte. Die beiden hatten nach der Arbeit etwas getrunken,
und nach Schankschluß hatte Brian seinen Vorgesetzten nach
Hause gebracht. Auf dem Rückweg stieß an der Ecke Rathgar
Road / Rathmines Road »ein Kerl, der unterwegs nach Bona-fide-
Land war«, mit ihm zusammen. Ein Polizist, der sich in einem
nahen Hauseingang vor dem Regenguß untergestellt hatte, kam
herbei und schlug vor, den Missetäter zu verfolgen. So geschah es,
und auf der Straße in Richtung Templogue überholten sie ihn sogar. Brian hielt an, der Polizist stieg rasch aus und stoppte den
anderen durch Handzeichen. Kurz darauf sah Brian mit Erstaunen, wie der Polizist salutierte und der andere davonbrauste. Der
Polizist kam zurück und sagte: »Ich habe wirklich Glück gehabt.
Ich wollte ihn gerade auffordern, mit auf die Wache zu kommen,
da merkte ich, daß er der Sohn eines Richters am Obersten Gerichtshof war.«

»Wissen Sie denn, wer ich bin?« fragte Brian daraufhin.

»Nein, Sir.«

»Ich bin der Privatsekretär des Ministers für Kommunalverwaltung und Gesundheit.«

»Du meine Güte! Verfolgen wir ihn jetzt weiter, Sir?« rief der
Polizist.

Als schlechter Autofahrer stellte sich O'Nolan im Stadtverkehr
bisweilen recht ungeschickt an; als er eines Tages den Eden Quay
in Richtung O'Connell Bridge entlangfuhr, übersah er die Anweisungen eines hochgewachsenen Verkehrspolizisten und verur-

sachte damit ein beträchtliches Durcheinander. Der Polizist
winkte ihn an den Straßenrand, ließ sich dann aber, wie in solchen Fällen üblich, viel Zeit. Als er endlich näher kam und sein
Notizbuch herauszog, sagte Brian: »Sie sollten eigentlich wissen,
Herr Wachtmeister, daß ich derjenige bin, der die Straßenver-
kehrsordnung geschrieben hat.«

»Ach tatsächlich«, erwiderte der Polizist gelangweilt, »das
überrascht mich überhaupt nicht. Da haben Sie ja wirklich Mist
verzapft.«

Mit dem Ende des Krieges waren die besondere Isolation Irlands
und die Gegensätze zwischen diesem Land und der übrigen Welt
noch deutlicher hervorgetreten. Gewiß, es kamen jetzt mehr
ausländische Besucher, und Zeitungen, Zeitschriften und Filme
unterlagen nicht mehr der Militärzensur, obwohl sie aus angeblich moralischen Gründen noch immer zensiert wurden. Aber die
Frömmelei, der Konservatismus und der archaische Patriotismus
in Irland schienen bedrückender als je zuvor, und die Lähmung
der wirtschaftlichen und sozialen Verhältnisse schritt weiter
voran.

Bei den Wahlen von 1948 erlitt die Fianna Fáil, die sechzehn
Jahre lang unangefochten regiert hatte, erstmals eine Niederlage,
und De Valera, der einen Rekord als dienstältester Regierungs-
chef Europas aufgestellt hatte, mußte abtreten. Die neue Koalitionsregierung, von der die Beamten in Custom House jetzt ihre
Anweisungen erhielten, erwies sich jedoch bald als ebenso zaghaft in der Durchsetzung sozialer Reformen wie ihre Vorgänge-
rin, obwohl ihr auch Labour-Minister angehörten. Das Nachkriegsirland war ein repressives, puritanisches Land, in dem
selbst der altmodische europäische Liberalismus als gefährliche
innovative Lehre galt. Regelmäßig wurden die nichtexistieren-
den Kommunisten und die fast ebensowenig sichtbaren Freidenker von den Kanzeln herab verdammt, und die Zeitungen druck-
ten, manchmal über zwei Seiten hinweg, die Fastenpredigten der
Bischöfe in vollem Wortlaut ab. Wenn sie sich nicht mit der jeweils

neuesten ›roten Gefahr‹ beschäftigten, ging es noch immer um
den Kampf gegen die bösen Mächte des modernen Lebens: Holly-
woodfilme, englische Sonntagszeitungen, Lounge Bars und Tanzsäle.

Myles betrachtete Liberalismus und soziales Fortschrittsden-
ken immer mit professionellem Argwohn. Als Sprachkritiker dul-
dete er keine Klischees. Und als jemand, der an Genauigkeit
glaubte, mißtraute er den oft schwammigen Thesen, die diesen
Denkrichtungen zugrunde lagen. Er kritisierte sie von einem
deutlich katholischen Standpunkt aus, mithin von der gleichen
Position wie die Bischöfe, aber philosophisch fundierter – eine Ar-
gumentationsweise, die sich auf das Denken des katholischen
Philosophen Blaise Pascal zurückführen läßt. Weil das Handeln
des Menschen in den meisten Fällen schädlich oder verderblich
ist, können soziale Fortschrittsfanatiker den Zustand der
Menschheit nur verschlechtern, nicht verbessern. Eigennutz,
Selbsttäuschung, Heuchelei und Betrug spielen im Leben der
Menschen eine beträchtliche Rolle; und wie oft Myles na gCopa-
leen dies in seiner Kolumne auch aufspießen mochte, seine
Grundauffassung war, daß sich daran nichts ändern wird. Nie
zeigte er eine Spur von Bewunderung oder Begeisterung für die
Versuche, dem etwas entgegenzusetzen, seien sie noch so tapfer,
großzügig, visionär oder eben rational.

Natürlich wird es einem berufsmäßigen Humoristen verziehen, wenn er nur selten seine romantische Seite zeigt; bei
Myles ist der Ton resignierter Ironie und müder Verachtung
aber so stark, daß man den Eindruck gewinnt, als glaube er,
die Welt werde für alle Zeit von unfähigen, schäbigen, korrup-
ten, borniert-ungebildeten Leuten beherrscht, die der Satiriker kritisieren, aber nicht ändern kann. Zwar wurde das Irland
der vierziger und fünfziger Jahre überwiegend von solchen
Leuten regiert, aber Myles' sozialer Pessimismus war mehr als
ein Produkt der lokalen Geschichte oder der lokalen Verhältnisse.

In einer späten »Cruiskeen Lawn«-Kolumne – zugegebenermaßen gefärbt durch die Probleme, mit denen er selbst zu kämpfen hatte – schrieb er:

»Es ist richtig, daß sich der Mensch politisch dafür einsetzt, daß Not und Hunger reduziert und vielleicht sogar beseitigt werden, aber wenn er den Mut hat, seine Augen aufzumachen, mit kühlem Verstand auf die entsetzlichen Bedingungen der menschlichen Existenz zu schauen und über die Welt als Ganzes zu urteilen, dann wird er um die Erkenntnis nicht herumkommen, daß winzige Perioden zeitweiliger Befreiung von unerträglichem Leiden das Höchste ist, was der einzelne erwarten darf. Fröhlich? Nein, das sollen die heutigen Zeilen auch gar nicht sein.«[2]

Selbst wenn die Träume der Sozialplaner verwirklicht würden, sähe es auf der Welt nicht besonders schön aus. Als der Krieg zu Ende ging, wurde in Irland, wie anderswo, viel von sozialem Fortschritt, Verbesserung der Lebensverhältnisse und Wohlfahrtspflege gesprochen. Myles' Vision der Ergebnisse sozialreformerischer Bemühungen ähnelte den Vorstellungen, die Huxley und Orwell entwickelt hatten:

»Ich möchte Pat dringend raten, auf sich achtzugeben. Krankenhäuser werden für ihn geplant, Kliniken, Gesundheitszentren, stromlinienförmige Apotheken. Ich sehe das neue Irland sehr deutlich vor meinem geistigen Auge. Die verfaulende Bevölkerung liegt, betäubt von Medikamenten, umsorgt in weißen, keimfreien Betten und rappelt sich nur auf, um ihr Testament auf irisch zu machen. Draußen regt sich nichts – nur die Trauerzüge, die sich auf breiten Ausfallstraßen zu den riesigen Friedhöfen am Stadtrand bewegen – von Architekten geplant, versteht sich –, deren Gräber und Grabsteine Fertigprodukte aus Plastik sind. Es ist meine feste Überzeugung, daß Paud, der der weltweiten Hysterie, ›modern‹ zu sein, hinterherläuft, ein erbärmliches Bild abgibt, das überhaupt nicht komisch ist. Er hat sich einen Haufen Tabellen und grafische Darstellungen besorgt und fängt an, von

›Einbaumöbeln‹ zu brabbeln. Man lasse ihm nur ein wenig Freiheit, und er wird jedes anständige Haus abreißen, in ungesunden ›vorgefertigten‹ Schneckenhäusern wohnen und sich damit um so besser und schneller für das neue Sanatorium aus Glasziegelsteinen qualifizieren.«[3]

Der Krieg verstärkte seine im Grunde pessimistische, manichäische Sicht der menschlichen Natur. Meist zog er es vor, sich dazu nicht zu äußern, auch innerhalb der von der Zensur erlaubten Grenzen nicht; doch wenn er es tat, dann waren seine Äußerungen in völligem Einklang mit der Auffassung, daß die menschliche Natur etwas Grundschlechtes sei und von der Erbsünde bestimmt werde. »Der Krieg kann nur vom Standpunkt des Menschen verstanden werden, der Mensch nur vom Standpunkt des Krieges. Es gibt keinen dritten Krieg. Es gibt nur einen Krieg, und die Annahme, er werde verschwinden, solange die Menschheit auf der Erde lebt, ist ein kindischer Gedanke ...« Tatsächlich bestand für ihn kaum ein Unterschied zwischen Krieg und Frieden: »Wenn es Frieden auf der Welt gibt, werden die Vernichtungslager nicht fotografiert.«[4]
  Der Abwurf der ersten Atombomben über Nagasaki und Hiroshima scheint ihn aber tief erschüttert zu haben. Im August 1945 setzte er sich in drei aufeinanderfolgenden Kolumnen mit diesem Thema auseinander, und sein Entsetzen war so groß, daß es selbst seine Vorstellung vom Bösen zu überfordern schien.

Im Jahr 1944 hatte das Ministerium für Kommunalverwaltung vorgeschlagen, daß den Angestellten der Kommunen die gleichen Rechte eingeräumt werden sollten wie den Beamten. Der entsprechende Gesetzentwurf wurde im Ministerium formuliert und den verschiedenen Abteilungen zur Stellungnahme vorgelegt. Auch Brian O'Nolan sollte sich dazu äußern, und er nutzte den Anlaß, ein längeres Memorandum zu schreiben. Es ist gewissermaßen ein Aufschrei des Herzens und eine der seltenen Gelegenheiten, bei der er seine persönlichen Ansichten in einer für ihn sehr wichtigen Frage klar und unmißverständlich ausdrückt. Er stellt die Struktur und die moralische Grundlage des Beamtentums in Frage und liefert zugleich ein faszinierendes Beispiel für den Stil, in dem er derartige Memoranden abzufassen pflegte.

O'Nolan beginnt sarkastisch und ein wenig in der Art seiner Kolumne; er stellt fest, daß der Entwurf »als Formulierung der fortschrittlichen offiziellen Position im Jahre 1944 zu menschlichen und sozialen Fragen betrachtet werden kann, wie sie im Begriff der Altersversorgung notwendigerweise impliziert sind. Insoweit läßt der Entwurf nichts Gutes ahnen.« In der Diskussion des Hauptteils des Gesetzentwurfs nimmt das Memorandum dann eine etwas persönlichere Note an, die O'Nolans eigene Lage verrät. Der Entwurf, schreibt er, gehe davon aus, daß sich der Beamte in einer Art von Himmel befinde, in den eingelassen zu werden der Wunsch jedes geistig gesunden Bürgers sei.

»Die Bewunderung seitens der Staatsbediensteten für das Beamtenprinzip ist höchst bezeichnend. Die Pensionsregelung für Beamte, die hierzulande gegenwärtig praktiziert wird, ist eine Art Strafsystem, das in einer früheren Epoche vom britischen Finanzministerium ausgedacht wurde, um Fügsamkeit und fortschreitende Ruhigstellung bei den Bediensteten zu erreichen. Es ist ungerecht, zynisch und unmoralisch, erfüllt aber seinen Zweck so gut, daß viele Leichtgläubige es als von Gott bestimmte Norm ansehen; jede Pensionsordnung, die dazu in Widerspruch steht, ist schlecht, während ein System, das damit übereinstimmt, nicht nur gut ist, sondern letztendlich die Erfüllung aller legitimen Bestrebungen der Menschheit darstellt. Psychologen wissen, daß derjenige, der an extremer Morbidität leidet, sich seinen Zustand als wertvollen Besitz vorstellt und als Quelle großer Freude; er bedauert andere, die nicht daran leiden, und glaubt, ihnen einen großen Gefallen zu tun, wenn er ihnen von seinem Leiden erzählt.

Im Gesetzentwurf wird vorgeschlagen, das System der Altersversorgung, wie es für Beamte gilt, auch auf kommunale Bedienstete auszudehnen. Der Beamtenanwärter beginnt seine Laufbahn mit einer ›Probezeit‹ ... Die gesetzlich vorgeschriebene Probezeit ist die erste offizielle Aufforderung an ihn, ängstlich und ›brav‹ zu sein ...«[5]

Die anschließenden Überlegungen zeigen, daß O'Nolan sich intensiv mit dem Problem des Ausscheidens aus dem Staatsdienst auseinandergesetzt hat:

»Wer in den Staatsdienst aufgenommen wird, hat von Anfang an eine Kürzung seines Gehalts um ca. 15 % zugunsten der ›Pensionskasse‹ hinzunehmen. Eine solche Kürzung ließe sich nur rechtfertigen, wenn sie wie eine Versicherungsprämie wäre, die dem Beamten oder seinen Angehörigen in bestimmten Fällen eine Pension oder eine Pauschalsumme garantieren würde, unabhängig von der Höhe der eingezahlten Prämien oder dem Zeitpunkt, zu dem der versicherte Schadensfall eintritt. Genau so würde jeder weitsichtige Mensch für seine Person verfahren, wenn der Staat ihm in der Organisierung seiner eigenen Angelegenheiten und seines Gehalts freie Hand ließe.«

Tatsache war jedoch, daß ein Beamter überhaupt keine Pension erhielt, wenn er aus irgendwelchen Gründen, selbst wegen »unabwendbarer persönlicher Umstände«, vor Erreichen des Pensionsalters aus dem Dienst scheiden mußte, das heißt, bevor er vierzig Jahre Dienst geleistet oder die Altersgrenze von 65 Jahren erreicht hatte.

»Der Beamtenanwärter strebt zuallererst danach, zehn Jahre lang sich nichts zuschulden kommen zu lassen. Dann hat er seinen Pensionsanspruch erworben, d.h., er kann den Staatsdienst nicht verlassen, ohne beträchtliche finanzielle Nachteile zu erleiden. Sein nächstes Ziel ist die Pensionierung mit 65 bzw. nach vierzig Arbeitsjahren. Er weiß nun, daß er lebenslänglich hat und daß er sich seine Pension, die mit den Jahren rosig heranreift,

wegen eines einzigen Fehlers ruinieren kann. Aus ihm wird eine
Maus.«

O'Nolan attackiert sodann die unterschiedlichen Gehaltsstufen
und erklärt, der verheiratete Beamte werde eindeutig bevorzugt.
Die Tatsache, daß er, obwohl Ernährer einer vielköpfigen Familie,
weniger Gehalt bekam als verheiratete Kollegen vergleichbarer
Dienststufe, die in den Genuß der »Zulage für Verheiratete« [*mar-
ried scale*] kamen, war ein Thema, über das Brian O'Nolan im Gespräch mit seinen Kollegen ständig klagte. Weiter kritisiert er den
ideologischen Ursprung der Vorschriften, die den Verheirateten
bevorzugten:

»Die gütige Fürsorge des Staates für seine Schutzbefohlenen geht
aber noch weiter. Der Staat stellt mit Hilfe der berüchtigten Ge-
haltsskalen klar, daß alle männlichen Beamten verheiratet sein
sollten, weil

i. dieser Stand hygienischer ist;
ii. die Vermehrung und der Unterhalt großer Familien (hierfür
    werden zusätzliche Bestechungsgelder gezahlt) einen stabili-
    sierenden, um nicht zu sagen: disziplinierenden Effekt hat;
iii. der Ehestand gewöhnlich mit einem auf Kredit gekauften
    Vorstadthäuschen einhergeht – ein weiterer unschätzbarer
    ›Anker‹ für eine Person mit festem Einkommen.

Das private wie das berufliche Leben des Beamten wird mithin
detailliert organisiert, und es ist genau diese üble staatliche Be-
vormundung, die so sehr bewundert wird.«

Schließlich dehnt er seine Kritik sogar noch aus und richtet sie
auf die Funktion des Beamtentums in der irischen Gesellschaft
insgesamt. Die Berechtigung vieler seiner Gedanken, vor allem
das Argument, daß sich das Land aufgrund eines derart aufge-
blähten Beamtenapparats ohnehin in einer wirtschaftlich gefährlich instabilen Lage befand und daß ein Land von der Größe und

der Einwohnerzahl Irlands sich unter keinen Umständen eine Ausweitung dessen leisten konnte, was er die »Beamtenkaste« nannte – dies alles wird erst seit kurzer Zeit anerkannt, nachdem fast vierzig Jahre verstrichen sind.

»Der größte Teil der intellektuellen Potenz dieses Landes geht schon wie selbstverständlich in den Staatsdienst. Dort etabliert, wird er gezielt verdorben und entmenschlicht, aber für den eigentlichen Dienst an der Nation ist es für immer verloren...

Der Großteil des gegenwärtigen Potentials im Parlament ist gefährlich mittelmäßig, und die beträchtlichen Probleme der Zukunft können nur dann mit Aussicht auf Erfolg angepackt werden, wenn gegenüber denjenigen, die gezwungen sind, in den Verwaltungsapparat einzutreten, eine offene und weniger restriktive Haltung eingenommen wird. Intelligenten Leuten, deren Eltern kein Geld haben, bleibt praktisch keine andere Wahl. Kinder von Besserverdienenden ergreifen einen akademischen Beruf, werden aber in den meisten Fällen viel zu sehr von ihrer lukrativen Tätigkeit absorbiert, als daß sie zu den öffentlichen Angelegenheiten etwas beitragen könnten. Die einzige andere nennenswerte Kategorie ist die Welt der Geschäftsleute. Geschäftserfahrung scheint zu einer einseitigen und übersteigert materialistischen Mentalität zu verhelfen. Geschäftsleute im öffentlichen Leben hinterlassen keinen großen Eindruck. Der Verwaltungsbeamte dagegen hat äußerst nützliche Erfahrungen mit der Struktur und Funktionsweise des modernen Staatsapparats. Man kann sich kaum einen besseren Abgeordneten vorstellen als einen Mann, der zwanzig Jahre als Landrat gearbeitet hat und im besten Mannesalter (sagen wir mit 50) den Dienst quittiert, um sich in der Politik zu engagieren.«

Dies sind durchaus vernünftige Beobachtungen, aber sie tauchen in einem Dokument auf, in dem Brian O'Nolans eigene Frustration und das Gefühl des Gefangenseins deutlich durchscheinen. Abschließend stellt er fest, daß der Gesetzentwurf praktisch komplett in den Papierkorb geworfen und ersetzt werden sollte durch ein System freiwilliger Altersversorgung mit entsprechenden Gehaltserhöhungen für diejenigen, die auf ihre Pension verzichten. Eine noch persönlichere Note klingt in dem Vorschlag an, daß allen Beamten erlaubt sein sollte, nach mindestens einem Jahr jederzeit aus dem Dienst auszuscheiden, »wobei die Pension des vorzeitig Ausscheidenden in einer Weise vermindert werden soll, daß die Kommune für den Verlust an Erfahrung entschädigt wäre, der ihr durch den Austritt des Betreffenden entstanden ist«.

Natürlich spricht O'Nolan hier von den Angestellten der Kommunen, aber es ist klar, daß seine Schlußfolgerung, die Mehrheit strebe vermutlich nach immer mehr »Sicherheit«, ganz gleich, welche staatsbürgerlichen Verkrüppelungen einem solchen System innewohnen, auf seine Kollegen im eigentlichen Beamtenapparat gemünzt ist. »Dies ist eine schädliche und feige Haltung, und der Minderheit, für die das nicht gilt, sollte die allergrößte Achtung entgegengebracht werden.«

Offensichtlich wollte er ein Kündigungsverfahren eingerichtet sehen, das es ihm erlauben würde, seine akkumulierten Pensionsansprüche zu genießen. Es ist typisch für seine Mentalität, auch die Mentalität seiner Zeit, daß es ihn gewurmt hätte, ohne diese Vorteile aus dem Dienst zu scheiden. Im Falle einer Kündigung wäre ihm die beträchtliche Summe, die ihm bis dahin abgezogen worden war, gewiß sehr gelegen gekommen, aber abgesehen davon wollte eine pedantische, buchhalterische Seite an ihm dem Staat nicht den Profit gönnen, den er in all den Jahren mit 15 % Gehaltsabzügen plus Zinsen gemacht hatte. Daß er ernsthaft hoffte, etwas ändern oder mehr tun zu können, als seine angestauten Gefühle von Frustration und Einschränkung loszuwerden, ist fraglich. Dafür war er ein zu erfahrener Beamter. Die meisten Bestimmungen des Entwurfs wurden in das Gesetz übernommen, das dann vom Parlament auch verabschiedet wurde.

Ein Bild von Brian O'Nolans Entwicklung, wie sie sich dem literarischen und intellektuellen Dublin im Jahr 1947 darstellte, zeichnete Thomas Hogan in einem Beitrag, der im selben Jahr in *The Bell* erschien. Hogan hieß eigentlich Thomas Woods und war (wie O'Nolan) ein Beamter, der unter einem Pseudonym schreiben mußte (wie O'Nolan, Conor Cruise O'Brien und andere). Wie O'Nolan war er ein heftiger Trinker, und obgleich er zahllose Buchrezensionen und andere Artikel unter seinem angenommenen Namen schrieb, erwarb auch er sich einen Ruf als brillanter, aber erfolgloser Schriftsteller, einen Ruf, der sich bis zu seinem Tod in den sechziger Jahren halten sollte.

Hogans Artikel, der die schlichte Überschrift »Myles na gCopaleen« trägt, differenziert nicht zwischen den Arbeiten, die O'Nolan unter verschiedenen Pseudonymen veröffentlicht hat, sondern behandelt sie, als stammten sie alle von demselben Autor. Er bezeichnet das Œuvre dieses Schriftstellers als »Irlands bedeutendsten Beitrag zur Possenreißerei seit Daniel O'Connell«, weist darauf hin, daß Myles seit etwa fünfzehn Jahren schreibt, und charakterisiert seine Artikel in Studentenzeitschriften als »boshafte, mit reichlich Pedanterie garnierte Witze«. *Blather* tut er als ein Muster an »Studentenalbernheit« ab, das in seiner letzten Nummer mit charmanter Einsicht verkündet habe: »Wenn schwachsinniges Zeug wie dies auf den Seiten dieser Publikation geduldet wird, dann glauben wir offen gestanden nicht, daß sie eine Zukunft hat.«[6]

Hogan beschreibt *In Schwimmen-zwei-Vögel* als »stark von Joyce beeinflußtes Werk«, das in großen Teilen »die Zyklopen-Episode des *Ulysses* variiert«, auch wenn es in mancherlei Hinsicht das beste Werk des Autors bleibe. Er weist darauf hin, daß Myles na gCopaleen zwei abendfüllende Theaterstücke geschrieben habe, eines eine Adaption von Čapeks *Aus dem Leben der Insekten*, das andere *Faustus Kelly*, »dessen erster Akt seit *Charlies Tante* das Komischste war, was es auf der Bühne zu sehen gab, das aber in den übrigen Akten leider nachließ und nur noch dahinplätscherte«, sowie ein Buch auf irisch, *Irischer Lebenslauf*, »eine Parodie auf gälische Autobiographien, die so brav ist, daß sie stellenweise genauso langweilig ist wie ihre Vorlagen«.

Den meisten Menschen aber, so Hogan weiter, sei Myles als der Autor von »Cruiskeen Lawn« bekannt, einer Kolumne, die seit 1940 regelmäßig in der *Irish Times* erscheine. In der Entwicklung der Kolumne macht er drei unterschiedliche Phasen aus. Die erste war die »des Gälen, der zugleich ein Antigäle ist, oder genauer gesagt: der Antigäle, der auch ein Gäle ist«. Das war »eine Weile ganz witzig, verlor aber bald seinen Reiz und hätte genausowenig Erfolg gehabt wie *Blather*«.

Die zweite und dritte Phase falle unter die Kategorie »Humor« beziehungsweise »Satire«. Zur humoristischen Phase gehörten die »Keats and Chapman«-Geschichten, die Gespräche mit dem »Bruder«, der Buchhandhabungs-Service usw. Myles' Humor, so Hogan, sei hochintellektuell, meist rein verbal und eher ein Nachäffen von Joyce als wirklich in dessen Sinne, er »ähnelt jenen harmlosen und langweiligen Wortspielen, die von Leuten gepflegt werden, die sich einbilden, sie parodierten Joyce«. Trotzdem sei es, wie bei Joyce, ein verschlungener und hintergründiger und insofern primär intellektueller Humor, »der dem direkten Ausdruck mißtraut und zwangsläufig zum Umständlichen und Komplizierten neigt... Man kann sich Myles leicht als einen alten Mönch vorstellen, der, eingemauert in seiner Zelle, geduldig und mit großer Pedanterie die komplizierten und gewundenen Verzierungen einer alten Handschrift entziffert.« Vor lauter Gewundenheit neige er dazu, sich im Labyrinth seines eigenen Denkens zu verlieren, und manchmal verschwinde er »in einem dunklen Tunnel, aus dem Geräusche wie das Gemurmel eines alten Seemanns heraufdringen. In ›Cruiskeen Lawn‹ finden sich immer wieder längere Passagen mit verdrehten Formulierungen, voll dunklem Hohn und Spott. Sie kommen anfallartig vor – das Viertagefieber des Überklugen.«

Später, schließt Hogan, sei Myles mehr Satiriker als Humorist geworden. Als solcher sei er »wie Goethes Mephisto im Grunde destruktiv«. Das erkläre sich zum Teil aus der ambivalenten Position, die er in der *Irish Times* einnehme. Das eigentliche Thema des Satirikers, wenn er etwas taugen wolle, müsse »die tiefe

Dummheit der Masse« sein. Es sei aber ohnehin zu erwarten gewesen, daß die *Irish Times* »das irische Volk verspottet«, zumindest nach Meinung des irischen Volks, und daher sei Myles gezwungen gewesen, einen anderen Weg einzuschlagen, sich auf die Seite des gesunden Menschenverstandes und des einfachen Menschen gegen die Intellektuellen zu stellen. Es sei unnötig, darauf hinzuweisen, daß er die meisten Intellektuellen überrage, weil er klug sei, aber seine Grundposition werde dadurch beeinträchtigt, daß er in Wahrheit selbst zu diesem Lager gehöre. Er trage »das Zeichen des wilden Tiers« und offenbare deutlich »den Einfluß seiner Umgebung — die giftige Atmosphäre bestimmter Hinterzimmer, in denen sich die einheimischen ›Intellektuellen‹ tummeln«. Und schließlich: »Seine Entwicklung wird durch die Schwäche vereitelt, welche … die postkoitale Depression einer Stadt kennzeichnet, die früher einmal etwas hervorgebracht hat. Myles ist unser Typus — er ist die aktive Verkörperung von Dublins und Irlands destruktivem Element. Sein bestes Werk, *In Schwimmen-zwei-Vögel*, liegt weit zurück, und seine gegenwärtige Arbeit ist brillant, aber nutzlos.«

Diese Sicht aus dem Jahr 1947 ist recht typisch, wenn auch nur für den kleinen Kreis von Beamten und akademischen Intellektuellen, dem Hogan angehörte und in dem O'Nolan tatsächlich eine zentrale und vielbewunderte Figur war. Ein im Grunde unkreativer Dubliner Intellektueller wirft hier einem anderen vor, ein unkreativer Dubliner Intellektueller zu sein. Er klebt das Etikett »joyceanisch« auf praktisch alle Arbeiten O'Nolans, unter welchem Namen sie auch erschienen, ausgenommen *Irischer Lebenslauf*, den er als ziemlich langweiligen Witz für Sprachkenner bezeichnet (wie erinnerlich, vertrat Mr. Heffernan die gleiche Ansicht). Hogan beschreibt die Kolumne als streitsüchtig und steril, was in den späten vierziger Jahren die vorherrschende Meinung in seinen Kreisen war, obwohl man sie weiterhin las. Unbarmherzig konstatiert er, daß O'Nolan, der erst 36 war, sein bestes Werk längst geschrieben habe, und auch das wurde die gängige Meinung der Kreise, in denen Thomas Hogan sich bewegte.

All diesen Leuten war Myles' Entwicklung nicht unbekannt. Sie wußten von seiner Studentenzeit am UCD und von der Bewunderung, die er unter seinen Kommilitonen genossen hatte. Sie wußten von seinen Trinkgewohnheiten und neigten dazu, obgleich selbst starke Trinker, deren Auswirkungen auf seine Fähigkeiten gewissermaßen augenzwinkernd abzutun. Sie begannen zu zweifeln, ob das vielversprechende junge Talent und die frühe Leistung überhaupt real gewesen waren; und sie bedienten sich des Attributs »joyceanisch« mit dem darin enthaltenen Tribut an den großen, inzwischen verstorbenen Exilanten, um auf diese Weise ihre einstige Begeisterung für einen heutigen Kollegen wegzuzaubern.

Die Emigranten, geheimnisumwitterte Gestalten der fremdländischen Boulevards, Männer, von denen gemunkelt wurde, sie seien in den Genuß ausländischer Ehrungen gekommen – diese Leute wurden in Dublin schon immer bevorzugt gegenüber den bekannten Gestalten von Grafton Street und Umgebung, die das Bild der Stadt nur störten. Hinfort sollte die Legende von der frühen, uneingelösten Brillanz, das allzu leichte Urteil über den alkoholbedingten Verfall und das verunglimpfende Joyce-Etikett zum ewigen Refrain der Dublinschen Kritik an Brian O'Nolan werden. Er hatte tatsächlich, wenn man so sagen kann, mehrere Klötze am Bein.

Und natürlich hatte er schöpferische Schwierigkeiten. *In Schwimmen-zwei-Vögel* war, soweit die meisten Leute wußten, sein letzter Roman auf englisch, und mit diesem Buch hatte er einen Punkt erreicht, von dem aus er weder vorwärtsgehen noch sich würdevoll zurückziehen konnte. Es war ein brillant konzipiertes Unternehmen, aber konsequent nihilistisch in bezug auf die Romanform selbst. Dieses Buch und sein besonderes Verhältnis zu seinen Lesern erschwerten einen weiteren Vorstoß in das Feld der Bellestristik. Die Alternative bestand für ihn nur darin, entweder noch stärker zu provozieren oder einen vielleicht demütigenden Rückzug zu unternehmen – ein Dilemma. Mit ihrer Virtuosität, Originalität, ja bloßen Klugheit waren *In Schwim-*

men-zwei-Vögel und »Cruiskeen-Lawn« Leistungen, an die anzuschließen außerordentlich schwer war.

Ohnehin richtete sich, bedingt durch die Kolumne, sein schriftstellerischer Impetus inzwischen eher auf den dialogisch aufgelockerten Diskurs als auf den Bereich von Erzählung oder Schilderung imaginärer Figuren und Ereignisse. Eine ganz gewöhnliche Handlung zu entwickeln war nie seine starke Seite gewesen. Die brillante Struktur von *In Schwimmen-zwei-Vögel*, der Roman im Roman, ließ sich schwerlich wiederholen; und Brian trug, verheimlicht selbst vor seinen Freunden, die Ablehnung von *Der dritte Polizist* mit sich herum, dessen Typoskript noch immer in der Schublade des kaum benutzten Eßzimmers in Avoca Terrace lag. Um eine Metapher zu verwenden, die einem bei diesem Buch in den Sinn kommt: Ein unveröffentlichter Roman kann für einen Schriftsteller wie ein schweres Verbrechen sein, er kann die Gedanken belasten und zu einer neurotischen Blockade führen, die jede weitere Entwicklung verhindert. Ein paar Jahre später sagte Patrick Kavanagh zu mir: »Unser armer kleiner na gCopaleen hat einfach keinen Mythos gefunden, der das Zeug in seiner Kolumne tragen würde, der es auf ein kreatives Niveau heben würde.« Das ist eine scharfsichtige Beobachtung, nicht nur, was den schöpferischen Prozeß, sondern auch, was O'Nolans Dilemma angeht.

Natürlich verlangt der Begriff »kreativ«, ebenso wie vielleicht das Wort »fiktional«, nach Klärung. In unserer Zeit gilt fiktionale Literatur im engeren Sinne mehr als die anderen Genres, wie etwa Briefe, Essays, Reden, Autobiographien, Polemiken und anderes. Das Ansehen der großen Essayisten ist gesunken, während das Ansehen der großen Erzähler gestiegen ist. Fiktionale oder erzählende Literatur eignet sich sehr viel besser für die Zwecke des Kritikers. Er bevorzugt eine gewisse Rätselhaftigkeit, ein Geheimnis, ein Konstrukt, etwas, das nach Interpretation verlangt. Wieviel schöpferische Befriedigung Brian O'Nolan aus seiner Kolumne auch zog und wie brillant sie auch weiterhin sein mochte, fortan würde sich der Schatten der Romane über sie le-

gen, die er offenbar nicht schreiben konnte. Dies beeinflußte sein
Selbstwertgefühl, aber auch die Sicht derjenigen, die seine vermeintliche Erfolglosigkeit mit möglicherweise lüsternem Interesse beobachteten. Und natürlich wollte er mehr Erfolg haben als
nur den, den eine Kolumne in einer irischen Zeitung brachte – einerseits hoffte er recht naiv, damit Geld zu verdienen, andererseits verlangte ihn nach größerem, internationalem Ruhm.

Im Januar des Jahres, in dem Hogans Artikel in *The Bell* erschien,
fuhr O'Nolan an einer Ampel in der Stillorgan Road mit seinem
Ford Anglia auf ein anderes Auto auf und brach sich dabei ein
Bein. Nach Angaben seiner Freunde wurde die Angelegenheit vermutlich durch einen befreundeten Juristen »geregelt«, aber es bedeutete, daß er bis 30. September krank geschrieben war und in
dieser Zeit nur die Hälfte seines Gehalts bezog. Es führte auch zu
einer längeren Fehde mit den Beamten des Polizeireviers Blackrock, die zunächst versucht hatten, ihn vor Gericht zu bringen.
Heutzutage lassen sich Legende und Fakten nur schwer auseinanderhalten, aber eine der Geschichten wird von O'Nolans
Freund Tommy Conolly bezeugt, der jahrelang einer der bekanntesten und angesehensten Anwälte Irlands war.

Als Conolly eines Abends, Anfang der fünfziger Jahre, in O'Nolans Auto mitfuhr, wurden sie angehalten und zur Polizeiwache
Donnybrook gebracht. O'Nolan erklärte hartnäckig, nicht betrunken zu sein, woraufhin, entsprechend den damaligen Vorschriften, ein Arzt die üblichen Tests mit ihm durchführen sollte
– auf einer weißen Linie gehen, Gegenstände vom Fußboden
aufheben und schwierige Wörter aussprechen. Bis der Arzt kam,
verstrich mehr als eine Stunde, und in dieser Zeit wurde der
wachhabende Beamte abgelöst. Der neue Wachtmeister, der den
Sistierten nicht kannte, gab sich zivilisiert und umgänglich, und
als O'Nolan fragte, ob Conolly ihm etwas zu trinken holen dürfe,
erhob er keine Einwände. Es war noch früh am Abend. Conolly,
der seinem Freund im Wachzimmer Gesellschaft geleistet hatte,
ging zu Long's hinüber und kam mit einer kleinen Flasche Whis-

key zurück. Er reichte O'Nolan die ungeöffnete Flasche, worauf
dieser den Wachtmeister direkt ansah, den Verschluß auf-
schraubte, die Flasche an den Mund setzte und in einem Zug
leerte. »Jetzt können Sie alle Ärzte der Welt herbeiholen«, sagte
er. Vor Gericht bezeichnete O'Nolans Anwalt die Aussage des Arz-
tes als nutzlos, da das Ergebnis der ärztlichen Untersuchung
nicht beweise, daß O'Nolan zum Zeitpunkt der Verkehrskon-
trolle ebenfalls betrunken gewesen sei.

Der Richter wies die Klage ab, und triumphierend verließ
O'Nolan das Gericht. Die Polizisten waren verärgert, denn abgesehen von allem anderen hatte sich der Fall, obgleich in der
Presse nicht veröffentlicht, rasch herumgesprochen. Viele Autofahrer gingen nun dazu über, sich kleine Whiskeyflaschen einzu-
stecken, die sie sofort austranken, wenn sie von Verkehrspolizisten angehalten wurden.

Bekannt ist auch die Geschichte von O'Nolan und einem
Freund, die ihr Auto vor Trainor's abstellen, dem bekannten
Bona-fide-Pub in Goatstown. Der Freund zieht den Schlüssel ab
und sorgt durch Entfernen der Verteilerkappe dafür, daß der Wagen nicht gefahren werden kann. Nach mehreren Gläsern stol-
pert O'Nolan hinaus, setzt sich ans Steuer, wartet eine Weile und
wankt in die Kneipe zurück, als habe er es sich anders überlegt
und beschlossen, noch ein Glas zu trinken. Diese Szene wiederholt sich mehrere Male, wobei O'Nolan immer stärker den Betrunkenen mimt. Natürlich wird man in der Polizeiwache auf
sein Verhalten aufmerksam, und als er sich das nächste Mal hinter das Steuer setzen will, wird er geschnappt und zur Wache
Donnybrook gebracht; dort gibt er zu, betrunken zu sein. Als es
aber zur Gerichtsverhandlung kommt, bestreitet er, an diesem
Abend für das Fahrzeug zuständig gewesen zu sein; er läßt dies
seinen Freund bezeugen sowie den Umstand, daß der Wagen zur
fraglichen Zeit nicht funktionstüchtig war. Die Klage wird abge-
wiesen, und diesmal hat sich die Polizei eine noch peinlichere
Niederlage eingehandelt.

Zu seiner Verteidigung sollte gesagt werden, daß diese Ge-

schichten in eine Zeit gehören, als Trunkenheit am Steuer noch
ein Kavaliersdelikt war, zumal in den Augen derjenigen, die
selbst Auto fuhren. Und damit niemand glaubt, das Schlechte
habe über das Gute gesiegt, sei darauf hingewiesen, daß die Polizisten am Ende doch obsiegten, als O'Nolan nach einer Kontrolle
in der Merrion Avenue der Führerschein weggenommen wurde.
Als sollte seiner Autofahrerkarriere der Gnadenstoß versetzt werden, kollidierte noch in derselben Woche ein anderer betrunkener
Fahrer mit seinem Auto, das vor seinem Haus stand. Es war ein
einziger Schrotthaufen. O'Nolan ist nie wieder Auto gefahren.

Bis zu seinem Autounfall war sein Anwesenheitszeugnis in Custom House zwar nicht so makellos wie in den vorangegangenen
Jahren, aber auch nicht so schlecht, daß es seine Vorgesetzten zu
Kritik veranlaßt oder seine Beförderungschancen verschlechtert
hätte. 1946 beispielsweise fehlte er an 24 Tagen, für die er ein ärztliches Attest vorlegen konnte: acht wegen eines »ischio-rektalen
Abszesses« und 16 wegen einer Bindegewebsentzündung; nur
zwei Tage fehlte er unentschuldigt. Am 17. Februar 1948 wurde er
zum Acting Principal Officer befördert und bezog damit ein Gehalt von £1030, das jährlich um £31 bis auf maximal £1155 an-
steigen würde. Sein Beschützer John Garvin wurde gegen Ende
1948 zum Staatssekretär des Ministeriums ernannt.

Am 2. Dezember 1948 heiratete Brian O'Nolan Evelyn McDonnell. Die Trauung fand in der Kirche Our Immaculate Lady of
Refuge in Rathmines statt, der Pfarrgemeinde seiner Braut, die
sich damals mit einer Freundin eine Wohnung am nahegelegenen
Belgrave Square teilte. Außer den Trauzeugen waren keine anderen Gäste anwesend. Evelyn McDonnell war Sekretärin im Ministerium für Kommunalverwaltung, und zwar in der Abteilung, in
der auch ihr Mann arbeitete. Eigentlich war sie durch Zufall dorthin geraten, denn sie verabscheute den Staatsdienst, und es war
gewiß nicht ihr Plan gewesen, einen Kollegen zu heiraten.

Evelyn, die Tochter eines Landwirts im nördlichen Teil der
Grafschaft Dublin, hatte die Nonnenschule Loreto Convent am

St. Stephen's Green besucht und war anschließend für ein Jahr an eine Klosterschule desselben Ordens nach England gegangen. Sie hatte dann beschlossen, nach Irland zurückzukehren, und festgestellt, daß ihre »nächste Schwester« bei der Aufnahmeprüfung für den Staatsdienst gute Noten erzielt hatte. Mehr oder weniger aus Rivalität und weil sie unsicher war, was sie als nächstes tun sollte, meldete sie sich ebenfalls zur Prüfung, errang einen der ersten Plätze und akzeptierte die ihr angebotene Arbeitsstelle. Sie wurde der Sektion Straßenverkehr im Ministerium in Custom House zugeteilt, und ihr Vorgesetzter dort war Brian O'Nolan.

Sie erfuhr natürlich bald, daß er der Myles na Gopaleen von der *Irish Times* war. Alle Sekretärinnen wußten das, obgleich viele von ihnen die Kolumne nicht verstanden. Sie selbst fand sie brillant, und auch von seinen Briefen, Memoranden und Aktennotizen, die über ihren Schreibtisch gingen, war sie beeindruckt, weil sie so ungewöhnlich direkt waren und auf den üblichen Behördenjargon verzichteten.

Von einer Ausstrahlung als Schriftsteller, geschweige denn als aufstrebender Beamter bemerkte sie bei ihm allerdings nichts. Überhaupt fand sie ihn in der ersten Zeit nicht besonders anziehend. Sie ging mit ihm aus, weil er sie dazu aufgefordert hatte. Sie war schon mit anderen ausgegangen, »wie das unter jungen Frauen eben üblich ist«. Sie war eine intelligente, offene junge Frau, deren direkte Art manche Männer vielleicht irritierte. Als sie heirateten, war Brian schon ein Gewohnheitstrinker, aber davon wußte sie noch nichts. »Vermutlich war es so«, sagte sie.[7]

Sie waren etwa ein Jahr lang miteinander ausgegangen, bevor sie heirateten, und bis dahin blieb ihre Beziehung anscheinend den meisten Menschen verborgen. Manchmal fuhren sie in seinem Auto zum Hotel im Glen of the Downs und zu anderen Orten in der Dubliner Umgebung, um dort etwas zu essen und zu trinken. Ab und zu besuchten sie ein Sinfoniekonzert oder eine Theatervorstellung. Schon bei einer ihrer ersten Verabredungen hatte er von Heirat gesprochen. Sie hielt das für einen Scherz, aber bald kam er auf das Thema zurück, und ihr wurde klar, daß er es ernst meinte.

Zu sagen, daß seine Freunde von seiner Hochzeit überrascht waren, wäre noch untertrieben. Die meisten waren überzeugt, daß er an Frauen einfach nicht interessiert war. Man hatte von ihm Äußerungen gehört, die den Schluß zuließen, daß er dem anderen Geschlecht geradezu feindselig gesonnen war. In einem Land, in dem Ehelosigkeit nicht als unnatürlich oder unverständlich galt, erschien er als natürlicher Zölibatär.

Die erste Nacht ihrer Flitterwochen verbrachte das Paar im Glen of the Downs Hotel, dessen Besitzer ein Bekannter von Brian war. Dann fuhren sie in den südwestlichen Teil Irlands weiter und übernachteten in Hotels und Pensionen. Evelyn fiel auf, daß er in Kneipen und Hotelbars trotz seiner Schüchternheit schnell Kontakt fand, indem er Geschichten erzählte oder mit ein paar Bemerkungen die Aufmerksamkeit auf sich lenkte. Er hatte ein paar Bücher eingepackt, die er flüchtig durchblätterte, darunter Sean O'Faoláins Schrift über die Kurzgeschichte, Francis Stuarts kurz zuvor erschienenes Buch *Die Wolkensäule* und Robert Farrens *The Course of Irish Verse*. In den restlichen Dezemberkolumnen erwähnte er diese Werke spöttisch als Bücher, die er zu Weihnachten geschenkt bekommen habe.

Am Abend ihrer Rückkehr nach Dublin fuhren sie gleich in die Avoca Terrace. Brian, der schon ein paar Flaschen Stout getrunken hatte, schlief in einem Sessel ein, während Evelyn, an sein Knie gelehnt, auf dem Fußboden saß. Den jüngeren Geschwistern fiel auf, wie sehr sie ihn offenbar mochte. Das Paar zog dann nach 81 Merrion Avenue, in ein Haus, das er schon gemietet hatte, unweit von Avoca Terrace und seiner alten Heimat in Blackrock, so daß O'Rourke's und Levy's seine Stammkneipen bleiben konnten.

Mrs. O'Nolan wurde das Ausmaß seines Trinkens zwar schon bald klar, doch in achtzehn Jahren Ehe hat sie ihre Achtung für ihren Mann nie verloren. Tatsächlich fanden einige Freunde, daß sie sich ihm allzu bereitwillig unterordnete. Sie erkannte rasch,

daß sie es mit einem ungewöhnlichen und in mancher Hinsicht
sehr schwierigen Menschen zu tun hatte, aber auch, daß er außerordentliche Fähigkeiten besaß. Sie las Bücher und respek-
tierte seine literarischen Ambitionen; und trotz zahlreicher
Schwierigkeiten im Zusammenleben und finanzieller Probleme
in späteren Jahren empfand sie gar so etwas wie Sicherheit, denn
sie glaubte daran, daß er es schaffen würde und daß er sich nicht
würde »unterkriegen« lassen.[8]

Die Heirat bedeutete eine leichte Verbesserung in Brians wirt-
schaftlicher Situation, denn jetzt kam er in den Genuß der omi-
nösen »Zulage für Verheiratete«, von der er seinen Kollegen gegenüber so oft und voller Verbitterung gesprochen hatte. Da sich
zugleich seine familiären Versorgungspflichten zu reduzieren begannen, ging es den O'Nolans in den ersten Jahren vergleichsweise gut. Das Haus in der Merrion Avenue war anfangs gemietet,
später, im Jahr 1953, kaufte er das Haus mit Hilfe eines Darlehens
der Educational Building Society für £1250.

Da die Eheleute in Blackrock wohnten, konnte Brian an vielen alten Gewohnheiten und Verbindungen festhalten. In der Nachbar-
schaft wohnten vor allem Sean O'Sullivan und Richard McManus, die in mancherlei Hinsicht seine engsten Vertrauten waren.
O'Sullivan war ein beliebter Gesellschaftsporträtist, der, wie
Brian, wachsende Alkoholprobleme hatte und der sich, ebenfalls
wie Brian, den Ruf eines brillanten, aber erfolglosen Talents
erworben hatte. Seine frühen Arbeiten, besonders seine Zeichnungen von berühmten Dubliner Literaten, wenngleich nicht
besonders originell, sind sensibel und vermitteln ein gewisses
Flair. Seine Ölporträts dagegen wurden immer kruder und unin-
spirierter, je mehr er trank und je mehr Aufträge er bekam, die
vermeintlichen Größen der irischen Gesellschaft zu porträtieren.
In den vierziger Jahren hatte er einen Vertrag mit Ponds Cold
Cream geschlossen, Zeichnungen von »berühmten irischen
Schönheiten« anzufertigen, die angeblich die Produkte dieser
Firma verwendeten. Diese Zeichnungen erschienen allwöchent-

lich in den Ponds-Anzeigen, und mit ihnen wurde O'Sullivan berühmt. Er bekam Aufträge über Aufträge von Leuten, die glaubten, daß ein Ölbildnis von ihnen auch zu einer Bleistiftzeichnung führen würde, die dann in der Ponds-Reklameserie »Berühmte irische Schönheiten« erscheinen würde.

O'Sullivan war ein überaus kultivierter Mann, der in Paris studiert hatte, fließend Irisch und Französisch sprach und in angetrunkenem Zustand gern Gedichte rezitierte. Er hatte die Vorsatzblätter für *Irischer Lebenslauf* gezeichnet, und er war einer der wenigen Menschen, mit denen Brian O'Nolan über seine materiellen und privaten Probleme sprach. Dickie McManus scheint in mancherlei Hinsicht Brians Alter ego gewesen zu sein: gesellig, extrovertiert, intellektuell genug, um mit Brian Gespräche führen zu können, und sehr humorvoll, aber ohne die Selbstzweifel und Unsicherheiten, für die Schriftsteller, und vielleicht gerade Humoristen, so anfällig sind.

Im Jahr 1950 beschloß der New Yorker Verlag Pantheon Books, *In Schwimmen-zwei-Vögel* neu herauszubringen, und zwar auf Empfehlung von James Johnson Sweeney, dem bekannten Irisch-Amerikaner vom Guggenheim Museum, der ein enthusiastischer Joyceaner und Sammler von Joyce-Manuskripten war. Das Buch erschien im März des darauffolgenden Jahres in einer schönen Taschenbuchedition von 3000 Exemplaren. Die Kritiker waren zwar interessiert, verstanden das Buch aber nicht, und es verkaufte sich nur mäßig gut. Doch wenn O'Nolan, der diesem Ereignis offenbar keine große Bedeutung beimaß, es damals auch nicht wissen konnte – es war der Anfang eines Comebacks. Die Qualität seines Buches begann sich langsam, aber sicher unter aufgeschlossenen Amerikanern herumzusprechen, besonders unter intellektuellen New Yorkern, von denen einige ihn in Dublin besuchten.

In diesem Jahr gründete John Ryan, ein junger Dubliner, Sprößling einer reichen Kaufmannsfamilie, der die Monument Creameries gehörten, eine Monatszeitschrift, die er *Envoy* nannte.

Das Büro von *Envoy* befand sich über der Monument Creamery in der Grafton Street, während die Redaktionssitzungen üblicherweise in McDaid's Pub in der Harry Street gegenüber stattfanden. McDaid's war eine langgestreckte, hohe Kneipe, deren Besitzer sich erfolglos bemüht hatte, den Raum mit Hilfe von Kunstledersesseln und einem merkwürdigen Tresen, dessen Korkbelag bald durch ausgedrückte Zigaretten verunstaltet war, in eine Lounge zu verwandeln. Hier traf sich eine der Dubliner Bohemeszenen – obwohl dieser Ausdruck kaum paßt, denn diese Gesellschaft, zusammengesetzt aus den unterschiedlichsten Gammlern, drittklassigen Künstlern, Rentnern, verarmten Aristokraten, Querdenkern und pensionierten Umstürzlern, besaß die typisch irische Eigenschaft, sich jeder Kategorisierung zu entziehen. Mit der Gründung der Zeitschrift machte sich in McDaid's eine eher literarische oder besser antiliterarische Atmosphäre bemerkbar.

Patrick Kavanagh, ihr bekanntester Mitarbeiter, schrieb ein monatliches »Tagebuch«, das größtenteils eine Attacke auf die Dichter und Romanciers war, die an Smyllies Tisch zugelassen waren. Ihnen galt auch sein satirisches Gedicht, die »Paddiad«, das während des Krieges in der berühmten englischen Literaturzeitschrift *Horizon* veröffentlicht worden war.

> Paddy Mist and Paddy Frog
> Croaking nightly in the bog…

> Paddy Nebel und Paddy Frosch
> Quaken nächtens in dem Moor…*

Doch wie beißend das auch war, man konnte es mit einem Schulterzucken abtun. Die Implikation, die »Bedeutung« von Lyrik ist, wie Thomas Hardy bemerkt hat, immer leicht abzutun. Sehr viel irritierender fanden die Stammgäste des Pearl die humorvolle, geistreiche und ironische Prosa Kavanaghs, und es war vor allem

---

* Paddy, Kurzform von Patrick. Abfälliger Spitzname für die Iren [A.d.Ü.]

sein »Tagebuch«, das *Envoy* zum Ausgangspunkt einer radikal anderen Literatur im Nachkriegsirland machte.

Der Autor des »Tagebuchs« freute sich aber auch über die neue Atmosphäre in McDaid's und über die Menschen, denen er dort begegnete. Unter den Jüngeren, die für *Envoy* schrieben, sagte er einmal, habe er genau die Freunde gefunden, die er sein Lebtag in Dublin gesucht habe. Er kam täglich mindestens einmal ins Büro des *Envoy* und ging dann meist in die Kneipe hinüber. In der Tür pflegte er stehenzubleiben, sich kurz umzuschauen und dann mit zwei, drei Riesenschritten zu der Gruppe zu gehen, die er sich ausgesucht hatte, wo er mit einem Ausspruch oder einer Anekdote sofort die Aufmerksamkeit auf sich lenkte.

Bald meldete sich auch Brian O'Nolan in *Envoy* zu Wort – oder Myles, wie alle in der Kneipe, einschließlich der Barmänner, ihn nannten. *Envoy* hatte es sich ganz allgemein zur Aufgabe gemacht, gegen die abgedroschene Keltentümelei und die Elemente bäuerlich-pittoresker Romantik, die, wie man fand, in den etablierten Literaturkreisen noch immer eine bedeutende Rolle spielten, einen intellektuellen, kosmopolitischen Trend zu setzen. Wir wußten freilich nicht, daß Keltentümelei und bäuerlich-pittoreske Romantik hydraköpfige Monster sind, die noch jeden Versuch, sie durch Belehrung oder Vorbild zu vernichten, überlebt haben. Viele Beiträge für *Envoy*, auch Kavanaghs eigene, hatten eine dezidiert antinationalistische Färbung, waren ein mehr oder weniger humoristisch formulierter Protest gegen die zerschlissene, klischeebeladene nationalistische Überheblichkeit mit ihren ewigen Verweisen auf den »Unabhängigkeitskrieg« und »unsere einzigartige gälische Kultur«, die zum offiziellen irischen Ethos gehörten. Für den *Envoy* schrieb Brian auch die Geschichte »Die Krone des Märtyrers«.

Wie alle seine Werke, hatte er auch dieses lange in sich herumgetragen, und eine erste Fassung war schon im Januar 1940 unter dem Titel »For Ireland Home and Beauty« entstanden. Die zehn Jahre jüngere Version ist sehr viel besser als die ältere, die anekdotischer war und die an das scheinbare Ende der Geschichte noch einen Überraschungsschluß anfügte, in der Manier, wie sie O. Henry kommerziellen Kurzgeschichtenschreibern vererbt hatte. Ein Jahr darauf, 1951, bat John Ryan Brian O'Nolan, eine James Joyce gewidmete Sondernummer des *Envoy* als Herausgeber zu betreuen. Das war eine glänzende Idee. Zeit seines schriftstellerischen Lebens lief Brian O'Nolan mit dem Etikett »joyceanisch« herum, fast könnte man sagen – wenn das Bild ansonsten nicht so abwegig wäre – wie ein Hund, dem man eine Konservendose an den Schwanz gebunden hat. Kein Wunder also, daß er häufig so gereizt darauf reagierte.

Samuel Beckett erinnerte sich, Brian O'Nolan kurz nach der Veröffentlichung von *In Schwimmen-zwei-Vögel* bei Niall Montgomery kennengelernt und ihm erzählt zu haben, daß Joyce das Buch mit großem Vergnügen gelesen habe. An Anne Clissmann schreibt er 1967, O'Nolans Reaktion darauf sollte man »besser vergessen«.[9] Später, in Berlin, beschloß er jedoch, auszupacken, und Aidan Higgins erzählte er zweimal von O'Nolans Antwort, das zweite Mal (wie Higgins sagt) merklich angewidert: »Er antwortete folgendermaßen: ›Dieser Joyce mit seinen aufpolierten Dienstmädchengeschichten!‹«[10] Man sollte allerdings zu seiner Rettung darauf hinweisen, daß O'Nolan schon zu viele Leute, ob Freunde oder Feinde, von einem Joyceschen Einfluß auf sein Buch hatte reden hören.

In »Cruiskeen Lawn« kam er im Laufe der Jahre an die hundertmal auf Joyce zu sprechen. Oft waren es unterschiedlich ernsthafte Attacken auf sein Œuvre, andere waren pseudobiographisch, meist sprach er vom »armen Joyce« oder vom »armen Jimmy Joyce«. Manche verspotteten die amerikanische Literaturwissenschaft. Einmal ging es um die Schwierigkeiten der Übersetzung von *Ulysses*, einer Aufgabe, der Myles sich angeblich selbst unterzog und von der er tatsächlich ein Beispiel lieferte. Joyce wurde oft, vor allem im Hinblick auf *Finnegans Wake*, als ein Autor dargestellt, der bewußt unverständlich, ja inkohärent geschrieben und mit seinen Experimenten die englische Sprache verhunzt habe.

Seit ihrer Studentenzeit hatten O'Nolan und seine Freunde immer dazu geneigt, in Joyce den L'art-pour-l'art-Künstler zu sehen, das halbverrückte Genie, dessen Bücher für den Eingeweihten äußerst amüsant seien, mit dem wirklichen Leben aber nichts zu tun hätten. Damit ging eine Sicht einher, in der sich ihre eigene Situation widerspiegelte. Joyce litt unter seinem irischen Katholizismus, und er befreite sich aus diesen Fesseln durch eine Reihe von Schocks, die aus seiner Sicht den Vorteil hatten, auch andere Leute zu schockieren. Er bediente sich am Ende einer Art Privatsprache, und seine Werke, obgleich eindrucksvoll in ihrer Obsession, waren onanistisch und konnten sogar als Beispiele für die Wirkungslosigkeit künstlerischen Schaffens gelten. O'Nolan wurde zweifellos durch seinen Freund Niall Montgomery zu einer solchen Sicht Joyces gedrängt, und im Grunde hat er sich nie davon entfernt, obwohl er in einer späten »Cruiskeen Lawn«-Kolumne einmal einräumte, daß für ein Verständnis des *Ulysses* nichts nötig sei als »Intelligenz, Reife und gewisse Erfahrungen des Lebens und der Literatur«.[11]

O'Nolans eigener Beitrag zur Sondernummer des *Envoy*, »Wie man im Tunnel ein Faß aufmacht«, war eine witzige Geschichte, die mit dem zuvor erschienenen »Drink and Time in Dublin« zum Amüsantesten zählt, was er zum Thema Trunksucht geschrieben hat. Der Protagonist in »Wie man im Tunnel ein Faß aufmacht« besitzt einen Schlüssel, mit dem er sich Zugang zu den Speisewagen der Great Southern Railway und deren Spirituosenvorräten verschaffen kann, und er hat es sich zur Gewohnheit gemacht, sich über Nacht in die Toilette eines abgestellten Waggons einzuschließen und sich dort zu betrinken. Dieses Mal nun scheint die Nacht einfach kein Ende zu nehmen, doch er trinkt tapfer weiter. Erst als sein Vorrat zur Neige geht, entdeckt er, daß der Waggon irgendwann in einen Tunnel geschoben und wochenlang dort stehengelassen wurde. Dies, so der Autor abschließend, ist ein Paradigma für die Lage des Künstlers in Irland:

»Sitzt da, komplett angekleidet, tiefinnerst auf der Toilette eines verschlossenen Eisenbahnwagens eingeschlossen, allwo er sich unberechtigt aufhält, trinkt hadernd Whiskey, der ihm nicht gehört, wird von anonymen Rangierern hierhin und dorthin geschubst und achtet die ganze Zeit heikel darauf, daß das äußere Antlitz seiner Tür das simple Wort BESETZT zeigt.«[12]

Dieser ein wenig überspitzten Geschichte gehen Bemerkungen über Joyce voraus, die anschließend in einem Satz zusammengefaßt werden: »Ich glaube, das Bild« – das Mannes, der sich selbstvergessen im Tunnel dem Alkohol hingibt – »paßt auf Joyce.« Hier wird mit bemerkenswerter Klarheit die O'Nolan-Montgomerysche Sicht von Joyce entwickelt, und sie hat zwei Seiten. Die erste meint den verrückten Künstler, der an einem enormen, aber nutzlosen Projekt arbeitet: »James Joyce war Künstler. Das hat er selbst gesagt. Er war ein Fall von *ars gratia artist*.«

Die andere, ebenfalls im einleitenden Absatz formuliert, meint den ebenso verwirrten Katholiken beziehungsweise Ex-Katholiken:

»Er erklärte, er wolle seine künstlerische Mission erfüllen, und zöge sie eine Strafe nach sich, die so lang daure wie die Ewigkeit. Man kann also als gesichert annehmen, daß er an die Hölle geglaubt hat, somit auch an den Himmel und an Gott.«

Der erste Aspekt wird am Ende noch einmal mit den Worten unterstrichen:

»Vielleicht liegt die wahre Faszination von Joyce in seiner Geheimniskrämerei begründet, in seiner Doppeldeutigkeit (oder vielleicht in seiner Jedemengedeutigkeit?), seinem Auf-den-Arm-Nehmen, seinen Unehrlichkeiten, seinem technischen Können, in der Anziehungskraft, die er auf Amerikaner ausübt.«

Der zweite Aspekt, die Sicht Joyces als eines verirrten Gläubigen, nimmt mehr Raum ein und wird noch entschiedener vorgetragen:

»Mir scheint, jenseits der Vorhänge von Schlüpfrigkeit und Blasphemie entpuppt sich Joyce als völlig angstgebeutelter irischer Katholik, der nicht so sehr gegen die katholische Kirche als solche rebelliert wie gegen deren irische Spielart mit ihren schismatoiden Schrulligkeiten, ihrem Anspruch, es gebe nur ein Gebot, der Vulgarität ihrer Bauten, der Seichtheit und Dummheit vieler ihrer Geistlichen. Mit seiner an sich edlen Revolte schoß er übers Ziel hinaus.«

Beide Ansichten sind tragisch und zeigen ein wenig die Tragik von O'Nolans eigener Position. Beide lassen Joyces große Menschlichkeit außer acht, seine Entschlossenheit, die bekannten Grenzen der menschlichen Erfahrung zu überschreiten und das urbar gemachte Land dichterischer Einfühlung auszudehnen, letztlich seine positive Einstellung zum Leben und dessen Zielen. Die erste Sicht gründet auf O'Nolans eigener Spießbürgerlichkeit, seiner Weigerung, in jener künstlerischen Unbedingtheit, die er für sich selbst abgelehnt hatte, etwas anderes zu sehen als eine Selbsttäuschung oder als etwas Falsches und Prätentiöses. Die zweite basiert auf seiner eigenen Variante des Katholizismus mit ihren dunklen, deterministischen Tendenzen.

Zwar gibt es noch eine dritte Perspektive, die Myles na Gopaleen oft genug formuliert hat, nämlich die Bewunderung für Joyces »Geschicklichkeit und Wendigkeit in der Behandlung der Sprache«, für seine »Fähigkeit, Dublin und die Dubliner feinsinnig zu porträtieren«, und »für seine Art, Sprache und Ausdrucksweise präzise festzuhalten«. Doch auch diese Sicht, wieviel Sympathie für den Kollegen da auch mitschwingt, ist für sich genommen viel zu eng. Das gilt vielleicht weniger für die Sicht von Joyce als einem Humoristen, aber in dem *Envoy*-Artikel folgt dem Lob auf den Joyceschen Humor eine verblüffende Coda, die ebenfalls mehr über O'Nolan verrät als über Joyce:

»Die Anzahl der Leute, die eingeladen wurden, zu dieser Ausgabe etwas beizutragen, ist notwendigerweise begrenzt. Aber es ist merkwürdig, daß niemand von Joyces großartigen Eigenschaften spricht: sein humoristisches Können. Humor, der Leibdiener von Kummer und Angst, lugt ohne Unterlaß aus jedem Werk von Joyce hervor. Joyce bedient sich seiner, wie es Shakespeare tut, aber weniger aus formalen Gründen, sondern um die Angst jener zu mildern, die gläubig sind und ernsthaft annehmen, sie werden bald in die Hölle oder in den Himmel kommen, möglicherweise sehr bald. Mit Lachern lindert er das Gefühl von Verhängnis, welches das Erbe des irischen Katholiken ist. Wahrer Humor bedarf dieser hintergründigen Dringlichkeit: Rabelais ist komisch, aber man überfrißt sich an seinem Zeug. Seinem Zeug fehlt die Tragödie.«

1950, ein Jahr vor der Sondernummer von *Envoy*, hatte Ewan Phillips vom Londoner Institute of Contemporary Arts wegen einer geplanten Joyce-Ausstellung an O'Nolan geschrieben. Er bat ihn um ein Originalexemplar der Longmans-Green-Ausgabe von *In Schwimmen-zwei-Vögel* (eine andere Ausgabe gab es nicht) sowie um alle Briefe, die er möglicherweise von Joyce erhalten hatte. O'Nolan antwortete am 24. Mai:

»Sehr geehrter Herr Phillips,
in Beantwortung Ihres Briefes vom 14. bezüglich der geplanten Joyce-Ausstellung in London schicke ich Ihnen hiermit ein Exemplar des von Ihnen erwähnten Buches. Es gehört nicht mir, ich würde es also zu gegebener Zeit gern zurückbekommen.
Was Briefe von Joyce angeht, so bat er mich vor einigen Jahren darum, vertrauliche Erkundigungen in geschäftlichen und anderen Dingen einzuholen. Abgesehen davon, daß diese Briefe von keinerlei literarischem Interesse sind, glaube ich nicht, daß es angebracht wäre, sie öffentlich auszustellen.

Mit freundlichen Grüßen
Brian O'Nolan«[13]

Das war geschwindelt. Joyce hatte mit Niall Sheridan korrespon-
diert, aber nicht mit O'Nolan. Und in der *Envoy*-Nummer ist natürlich nirgends die Rede davon, daß sie sich persönlich gekannt
hätten.

1950 tauchte in Dublin auch ein Exemplar des von Maria Jolas
herausgegebenen und in Paris erschienenen *James Joyce Yearbook* auf. Es enthielt unter anderem ein angebliches Interview
mit John Stanislaus Joyce, dem Vater von James Joyce, das von einem nicht genannten Dubliner Journalisten stammte und, wenngleich die Herausgeberin des *Yearbook* dies nicht erwähnte, nach
James Joyces Tod unter seinen Papieren gefunden worden war.
Darin spricht der alte Mann ausufernd und in gewohnt prahleri-
scher Manier über seine Jugend, seinen Ruhm als Sänger, seine
sportlichen Leistungen, das Debattiertalent seines Sohnes in der
Literary and Historical Society und andere Dinge, und zwar in einer durchweg sehr ausdrucksstarken Sprache. Das Dokument
selbst legt die Vermutung nahe, daß er dabei auf Fragen seines
Sohnes James geantwortet hatte. Wenn irgendwelche Zweifel
über die Authentizität des Interviews aufkamen, dann deswegen,
weil alles ein wenig zu stimmig, zu malerisch in Tonfall und Ausdrucksweise war.

Diese Veröffentlichung gelangte über den amerikanischen Professor John V. Kelleher nach Dublin, der sie gleich Niall Montgomery zeigte. Montgomery lachte und schlug vor, sie sofort Brian
O'Nolan vorzulegen. Kelleher war einverstanden. Sie fanden
O'Nolan in einem (nicht genannten) Pub, und Kelleher bemerkte, daß auch er mit einem wissenden Lachen reagierte. Und
so verbreitete sich allmählich in Dublin das Gerücht, daß O'Nolan, möglicherweise zusammen mit Montgomery und Sheridan,
dieses Interview verfaßt habe. Man hielt es für frei erfunden und
glaubte, daß sie einfach jeden auf den Arm nehmen wollten, der
töricht genug war, die Geschichte für bare Münze zu nehmen. Da
O'Nolan nie bestritten hat, einer der Autoren des Interviews gewesen zu sein, setzte sich die Legende fest. Am 25. Februar 1956
kam Quidnunc in seiner Kolumne »Tagebuch eines Iren« in der

Irish Times auf dieses Interview zu sprechen. Er bezeichnete es als eine brillante Fälschung und fügte hinzu: »Ich habe guten Grund zu der Annahme, daß es sich beim Autor um James Joyces literarisches Pflegekind Flann O'Brien gehandelt hat.« Abgesehen davon, daß O'Nolan diese Beschreibung kaum gefallen haben kann, hat er Quidnunc in der Annahme, daß er der Autor des Interviews und es ein einziger Jux war, ganz offensichtlich bestärkt.

Natürlich hatten O'Nolan und Sheridan, wie bereits erwähnt, John Joyce ein oder zwei Jahre vor seinem Tod besucht; aber Sheridan versicherte mir, daß sie nicht die Autoren des angeblichen Interviews waren, in dem sich »nichts von der Atmosphäre und der Stimmung der tatsächlichen Begegnung wiederfindet«.[14] Auch Richard Ellmann versicherte er, daß sie hinterher nichts aufgeschrieben hätten und daß Brian O'Nolan Joyce nichts über den Besuch bei dessen Vater berichtet habe. Sheridan bestand vielmehr darauf, sowohl Ellmann als auch mir gegenüber, daß Brian O'Nolan nie Verbindung zu Joyce hatte und ihn auch nie kennengelernt hat. Allerdings hat Brian O'Nolan selbst mindestens einmal, und zwar gegen Ende seines Lebens, eine solche Bekanntschaft behauptet. Die Figur Joyce hing über seinem Leben wie eine Wolke, aus der die apokalyptische Vision hervorzubrechen drohte oder schon hervorgebrochen war. Wie alle Offenbarungen wurde sie abgewehrt, verzerrt und teilweise negiert. Daß diese Offenbarung jedoch gewährt worden war, ließ sich nicht bestreiten.

Anfang der fünfziger Jahre war Brians Verhältnis zur *Irish Times* nicht besonders glücklich. Auseinandersetzungen hatte es schon immer gegeben, weil seine Manuskripte, obschon bemerkenswert sauber getippt, schwer zu redigieren und zu setzen waren. Und je aufgeweckter der Redakteur und je akribischer der Setzer waren, desto größer die Gefahr, daß seine Wortspiele, Bonmots und gewollten Fehler »verbessert« wurden. Die jeweils verantwortlichen Redakteure waren deshalb in all den Jahren mit einem Schwall

von Briefen voller Beschimpfungen überhäuft worden, die man
schon von seiner Kolumne her kannte – »Eckensteher«, »Heini«,
»Rotzbengel«, daneben auch »Scheißkerl«, »Arschloch« und andere Ausdrücke. Der Romancier Jack White, der Myles' Kolumne
anfangs redigierte und später Feuilletonredakteur war, schrieb
später: »Derart unflätige Beschimpfungen wie in diesen Briefen
sind mir nirgendwo sonst untergekommen.«[15]

Seine Texte wurden geändert und umformuliert, aber auch
gekürzt oder gar abgelehnt. Es gab eine Anordnung, Myles'
Manuskripte äußerst sorgfältig auf Beleidigungen, Zoten und
Doppeldeutigkeiten zu überprüfen. Als beleidigend angesehene
Kolumnen wurden stark gekürzt oder gleich in den Papierkorb
geworfen. Das ärgerte Myles um so mehr, als er nur für tatsächlich veröffentlichte Texte Honorar erhielt. In den fünfziger Jahren
bekam er ohnehin nur zwei Guineen pro Artikel; weil die Ableh-
nungsrate aber so hoch war, mußte er sehr viel mehr abliefern, als
er tatsächlich honoriert bekam. Dieser Umstand war ein ständiger Anlaß zu Streit, was Myles um so mehr reizte, als er natürlich
nie eingeräumt hätte, jemanden beleidigt zu haben, selbst wenn
solche Stellen einmal übersehen wurden.

Genau das war in den vierziger Jahren einmal passiert, als Myles das Institute of Advanced Studies attackierte. Diese Institution hatte De Valera nach Ansicht seiner Gegner einzig zu dem
Zweck gegründet, die verbreitete Überzeugung zu bestätigen, er
sei ein verhinderter Mathematiker, der sich nur in Gesellschaft
der berühmtesten mathematischen Genies der Welt wohl fühle.
Zu diesen Größen gehörte auch der Nobelpreisträger Erwin
Schrödinger, der auf Einladung De Valeras nach Dublin kam, um
die Leitung des Instituts zu übernehmen. Schrödinger hatte seinen Antrittsvortrag über »Naturwissenschaft und Humanismus«
gehalten und darin erklärt – jedenfalls nach Myles' Verständnis –,
daß es für den Glauben an eine erste Ursache keine logische
Grundlage gebe. Zur selben Zeit trug eine andere wissenschaftliche Größe, der Keltologe T. F. O'Rahilly, die These vor, daß in Irland zwei verschiedene christliche Missionare tätig gewesen

seien, die historisch in der einen Figur des hl. Patrick verschmolzen seien. Das Institut, schrieb Myles mit einem in Dublin vielbewunderten Bonmot, wolle beweisen, daß es zwei heilige Patricks, aber keinen Gott gebe.

Daraufhin erhob der Direktor des Instituts Verleumdungsklage, und die Angelegenheit wurde außergerichtlich geregelt: Die *Irish Times* erklärte sich bereit, Schadenersatz in Höhe von £100 zu zahlen. Tatsächlich wurden zwar nur £50 gezahlt, aber die Sache schwelte in der Erinnerung der Redaktion weiter.

Um 1952 begannen sich die Auswirkungen von Smyllies Alkoholismus immer deutlicher zu zeigen. Seine Gesundheit ließ nach, er war oft im Krankenhaus und wurde eigensinnig und unberechenbar in seinem Urteil, das nach Jack Whites Ansicht ohnehin immer »willkürlich« gewesen war. Konflikte waren unvermeidlich, zumal auch Myles' Fähigkeit, das Risiko von Verleumdungsklagen einzuschätzen, nachgelassen hatte und er selbst immer weniger Rücksicht nahm. Jack White schreibt: »Er war außerordentlich stolz auf sein Talent, den Verleumdungsparagraphen zu umgehen; und wenn man bedenkt, wie sein Material beschaffen war, so hat er in der Tat erstaunlich wenige Klagen provoziert.« Deshalb, und auch wegen seiner immer polemischeren Haltung, wurden mehr Kolumnen als früher zurückgewiesen, und Myles reagierte zunehmend gereizt auf das Veto der Redaktion.

Wie bei den meisten Auseinandersetzungen hatten auch hier wohl beide Parteien recht. O'Nolan fand, daß die *Irish Times* seine Angriffe unterlief, indem sie sich beim Intendanten des Abbey Theatre für eine Kolumne vom Januar 1952 entschuldigte, in der nach Ansicht des Abbey unterstellt worden war, die Direktoren hätten sich persönlich an staatlichen Subventionsgeldern bereichert. Äußerst erschrocken war die Redaktion auch im April und Mai 1951 über den Tenor und das Ausmaß seiner Angriffe auf T. F. O'Rahillys Bruder, Alfred O'Rahilly, den damaligen Rektor der Universität von Cork; einige Passagen wurden daher gestrichen.

Angesichts seiner Beschwerden überrascht jedoch, wieviel die
Redaktion Myles tatsächlich durchgehen ließ – immerhin bezeichnete er den prominenten Professor unter anderem als
»Schwachkopf aus Cork« oder »Heini aus Cork«. Ein Leitartikel
der *Irish Times* hatte sich mit der Entscheidung von Dr. Noel
Browne beschäftigt, der vom Amt des Gesundheitsministeriums
zurückgetreten war, nachdem im Kabinett sein Sozialplan zurückgewiesen worden war, der später als »Mutter und Kind«-Ge-
setz bekannt wurde. Browne galt damals als »der neue Mann« der
irischen Politik und hatte sich in den Augen vieler Leute bereits
als Idealist mit ungewöhnlich lauteren Motiven hervorgetan, ein
Ruf, den er nie so ganz verlor, obwohl er in den folgenden Jahren
mehrmals die Partei wechselte. Es wurde weithin und zu Recht
angenommen, daß die Ablehnung seines Gesetzentwurfs auf
Druck der katholischen Bischöfe erfolgt war, an vorderster Stelle
von Brian O'Nolans altem Mentor, John Charles McQuaid, dem
Erzbischof von Dublin, und die *Irish Times* gab dieser Meinung
Ausdruck. O'Rahilly attackierte daraufhin die Zeitung törichter-
weise im *Catholic Standard*, bezeichnete den Herausgeber als
»größenwahnsinnigen Journalisten« und die *Irish Times* als ein
protestantisches Organ, das in einer »Tradition der Episkopo-
phagie« stehe. Überraschenderweise griff Myles den Fehdehand-
schuh auf und eilte zur Verteidigung seines Chefs. Seine Aufgabe
war nicht sehr schwer, da O'Rahilly, obgleich Rektor der Universität Cork, als Sympathisant der unzurechnungsfähigen Rechten
galt und ein intellektueller Apologet der inzwischen diskreditier-
ten Blauhemden gewesen war. Myles war jedenfalls in blendender
Form und ging aus dem sich anschließenden Schlagabtausch mühelos als Sieger hervor.

Zunächst stellte er O'Rahillys akademische Qualifikation in
Frage. »Ein M.A., du liebes bißchen! Ich habe auch einen M.A.
dieser jämmerlichen Universität und kann (durch Vorlage der lächerlichen ›Magisterarbeit‹) nachweisen, daß der akademische
Grad, wie die Universität, ein einziger Schwindel ist. Rektor kann
man freilich auch ohne Schwindel sein.« In seinem zweiten Arti-

kel stürzte er sich mit großem Vergnügen auf die Tatsache, daß
O'Rahilly seinen Leserbrief mit »Dr. Alfred O'Rahilly, M.A.,
D.SC.« unterschrieben hatte. »Man bemerke übrigens, daß unser Weiser an beiden Enden ein Doktor ist, was eine höchst ungewöhnliche Auszeichnung ist.« Daß O'Rahilly ihn als einen gekauften Humoristen bezeichnet hatte, war für Myles ein willkom-
mener Aufhänger. Er leugnete nicht, daß er Geld nahm, fuhr aber
fort: »Ich bestreite in aller Form, daß ich, ob gekauft oder nicht,
ein ›Humorist‹ bin. Ich bin ein todernster und nachdenklicher
Kommentator, und viele Personen und Kreise haben meine Artikel oft gar nicht komisch gefunden.«[16] Und O'Rahillys Behauptung, er spiele sich zu einem »Superbischof« auf, inspirierte ihn
zu einem seiner berühmtesten Bonmots: »Ich habe wirklich keine
kirchlichen Ambitionen ... ich bin bloß ein verhinderter Proust.«
    In dieser Kontroverse, die sich über sieben Kolumnen hinzog,
zeigte sich Myles in Bestform. Er spielte seine Facetten voll aus,
war ernst und schnodderig, spielerisch und giftig, wie es ihm gerade gefiel. Sein Verhältnis zur *Irish Times* verbesserte sich aber
durch die Affäre nicht, obwohl Smyllie grundsätzlich loyal war,
und für den Rest des Jahres 1951 erschien seine Kolumne seltener,
manchmal nur ein-, zweimal in der Woche, und im November
überhaupt nicht.
    Es war ohnehin ein Jahr der Krankheit, und auch an seinem Ar-
beitsplatz fehlte er oft, doch vieles von dem, was er dann doch
schrieb, wurde nicht gedruckt. Dazu Jack White: »Der Aufsichts-
rat ... hätte ihn ohne Bedauern gehen lassen; sie fanden ihn irgendwie peinlich. Aber die Leser vermißten ihren ›Cruiskeen
Lawn‹...« 1952 erklärte O'Nolan mehrmals, er habe jetzt wirklich zum allerletzten Mal für die Zeitung geschrieben; Jack
White, der in Blackrock in seiner Nähe wohnte, fungierte mehrfach als Vermittler, traf ihn manchmal bei Levy's oder O'Rourke's
und besuchte ihn auch zu Hause. Wenn O'Nolan betrunken war,
fand er ihn, wie die meisten anderen Menschen auch, »über-
spannt, ja sogar bombastisch«. Er erinnerte sich: »Als wir einmal
zu ihm nach Hause gingen, vertraute er mir an, daß es in seiner

Macht stehe, eine so tolle Sache aufzudecken, daß die ganze Gä-
lischbewegung restlos auffliegen würde.« White konnte sich
kaum vorstellen, daß Brian derlei Dinge ernst meinte, und
schloß: »Es war eine Szene, die er spielen mußte, und sei es nur
vor einem einzigen Zuschauer.«[17]

In Custom House, mehr noch als bei der *Irish Times*, standen die
Dinge nicht zum besten. 1948 waren Brians Freund und Förderer
John Garvin zum Staatssekretär ernannt und O'Nolan zum Lei-
ter der Planungsabteilung berufen worden. Hier hatte er sich mit
Einsprüchen gegen gerichtliche oder kommunalbehördliche Ab-
lehnungen von Bauanträgen zu befassen. Es war eine Arbeit, bei
der er wohl die übelste Seite der Politik und ihrer Beziehung zum
Beamtenapparat beobachten konnte, denn hier, wenn überhaupt
irgendwo, boten sich die Gelegenheiten für »Hintertreppenintri-
gen«, die er später in seiner Kolumne immer wieder aufspießte.
    Fairerweise muß man sagen, daß andere Mitarbeiter in dieser
Abteilung behaupteten, davon nichts mitbekommen zu haben.
Gleichwohl war es eine Arbeit, in der zu viele Menschen auch ihn
von seiner schlechtesten Seite erlebten; denn häufig fanden Besprechungen mit Vertretern von Kommunalbehörden und privaten Antragstellern statt, bei denen er sarkastisch, aggressiv oder
sogar betrunken auftrat. Angeblich soll er zu dieser Zeit in
»Cruiskeen Lawn« unzählige Male seinen früheren Minister,
Sean MacEntee, verunglimpft haben. Eine Durchsicht der Kolumne aus den Jahren vor 1953 bestätigt diese Legende jedoch
nicht. Später, nachdem er den Dienst quittiert hatte, schrieb er
solche Attacken, vor allem eine im Jahr 1956, in der es hieß, Mac-
Entees Haltung zur Frage der Besteuerung von Ministergehältern
ziehe sich »wie ein Gestank durch die staatlichen Nasenlöcher«.
Doch schon vorher häuften sich seine bissigen Bemerkungen
über die allgemeine Bildung und Eignung von Politikern; und genau das war einer der wunden Punkte.
    Fianna Fáil war eine populistische, stark bäuerlich verankerte
Partei, die eine grobgeschnitzte Politik vertrat. Die wichtigste

Oppositionspartei hatte zwar ebenfalls einen traditionalistisch-
bäuerlichen Flügel, aber ihre Führer waren städtisch orientierte
Anwälte und Akademiker. Wenn also in »Cruiskeen Lawn« von
politischen Funktionären bäuerlicher Herkunft und mangelhaf-
ter Allgemeinbildung die Rede war, dann bezogen das viele
Leute, einschließlich der Angesprochenen, auf Vertreter der
Fianna Fáil.

Beamten war es ausdrücklich verboten, sich in politischen Debatten oder zur Politik einzelner Parteien öffentlich zu äußern,
und zwar nach dem Erlaß von 1932 (formuliert nach dem Regie-
rungswechsel), den auch Brian O'Nolan bei seinem Eintritt in
den Staatsdienst unterschrieben hatte. Darin hieß es: »Dem Beamten muß, angesichts der Art und der Bedingungen seiner Arbeit, klar sein, daß er in politischen Dingen Zurückhaltung üben
muß und sich nicht für die eine oder andere Seite einsetzen darf,
daß er den Eindruck zu vermeiden hat, seine offiziellen Handlungen seien von parteipolitischen Motiven beeinflußt oder überhaupt beeinflußbar.«[18]

Solange die Koalitionsregierung amtierte, die 1948 an die
Macht gekommen war, konnte sich O'Nolan sicher fühlen. Die
Vorschriften wurden lax und großzügig gehandhabt; und Politiker, die seine Beschimpfungen (»Schläger«, »Trottel«, »Dorf-
depp«) eher auf Fianna Fáil als auf sich selbst bezogen, wiesen
eilfertig darauf hin, wie schwierig der Nachweis sei, daß es sich
bei Myles na Gopaleen tatsächlich um den Beamten Brian O'Nolan handle. Und doch lag es in der Natur der Sache, daß der Tag
kommen mußte, an dem es wirklich gefährlich wurde. Ein Beamter hatte sich überhaupt jeglichen politischen Kommentars zu enthalten: »Ein Beamter darf in der Öffentlichkeit keine verbalen
Äußerungen abgeben (oder solche, bei denen absehbar ist, daß
sie publiziert werden) und für Zeitungen oder andere Publikationen keine Briefe oder Artikel schreiben, in denen Informationen,
Kommentare oder Kritik über Angelegenheiten von aktuellem
politischem Interesse enthalten sind oder die sich auf die politischen Handlungen oder die Position der Regierung oder eines

Angehörigen oder einer Gruppe von Angehörigen des *Oireachtas* [Parlaments] beziehen.«[19]

Als Fianna Fáil nach den Wahlen vom Juni 1951 wieder an die Macht kam, wurde Patrick Smith aus Cavan neuer Minister für Kommunalverwaltung. Er war ein typisches Exemplar des bäuerlich-ungeschlachten Parteipolitikers und ein Veteran des Unabhängigkeitskampfes. Er hatte zwar seine Qualitäten – er war einer der wenigen Politiker in der Geschichte Irlands, die wegen einer Grundsatzfrage zurücktraten –, aber es stand zu erwarten, daß er Myles' schriftstellerische Talente nicht in dem Maße schätzen würde wie der Gourmet MacEntee oder der eingefleischte Dubliner Sean T. O'Kelly. Und so kam es denn auch.

Aus Myles' Attacken sprachen mittlerweile Besessenheit und eine viel unverhülltere Verachtung als zuvor. Im Herbst 1951 hatte er bemerkt, daß die Uhr am Gebäude von Andy Clerkins Kohlenhandlung in der Pearse Street stehengeblieben war. Das erschien ihm bemerkenswert, weil Clerkin, der zugleich Oberbürgermeister von Dublin war, so viel Verantwortungsbewußtsein haben sollte, seine Uhr wieder in Gang zu setzen, auf daß die Passanten in der Pearse Street wüßten, wie spät es ist. Die anschließende Kampagne wurde nun ständig wiederholt, und bald erschien die Kolumne regelmäßig und unabhängig von dem Thema, um das es gerade ging, unter den Initialen ACCISS, was angeblich für »Andy Clerkin's Clock Is Still Stopped« stand.

Eingeweihte wußten freilich, daß Clerkin, der nicht nur Oberbürgermeister war, sondern auch Senator und Mitglied der Fianna Fáil, ein Mann weniger Worte war und gelegentlich etwas einfältig wirkte, daß er eine Frau namens Cis hatte, die offenbar eine stärkere und durchsetzungsfreudigere Persönlichkeit war als er, und daß er, wenn er in einer Angelegenheit unsicher war, die Debatte mit dem Hinweis »I'll axe Cis« [ich werde Cis fragen] zu beenden pflegte. Dublin, eine Stadt, der es an Eingeweihten nie mangelt, begriff die Anspielung sofort, während Clerkin, ein mächtiger und einflußreicher Mann, der als Oberbürgermeister unmittelbar mit der Planungsabteilung des Ministeriums für

Kommunalverwaltung zu tun hatte, die Sache weniger komisch fand. Myles forderte seine Leser sogar auf, Clerkin in der Öffentlichkeit einen besonderen ACCISS-Gruß zu entrichten – den einen Arm in die Höhe und den anderen zur Seite, was eine stehengebliebene Uhr symbolisieren sollte.

Am 26. Oktober veröffentlichte die *Irish Times* mehrere Fotos der stehengebliebenen Uhr, und eines davon zeigte Myles na Gopaleen, der sie mit mißbilligendem Gesichtsausdruck betrachtete. Das war ein Fehler. Jedesmal, wenn beim Minister eine Beschwerde eingegangen war, hatte Garvin seinen Untergebenen mit dem Hinweis geschützt, daß die Kolumne das Werk mehrerer Verfasser sei, daß sie oft von O'Nolans Freunden Niall Montgomery und Niall Sheridan geschrieben werde und sich daher nicht beweisen lasse, daß Brian O'Nolan für den inkriminierten Artikel verantwortlich sei. Die Fotografie, die ihn vor der Uhr zeigte, wanderte jedoch in seine Personalakte, ohne daß er davon erfuhr.

Brian O'Nolans Stellung im Ministerium wurde aber nicht nur durch die Artikel Myles na Gopaleens erschwert. T. J. Barrington, der Personalchef der Behörde und spätere Staatssekretär, mußte oft, wie widerwillig auch immer, Garvin von Beschwerden berichten, die Besucher des Amts über O'Nolans Verhalten erhoben hatten, und von dem unguten Einfluß, den er auf das Personal der Abteilung ausübte. Da das Ministerium in der Öffentlichkeit ohnehin einen schlechten Ruf genoß und man, um dem abzuhelfen, einen Teil des Personals auf andere Posten versetzt hatte, wurden diese Klagen durchaus ernst genommen.

Als Chef der Planungsabteilung stand Brian O'Nolan nicht unter unmittelbarer Aufsicht, und er hatte natürlich auch sein eigenes Büro in Custom House. Das bedeutete, daß er noch mehr als bisher über seine Arbeitszeit selbst bestimmen konnte. Seit einigen Jahren nahm er es mit der Anwesenheit immer weniger genau, und selbst wenn er offiziell anwesend war, verbrachte er etliche Stunden im Scotch House, einer Kneipe, die Myles na Gopaleen in seiner Kolumne als »mein Büro« bezeichnete. Viele seiner Kollegen fanden das jedoch nicht sehr komisch.

Neben ein, zwei Sekretärinnen, die ihn so gut sie konnten deck-
ten und denen er dafür eine überraschende Herzlichkeit entgegenbrachte, unterstand ihm eine Reihe von Mitarbeitern, bei denen er »das Pferd« hieß. Zu ihnen gehörte auch ein junger Mann
namens Michael Phelan, der nach dem Krieg in das Ministerium
für Kommunalverwaltung eingetreten war und mit großem Interesse erfuhr, daß der Autor des Romans *In Schwimmen-zwei-Vögel*, von dem er schon lange ein abgegriffenes Exemplar besaß,
im selben Haus arbeitete. Er hatte wohl auch gehofft, Gespräche
über Literatur führen zu können oder wenigstens etwas über die
Mysterien der Schriftstellerei zu erfahren. Doch es kam alles ganz
anders.

»Anderthalb Jahre vergingen, ohne daß ich ihn auch nur ein einziges Mal dienstlich zu Gesicht bekam. Nie schaute er herein,
nicht einmal, um unsere Anwesenheit zu überprüfen, und ich
erinnere mich nicht, daß ich ihn sein Zimmer, das nur zehn Meter
weiter lag, jemals hätte betreten oder verlassen sehen. Wir haben
unsere Akten vorbereitet und an einen höheren Beamten namens
Lyons weitergegeben, der sie durchsah und dann Mr. Ó Nualláin
(wie er im Amt hieß) zur Unterschrift vorlegte. Lyons war ein dis-
kreter Mann alter Schule, und nach dem damals herrschenden
esprit de service wäre ein Kommentar zur Stimmung oder zum
Verhalten eines Vorgesetzten sehr abwegig gewesen. Trotzdem
war er freundlich, und wenn Ó Nualláin mit ihm ernsthaft über
irgendein Thema, und sei es das Personal oder die Arbeit, gesprochen hätte, dann hätte er es weitererzählt. Ich glaube, man kann
sagen, daß Ó Nualláin nicht einmal wußte, daß es uns gab und
daß es ihm auch egal war.«[20]

Dann erkrankte Lyons, und Phelan stieg zum unmittelbaren Assistenten des Abteilungsleiters auf. Es war nun seine Aufgabe, seinen Vorgesetzten auf dringende Termine hinzuweisen und ihm
wichtige Dokumente zur Stellungnahme vorzulegen.

»An manchen Tagen saß Ó Nualláin an seinem Tisch, aber nie
sehr lange, starrte dabei düster vor sich hin und unterschrieb
blind die vorgelegten Schriftstücke. An anderen Tagen saß er an
seiner Schreibmaschine, feuerte wütende Attacken auf irgendein
Opfer ab und reagierte gereizt auf Unterbrechungen.
  ›Mr. Ó Nualláin, Mr. Soundso hat angerufen wegen…‹
  ›Soundso kann mich mal!‹
  ›Aber der Grafschaftsrat meint, wir sollten…‹
  ›Scheiß auf den Grafschaftsrat! Die ganze verdammte Sau-
bande kann mich mal!‹«

Manchmal befürchtete Phelan, ihn bei einem vielleicht unwieder-
bringlichen Gedankenfluß zu stören. Doch dann ließ sein Vorgesetzter oft den Kopf nach vorn fallen, verbarg das Gesicht in den
Händen und stöhnte vor Verzweiflung.

»An solchen Tagen unterschrieb er Dokumente ungelesen, mit
furioser Geste und mit einer Unmenge von Flüchen über einen
Federhalter, den er wütend in das Papier stieß. Wir arbeiteten seinerzeit an einem heiklen Thema, und je genauer die Schriftstücke geprüft wurden, desto besser war es, so daß man seine ge-
ringschätzige Art der Erledigung mit Sorge registrierte. In das
System waren aber verschiedene administrative und juristische
Kontrollen eingebaut, so daß kein Schaden entstand.«[21]

Natürlich konnte derlei selbst in einer so toleranten und ver-
ständnisvollen Organisation wie dem irischen Staatsdienst nicht
lange gutgehen. Der Druck auf Garvin verstärkte sich noch dadurch, daß Sean Moynihan, der Unterstaatssekretär im Finanzministerium, sich über den Inhalt einiger Kolumnen beschwert
hatte. Das Finanzministerium fungierte als Zahlmeister, und
Moynihans Sektion war im Grunde eine Abteilung für öffentliche
Dienste. Moynihan, ein frommer Mann, der vor seinem Eintritt in
den Staatsdienst 1932 Sekretär der Fianna Fáil gewesen war,
hatte anfangs Bedenken wegen einer Äußerung Myles' über das

vom Papst ausgerufene Heilige Jahr 1950 angemeldet. Seitdem verstand er sich als Kontrolleur der Kolumne. Häufig beschwerte er sich darüber, daß Myles' Texte gegen die Vorschriften verstießen, und er hielt es auch für seine Pflicht, die Fehde, die O'Nolan mit der Polizeiwache Donnybrook hatte, als eines Beamten unwürdig zu bezeichnen.

Der Höhepunkt kam in den ersten Monaten des Jahres 1953, als die Regierung einem landesweiten Festival namens »An Tostal« ihren Segen gab. Dies war angeblich der Versuch, im April oder, wie Patrick Kavanagh es nannte, in der »Monsunzeit« Touristen nach Irland zu locken. Zu diesem vielleicht lobenswerten Zweck sollte sich nun das ganze Land in Orgien der Selbstbeweihräucherung ergehen. Politiker und Lokalgrößen faselten von der alten Kultur Irlands, seiner Missionarsrolle und seinen heroischen Traditionen der Selbstaufopferung, die man der Welt wieder bewußtmachen müßte. In der offiziellen Ausstellung hieß es, daß »An Tostal« auch eine Gelegenheit sei, das staatsbürgerliche Bewußtsein der Iren auf das Niveau ihres geistigen Erbes anzuheben. Ein wichtiges Element des Bildes, das man präsentieren wollte, war die Religion; das Touristenprogramm für die Grafschaft Clare etwa führte ein Dutzend Veranstaltungen auf, von denen allein drei Hohe Messen waren.

Myles' Reaktion auf »An Tostal« und vor allem auf die von der Stadt Dublin finanzierten Veranstaltungen war freilich weder besonders witzig noch im Hinblick auf Brian O'Nolans Karriere besonders klug. Er kam sofort auf die Angelegenheit mit Andy Clerkins Uhr zurück, die ein Jahr nach der Kampagne selbstverständlich noch immer stand. Mit einem neuen, aus der amerikanischen Gangstersprache entlehnten Wort beschrieb er bestimmte kommunale Funktionäre – gemeint waren offenbar, wenn auch nicht eindeutig, Clerkins Anhänger und mithin Angehörige der Fianna Fáil. Es war das Wort »shaymus« [Schnüffler]. Anscheinend – aber auch das war nicht ganz klar – hielt er das Wort für notwendig, weil er fand, daß sich die üblichen ländlichen Schimpfwörter nicht auf diese prominenten Städter anwenden ließen.

Einige seiner späteren Attacken auf »An Tostal« wurden zu Recht für ihren Witz und ihr Temperament bewundert – die angeblich dekorative Betonstatue auf der O'Connell Bridge bezeichnete er als »das Grabmal des unbekannten Müllmanns« –, aber die Artikel, die er im schicksalhaften Februar 1953 schrieb, waren, man kann es nicht anders sagen, weder stilistisch sehr gelungen noch besonders plausibel. Beispielsweise zog er eine angestrengte Parallele zwischen dem Empfang, der Marschall Tito in England zuteil geworden war, und dem Empfang, den die staatlichen Tourismusbehörden unerwünschten Ausländern bereiten würden, und prägte für die Haltung, die er kritisierte, den Begriff »Titostalitarismus« – was immer das war. Einige seiner Bemerkungen über Ausländer waren untypisch rassistisch: Die farbige Bevölkerung von Irland würde aufgrund des Festivals zunehmen, die Straßen und Städte des Landes würden von dem »Abfall und Abschaum von England und Amerika« erobert werden.

Vier Kolumnen erschienen unter der Überschrift »Titostalitarismus«, bevor es zum Eklat kam. In allen erkannte man vage die Figur des Oberbürgermeisters, dem die stillstehende Uhr gehörte, als den Bösewicht; doch am Donnerstag, den 5. Februar, wurde ein namentlich nicht genannter Politiker vorgeführt, dessen übliche Reaktion auf alles, was intellektueller Anstrengung bedurfte, drastisch beschrieben wurde: »Der mächtige Kiefer pflegt ihm herunterzufallen, so daß man den verwüsteten Friedhof von Grabsteinzähnen sieht, die Augen rollen, und mit whiskeyzerfressener Stimme ruft er: ›Häh?‹«[22]

Viele Leser hielten das für ein Porträt Clerkins, aber das war es nicht; alle Politiker und alle Leute in Custom House waren leider der Ansicht, daß es sich um ein Porträt von O'Nolans oberstem Chef handelte. Am Vormittag telefonierte der Minister Smith, der sich gerade in Leinster House aufhielt, mit Garvin. »Haben Sie heute schon die Kolumne dieses Burschen gesehen?« rief er. Mit der Wendigkeit, die ihn zum Staatssekretär gemacht hatte, antwortete Garvin sofort, er habe sie gelesen, und fügte hinzu: »Darüber wollte ich gerade mit Ihnen sprechen, Herr Minister.« »Na, dann kommen Sie am besten gleich in mein Büro!« sagte Smith.

Als Garvin erschien, tobte der Minister: »Der Kerl fliegt raus, und zwar sofort!«

Garvin griff auf seine übliche Verteidigungstaktik zurück. Man könne nicht beweisen, daß O'Nolan der Verfasser sei. Es gebe noch mindestens zwei andere, die häufig Texte für »Cruiskeen Lawn« schrieben.

»Ist mir egal«, erwiderte Smith. »Ich habe dieses Spiel satt. Der Kerl fliegt, und zwar auf der Stelle.«

Am Nachmittag besprach Garvin die Angelegenheit mit Barrington und wirkte dabei ziemlich bestürzt. Smith habe nicht besonders rachsüchtig gewirkt, sei aber fest entschlossen. Er werde mit Brian reden müssen.

Zu jedermanns Erleichterung schien O'Nolan bereit zu sein, seinen Abschied zu nehmen. Es war eine Frage von Verhandlungen, also wurde verhandelt. Wie Brian schon in seinem Memorandum festgestellt hatte, verloren Beamte, die freiwillig aus dem Dienst schieden, ihre Pensionsberechtigung. Auch wurde Alkoholismus damals nicht als Arbeitsunfähigkeit anerkannt, die ihn zum Bezug seiner Pension berechtigt hätte. Ein weiteres Problem bestand darin, daß Dr. Dixon, der oberste Amtsarzt, Atteste anderer Privatärzte, mit denen O'Nolan bekannt war, nicht als Beweis für eine solche Arbeitsunfähigkeit anerkennen wollte. O'Nolan seinerseits lehnte es ab, sich von Dr. Dixon untersuchen zu lassen.

Dieses Problem hatte sich früher schon einmal gestellt, und abgesehen davon, daß es die Aussicht auf eine Pension gefährdete, würde es auch deren Höhe beeinflussen. Im August 1951 sollte O'Nolan, der seit 1948 Acting Principal Officer gewesen war, zum Principal Officer befördert werden. Sein Anwesenheitszeugnis machte eine ärztliche Untersuchung notwendig. Dixon hatte O'Nolan jedoch beleidigt, indem er in belehrendem Ton über seine Trinkgewohnheiten gesprochen und behauptet hatte, daß er als alter Freund seines Vaters ein Recht dazu habe. Brian hatte daraufhin jede Untersuchung abgelehnt. »Ich habe keine Lust,

mir von diesem Kerl in den Arsch gucken zu lassen«, hatte er gesagt. Und jetzt weigerte er sich abermals.

Die festgefahrene Situation wurde durch Dixons Angebot, die
Atteste von privaten Ärzten anzuerkennen, schließlich überwun-
den – wenngleich keines, jedenfalls aus seiner Sicht, einen Beweis
für Arbeitsunfähigkeit erbrachte. Vereinbarungsgemäß schrieb
O'Nolan am 19. Februar an den Staatssekretär:

»A Chara,
Bezug nehmend auf die ärztlichen Atteste, die ich kürzlich einge-
reicht habe, erkläre ich hiermit mein Ausscheiden aus dem
Staatsdienst aufgrund krankheitsbedingter Arbeitsunfähigkeit.
Mise, le Meas,
Brian Ó Nualláin.«[23]

Das war das letzte Mal, daß er die Anrede »A Chara« (wörtlich:
O Freund) und die Schlußformel »Mise, le Meas« (wörtlich: Ich
selbst, mit Hochachtung) gebrauchte, die seit der Gründung des
Staates in allen irischen Amtsstuben verwendet werden. Seine
Kündigung wurde sofort angenommen, und tags darauf antwor-
tete ihm das Ministerium:

»Der Minister für Kommunalverwaltung hat mich beauftragt, Ihnen mitzuteilen, daß gemäß einer Entscheidung des Ministers
für Finanzen Ihnen (1) eine jährliche Rente in Höhe von £265,
acht Shilling und drei Pence sowie (2) zusätzlich ein einmaliger
Pauschalbetrag in Höhe von £707, fünfzehn Shilling und vier
Pence ausbezahlt wird. Die Zahlungen werden vom Chief Clerk,
Paymaster General's Office, 3 Lower Ormond Quay, vorgenommen, mit dem Sie sich schriftlich in Verbindung setzen wollen.
Mise, le Meas.«[24]

Michael Phelan hat Brians Abgang beschrieben – wobei er auf die
Geschichte eines Oberleutnants zurückgriff, der während des
Krieges entlassen worden war. Wie dieser Offizier, so verabschie-

dete sich Brian O'Nolan aus dem Staatsdienst offenbar »mit einer
letzten Fanfare von Flüchen«.

Daraufhin wurden drei Tage Gehalt von der Endsumme abgezogen und ihm dann *ex gratia* zurückerstattet. Seiner Frau hatte
er von der Entwicklung bis dahin noch nichts erzählt, doch als er
an jenem Abend nach Hause kam, sagte er: »Ich bin rausgeflo-
gen.« Sie wollte ihm nicht glauben, doch er erwiderte bloß, wenn
sie es nicht glaube, könne sie ja Garvin anrufen. Das tat sie auch,
und Garvin bestätigte, daß Brian den Dienst quittiert hatte. Er
war achtzehn Jahre, sieben Monate und einundzwanzig Tage lang
Beamter gewesen. Nun war er freier Schriftsteller und Journalist.

Die Befreiung von den Zwängen und Anforderungen des Staats-
dienstes hätte eigentlich zu einer Freisetzung von schöpferischer
Energie führen müssen, aber mehrere Faktoren standen dem entgegen – vor allem die Notwendigkeit, den Lebensunterhalt zu
verdienen. Selbst 1953 waren £265 jährlich bzw. knapp über £5
wöchentlich ein kümmerlicher Betrag für einen verheirateten
Mann, auch wenn er keine Kinder hatte. Dies bedeutete, daß
Brian enger als zuvor an die *Irish Times* gebunden war. Erst im
Juli 1953 begann er, die Zahl seiner Kolumnen zu steigern, bedingt durch Krankheit oder Konflikte gab es bisweilen längere
Pausen, doch in den fünfziger Jahren hatte er sich zum Ziel gesetzt, wöchentlich sechs Kolumnen zu produzieren, und die meiste Zeit gelang ihm das auch.

Aber er brauchte mehr Geld, deshalb bewarb er sich 1954 bei einer Reihe von Provinzzeitungen, bot ihnen eine Kolumne für eine
Guinea pro gedrucktem Artikel an und erklärte sich bereit, bei
entsprechendem Interesse auch auf irisch zu schreiben. Er legte
eine Kolumne zur Ansicht bei und versprach, nicht über Politik,
Verbrechen oder andere Themen zu schreiben, die sich als kon-
trovers erweisen könnten. Trotzdem war das Echo gering. Der
Southern Star, Nachfolger des *Skibbereen Eagle*, berühmt für
seine einstige Warnung an den russischen Zaren, er werde von der
Zeitung beobachtet, veröffentlichte die angebotene Kolumne

eine Weile, ebenso der *Longford Leader* für kürzere Zeit. Sie erschien unter dem Titel »A Weekly Look Around« und dem farblosen Pseudonym John James Doe; aber das Versprechen, sich aus Kontroversen herauszuhalten, wurde allzu getreulich eingehalten, so daß die Artikel außerordentlich langweilig waren.

Mitte der fünfziger Jahre schrieb er eine Weile auch für die irische Ausgabe des *Sunday Dispatch*, wobei er »Cruiskeen Lawn«-Texte wiederverwendete, erweiterte und zum größten Teil entschärfte, um sie dem vermeintlichen Geschmack einer anspruchsloseren Leserschaft anzupassen; er arbeitete »Keats and Chapman«-Geschichten für *Social and Personal* um, eine Art irischer Version von *The Tatler*; und er schrieb für den *Sunday Review*, eine Sonntagsboulevardzeitung, die die *Irish Times* in der irrigen Annahme herausgebracht hatte, auf diese Weise ihre wirtschaftliche Situation verbessern zu können.

Im nachhinein staunt man über diese Lohnarbeiten. Zugegeben, ihm standen nicht sehr viele Wege offen, aber die Art und Weise, wie er im Rahmen dieser Möglichkeiten von seinen Fähigkeiten und Kräften Gebrauch machte, hat etwas Erschreckendes. Man könnte einwenden, daß die *Irish-Times*-Kolumne sein wahres Metier war und viele seiner besten Arbeiten dort noch erscheinen sollten. Andererseits war dies gewiß die rechte Zeit, sich hinzusetzen und Bücher zu schreiben. Daß er es nicht tat, zeigt, wie passiv er war. Sein Leben lang brauchte O'Nolan äußeren Anstoß und Ermutigung; auch darin unterschied er sich vom klassischen Typus des avantgardistischen Genies, das sich einfach seiner Arbeit widmet, ganz gleich, ob sie bekannt wird oder jemand sich dafür interessiert. Der andere Faktor, der ihn hinderte, einen Roman zu schreiben, war natürlich der Alkohol, der mittlerweile sein Leben in einem ganz außergewöhnlichen Maß dominierte.

Während O'Nolan früher die Zurückhaltung verachtet hatte, die ihm als Beamtem auferlegt war, konnte er jetzt nach Lust und Laune und ohne Heimlichkeiten trinken und mußte nicht länger pro forma ins Büro gehen. Von nun an wurde er daher in den

Kneipen der Grafton Street öfter gesehen, vor allem bei McDaid's, einer Kneipe, die sich von den anderen deutlich unterschied und die Aussteigern jeglicher Couleur Asyl bot.

Man darf sich O'Nolan jedoch nicht als Bohemien vorstellen. Sein Äußeres entsprach weiterhin dem eines ehrbaren Beamten, und zwar eines Beamten einer im Grunde längst untergegangenen Epoche, für den etwas anderes als ein schwarzer Anzug, ein sauberes weißes Hemd, Kragen und Krawatte nicht in Frage kam. Nur die etwas breitere Hutkrempe wies auf den Literaten hin. Nüchtern war er der ehrbare Bürger – jedenfalls gefiel er sich in dieser Vorstellung –, und jedes Abweichen von der Norm des Schicklichen war erst eine Folge des Alkohols. Auch wenn er jetzt meist schon nachmittags betrunken war und entsprechend früh zu Bett ging, wirkte er nicht, als habe er sich schon morgens vorgenommen, den Tag trinkend zu verbringen, sondern eher wie jemand, der in die Stadt gegangen war, um dort geschäftliche Dinge zu erledigen, und anschließend, wenn alles getan war, in den Pub gegangen war, um sich ein, zwei Gläser zu genehmigen.

Jack White wohnte damals in Blackrock, nicht weit entfernt, und beobachtete oft, wie O'Nolan den Tag begann:

»Zu jener Zeit wohnte er in meiner Nähe in Blackrock, und selbst meinen Kindern war diese unscheinbare kleine Gestalt mit dem flachen Filzhut vertraut, die man mit dem festen, kurzen Schritt des Gewohnheitstrinkers auf der Straße vorübergehen sah, unterwegs zu Gleeson's, um dort, sobald sich die Türen öffneten, einen stärkenden Gin zu sich zu nehmen… Der Hut schien das kleine, recht verschlossene Gesicht zu verdüstern, fast zu verbergen.«[25]

Auch wenn O'Nolans breitkrempiger schwarzer Hut nicht gerade flach war, so hat White doch recht, wenn er die Bedeutung der Kopfbedeckung für die Figur hervorhebt, die O'Nolan darstellen wollte. Es war das Kennzeichen des Literaten, aber auch Beweis dafür, daß er ein anständiger, ehrbarer Bürger war, der selbstbewußt seinen Platz in der Welt einnahm. Wie die schwarzen Hüte der etwas älteren Literaten wie etwa der Austin Clarkes hatten diese Kopfbedeckungen auch etwas Priesterhaftes und erinnerten daran, daß die beiden Stände, Poet und Kirchenmann, seit alters her in Irland miteinander konkurrierten. Der Winkel, in dem er ihm auf dem Kopf saß, war ein wichtiges Indiz für seine Stimmung – zurückgeschoben, wenn der Alkohol ihn kampfeslustig gemacht hatte und alle, die ihm zu nahe traten, einen Schwall von Flüchen zu erwarten hatten, oder gerade, wenn er besserer Laune war. Seine Anzüge waren maßgeschneidert und gebügelt – wenngleich durch das Trinken bisweilen in Mitleidenschaft gezogen –, aber der Hut war altertümlich.

White zitiert einen der Beiträge für den *Southern Star* aus dem Jahr 1955: »Mein Hut ist furchtbar alt. Seine nützliche Zeit ist längst vorbei. Er ist fleckig. Es ist nicht übertrieben, ihn als ungepflegt zu bezeichnen, aber nach all den Jahren treuer Dienste ist er ein Teil meiner selbst geworden. Ich selbst bin weitgehend zu etwas geworden, was unter diesen Hut paßt.« Und White fügt hinzu, daß Sean O'Sullivans bekanntes Porträt von ihm »ohne diese schäbige Krone eigentümlich nackt wirkt«.

All seine Freunde bemerkten, daß er in nüchternem Zustand extrem schüchtern war, und die meisten fanden ihn dann mürrisch, verschlossen und schwierig im Gespräch. Aber hatte er erst ein, zwei Stunden im Pub verbracht, änderte sich das. Von Fremden ließ er sich nicht gern ansprechen, obwohl er oft an jenen über weite Entfernungen hinweg geführten Gesprächen zwischen relativ Unbekannten teilnahm, die, wie schon erwähnt, ein übliches, vielleicht sogar typisches Merkmal der Dubliner Kneipenszene waren. Gegenüber denjenigen, mit denen er sich unterhalten wollte, wiederholte er sich oft, war redselig und beinahe obsessiv. Sein Repertoire ähnelte dem seiner Kolumne, und mögliche Themen probierte er oft schon im Pub aus, jedoch ohne ihre spätere Schärfe und ohne das entsprechende Timing. In den so getesteten Kolumnen ging es häufig um die sprachlichen Schnitzer, die Unfähigkeit und Borniertheit der Politiker.

Auch an kleinen Tests und Rätselaufgaben fand er Gefallen.
Eine Zeitlang fragte er mit Vorliebe, welche Bezeichnung der
Whiskey von Powers und Jameson auf dem Etikett trage. Die Antwort lautete: »Dublin Whiskey«, aber die angesprochene Person
behauptete meist: »Irish Whiskey«, und dann mußte der Barmann eine Flasche vom Regal holen, um die Lösung zu präsentieren. Als in der Waterloo Lounge einmal nach einer solchen Flasche gerufen wurde, holte der Wirt sie bereitwillig und ließ sie auf
dem Tresen stehen, während er sich schon anderen Kunden zu-
wandte. Nachdem die Frage geklärt war, wurde die Flasche beiseite geschoben und einstweilen vergessen. Als der Wirt wenig
später zurückkam, war sie verschwunden. Dann fiel auf, daß Patrick Kavanagh, der zu der Gruppe gehört hatte, ebenfalls verschwunden war. Die Vermutung, daß er die Flasche genommen
und sich verdrückt hatte, kann ich als zutreffend bestätigen, obgleich bis heute nicht klar ist, wer dem Wirt den Verlust ersetzt
hat.

In dieser Zeit hatte es sich Brian O'Nolan zur Gewohnheit gemacht, ein kleines Gerät mit sich herumzutragen, ein Hydrome-
ter, wie er sagte; damit konnte man den Alkoholgehalt von Whiskey bestimmen, also ermitteln, ob dem Getränk Wasser zugesetzt
worden war. Daß er darauf bestand, dieses Instrument öffentlich
in das Glas zu tauchen, das ihm gerade eingeschenkt worden war,
belastete das Verhältnis zu den Kneipenbesitzern derart, daß der
Apparat bald in der Versenkung verschwand.

Mit den Jahren hatte er sich eine Art Dubliner Akzent zugelegt,
der beim Erzählen von Anekdoten immer breiter wurde, und
nach ein paar Whiskeys konnten ihn manche Menschen kaum
noch verstehen. (Kavanagh hat den Verfasser einmal als eine der
wenigen Ausnahmen bezeichnet.) Fast jeder, auch seine engsten
Gefährten, nannte ihn Myles, wogegen er nichts hatte, obwohl
viele, die seine Bekanntschaft machten, ihn als einen furchtein-
flößenden Gesellen erlebten, bei dem man sich so leicht nichts
herausnehmen durfte. Er war bekannt dafür, daß er, entsprechend herausgefordert, mit wüsten Beschimpfungen um sich

warf; und trotz des Ansehens, das er in menschlicher und literarischer Hinsicht genoß, hatte er etwas Bissiges, so daß andere
Leute in seiner Gesellschaft immer auf der Hut waren.

Sich selbst sah er gern als verantwortungsbewußten Bürger,
der seine Steuern zahlte, seine Pflicht tat und Wert darauf legte,
daß andere Leute, vor allem solche, die vom Staat bezahlt wurden, ebenfalls ihre Pflicht taten. Diese Haltung mag nach all den
Jahren, in denen er, anfänglich humorvoll, später weniger humorvoll, dieses Image gepflegt hatte, von der Kolumne auf den
Autor abgefärbt haben. Kavanagh sagte eines Tages zu mir, nachdem er Myles' Kolumne gelesen hatte: »Dieses Zeug würde sich
gut für eine Komödie eignen, aber der arme Kerl betrachtet sich
ernsthaft als des Steuerzahlers wahrer Freund. Das ist bourgeois,
schlimmer noch, es ist verlogen« – eine durchaus richtige Beobachtung. John Ryan erzählte, O'Nolan habe sich einmal bitter
darüber beschwert, daß er das Finanzamt zweimal auffordern
mußte, ihm ein Einkommensteuerformular zuzuschicken.

In den späten fünfziger Jahren, als er in der Belmont Avenue
wohnte, wurde er einmal von mir und einem Bekannten nach
Hause gebracht. Das war nichts Ungewöhnliches. Viele Leute
mußten ihn damals nach Hause bringen, bisweilen schon am
Nachmittag, wenn das Trinken erst richtig anfing. Sie wurden
von Mrs. O'Nolan meist freundlich empfangen und, wenn Brian
unterwegs etwas ausgenüchtert war, vielleicht auf eine Flasche
Stout hereingebeten. Ein paarmal brachte John Ryan ihn nach
Hause, und dann mußte er sich an die Schreibmaschine setzen
und den Kolumnentext tippen, den Brian ihm erstaunlich flüssig
und ohne zu zögern diktierte. An diesem Tag war Brian aber
schon ziemlich voll, und wir mußten ihm den Gartenweg hinaufhelfen. Er ging ins Haus, dann setzte sich mein Bekannter wieder
in sein Auto, wendete und schickte sich an, nach Donnybrook zurückzufahren. In diesem Moment schoß ein anderes Auto die
Straße entlang, es gab eine kleinere Karambolage, und der Fahrer des anderen Wagens bestand darauf, die Polizei zu rufen.

Während der Unfallort vermessen und der Zustand der beiden

Autos inspiziert wurde, gab es einige Aufregung: Plötzlich erschien Brian in der Haustür, einen Mantel über dem blaugestreiften Pyjama und den Hut im Nacken. Er stand einen Augenblick so da und betrachtete die Szene. Dann erhob er die Stimme: »Entfernen Sie bitte sofort die beiden Autos da«, rief er, ein wenig schwankend. »Hier in der Gegend wohnen anständige Bürger, die ihre Steuern zahlen und ein Recht auf ungehinderte Durchfahrt haben. Kriminelle oder Hausierer, für die sich die Polizei interessiert, haben hier nichts zu suchen.« Seine alte Fehde mit der Polizei hatte er in diesem Moment wohl vergessen.

Wie seine Kolumne zeigt, bezog sich sein Bürgersinn in erster Linie auf Dublin. Es waren die geordneten Verhältnisse in seiner Stadt, die ihm besonders am Herzen lagen, und nie sprach er von seiner provinziellen Herkunft und den entsprechenden Erfahrungen. Leute vom Land stellten generell eine Bedrohung für die Stadt dar, und unzählige Male sprach er in seiner Kolumne von den »Hinterwäldlern« und »Dorfdeppen«, deren einziges Ziel es sei, in Dublin in den Staatsdienst aufgenommen zu werden. Manche verfolgten sogar künstlerische oder literarische Ambitionen; auch das Abbey Theatre wurde zum größten Teil von solchen Leuten geführt; und, man muß es leider sagen, sein alter Mentor und Beschützer, John Garvin, wurde jetzt zum Objekt vieler kaum verhüllter Anspielungen auf Roscommon-Bauern, die sich zu Fachleuten in Sachen »Jems Jyce« aufspielten. Manch einer, der sich noch gut daran erinnerte, was Garvin für ihn getan hatte, bedauerte das natürlich. Man sollte freilich nicht vergessen, daß er sich durch schicksalhafte Fügung und nicht durch seine eigene Entscheidung gezwungen sah, Garvins Schutz in Anspruch zu nehmen, und daß, solange zwei Menschen keine gleichberechtigte Beziehung haben, keiner das Recht hat, vom anderen Zuneigung oder gar Dankbarkeit zu erwarten.

Indem er Dublin auf diese Weise zu seiner Heimat machte und seine kleinstädtisch-ländliche Herkunft vergaß, hatte O'Nolan / Myles (in diesem Fall waren die beiden eins) das Recht gewiß auf seiner Seite und ging anderen mit lobenswertem Beispiel voran,

denn Dublin hat im Laufe der Jahre darunter gelitten, daß die
ländlichen Zuwanderer keine Veranlassung sahen, sich in das soziale Leben der Stadt uneingeschränkt zu integrieren.

Unstrittig ist aber, daß er sich auch für Irland als Ganzes mit einer Vehemenz einsetzte, als wäre es sein Eigentum, das er gegenüber Politikern und anderen Usurpatoren verteidigen müßte.
Darin und in anderer Hinsicht ähnelte er Kavanagh: Auch er
schien oft zu glauben, daß ihm sein Erbbesitz Irland zu Unrecht
genommen worden sei, daß andere Leute es schlecht bewirt-
schafteten, daß er zumindest von dessen Verwaltung ausgeschlossen werde durch unredliche Leute, deren Anspruch auf
dieses Land geringer sei als der seine. Zweifellos ließe sich diese
Haltung, jedenfalls in mancher ihrer Erscheinungsformen, als
Größenwahn bezeichnen. Man könnte darin auch etwas sehen,
was beide Männer, wie rudimentär auch immer, von ihren bardi-
schen Ahnen übernommen hatten. In Kavanaghs Fall führte
diese Einstellung zu dem Versuch, in den fünfziger Jahren eine
Zeitschrift zu gründen, *Kavanagh's Weekly*, in der er sein Anlie-
gen an die Öffentlichkeit tragen wollte. O'Nolan schrieb darin
unter dem Pseudonym Myles na Gopaleen eine Reihe von Polemiken gegen den ungeliebten »Tostal«, aus dem inzwischen eine
jährlich stattfindende Veranstaltung geworden war. Sein Gefühl,
zu Unrecht ausgeschlossen zu sein, veranlaßte ihn 1957, bei den
Wahlen zum Senat zu kandidieren.

Die meisten Sitze in dieser Institution wurden von Politikern
eingenommen, Parteiveteranen zumeist, die ihren Sitz im Dáil
verloren hatten; denn aufgrund des komplizierten Wahlmodus
hatten Parteilose so gut wie keine Chance. Einige wenige Man-
date waren aber für die National University und das Trinity College reserviert, da zur Wählerschaft auch Absolventen dieser beiden Institutionen gehörten. O'Nolan nahm seine Wahlchancen
zumindest im Gespräch sehr ernst und schien davon auszugehen,
daß die Leser seiner Kolumne ihn gewissermaßen en bloc wählen
würden, so daß er einen Spitzenplatz erringen würde. Der Haken
dabei war, daß er als Brian Ó Nualláin kandidierte und natürlich

nicht jeder Leser ihn mit Myles na Gopaleen identifizierte. Ein anderes Problem war, daß die *Irish Times* ihm untersagte, in seiner Kolumne Propaganda für seine Kandidatur zu machen. Das führte wieder zu einem Tauziehen, mit dem Resultat, daß in den entscheidenden Wochen vor der Wahl überhaupt keine Kolumne von ihm erschien. Und wie es sich für Idealisten, Visionäre und Künstler gehört, die für ein politisches Amt kandidieren, warb er nicht um Wählerstimmen, unterließ es sogar, sein recht unausgegorenes politisches Manifest zu verschicken, das er lediglich einigen Freunden zeigte, während die anderen Kandidaten sich Listen von Akademikern besorgten, um sie telefonisch und anderweitig zu bearbeiten.

Das alles führte dazu, daß O'Nolan von mehr als 9 000 gültigen Stimmen nicht einmal 400 erhielt, weniger als jeder andere Kandidat. Er schien diese Enttäuschung verächtlich wegzustekken, doch es war ein schwerer Schlag. Auffällig ist, daß er Politiker in seiner Kolumne von jetzt an noch häufiger attackierte als zuvor.

Zum Teil wegen des Krieges, der an einem kritischen Punkt ihrer Karriere dazwischenkam, zum Teil wegen der fehlenden Anerkennung im Ausland – was selbst in gewisser Weise mit dem Krieg zusammenhing – sahen sich Kavanagh und O'Nolan gezwungen, für ein recht kleines, überschaubares irisches Publikum zu schreiben. Die von Haßliebe geprägte Beziehung, die sich bei beiden aus dieser Art Zwangsehe entwickelte, war intensiver als bei den materiell gutsituierten Emigranten, die im Ausland akademische Ehren genossen oder eine breite Leserschaft hatten. Das führte zu Verbitterung, aber auch zu größerer Ehrlichkeit. Sie sahen sich kommerziell nicht veranlaßt, jene romantisierende Irischtümelei zu übertreffen, die Frank O'Connors Werke verunstaltet, und sie wollten »sich an Irland revanchieren«, das ihnen im täglichen Leben von allen Seiten zusetzte. Irland war für beide ein konkreter Ort und eine Realität, und zwar eine Realität, die sie ruinieren konnte, wenn sie sich mit ihr in der falschen Weise auseinandersetzten; und doch verlangte sie ein tägliches Engagement.

Zwischen Kavanagh und O'Nolan bestand ein von gegenseitiger Achtung geprägtes Verhältnis, ja sogar eine gewisse Verbundenheit, aber nicht in der Art, wie Freunde oder Trinkkumpane sich verbunden fühlen. Wenn der eine bei McDaid's auftauchte und der andere war schon da, ging er nur selten auf ihn zu, beteiligte sich aber gelegentlich an einer Diskussion. Kavanagh äußerte sich manchmal anerkennend, wenn die Rede auf Myles kam – »der einzige wahre Intellektuelle in diesem ganzen verfluchten Land«, so beschrieb er ihn einmal. Seine Bewunderung wurde aber durch Mitleid oder gespieltes Mitleid gedämpft: Ausdrücke wie »der arme Myles« oder »unser armer kleiner na Gopaleen« waren nicht selten. Vielleicht, weil er vermeiden wollte, bedeutendere Werke zu loben, bewunderte er *Faustus Kelly*; zumindest den ersten Akt; seine These, daß es Myles nicht gelungen sei, einen Mythos zu finden, der den Stoff seiner Kolumne zur Kunst erheben würde, war auf ihre Weise aber eine scharfsinnige Kritik, die eindeutig Sympathie und Verständnis erkennen läßt. Gelegentliche Hinweise auf Kavanagh in Myles' Kolumne zeugen von Respekt und einer Art ironischen Zuneigung, und selbst als Kavanagh sich in einem Brief bei Myles na Gopaleen darüber beschwerte, wie er W.B. Stanford vom Trinity College in seiner Kolumne behandelt habe, ließ Myles sich nicht aus der Reserve locken.

Brian O'Nolans grundsätzliche Abneigung gegenüber Dichtung und seine Intoleranz gegenüber all jenen, die sich mit der Aura des »Künstlers« oder »Dichters« umgaben, färbten allerdings auf seine Haltung gegenüber Kavanagh ab, und dessen offenkundiger Geldmangel und seine Mißachtung der Sitte, Runden »zu schmeißen«, wurmte ihn. Den »Schnorrer aus Monaghan« nannte er ihn einmal, freilich nicht in seiner Gegenwart. Natürlich kam es in alkoholisiertem Zustand gelegentlich zu Zwischenfällen und plötzlichen Konflikten nichtliterarischer Art. Eines Tages in McDaid's, als nach einem Niesanfall etwas

Rotz auf Brians Krawatte und Hemd gelandet war, kommentierte Kavanagh hörbar dessen »widerlichen« Aufzug, und als Brian von seinem Hocker stieg und zur Attacke ansetzte, zeigte sich etwas von der Art und dem Charakter der beiden Männer – der massige Kavanagh ließ nur zivilisierte Frechheit erkennen, während der viel kleinere Brian noch terrierhafter wurde und sein Opfer noch verfolgte, als es sich schon hinter dem Tresen in Sicherheit gebracht hatte. Von den beiden war Kavanagh – vielleicht, weil er in all den Jahren ausschließlich seiner Kunst lebte, vielleicht auch, weil er offener war und über seine Freuden und Sorgen sprechen konnte – sehr viel eher imstande, den Alkohol zu instrumentalisieren, sich mit seiner Hilfe in Szene zu setzen und seine Bürde öffentlich zu machen. Es fiel ihm auch viel leichter, humorvolle Situationen und Begegnungen herbeizuführen als dem professionellen Humoristen O'Nolan, für den das Trinken eine todernste, ja, man könnte fast sagen: nüchterne Angelegenheit war. Mit Kavanagh lachte man herzlicher als mit Brian, dessen Lachen Ausdruck einer sozusagen mechanischen Wahrnehmung der komischen Aspekte des Lebens war.

Am allerdeutlichsten zeigte sich das während der Pilgerfahrt, die er und John Ryan im Jahre 1954 zur Feier der 50. Wiederkehr des Bloomsday, des in *Ulysses* beschriebenen Tages, veranstalteten. In seinem Buch *Remembering How We Stood* schreibt Ryan:

»Wir hatten uns darauf geeinigt, daß die Gruppe bestehen sollte aus uns beiden, A. J. (Con) Leventhal, Anthony Cronin, Patrick Kavanagh und Tom Joyce. Con Leventhal als Jude sollte den Bloom symbolisieren; Cronin, der junge Dichter, war sein Pendant Stephen; Myles stellte Simon Dedalus und Martin Cunningham dar; ich selbst (als ehemaliger Herausgeber) war Myles Crawford; Kavanagh war die Muse, und Tom Joyce, der Dentist, war die Familie, denn er war ein Cousin von James – er hatte den *Ulysses* übrigens nie gelesen!«[26]

Es war ein ehrgeiziges Projekt – fast die gesamte Stadtlandschaft des *Ulysses* sollte in zwei Dubliner Kutschen durchquert werden, angefangen bei der Proteus-Episode am Sandymount Strand, über Glasnevin, den »Hades«, zurück in die Stadt zu »Aeolus«, wobei die *Irish Times* für das verschwundene *Freeman's Journal* stand. Im noch immer florierenden Davy Byrne's und im Bailey wurde der »Lästrygonen« gedacht – und so weiter, bis die Droschkenpferde ebenso erschöpft waren wie die Insassen. Es ist typisch für O'Nolans Ambivalenz gegenüber Joyce, daß er bereit war, diese aufwendige Gedenkaktion zu organisieren und daran teilzunehmen, obwohl er in seiner Kolumne vom selben Tag Joyce als »Analphabeten« kritisierte, dessen »fremdsprachige Zitate durchweg falsch waren«. »Seine wenigen Abstecher ins Griechische stimmen nicht, und seine wenigen Versuche mit dem Gälischen sind absolut fürchterlich.«[27]

Ausgangspunkt unserer Tour war das Haus des Architekten Michael Scott, neben Stephens Martello Tower in Sandycove, und unser Gastgeber hatte aufmerksamerweise ein Tablett mit Getränken bereitgestellt. Diese frühmorgendliche Bewirtung führte gleich zu Beginn zu einem peinlichen Zwischenfall. Zwischen Michael Scotts Garten und dem Turm erhob sich ein steiler Fels, den Kavanagh zu erklimmen beschloß. Brian kletterte eifersüchtig hinterher; weil er aber vermutlich nicht so rasch vorankam, griff er nach Kavanaghs Fuß, um ihn herunterzuzerren, und am Ende mußten wir seine Hand losreißen, während Kavanagh, um sich zu befreien, mit seinem riesigen Fuß heftig um sich trat.

Das Bemerkenswerte an diesem Tag war jedoch, wie straff organisiert und im Grunde humorlos Brian ihn verbringen sollte. Während wir uns auf den Spuren der Trauergemeinde bewegten, forderte er, daß wir uns dem Anlaß entsprechend anständig verhalten und auch sonst mit der äußerlichen Würde der Figuren des Buches auftreten sollten. Es kam mir vor, als ob er sich diesen Figuren innerlich verbunden fühlte, als ob er noch in ihre Welt gehörte, eine Welt, in der der Schein von Ehrbarkeit gewahrt werden mußte, selbst wenn das Leben zusammenbrach – während Kavanagh und wir anderen, selbst Con Leventhal, der Kanzler des Trinity College und älter als Brian war, ja sogar der unbele-

sene Dentist Tom Joyce einer neueren Welt angehörten, die nicht
so klar umrissen war.

Brian war dagegen, daß wir unterwegs Lieder sangen. Er protestierte, als ich mich anschickte, auf dem Kutschbock Platz zu
nehmen, und auch Kavanagh nach vorn kletterte. Er fand es un-
gehörig, daß ich die Zügel übernehmen wollte. In gewisser Weise
hatte er recht, und ein Teil von mir verstand ihn sogar – wäre es
nach ihm gegangen, wären die Scharade viel perfekter und die
Inszenierung sehr viel überzeugender gewesen, aber im Grunde
hätte die Sache dann weniger Spaß gemacht. Andererseits war er,
wie streng seine Vorstellungen auch gewesen sein mochten, gleichermaßen verantwortlich dafür, daß dieses großartige Projekt,
nachdem wir im Bailey angelangt waren, zusammenbrach und
aufgegeben wurde. In einer Kneipe in der Nähe von Blackrock,
die an der vielbefahrenen Straße hinaus zum Deansgrange-Fried-
hof lag, kam es zu einer Szene, die mir aufschlußreich erscheint.
John Ryan hat sie so beschrieben:

»Vielleicht war es das Geräusch unserer Pferde und Kutschen
draußen oder einfach die ernste Erscheinung von Myles (er trug
nämlich einen dieser schwarzen Hüte, die er ›Landrat‹ nannte)
oder bloß der Umstand, daß um diese Zeit gewöhnlich Trauerge-
sellschaften dort einkehrten, jedenfalls kam der Wirt auf uns zu.
Er nahm Myles' Hand, um ihm sein Beileid auszusprechen.

›Hoffentlich kein naher Angehöriger?‹ fragte er.

›Bloß ein Freund‹, erwiderte Myles ruhig, ›ein Bursche namens
Joyce – James Joyce...‹, während er noch ein Glas Whiskey bestellte.

›James Joyce...‹, murmelte der Wirt nachdenklich, während er
das Glas auf dem Tresen abstellte, ›doch nicht etwa der Bauunter-
nehmer vom Wolfe Tone Square?‹

›Nee...‹, brummte Myles ungeduldig, ›der Schriftsteller [writ-
er].‹

›Ah! Der Schildermaler [sign-writer]‹, rief der Wirt, erfreut
und erleichtert, des Rätsels Lösung so rasch gefunden zu haben,

›der kleine Jimmy Joyce aus der Newton Park Avenue, der Schildermaler, klar doch, hat er nicht letzten Mittwoch auf diesem Stuhl dort gesessen – halt, nein, das ist gelogen, es war Dienstag.‹«[28]

Gegen Ende des Jahres 1954 sah es eine Weile so aus, als würden Brian O'Nolan, Kavanagh und ich eine andere, längere und etwas riskantere Reise unternehmen. Über den kommunistischen Schriftsteller Peadar O'Donnell, mit dem ich seinerzeit bei *The Bell* arbeitete, erhielt ich den Auftrag, eine Gruppe für eine Reise in die Sowjetunion zusammenzustellen. Ich fragte beide, ob sie Lust hätten mitzukommen, und zu meiner gelinden Überraschung willigten sie ein. Als sich die Nachricht davon aber herumsprach und klar wurde, daß eine Annahme der sowjetischen Einladung von Politikern und Kanzelpredigern scharf verurteilt werden würde, überlegten es sich die beiden anders. Kavanagh befürchtete, daß die Reise den Erfolg einer Beleidigungsklage, die er angestrengt hatte, gefährden würde. Brian wollte wegen des Gesundheitszustands seiner Mutter nicht verreisen; möglicherweise könne er nicht schnell genug zurück sein. Es erinnerte mich ein wenig an die Parabel von den Hochzeitsgästen, und ich bedauerte ihren Sinneswandel; denn von allem anderen abgesehen hätten sie den Sowjets zu denken geben können.

Am Ende erwiesen sich die Prognosen, wie Irland auf die Reise reagieren würde, als allzu korrekt. Allen voran vom *Catholic Standard*, der während unserer Abwesenheit seine Auflage fast verdoppeln konnte, wurden die »Delegierten«, die es tatsächlich gewagt hatten, die Reise zu unternehmen, angeprangert und auf das wüsteste beschimpft. Mehrere Grafschaftsräte beschlossen offizielle Verurteilungen. Myles widmete der Angelegenheit zwei Kolumnen und behauptete dann, mit dem Hinweis, daß solche Beschlüsse außerhalb ihrer Kompetenz läge, habe er ähnliche Aktionen der übrigen Grafschaften verhindert. Die Befugnisse der Grafschaftsräte seien »gesetzlich ein für allemal definiert«. Ihnen obliege es, für bestimmte, genau festgelegte Dinge Steuern

und Abgaben festzusetzen, einzutreiben und auszuzahlen, nicht
mehr und nicht weniger.

Im Juli 1954 veröffentlichte ich in *The Bell* eine der wenigen belletristischen Arbeiten, die O'Nolan in den fünfziger Jahren schrieb,
die Kurzgeschichte »Two In One«. O'Nolan hatte mir zuvor im
Verlauf eines längeren Telefongesprächs die Grundidee dieser
Geschichte, eine seiner makabersten Phantasien, detailliert ge-
schildert. Es ist die Geschichte eines Tierpräparators, der seinen
verhaßten Chef umbringt und von der Leiche nur die Haut be-
hält; er schlüpft dann in diese Haut – und damit in die Identität –, so daß er sich in die vermißte Person verwandelt, für deren
Ermordung er schließlich aber doch noch hingerichtet wird.

Ich wußte damals noch nichts von *Der dritte Polizist*, aber die
Atmosphäre der Geschichte ähnelt dem ersten Teil dieses Romans. Beide Opfer werden durch brutale Schläge auf den Kopf
getötet. »Und wieder schlug ich zu. Ich drosch einfach auf ihn
ein«, sagt der Erzähler in »Two In One«.²⁹ »Ich weiß nicht, wie oft
ich ihn danach noch schlug, aber ich hielt erst inne, als ich erschöpft war«, sagt der Erzähler in *Der dritte Polizist*. Die Geschichte wurde unter dem Namen Myles na Gopaleen veröffentlicht – inzwischen ohne Genitiv-Eklipsis. Ich entsinne mich, daß
ich ihm sehr vorsichtig und zögernd vorschlug, er könne sie doch
unter den Namen Flann O'Brien veröffentlichen. »Ich kenne diesen Kerl nicht mehr«, lautete seine Antwort.

Trotzdem war es gewiß noch immer sein Wunsch, Romane zu
schreiben, und er wußte sehr wohl, daß der Alkohol eines seiner
Probleme war. Eines Tages schlug er vor, wir sollten während der
»heiligen Stunde« zu Sean O'Sullivans Atelier gehen. Man
konnte damals bei McDaid's unter dem Ladentisch Poitín*
kaufen, denn einer der Barmänner kannte jemanden, der in West-
irland arbeitete und jedes Wochenende einen Vorrat davon mitbrachte. Zu meiner Überraschung kaufte Brian eine Flasche, ob-

---

* Poitín, auch Moonshiner genannt, ist schwarz gebrannter Whiskey. [A. d. Ü.]

wohl ich ihn, was alkoholische Getränke angeht, für wählerischer
gehalten hätte.

Als wir bei O'Sullivan eintrafen, dessen Atelier sich am St. Stephens Green befand, standen wir vor verschlossener Tür; also
setzten wir uns auf die Stufen, während die Sekretärinnen, die
dort in dem Gebäude arbeiteten, geschickt an uns vorbeistiegen.
Er sprach recht nachdenklich davon, daß er irgendwohin fahren
wolle, um vom Alkohol loszukommen und noch einen Roman zu
schreiben. Schon öfter hatte er erwogen, in das Zisterzienserklo-
ster Mount Melleray zu gehen, das von Dubliner Alkoholikern
aufgesucht wurde, die dort eine Entziehungskur machen wollten. Jetzt sprach er von Mount Melleray oder auch von Tory Island vor der Donegal-Küste als Möglichkeit, dort vielleicht seine
Pläne verwirklichen zu können. Das letztere erschien mir grotesk. Da saßen wir, tranken Poitín, von dem es gewiß auch auf
Tory Island jede Menge gab; ich vermutete, daß er sich dort zu
Tode trinken würde, zumal wenn es ihm gelänge, O'Sullivan zum
Mitkommen zu überreden, was ihm nun auch noch in den Sinn
kam. Beim Trinken stand ihm O'Sullivan gewiß nicht nach.

Aber er schien äußerst entschlossen zu sein, und ich hielt es für
das beste, ihn zu ermuntern, etwas zu versuchen, um vom Alkohol wegzukommen und ein Buch zu schreiben. Also fing ich an,
wie Schriftsteller es gern tun, eine Rechnung aufzustellen. Falls er
sechshundert Wörter pro Tag schaffe, könne er sein Buch in drei
Monaten fertig haben. Sofort höhnte er: »Sechshundert Wörter
pro Tag, ja? Sechshundert? Diese viktorianischen Arschlöcher
haben sechstausend Wörter jeden Tag vor dem Frühstück geschrieben.« Wie so mancher, der viel journalistisch gearbeitet
hat, war er ungeheuer stolz auf seine Produktionskapazität, und
natürlich rechnete er nicht damit, daß er irgendwann einmal
nicht würde schreiben können.

Kurz zuvor hatte die Regierung beschlossen, in Irland einen
Arts Council einzurichten. Zu dieser Neuerung bemerkte er in einer Kolumne: »Gewiß mangelte es Costello nicht an Mut, als er
jüngst im Parlament seine Arts Bill einbrachte: Ich sehe darin ei-

nen kaum verhüllten Plan, Paddy Kavanagh zu einer lebenslan-
gen Rente zu verhelfen. Selbstverständlich bin ich dagegen... Ich
behaupte, es ist gegen die katholische Lehre. Zweitens bin ich
nicht gefragt worden.« Dann verspottete er die großen »schwei-
genden« Künstler. »Sie produzieren keine Kunstwerke, weil sie
das wesentlich Vulgäre der Kommunikation verabscheuen... Solche Leute leisten sich den immensen Luxus, den Mund zu halten,
still durchs Leben zu gehen und die Masse leidenschaftlich zu ver-
achten. Mir ist beim besten Willen nicht klar, wie ein Gesetz an
dieser Situation etwas ändern könnte...«[30]

Dieser Kommentar, auch wenn er nicht ganz ernst gemeint
war, entsprach seinem grundsätzlichen Individualismus und seiner Verachtung für bürokratische Eingriffe. Er scheute sich aber
nicht, das Angebot zu nutzen, und sprach mit dem Sekretär des
neuen Arts Council, dem Romancier Mervyn Wall, der zuvor als
Beamter in der Verwaltung von Radio Éireann gearbeitet hatte.
Damals waren die Arts Councils noch nicht bereit, unberechen-
baren Individuen Geld zu geben; sie subventionierten lieber Organisationen und Institutionen. Das führte dazu, daß das fertige
Ergebnis gefördert wurde und nicht der individuelle Künstler.
Wall zeigte sich daher überrascht, daß O'Nolan mit seinem An-
sinnen zu ihm kam. Wie er es später formulierte, »war es nicht
meine Aufgabe, Leuten Geld zu geben, damit sie nach Tory Island
fahren und dort Romane schreiben«.[31] Und das sagte er O'Nolan
auch. Gottlob hat sich seitdem einiges geändert.

Obwohl Brian sich außerstande sah, ein ernsthaftes Buch in Angriff zu nehmen, brachte ihn seine Suche nach schriftstellerischer
Auftragsarbeit in dieser Zeit dazu, seine Dienste den Herausgebern der berühmten Sexton-Blake-Reihe anzubieten. Sexton
Blake war eine Art Sherlock Holmes der armen Leute, oder genauer gesagt: ein Sherlock Holmes der Schuljungen. Wie Holmes
wohnte er in der Londoner Baker Street und wurde von den verschiedensten Leuten, darunter auch von Scotland Yard, gebeten,
bei der Aufklärung mysteriöser Mordfälle zu helfen. Er fuhr ei-

nen Rolls-Royce, genannt ›der graue Panther‹, und hatte einen
jungen Helfer unbestimmten Alters, der Tinker hieß. Blakes
Abenteuer erschienen in Taschenbüchern, die monatlich in einem
Umfang von ca. 25 000 Wörtern herauskamen. Da Brian O'Nolan
verschiedentlich behauptete, Sexton-Blake-Geschichten gerade
zu schreiben oder geschrieben zu haben, sollen hier die Fakten
einmal zusammengefaßt werden.

Schon 1939 hatte er in seinem Brief an Ethel Mannin darauf
hingewiesen, daß er mit dem Herausgeber der Serie Verhandlungen führe. »Zur Debatte steht ein Vertrag über 6 Sexton-Blake-
Geschichten (25-30tausend Wörter für £25, also verschonen Sie
mich künftig mit höhnischen Bemerkungen über meine Kunst).
Verzeihung, KUNST.« Daß er tatsächlich in Kontakt mit den damaligen Herausgebern stand, ist unwahrscheinlich, denn in dem
neuen Angebot, das er dem Herausgeber Stephen Ashe am 7. Oktober 1955 unterbreitete, hält er es für notwendig, sich vorzustel-
len und mit einer Erklärung zu beginnen: »Dieser Brief ist das
Ergebnis eines Gesprächs, das ich neulich mit meinem Freund
Martin Cumberland hatte, der mir erlaubte, mich auf ihn zu
berufen. Er berichtete mir von dem Markt für Sexton-Blake-
Geschichten und schlug vor, mich mit Ihnen in Verbindung zu
setzen. Ich würde es gern einmal mit dieser Art von Arbeit versuchen.« »Martin Cumberland« war das Pseudonym eines bekannten und sehr erfolgreichen irischen Kriminalschriftstellers. O'Nolan zählt sodann demütig auf, was er an Eignung mitzubringen
glaubt:

»Meine Qualifikationen sind, kurz gesagt: Magistergrad; Verfasser eines Romans, ersch. bei Longmans (London) und in den USA;
Verfasser zahlreicher Kurzgeschichten, die hier und in den USA
veröffentlicht und in Anthologien aufgenommen wurden. Seit
etwa sechzehn Jahren schreibe ich eine sarkastische Kolumne für
die *Irish Times* und habe eine Menge für den *Sunday Dispatch*
und für französische Zeitungen geschrieben. Ich betrachte mich
als fähigen literarischen Handwerker.«[32]

Die Behauptung, viele Kurzgeschichten geschrieben zu haben,
und vor allem, daß sie in den USA veröffentlicht worden seien, war
schlicht eine Lüge; und daß er viel für französische Zeitungen geschrieben habe, war ebenfalls maßlos übertrieben. – Weiter hieß
es:

»Ich habe Sexton-Blake-Geschichten in meiner Jugend gelesen
und kann meine Erinnerung natürlich mit aktuellen Titeln auf-
frischen. Ich könnte diese Arbeit bestimmt gut machen, vor allem, wenn Sie, wie Cumberland sagt, die Handlung vorgeben. Jedenfalls würde ich es gern mal probieren. Ich könnte zwei Kapitel
umsonst schreiben, damit Sie eine Vorstellung gewinnen. Wenn
Sie glauben, daß wir miteinander ins Geschäft kommen, könnten
Sie mir freundlicherweise Angaben hinsichtlich Länge, Abgabetermin, Honorar, Themenvorgabe und anderer wichtiger Einzel-
heiten machen.«

Kurz darauf, als ein Bekannter ihn in einer Kneipe in Blackrock
etwas schreiben sah, erklärte er, er arbeite an einer Sexton-Blake-
Geschichte, und sprach detailliert über Umfang und Honorar.
Das muß allerdings nicht viel heißen, denn schon vor seinem
Brief an Stephen Ashe von 1955 hatte er öfter gesprächsweise
erwähnt, daß er im Begriff sei, Sexton-Blake-Geschichten zu
schreiben. 1963 wiederholte er diese Behauptung während eines
BBC-Fernsehinterviews mit Peter Duval Smith und erklärte gleichzeitig, er habe auch »andere Bücher geschrieben, die nicht ganz
pornographisch waren und nicht ganz unpornographisch«. Dies
führte zu einem Briefwechsel in einer Postille für Sexton-Blake-
Fans namens *The Collector's Digest*, die in hektographierter
Form in Tunbridge Wells (Kent) erschien. Leser wollten wissen,
welche Titel von Flann O'Brien geschrieben seien, und W. O. G.
Lofts, der bekannte Spezialist für Jugendliteratur, wollte der Sache nachgehen.
    Lofts wandte sich an O'Nolan und erhielt eine Antwort des In-
halts, daß er tatsächlich einige Sexton-Blake-Bücher geschrieben

habe, sich an die Titel aber nicht mehr erinnern könne. Ebensowenig könne er sich an den Namen erinnern, den er diesem Verlag gegenüber verwendet habe. Schon oft habe es sich als notwendig erwiesen, im geschäftlichen Umgang mit Verlagen ein weiteres Pseudonym zu benutzen.

Lofts erfuhr von Howard Baker, dem damaligen Herausgeber der Sexton-Blake-Reihe, daß in jüngerer Zeit zwei irische Schriftsteller für diese Reihe gearbeitet hatten. Der eine sei ein bekannter Adliger, der andere nenne sich Stephen Blakesley, verwende jedoch dem Verlag gegenüber den Namen Francis Bond. Aufgrund dieser Information schloß Lofts, daß es sich bei Stephen Blakesley (oder besser: Stephen Blakesley und Francis Bond) möglicherweise um Brian O'Nolan handelte, daß die unter dem Namen Blakesley veröffentlichten Geschichten aber mehr oder weniger überarbeitet worden waren. Dies folgerte er aus der Höhe des gezahlten Honorars, das nur £25 betrug, die übliche Summe für Manuskripte, die umgeschrieben werden mußten. (Ansonsten wurden £50 gezahlt.) Nach Durchsicht der Geschichten von Stephen Blakesley könnte man tatsächlich vermuten, daß sie von Brian O'Nolan stammen. Sie haben gewisse stilistische Eigenheiten, und es tauchen darin mehr dicke fahrradfahrende Polizisten auf als in Sexton-Blake-Geschichten üblich.

Im Katalog des Britischen Museums wird Stephen Blakesley auch als Autor von vier weiteren, bei verschiedenen Verlagen herausgekommenen Büchern erwähnt. Es sind Romane jener Art, die in der Branche »bodice-rippers«* heißen und die O'Nolan, wenn er deren Autor war, als »nicht ganz pornographisch und nicht ganz unpornographisch« beschrieben haben könnte. Diese Bücher datieren aus den späten vierziger Jahren; aber daß O'Nolan, der nicht fähig oder willens war, in seinen bekannten Werken eine einzige sexuelle oder romantische Begegnung zu schildern, der Verfasser sein sollte, ist recht unwahrscheinlich. Und es gibt noch ein

* bodice-rippers: romantisch-erotische Romane, oft mit historischer Handlung [A. d. Ü.]

größeres Problem: Die Sexton-Blake-Geschichten von Stephen Blakesley sind vor 1955 entstanden, d. h. vor dem Brief an Stephen Ashe aus jenem Jahr und also unvereinbar mit dessen Inhalt. O'Nolans Behauptung, Krimis geschrieben zu haben, bleibt daher rätselhaft; aber auch hierzu gibt es ein Nachspiel.

1964 gab die Sexton Blake Library bekannt, daß *The Last Tiger* von W. A. Ballinger der letzte Titel dieser Reihe sei, da sich der große Detektiv mit Rücksicht auf sein Alter zur Ruhe gesetzt habe und es keine weiteren Abenteuer zu vermelden geben werde. Myles na Gopaleen widmete dieser traurigen Nachricht drei Kolumnen, in denen er sich schockiert zeigte: »Denn ich habe selbst zu dem obersten, geheimnisvollen und maßgeblichen Kreis von Autoren gehört, die für Fleetway Publications Ltd. (London) Sexton-Blake-Geschichten geschrieben haben.«[33]

»Mit einer für mich ganz neuen Unsicherheit«, heißt es weiter, »schrieb ich dem Verleger einen sehr schüchternen Brief, in dem ich anfragte, ob ich nicht die grandiose Aufgabe übernehmen könnte, weitere Abenteuer von Blake und seinen Gefährten in ihrem gnadenlosen Kampf gegen das Verbrechen aufzuzeichnen. Die Antwort war prompt, höflich und ermutigend. Gewiß, sie würden mein Werk in Betracht ziehen, aber zunächst müßte ich ihnen die ersten Kapitel nebst einem Exposé über Aufbau und Ausgang der Handlung schicken.« Das fertige Buch habe ihm £50 eingebracht. Das war »vor zehn oder zwölf Jahren«. Wenn sein Gedächtnis ihn nicht im Stich ließ, bedeutet das, daß er (oder zumindest Myles na Gopaleen) wiederum behauptet, eine Sexton-Blake-Geschichte vor dem zugegebenermaßen schüchternen Brief an Stephen Ashe geschrieben zu haben.

Was seine Motive betraf, eine solche Geschichte überhaupt schreiben zu wollen, so erklärte Myles na Gopaleen: »Bei allem, was ich schreibe, frage ich mich hinterher, ob ich es nicht hätte besser machen können. Meistens antworte ich darauf mit einem Ja, aber allzu oft muß ich mir gleichzeitig sagen, daß es sich nicht lohnt. Das gilt freilich nicht im Fall Sexton Blake.« Die Frage ist, was ihn daran so fasziniert hat. Es könnte eine verrückte Laune gewesen sein oder aber die Vorstellung vom großen Genie, das als vielseitig interessierter, versierter Handwerker bereit war — anders als Proust, Kafka und vor allem Joyce —, sich in allen möglichen Sparten zu versuchen.

Im Jahr 1956 mußte Evelyn eine Weile im Lungensanatorium Rochestown verbringen. Es war eine sehr chaotische Zeit für Brian, der nicht gern allein war und manchmal, wenn Evelyn verreist war, bei anderen Menschen logierte. Eines Nachts klingelte er bei seinem Bruder Micheál, der am Belgrave Square wohnte, und fragte, ob er bleiben könne. Micheál bemerkte, daß er seine Tasche nicht mitgebracht, sondern unten auf dem Platz in einem Gebüsch versteckt hatte; er holte sie erst herauf, als feststand, daß er übernachten konnte. Micheál wachte am nächsten Tag von Brians wirklich spektakulärem Morgenhusten auf und fand seinen Bruder am Küchentisch sitzen — rauchend und mit einer Flasche Stout, die er im Schrank gefunden hatte.

Zu Brians engsten Freunden in dieser Zeit gehörten der Anwalt Tommy Conolly und dessen Frau Angela. Tommy ähnelte Brian mit seiner kleinen Statur und seiner humorvollen Art. Er war ein sehr gescheiter und überdurchschnittlich belesener Jurist, und Angela war offenbar eine der wenigen Frauen, die Brian sympathisch fand, ja, mit denen er überhaupt sprach. Er hatte es sich angewöhnt, Samstag vormittags in die winzige Dawson Lounge zu gehen, weil die Conollys dorthin gingen, und als sie zu Tobin's in die Duke Street umzogen — ein ruhiger und etwas altmodischer Pub —, ging er ebenfalls dorthin. Werktags trafen sie sich bei Sinnott's oder Neary's.

Die O'Nolans hatten immer einen Hund, was vor allem auf Brians Drängen zurückging, denn er war ein echter Tierfreund. Einen der Hunde, der Muc hieß, nahm er oft mit in den Pub, aber wenn Evelyn zu Hause war, fütterte sie das Tier und versorgte es. Als Angela sie im Krankenhaus besuchte, zeigte sie sich mehrfach besorgt wegen des Hundes und wollte wissen, ob Brian ihn auch fütterte. Deshalb dachte Angela, daß der Hund einen ausgezehr-

ten Eindruck mache. Brians Versicherungen, daß der Hund bei
ihm keine Not leide, überzeugten sie nicht restlos; sie schickte daher ihr Dienstmädchen Mary mit etwas Hackfleisch los und trug
ihr auf, das Päckchen durch den Briefschlitz zu stecken, wenn
niemand zu Hause sei. Ein paar Tage später bekam sie von Brian
einen Brief:

»Liebe Angela,
vielen Dank für das Hundefutter. Vielleicht kannst Du Dir für
künftige Eventualitäten notieren, daß Evelyn eine Psychose hinsichtlich des Tieres hat und glaubt, es verhungert. In Wahrheit
wird der Hund absolut regelmäßig gefüttert. Ich behandle ihn in
jeder Hinsicht besser als mich selbst. Wie oft erging es ihm wie
Poor Dog Tray — ›Ich teilte meine letzte Krume mit seinem leiden-
den Gesicht‹. Ich habe gestern im Pub mit einem Mann gesprochen, der Hunde züchtet. Ich fragte ihn, ob es irgendein wirksa-
mes Mittel gibt, wie man verhindern kann, daß Muc Teppiche,
Betten, Kleidung usw. mit seinen Haaren verunstaltet. Er meinte,
die Hauptursache für diese Störung sei Überfütterung, und das
glaube ich gern.
                                                    Herzlich,
                                          Brian O'Nolan«[34]

Doch ob Muc nun gefüttert wurde oder nicht, Brians Tierliebe fiel
einigen seiner Freunde auf, und nicht nur seine Liebe, sondern
auch seine Art, mit Tieren umzugehen. Die Conollys besaßen einen besonders eigensinnigen Papagei, bei dem man sich in acht
nehmen mußte, daß er einem nicht in den Finger biß, wenn man
ihn berühren oder streicheln wollte. Als Brian die Conollys das erste Mal besuchte, ließ man ihn, während die Drinks geholt wurden, mit dem Papagei allein, nachdem man ihn gewarnt hatte,
keine Annäherungsversuche zu machen. Als Angela zurückkehrte, sah sie ihn mit dem Vogel sprechen, der einen Dubliner
Akzent hatte und wie ein richtiger Dubliner »How are you?«
sagte. Brian stand neben der Sitzstange und streichelte ihn sogar.

Andererseits war er, wie viele Menschen mit einem charakteristischen Merkmal oder einer Fähigkeit, die in ihrem Leben keine wesentliche Rolle spielt, geneigt, damit anzugeben. Die Conollys besaßen auch einen Hund namens Adam, der ziemlich angriffslustig geworden war. Eines Tages, als Brian zu Besuch kam, bat Angela ihn, ins Wohnzimmer zu gehen, wo Adam war, ihn aber nicht anzufassen; sie wolle nicht, daß er gebissen werde. »Mich hat noch nie ein Hund gebissen«, antwortete Brian. Wenig später kam er mit blutendem Kopf aus dem Zimmer. Trotz der offensichtlichen Wunde bestritt er, gebissen worden zu sein, ließ sich aber von Angela die Wunde mit starkem Jod behandeln. Als sie sich tags darauf bei Sinnott's trafen, überreichte sie ihm ein paar Haare von Adam mit der Bemerkung: »Hier ist ein Haarbüschel von dem Hund, der dich gebissen hat.« Statt auf den Witz einzugehen, reagierte er gereizt. »Mich hat noch kein Hund gebissen«, sagte er hartnäckig, obgleich sie das, was sie als Loch im Kopf bezeichnete, noch immer sehen konnte. Möglicherweise war es diese Verletzung, die er später in einem Brief an Gearóid als Schnittwunde bezeichnete, die »von einem dummen Arzt behandelt wurde (den ich gar nicht gerufen hatte) und dann eiterte« und einen Gang zur Apotheke erforderlich machte. In jenen Jahren sah er Gearóid nur selten, und als sie wegen eines Grabsteins für das elterliche Grab korrespondierten, konnte er sich nicht einmal an seine Adresse erinnern.

Während Evelyn noch im Sanatorium lag, drängte er auf einen Umzug in ein anderes Haus. Aus irgendeinem Grund wollte er aus der Merrion Avenue weg und kaufte in Evelyns Namen ein Haus in der Belmont Avenue in Donnybrook. Die Belmont Avenue mit ihren spätviktorianischen Häusern, den großen Vorgärten und den Treppchen, die zu den Eingangstüren hinaufführen, verbindet die Morehampton Road in Donnybrook mit der Sandford Road in Ranelagh. Von dort war es nicht so weit in die Stadt wie von der Merrion Avenue, und da Brian kein Auto mehr besaß, war das für ihn kein unwichtiger Faktor. Die Conollys gewannen den Eindruck, daß Evelyn überrascht war und nur unter Brians

Druck in diesen Umzug einwilligte, und ihnen mißfiel die Vorstellung, daß sie aus der Klinik sofort in ein unbekanntes Haus
kommen würde, das ihnen kalt und dunkel und ziemlich depri-
mierend erschien. Auch Evelyn fand es dunkel und deprimie-
rend, unter anderem wegen der braungestrichenen Wände, aber
wie bei all seinen Entscheidungen schien sie sich bereitwillig un-
terzuordnen. Dieses Haus lernten jetzt auch die Freunde kennen,
die Brian nachmittags aus der Kneipe nach Hause brachten, was
nun immer öfter notwendig werden sollte. Wer bis in sein Schlafzimmer vordrang, bemerkte die Stapel von Zeitungen, die überall auf dem Fußboden herumlagen; und die elektrische Heizung
schien hier rund um die Uhr in Betrieb zu sein.

Brian O'Nolan verbrachte nun, wie einige seiner literarischen
Figuren, viel Zeit im Bett – teils aufgrund von Krankheit, teils wegen der Auswirkungen des Alkohols, aber auch, weil er es so
wollte. Als seine Mutter und die anderen Familienangehörigen im
Jahr 1953 aus der Avoca Terrace in ein anderes Haus umgezogen
waren, hatte Brian sich das Doppelbett organisiert, das früher
seinen Eltern gehört hatte. Jetzt stand es in der Belmont Avenue,
ein wunderbares Mahagonimöbel mit einem Kopfteil aus Korb-
geflecht, in dem er wie ein kleiner König lag. Leider hatte er praktisch aufgehört, Bücher zu lesen. Er las aber noch immer Zeitungen, die englischen Sonntagszeitungen und Wochenzeitschriften
und vor allem das amerikanische Magazin *Time*, dem er, wie so
viele aus seiner Generation, eine lebenslange Treue bewahrte. Die
meisten seiner Freunde waren beeindruckt, mit wieviel Rück-
sichtnahme, ja Zartgefühl Evelyn ihn behandelte. Jeden Tag
hatte sie ein Mittagessen vorbereitet, das ihn schon erwartete,
wenn er aus der Kneipe zurückkehrte; vorher oder hinterher
pflegte er zu ruhen. Er war ein pedantischer Esser, der darauf bestand, seine Mahlzeit mit einem Teller Suppe zu beginnen, und
überhaupt war er sehr wählerisch. Oft hatte er kaum Appetit,
wenn die Mahlzeit vor ihm stand, und manchmal wies er sie ziemlich abrupt zurück.

Betrunken war er jetzt meist schon am frühen Nachmittag.

Dann beschloß er, nach Hause zu gehen, und sah unterwegs oft noch in ein, zwei Kneipen in Donnybrook vorbei. Evelyn befürchtete, daß der Versuch, ihn vom Alkohol abzubringen, seine Gesundheit sehr viel mehr beeinträchtigen würde als die Auswirkungen fortgesetzten Trinkens. Sie spürte, daß seine Reizbarkeit so groß war, daß er den Alkohol brauchte, um sich zu beruhigen; und seine mürrische und verschlossene Art, wenn es nichts zu trinken gab, ermutigte Evelyn nicht gerade, den Versuch trotzdem zu wagen. Es war noch nicht üblich, daß Alkoholiker sich regelmäßig im St. John of God's oder in Grangegorman auskurieren ließen. Dies bürgerte sich erst in den sechziger Jahren ein. Jetzt waren es nur extreme Fälle von Delirium tremens, die dort Hilfe suchten, oder besser gesagt: dort eingesperrt wurden; und vermutlich hätte in Brians Fall jeder Versuch, das Trinken ohne ärztliche Aufsicht aufzugeben, zu einem schweren Trauma geführt.

Gegen Ende 1956 mußte er aus anderen Gründen ins Krankenhaus. Hilton Edwards hatte ihm wegen seines Sketches »Durst« geschrieben, den er mit verschiedenen anderen Stücken am Gaiety aufführen wollte. »Durst« war in den vierziger Jahren entstanden, aber Edwards kannte das Stück, weil das Gate es im Rahmen eines Weihnachtsprogramms gezeigt hatte. Er erkundigte sich nach »Durst« und auch nach eventuellen neuen »und selbstverständlich wahnsinnig komischen« Stücken.[35] O'Nolan antwortete Edwards' Sekretärin aus dem Genesungsheim in Lucan: »Ich war sehr krank und schreibe diesen Brief aus dem Pflegeheim in Lucan, aber ich bin nicht kleinzukriegen und hoffe, daß ich am Sonntag wieder nach Hause kann. Ich habe meine Frau schon gebeten, Mr. Edwards mitzuteilen, daß ich interessiert bin. Ich weiß nicht, ob sie es getan hat. [Sie hatte ihm tatsächlich geschrieben.] Zu diesem Sketch ›Durst‹: Wir sind kürzlich erst umgezogen, und meine Bücher und Papiere sind wie ein Sack Kartoffeln auf den Fußboden gekippt worden. Ich glaube, das Manuskript liegt irgendwo ganz außen. Soweit ich mich erinnere, könnte es zumindest teilweise eine Überarbeitung vertragen.«[36]

Weiter schrieb er, daß es ihn erst kürzlich gereizt habe, »eine
komische Oper zu schreiben. Ich hatte gerade mit der Arbeit begonnen, als ich krank wurde. Dann starb meine Mutter, ich selbst
wurde immer kränker, und so war immer etwas los. Die Oper
heißt ›The Palatine's Daughter‹, und der Sketch ›Durst‹ wäre der
Kern des ersten Akts. Es soll eine zum Brüllen komische Farce
werden, mit Liedern, die jedes Publikum zu Begeisterungsstür-
men hinreißen; es ist eine Show, die bestimmt ankommt. Es soll
ein abendfüllender Dreiakter werden.«

Der Tod seiner Mutter im Jahr 1956 traf ihn schwer. Es war einer
von zwei Todesfällen in den fünfziger Jahren, die ihm derart zu-
setzten. Der andere war der Tod von Dickie McManus, mit dem er
seit seiner Jugend befreundet war. McManus, ein Junggeselle,
wohnte in Blackrock und hatte sich oft mit Brian getroffen. Einmal hatte er sogar mit Brian und Evelyn eine Urlaubsreise in den
Westen und Süden Irlands unternommen. Dickie McManus' Tod
bedeutete das Ende einer seiner wenigen wirklich menschlichen
Beziehungen.

Den Tod seiner Mutter empfand er als noch schwereren Verlust,
denn sie war in gewisser Weise seine und auch Evelyns Vertraute
gewesen. Ein Biograph könnte versucht sein, einige seiner psychischen Probleme auf das Verhältnis zu seiner Mutter zurückzuführen; doch es gibt keinen Beleg für diese Theorie. Agnes O'Nolan
scheint eine fröhliche, tatkräftige und couragierte Frau gewesen
zu sein, die frei war von den Konflikten und der Empfindlichkeit,
die einigen der talentierten Gormleys zu schaffen machte. Sie war
nicht allzu besitzergreifend; sie erdrückte ihre Kinder nicht mit
ihrer Mutterliebe, und seine psychopathologischen Probleme
können ihr kaum zur Last gelegt werden. Sein Bruder Kevin erinnert sich, wie Brian nach dem Tod seiner Mutter »hilflos fragte,
womit wir solch eine Mutter überhaupt verdient hätten«. Ein bio-
graphischer Kommentator betrachtete dies als »eine gewiß ungewöhnliche Reaktion eines Fünfundvierzigjährigen auf den Tod
seiner Mutter«.[37] Die menschliche Erfahrung dürfte diese These

widerlegen. An dem Abend, als sie starb, erschien Brian bei McDaid's, und Kavanagh tröstete ihn damit, indem er von seinem Schmerz über den Tod seiner Mutter erzählte. »Man hat nur eine Mutter«, sagte er. Das war eine Banalität, aber Brian rührte es sehr.

Die Verhandlungen über *The Palatine's Daughter* endeten ergebnislos. O'Nolan mußte im Januar 1957 wieder ins Krankenhaus, und inzwischen hatte Edwards' Sekretärin geschrieben, daß er sehr interessiert sei und das fertige Skript gern sehen wolle. Dies verärgerte O'Nolan, und er antwortete:

»Ich bin ein wenig verwirrt über den Inhalt des zweiten Absatzes. Mr. Edwards findet, um aus dem Werk von Mr. Joyces Jüngstem zu zitieren, daß ich meine komische Oper dort hinpacken soll, wo Jacko die Nüsse hinpackt. Damit bin ich nicht einverstanden, aber ich finde mich damit ab. Er möchte eine Neufassung des komischen Stücks namens ›Durst‹. Er wird sie nächste Woche haben. Aber wofür? Ich meine, für welches Medium? Sie erwähnen die ›Irish Hills‹, als wäre es die Gasgesellschaft oder I.C.I. oder etwas anderes furchtbar Bekanntes. Ich habe den Ausdruck noch nie gehört. Ist es ein konventionelles Bühnenstück in Dublin oder in England, oder ist es was fürs Fernsehen oder Radio? Seien Sie so nett und sagen Sie mir genau, was gewünscht wird.

Ihr Diener,
Brian O'Nolan.«[38]

Inzwischen traf er sich oft mit Brendan Behan, dessen internationaler Erfolg eine von Dublins großen Sensationen des Jahres 1956 gewesen war. Auch Behan sollte ein Opfer des Selbstbewußtseins werden, das die Stadt in ihren bekannteren Gestalten förderte, besonders bei jenen, die ihr Leben hauptsächlich in den Kneipen verbrachten und es für notwendig hielten, sich für das Kneipenpublikum in Szene zu setzen. Der Druck dieser Selbstdarstellung wurde in Behans Fall noch dadurch verstärkt, daß sein internationaler Ruhm weitgehend auf dem Image gründete,

das er sich zurechtgelegt hatte. Da er dem Image des betrunkenen
Genies so viel verdankte, glaubte er, sich entsprechend verhalten
zu müssen; und so tanzte er nach der Pfeife der Imageproduzen-
ten und befand sich schon bald auf einem Weg, der geradewegs in
den Tod führen sollte.

Brendan war indes aufmerksamer und sensibler, als sein Image
oder auch seine Werke vermuten lassen. Er war auch, mehr als
Brian O'Nolan, zu jenen Offenbarungen und Vertraulichkeiten
fähig, die eine Freundschaft nicht zuletzt ausmachen. Aber die
Auswirkungen des Ruhms, den er dann in so unglaublichem
Maße genoß und der ihn letztlich ruinierte, zeigten sich schon,
als er und Brian O'Nolan einander kennenlernten. In einer
»Cruiskeen Lawn«-Kolumne aus dem Jahr 1959 beschreibt Myles
na Gopaleen einen gemeinsam verbrachten Tag:

»Neulich morgens war ich in Donnybrook, und so gegen elf Uhr
wartete ich auf einen Bus, der mich nach Hause bringen sollte.
Ein großes Auto hielt mit quietschenden Reifen, und aus seinem
Innern wurde ein Schwall von überschwenglichen, lauten, ordinären Rufen und – ich will heute mal ehrlich sein – schlicht ob-
szönen Ausdrücken in meine Richtung geschleudert. Die Bushaltestelle befindet sich direkt vor der Polizeiwache, und ich wollte
das vermeiden, was die Zeitungen eine heftige Auseinandersetzung nennen. Ich bewegte mich gemessenen Schritts zu diesem
geräuschvollen Taxi und sagte mit höflichem Unterton: ›Guten
Tag, Brendan.‹ Diesen Gruß beantwortete Mr. Behan mit Worten,
die ich unmöglich zitieren kann, weil, wie unser geliebter Herausgeber Bertie Smyllie mir mehr als einmal klarmachen mußte,
dies eine anständige Zeitung ist. ›Steig schon ein in diese gefährliche Klapperkiste‹, sagte Mr. Behan. ›Kommst du mit ins Brazen
Head?‹«[39]

Myles willigte ein, unter der Bedingung, daß sie unterwegs bei
Meredith's Pfandleihe anhalten, wo er eine Uhr auslösen wollte,
die er dort versetzt hatte. Eine Uhr zu verpfänden war recht unty-

pisch für Brian O'Nolan, und die Auslösung vollzog sich unter viel Gelächter und Spott über die Passanten, wobei Brians angeborener Sinn für achtbares Auftreten mit Behans grundsätzlichem Exhibitionismus kontrastierte.

Im Jahr 1962 schrieb Brian O'Nolan an seinen damaligen Verleger Tim O'Keeffe, der seinerseits, als er noch bei Hutchinsons arbeitete, einige unangenehme Erlebnisse mit Behan gehabt hatte: »Behan ist ein Freund von mir, aber deswegen übersehe ich keineswegs, daß er ein Rüpel ist und manchmal noch etwas viel Schlimmeres.«[40] Doch in seiner Kolumne, die er 1956 über Behans wachsenden Ruhm schrieb und mit der ihre Freundschaft begann, lag Großzügigkeit, und in dem Nachruf, den er im *Sunday Telegraph* zu Behans Tod im März 1964 schrieb, ist auch Zuneigung spürbar. Darin sagte er – durchaus zutreffend –, daß Behans Theaterstücke, »die ich persönlich krude und aggressiv, aber auch unterhaltsam fand, nur einen Bruchteil seiner eigentümlich komplizierten Persönlichkeit ausmachten. Er war im Grunde eher ein Schauspieler als ein Dramatiker oder, um eine Dubliner Redewendung zu benutzen, ›er war ein Schauspiel für sich‹.«[41]

Überraschend ist, wie O'Nolan die Behauptung Brendans hinnimmt, daß »Joyce ›oder solches Zeug‹ ihm gestohlen bleiben können und er das Werk des hochtrabenden undublinerischen Emigranten tatsächlich nicht gelesen hat« – das zeigt doch, daß ihre Kenntnis voneinander Grenzen hatte. Als ich Brendan Behan kennenlernte, pflegte er ausgiebig aus *Ulysses* zu zitieren, oft ohne die Stelle als Zitat kenntlich zu machen, als stammten einige der besten Formulierungen aus seinem eigenen Fundus an Dubliner Ausdrücken. Erst später, als er fand, daß Kavanagh und andere Stammgäste bei McDaid's ihn mit Geringschätzung behandelten, spielte er den Desinteressierten – eine Reaktion auf ihre Bewunderung für den *Ulysses* – und behauptete schließlich sogar, von Joyce keine einzige Zeile gelesen zu haben. Der größte Dubliner Schriftsteller, so erklärte er jetzt, sei Sean O'Casey.

Francis Stuart erinnert sich, daß er während seines Irlandbe-

suchs 1958 auch Behan besuchte. Behans Frau Beatrice war eine
Tochter von Francis' altem Freund Cecil French-Salkeld, der in
der Figur des Byrne in *In Schwimmen-zwei-Vögel* porträtiert
wurde, und er wollte sich nach ihrer Schwester Celia erkundigen.
In Behans Haus fand gerade ein Gelage statt, bei dem auch Brian
O'Nolan anwesend war. Behan trug ein weißes Hemd mit zahlreichen Bierflecken, das bis zum Bauchnabel geöffnet war. Brian
O'Nolan trug seinen Hut auf dem Kopf. Irgendwann fuhren sie zu
Mooney's in Baggot Street Bridge, und dort rutschte O'Nolan auf
dem harten Steinfußboden aus. Ein Gast, der neben ihm stand
und ihm aufhelfen wollte, bekam ein wütendes »Untersteh
dich!« zu hören.

In Irland genoß O'Nolan mittlerweile einen beachtlichen Ruf –
auch wenn zu diesem Ruf das Klischee vom brillanten erfolglosen
Genie gehörte –, aber im Ausland war er nahezu unbekannt; und
dies zu einer Zeit, da eine neue Generation von irischen Schriftstellern, darunter auch Behan, allmählich Anerkennung im Ausland fand. Auch finanzielle Probleme machten ihm zu schaffen;
wenn man bedenkt, wieviel Geld er für Alkohol ausgab, konnte
zwangsläufig für andere Dinge nicht viel übrigbleiben. Er hatte
die Idee, daß eine Sammlung von »Keats and Chapman«-Ge-
schichten, illustriert von seinem Freund Sean O'Sullivan, als
möglicherweise lukratives Weihnachtsbuch einen englischen Verleger interessieren könnte, und er bat mich, dies in London zu
sondieren – wahrscheinlich nahm er an, daß ich dort mehr Kon-
takte zu Verlagen hatte, als es tatsächlich der Fall war. Bei meinen
Gesprächen stellte ich dann fest, daß nur sehr wenige Leute von
ihm gehört hatten. In dieser Zeit bemühte er sich auch erfolglos
um eine feste Anstellung. Er fragte bei der *Irish Times* an, ob sie
ihn als Korrektor gebrauchen könnten. Der BBC in Belfast bot er
ein Stück namens *The Boy from Ballytearim* an, um sich später
als Drehbuchautor zu bewerben. In seinem Brief hieß es, er habe
ein »bedeutendes Projekt« in der Schublade, an dem kontinuierlich zu schreiben er durch Auftragsarbeiten gehindert werde,
was er »schwierig« und »unangenehm« fand.[42] Er wandte sich

auch an Bryan Guinness, Lord Moyne, mit der Bitte um eine persönliche Empfehlung, die er seiner Bewerbung um die Stelle eines Englischdozenten am Trinity College beilegen wollte. Auf diese Möglichkeit hatte Niall Montgomery ihn hingewiesen; aber auch daraus wurde nichts.

Daß diesen Bemühungen etwas Klägliches anhaftet, ist nicht seine Schuld; aber es ist bemerkenswert, daß er sein Heil darin erblickte, zunächst mehr Auftragsarbeiten zu schreiben und dann eine feste Anstellung zu suchen, obwohl die ganze Zeit das Manuskript von *Der dritte Polizist* in seiner Schublade lag. Evelyn wies ihn mehr als einmal darauf hin, daß sie einen möglicherweise verkäuflichen Roman im Hause hatten, doch darauf erwiderte er nur, daß er in die dritte Person umgeschrieben werden müsse, was sehr aufwendig und die Mühe wahrscheinlich nicht wert sei. Vermutlich hätte der Roman, in dieser Phase einem englischen Verleger angeboten, genau dasselbe Schicksal erlitten wie 1939. Wie dem auch sei, im Jahr 1958 schien selbst seine Fähigkeit oder Bereitschaft geschwunden zu sein, die wöchentlich sechs Kolumnen zu schreiben, die er sich als Ziel gesetzt hatte. Ganze Wochen, ja Monate vergingen, ohne daß auch nur ein einziger »Cruiskeen Lawn« in der *Irish Times* erschien. Dann, Anfang 1959, erhielt er einen Brief von einem jungen Mann namens Timothy O'Keeffe, der für den Londoner Verlag MacGibbon and Kee arbeitete, einen relativ neuen Verlag mit anspruchsvollem Programm. O'Keeffe wollte, falls die Rechte erhältlich seien und O'Nolan einverstanden sei, eine Neuauflage von *In Schwimmen-zwei-Vögel* herausbringen. Das war die Wende.

Das Ende

Tim O'Keeffe hatte sich schon als Student in Oxford für *In Schwimmen-zwei-Vögel* begeistert. In den fünfziger Jahren hatte er im Verlag Hutchinson gearbeitet, der seinerzeit erfolgreich sein Image verbesserte und im Begriff war, irische Autoren wie Brendan Behan und James Plunkett zu publizieren. O'Keeffe hatte sich dafür eingesetzt, *In Schwimmen-zwei-Vögel* neu herauszubringen, doch sein Vorschlag war von dem dynamischen Verlagschef Robert Lusty, dem das Buch nicht gefiel und unverständlich erschien, abgelehnt worden. Daß O'Keeffe nicht schon damals Erfolg mit seiner Idee hatte, gehört mit zu Brian O'Nolans Tragik. Selbst drei, vier Jahre hätten viel ausgemacht. Dennoch, nach einigen Diskussionen mit seinen Kollegen im Verlag MacGibbon and Kee konnte er O'Nolan im Mai 1959 von der geplanten Neuausgabe berichten:

»Ich bin, zusammen mit ein paar anderen Leuten, schon immer ein großer Bewunderer von *In Schwimmen-zwei-Vögel* gewesen«, schrieb er, »und schon vor einiger Zeit habe ich die ersten Schritte unternommen, um eine Neuauflage des Buches zu erreichen. Ich freue mich, Ihnen heute mitteilen zu können, daß wir, vorausgesetzt, die Rechte sind erhältlich und Sie selbst sind an einer Neuausgabe diesseits des Atlantiks interessiert, es gern veröffentlichen würden.«[1]

Wie sich herausstellte, lagen die Rechte zwar noch bei Longmans, würden aber nach fünf Monaten erlöschen, falls innerhalb dieser Frist nicht eine Neuauflage herausgebracht würde. Longmans willigte daher ein, die Rechte an MacGibbon and Kee abzutreten.

O'Nolan hatte zu *In Schwimmen-zwei-Vögel* inzwischen ein solches Verhältnis entwickelt, daß ihn bereits die bloße Erwähnung zu ärgern schien. Wurde das Werk gelobt, tat er es als »bloßen Jugendkram« ab, und überhaupt reagierte er auf fast jede Erwähnung allergisch. Das mag auch daran gelegen haben, daß er in seinem Innersten sehr viel traditioneller eingestellt war, als dieser Roman vermuten läßt, und daß er im nachhinein der Struk-

tur des Buches mißtraute und der Rolle, die der Zufall bei dieser
Art Collage gespielt hatte. Eine solche Einstellung kann sehr
wohl Bestandteil seines allgemeinen Puritanismus, selbst seiner
Spießbürgerlichkeit gewesen sein. Jedenfalls schien er seinen
Erstlingsroman mit dem Image des brillanten, aber erfolglosen
Genies zu assoziieren, das Dublin ihm aufgenötigt hatte. Wer die-
ses Jugendwerk lobte, dachte er, schrieb damit den heute leben-
den Verfasser ab.

Nachdem es nun 1960 problemlos wieder aufgelegt worden
war, gestand er O'Keeffe zögernd, daß an dem Buch wohl etwas
sein müsse; doch als er Angela Conolly ein Exemplar der neuen
Ausgabe widmete, bat er sie, nicht zu vergessen, daß es »von einem Pennäler geschrieben« sei; und als John Bowman ihn 1964
im irischen Rundfunk interviewte, erklärte er: »Ich kann gar
nicht sagen, wie abscheulich ich dieses blöde Buch finde.« Seine
kritische Sicht erklärte er damit, daß »darin irgendein teufli-
scher Code, irgendein Anagramm versteckt sein muß«, das er
nicht beabsichtigt habe. Es sei »ein peinlich schlechtes Buch«.[2]

Im Laufe der Zeit hatte es sich jedoch die beste Art der literarischen Anerkennung erworben, jene nämlich, die von Leser zu Leser durch mündliche Empfehlung weitergegeben wird. Die Ir-
landspezialisten unter den englischen Literaturkritikern und
auch die unermüdlichen Avantgardisten kannten das Buch schon
seit längerem. All das spiegelte sich in den Lobeshymnen wider,
die bei seiner Neuauflage angestimmt wurden. Das Buch wurde
im *Observer* (von Philip Toynbee) und im *New Statesman* (von
V. S. Pritchett) an prominenter Stelle besprochen und fast überall
gelobt. Toynbee betonte eher den Zusammenhang mit Joyce,
während Pritchett, wie üblich, genau ins Schwarze traf:

»Mr. O'Briens Talente sind verblüffend und grausam. Er hat die
erstaunliche irische Gabe, das menschliche Tier zu beschreiben,
seinen schamlosen und verfallenen Körper, seine rührende und
wuchernde Phantasie, sein furchtbares Interesse an sinnlosen
Rätseln. Darüber hinaus bedient er sich der englischen Sprache

mit einer außerordentlichen Freiheit ... Seine Menschen sind entweder abgerissene Dubliner oder groteske Giganten, aber ihr Verstand ist hell; sie leben in der Sprache, in komischen Bildern und
weniger im wirklichen Leben. Seine Absicht ist es anscheinend,
den Regionalismus aus der irischen Literatur zu vertreiben, indem er ihn übertreibt.«[3]

Die Kurzbiographie auf dem Schutzumschlag verriet zwar den
wirklichen Namen des Autors und seine wahre Identität, doch als
Inhaber des Copyrights wurde Brian Nolan genannt. Als O'Keeffe
dies bemerkte, war es für eine Korrektur schon zu spät; zu seiner
Überraschung schien O'Nolan jedoch ungerührt und sagte, daß
es ihm nichts ausmache.

Das wichtigste unmittelbare Ergebnis dieser Neuausgabe war,
daß O'Nolan sich sofort daranmachte, ein weiteres Buch zu
schreiben. Daß er diese Art von Ermutigung brauchte, beweist
abermals, wie weit er in bestimmten Haltungen von Joyce entfernt war. In allem, was er schrieb, brauchte er Bestätigung, und
für Lob war er bisweilen übertrieben dankbar, auch wenn es nur
um eine Kolumne in der *Irish Times* ging. Die Rezeption der Neuausgabe von *In Schwimmen-zwei-Vögel* hatte ihm ein wenig von
seinem schriftstellerischen Selbstwertgefühl zurückgegeben, das
seit der Ablehnung von *Der dritte Polizist* schon lange empfindlich gestört war.

Er nahm die Arbeit sofort auf, und trotz der vielen Hindernisse
– das lange Zeit ungenutzte Talent, das chronische Trinken, die
tiefsitzenden Selbstzweifel – kam ein kleines Meisterwerk dabei
heraus: *Das harte Leben*. Die meisten Ideen trug er lange mit sich
herum, aber wenn er arbeitete, dann arbeitete er schnell. »Bedeutende Kunstwerke«, schrieb er einmal in seiner Kolumne, »entstehen schnell. Wenn man viel Zeit benötigt, wird es meist etwas
Schlechtes.«[4]

Am 27. Januar 1961 konnte er Mark Hamilton von A. M. Heath,
der nach all den Jahren noch immer sein Agent war, eine Rohfas-

sung schicken. Wie üblich suchte er Bestätigung: »Es ist überflüssig, darauf hinzuweisen, daß ich enorme Zweifel habe, was den Stoff angeht. Ich wäre Ihnen dankbar, wenn Sie das Ms. lesen und mir Ihre Meinung dazu sagen könnten. Das wäre enorm wichtig für mich.«[5]

Tatsächlich meldete Hamilton Bedenken an, woraufhin er sein Buch sofort gegen die Einwände verteidigte:

»Ich glaube, daß die Zweifel, die Sie persönlich haben, sich als unbegründet herausstellen werden. Alles ist beabsichtigt, die Figuren erhellen sich selbst und gegenseitig durch ihr seltsames Verhalten und ihre hochtrabenden Gespräche. Die episodisch entwickelte Handlung ist streng fortlaufend aufgebaut und in sich geschlossen, so daß ein kompaktes und kurzes Buch entsteht. Abschweifungen und langatmige Erörterungen wären leicht, würden aber meines Erachtens die Spontaneität des Buches beeinträchtigen. Sie haben recht, wenn Sie sagen, daß ich die direkte Beschreibung bewußt vermeide. Der Ich-Erzähler bzw. Gesprächspartner ist selbst ein ziemlicher Trottel. Ein paar Leute hier, deren Meinung ich schätze, haben das Ms. gesehen und sind alle wirklich beeindruckt, besonders von den Dialogen zwischen Collopy und Pater Fahrt, die ganz akkurat im Dubliner Jargon geschrieben sind.«[6]

Gesehen hatte das Buch unter anderem Brendan Behan, der es als »Juwel« bezeichnete. Allerdings fand er, daß die Figur des Pater Fahrt nicht unangenehm genug sei, und schlug vor, ihn mit irgendeiner Krankheit auszustatten. O'Nolan war gegen Tuberkulose, der er nichts Komisches abgewinnen konnte, meinte aber, daß einiges für eine Hautkrankheit spräche, die nicht genauer bezeichnet werden müßte, sich aber durch Jucken und Kratzen vermitteln ließe. Am Ende war es dann Schuppenflechte.

Seine große Hoffnung war, daß dieses neue Buch in Irland auf den Index gesetzt würde. Der »Censorship of Publications Act«, der den Verkauf von Literatur untersagte, die »in ihrer allgemei-

nen Tendenz obszön« sei oder Empfängnisverhütung propagiere,
wurde noch immer rigoros angewendet. Im Laufe der Zeit waren
zahlreiche bedeutende Werke der Literatur auf dem Index gelandet, so viele sogar, daß ein Verbot einer Auszeichnung gleichkam.
Und da in den fünfziger und sechziger Jahren indizierte Bücher
relativ mühelos »unter dem Ladentisch« zu kaufen waren, war
ein Verbot keineswegs, wie früher, mit einer schweren finanziel-
len Einbuße verbunden. Von fast jedem irischen Schriftsteller
stand ein Buch auf der Verbotsliste, und daß O'Nolan dieser Aussicht mit freudiger Erwartung entgegensah, zeigt, daß auch er
unbedingt zu diesem Club gehören wollte. Dieser Wunsch war
wohl teilweise auf seine Unsicherheit zurückzuführen, da er, obschon Urheber von Millionen von Wörtern, sich als Buchautor
noch nicht durchgesetzt hatte. Es konnte aber auch damit zusammenhängen, daß Sex in seinen Büchern in einer ganz auffälligen
Weise nicht vorkommt. Er wisse, schrieb er an O'Keeffe, daß das
Buch nicht gegen die Bestimmungen des Gesetzes verstoße, aber
»allein schon der Name von Pater Kurt Fahrt* S. J. wird den Don-
nerschlag rechtfertigen«. Zwei Monate später griff er das Thema
wieder auf. »Der Name wird hierzulande für einen heiligen Kra-
wall sorgen. Er wird zu einiger Drahtzieherei hinter den Kulissen
führen, damit das Buch wegen Obszönität verboten werden kann
(es gibt nämlich keine andere gesetzliche Grundlage für ein Verbot als die Propagierung von Geburtenkontrolle).«[7] Falls es dazu
käme, wolle er das Verbot vor dem Obersten Gerichtshof anfech-
ten und denjenigen, der die Verfügung erlassen habe, auf Schadenersatz verklagen. »Die höheren Richter hierzulande sind ganz
vernünftige Leute, und ich kenne die meisten von ihnen sogar,
wobei allerdings der Umstand, daß es ein Verfahren vor einem
Geschworenengericht wäre, die Sache komplizieren würde.«[8]
Neben dem Wunsch, sich als einer jener Profis zu etablieren, deren Bücher sich der besonderen Aufmerksamkeit der Zensurbe-
hörde erfreuen, verraten diese Hoffnungen aber auch einen Cha-

---

* Fahrt = (engl.) *fart*: Furz [A.d.Ü.]

rakterzug, der schon seit seiner Studentenzeit an ihm auffällt, nämlich schockieren und provozieren zu wollen, ohne dafür konkrete persönliche Nachteile in Kauf nehmen zu müssen.

Um den »Hochwürdigen Schmarotzern«, die das Indizierungsverfahren überwachten, nicht kostenlos Munition zu liefern, hatte er in einem Brief an O'Keeffe dafür plädiert, »dem Buch ein völlig farbloses, anonymes (pseudonymes), neutrales Äußeres zu geben. Auf alle biographischen Angaben sollte verzichtet werden. Unser Erfolg hängt davon ab, daß wir ihnen immer einen Schritt voraus sind.«[9]

Mit dem Ergebnis war er schließlich sehr zufrieden, vor allem mit der Darstellung des Mr. Collopy auf dem Schutzumschlag; dies sei zugleich ein hervorragendes Porträt von Sean T. O'Kelly, dem er einst als Privatsekretär gedient hatte. »Derlei Dinge sind sehr hilfreich.« Er erwähnte dann, daß er das Buch gezielt zwei vom Temperament her völlig unterschiedlichen Menschen zu lesen gegeben habe:

»Der eine fand es sehr, sehr witzig – zum Brüllen komisch. Der andere (eine Frau) gab es mir betrübt zurück. Sie sagte, sie verstehe mich nicht und zweifelte jetzt daran, ob sie mich überhaupt jemals verstanden habe. Aber einer Sache dürfe ich gewiß sein. Nicht eine Nacht würde vergehen, in der sie nicht ein Ave Maria für mich beten würde. Und ob es nicht gut sei, daß meine arme Mutter das nicht mehr erleben müsse.

Ich denke, sie war schockiert, weniger von Mr. Collopys Worten als von dem Namen unseres guten Jesuitenpaters.«[10]

Zweifel hatte er allerdings, wie er Gerald Gross vom New Yorker Verlag Pantheon Books schrieb, was die Reaktion in Großbritannien betraf. »Es ist sehr schwer, diese Leute dort zu unterhalten – sie suchen nach Obertönen, Untertönen, Nebentönen, Grunzern und ›der Aussage‹, sie vermuten immer, daß es um etwas sehr Bedeutendes geht. Das erfüllt einen Schriftsteller, der in diesem Moment nur herumalbert, mit Besorgnis.«[11] Diese bescheidene Interpretation seines neuen Werks vertrat er aber nicht konsequent. Ein Jahr später schrieb er O'Keeffe: »*Das harte Leben* ist ein sehr wichtiges und sehr komisches Buch. Sein vordergründig trockener Stil täuscht.«[12]

Unbeschadet dieses späteren Urteils würde es sich mit der grundsätzlichen Schlichtheit von *Das harte Leben* aber nicht vertragen, allzu erhaben über das Buch zu sprechen oder ihm allzuviel Gewicht beizumessen. In seinen Grenzen ist es, wie Behan sagte, ein »Juwel«, aber Grenzen hat es durchaus. Das Buch ist im Grunde eine Aneinanderreihung von Witzen, deren Wirkung oft ein Gefühl leichter Entrüstung voraussetzt, vergleichbar mit jenem Schock, den O'Nolan sich vom Namen des Jesuitenpaters versprach. Eine wirkliche Komödie ist es eigentlich nicht, obwohl der humoristische Kern, die körperlichen Erfordernisse und Gebrechen des Menschen, in schonungsloser Weise akzentuiert wird. Dennoch, trotz aller Einschränkungen ist ihm ein großartiges Werk gelungen. Die Dialoge sind Glanzstücke einer sinnlosen Dialektik; hervorragend porträtiert wird die Schäbigkeit eines heruntergekommenen bürgerlichen Lebens, das sich hauptsächlich in Küche und Souterrain abspielt; Collopys irische Weltsicht mit ihren zwecklosen Obsessionen kontrastiert eindrucksvoll mit der dynamisch-kosmopolitischen Art des Bruders. Daß der Bruder so viel verwandtschaftliche Sympathie für Mr. Collopy empfindet, ihm die Pilgerfahrt nach Rom zu bezahlen, erscheint zwar wenig plausibel; da die Reise aber wesentlich für die Handlung ist, geht der Autor großzügig darüber hinweg. Eine ernstere Schwäche ist die Behandlung des Erzählers. Wir wissen nicht genug über seine Wünsche, sein Lebensgefühl oder seine Werte, als daß wir die Abscheu, die er über das beschriebene Leben empfindet, nachvollziehen könnten. Deshalb ist das Buch auch gewiß kein Porträt des Künstlers als junger Mann oder auch nur eine Parodie auf Joyces Buch, die einige Rezensenten darin erblicken wollten.

Es ist fraglich, ob O'Nolan überhaupt eine Art Kommentar zu Joyce intendiert hatte, und es ärgerte ihn sicherlich, daß die Kri-

tiker, obschon begeistert, unbedingt Joyces Schatten wieder her-
aufbeschwören wollten. In gewisser Weise lag das natürlich am
Stoff. O'Nolan hatte die Handlung im Dublin der Jahrhundertwende angesiedelt, so wie er ein Studentenleben an der katholischen Universität von Dublin zum Thema von *In Schwimmen-
zwei-Vögel* gemacht hatte. Insofern dies die Domänen seiner
Phantasie und Erfahrung waren, ist seine Vorgehensweise durchaus legitim. Allerdings forderte sie den Vergleich mit Joyce geradezu heraus. Diese Vergleiche waren wohl auch die Folge von
»O'Nolans sprachverliebter Neigung zum Wortspiel«[13], wie es
Anthony Burgess in seiner Besprechung von *Das harte Leben* formulierte. Diese Neigung hatte er freilich mit vielen irischen
Schriftstellern gemein, die meist entschieden wortspielerischer
sind als ihre englischen Kollegen, und eben nicht nur mit Joyce.
Die ständigen Vergleiche mit Joyce ärgerten ihn sehr. »Wenn ich
das Wort Joyce noch einmal höre, fange ich garantiert an zu
schäumen«, schrieb er O'Keeffe einmal.[14]

Die vielen körperlichen Gebrechen und Beschwerlichkeiten,
von denen im Buch die Rede ist, provozierten auch den einen oder
anderen Vergleich mit Swift. Auf O'Nolans realistische Beschreibungen derartiger Widrigkeiten hatte schon 1947 Thomas Hogan
in *The Bell* hingewiesen. Hogan hatte das Beispiel eines Dozenten
angeführt, der am Ende eines hochgeistigen Vortrags »benutztes
Rasierwasser in exquisite Vase auf Kaminsims kippt und anfängt,
Verband von wunder Stelle an Hals zu entfernen«.[15] *Das harte
Leben* betont gnadenlos die Gefahren und Schwächen der körperlichen Existenz. Es gibt eine längere Abhandlung über die
Symptomatik von Geschlechtskrankheiten (übrigens direkt aus
der *Encyclopedia Britannica* abgeschrieben, die für O'Nolan
zeitlebens ein wichtiges Hilfsmittel war), die sich durch ihren Ort
in der Handlung nur mit Mühe rechtfertigen läßt.

Diese Seite an ihm als einen Swiftschen Zug zu beschreiben
wäre jedoch ungenau. O'Nolan findet den schmutzigen Aspekt
der körperlichen Existenz entschieden witzig, und er beschreibt
ihn mit einer Begeisterung, die wenig Swiftschen Ekel erkennen

läßt. Und obgleich Hogan auch H. G. Wells' berühmte Bemerkung über Joyce zitierte, er führe exemplarisch die »zwanghafte Beschäftigung der Iren mit dem Kloakenhaften« vor, so ist psychologisch doch bemerkenswert, daß es weder in den Romanen noch in »Cruiskeen Lawn« spezifisch kloakenhaft zugeht. Die »große Auswahl von körperlichen Qualen, Martern und jämmerlichem Blutschwitzen«, die der Pooka McPhillimey Dermot Trellis androht, findet er jedoch komisch. Sein Bruder Kevin erinnerte sich an ein Kindheitserlebnis in Strabane: Als Verwandte einmal erzählten, wie ein ortsansässiger Arzt so unglücklich die Treppe hinuntergestürzt war, daß er sich den Schädel in einen einzelnen Nagel rammte, der am unteren Treppenende aus der Türschwelle herausragte, erschien Brian das dermaßen komisch, daß seine Mutter und seine Tante ihn streng zurechtwiesen. Groteske und makabre Ereignisse und Unfälle fand er sein Leben lang komisch. Wie jeder Humor war auch der seine natürlich eine Möglichkeit, psychische Erschütterungen zu vermeiden; andererseits half er ihm wahrscheinlich, seine körperlichen Gebrechen und seine vielen Unfälle leichter zu ertragen.

Zwei andere Merkmale von *Das harte Leben* sollen noch erwähnt werden. Das eine ist der Katholizismus. Die Witze sind zwar größtenteils respektlos, setzen aber grundsätzlich etwas Respektierenswertes voraus. Sie sind witziger, wenn man skandalöse Gespräche über Jesuiten oder die Vorstellung, daß Mr. Collopy den Papst bittet, sich für den Bau von öffentlichen Bedürfnisanstalten für Frauen einzusetzen, ein wenig schockierend findet. Alles beruht auf der Voraussetzung, daß die katholische Kirche eine außerordentlich wichtige Institution ist, daß sie einen wichtigen Platz in der Welt einnimmt und daß sie das Leben und das Denken der Menschen entscheidend beeinflußt.

Das zweite Charakteristikum ist in gewisser Weise mit dem ersten verknüpft. Es ist der Konflikt zwischen einem säkularen Humanismus — genauer gesagt: zwei Arten von säkularem Humanismus: der eine, repräsentiert durch den Bruder, ist der herzlos-materialistische der Gegenwart, der andere, vertreten durch

Mr. Collopy, ist der liberale, gemäßigt progressive der spätviktorianischen Ära – und dem Transzendentalismus von Pater Fahrt.
Um diesen zentralen Konflikt kreisen viele andere: z.B. das Verhältnis zwischen Gewalt und Reformismus als Instrumenten von
Veränderung und das Verhältnis zwischen nationalistischer Leidenschaft und praktischer Reform. Die Reform, für die sich Mr.
Collopy engagiert, besteht in der Einrichtung von öffentlichen
Bedürfnisanstalten für Frauen. Dagegen erscheint die transzen-
dentalistische Philosophie als männlich, hierarchisch und frau-
enfeindlich. Ein Sieg für Mr. Collopy im Sinne des Buches wäre
es, wenn Frauen als gleichberechtigte Menschen und ihre körperlichen Bedürfnisse als wichtig akzeptiert würden. Der Papst,
oberster Patriarch einer patriarchalischen Welt, lehnt eine solche
Sicht ab. »Bona mulier fons gratiae«, erklärt er. »Attamen ipsae
in parvularum rerum suarum occupationibus verrentur. Nos de
tantulis rebus consulere non decet. Ein gutes Weib ist eine Quelle
der Gnade. Aber die Frauen sollten sich um ihre kleinen persönlichen Angelegenheiten selbst kümmern. Es gehört sich nicht, in
solchen Angelegenheiten uns um Rat zu fragen.«

Innerhalb von O'Nolans Werk ist das Buch deswegen so ungewöhnlich, weil der Autor auf Mr. Collopys Seite zu stehen scheint.
Mehr noch als der Bruder oder der Erzähler ist er der Geist, der
das Buch erfüllt, das komische Wesen, das dafür sorgt, daß wir
uns des Buches mit Sympathie erinnern. Für Mr. Collopy sind die
körperlichen Bedürfnisse von Frauen ein Grund für soziales Engagement. Durch Mr. Collopy hat auch der Autor des Buches zu
dieser Haltung gefunden. Für den emanzipierten Liberalen mag
das nicht sehr viel sein; aber im Hinblick auf Brian O'Nolans
Grundpositionen ist es aufschlußreich und bedeutsam.

»Ich habe das Buch, parallel zu anderen Arbeiten, in zwei Monaten fertiggeschrieben und dann festgestellt, daß ich selbst völlig fertig war«, sollte er ein Jahr später sagen.[16] Aber er hatte ein
gutes, witziges Buch geschrieben, es war veröffentlicht worden
und hatte im In- und Ausland Anerkennung gefunden. Graham
Greene, der Adressat der etwas übertrieben diplomatischen und

berechnenden Widmung des Romans, schrieb in seinem Dank-
brief: »*In Schwimmen-zwei-Vögel* ist mir seit seinem ersten Erscheinen als eines der besten Bücher unseres Jahrhunderts in
Erinnerung. Aber mein Gott, wie lange hat es auf das nächste
warten müssen.«[17]

Die Veröffentlichung seines neuen Romans löste indes nicht
O'Nolans wirtschaftliche Probleme, die inzwischen wirklich ernst
waren. Auseinandersetzungen mit der *Irish Times* waren an
der Tagesordnung. Viele Kolumnen wurden zurückgewiesen, und
er schrieb auch weniger als früher. Im letzten Quartal 1959 erschienen insgesamt nur achtzehn Kolumnen. Einige der abgelehnten Kolumnen bekam seine neue Bekannte Patricia Murphy,
die frühere Frau des Dichters Richard Murphy, die unter ihrem
Mädchennamen Patricia Avis früher selbst Gedichte veröffentlicht hatte und die nun eine Zeitschrift namens *Nonplus* gründete. Dort erschienen 1959 einige ältere und neuere Kolumnen-
texte, die von der *Irish Times* zurückgewiesen worden waren, und
Brian O'Nolan war regelmäßiger Gast in ihrer Wohnung am Wil-
ton Place, wobei nicht einmal der Dubliner Klatsch ihm eine romantische Affäre andichtete. Patricia war Ärztin, eine kluge, ziel-
strebige Frau, die gastfreundlich genug war, Kavanagh und Brian
mit Whiskey zu bewirten, wenn sie sich im Austausch dafür Unterhaltung versprach. Sie schenkte Brian auch eine goldene Uhr,
wahrscheinlich dieselbe, die er an jenem Tag mit Brendan Behan
beim Pfandleiher auslöste. Von ihrer Zeitschrift, die sich nicht
lange hielt, erschienen nur drei Nummern, und eine Veröffentlichung dort genügte natürlich nicht, um davon leben zu können –
wie nützlich sie auch sein mochte, um der *Irish Times* zu demonstrieren, daß es Interessenten für die zurückgewiesenen Beiträge
gab.
   Ein alter Mitarbeiter der *Irish Times*, Brian Inglis, dessen
Kolumne »Tagebuch eines Iren« einst auf derselben Seite wie
»Cruiskeen Lawn« erschienen war, gab jetzt den *Spectator* heraus, und Brian schrieb ihm, um sich für eine wohlwollende Be-

sprechung der Neuausgabe von *In Schwimmen-zwei-Vögel* zu bedanken. Nachdem er das Buch als »jugendlichen Unsinn« bezeichnet hatte, kam er zum Hauptanlaß seines Briefes:

»Es liegt mir sehr daran, von der miesen *Irish Times* wegzukommen. Sie war schon zu Smyllies Zeiten eine merkwürdige Zeitung, aber heutzutage ist sie wirklich ganz und gar unerträglich geworden. Ich brauche Dir nicht von ihren schockierenden Honorarvorstellungen zu erzählen, aber dazu kommt, daß viel Material, das ich einschicke, unterdrückt wird, und für diese Arbeit bekomme ich keinen Pfennig. Andere Artikel werden oft aus schierer Ignoranz verstümmelt und zurechtgestutzt. Die Zeitung hat in der jüngsten Zeit eine ganz neue Herde von heiligen Kühen gezüchtet, und obwohl ich mich für schlau halte, bin ich mir ihrer Identität niemals sicher. Jedenfalls werden es immer mehr. Ich schrieb einmal etwas über die kolonialen Heldentaten der irischen Armee im Kongo, aber das wurde völlig gestrichen. Alec Newman ist der perfekte Gentleman, aber ein Schwächling durch und durch ... er beugt sich in nebensächlichen Dingen Anweisungen von gewissen Direktoren, die Kinderwagen herstellen, aber eigentlich selbst darin sitzen sollten (und die mich nicht leiden können, mich für gefährlich halten) ... UND JETZT HERGEHÖRT: Siehst Du irgendeine Möglichkeit, im *Spectator* etwas von mir unterzubringen, vorzugsweise auf einer regelmäßigen Basis? So ein Artikel, der nicht lang oder teuer sein muß, würde sich natürlich primär an die englischen Leser wenden, aber zweifellos oft von den komischen Sachen ausgehen, die hierzulande passieren. Selbstverständlich schicke ich Dir gern ein oder zwei Musterexemplare, um Dir eine Vorstellung von Klima, Temperatur, Obsessionen etc. zu geben.«[18]

In den ersten Monaten des Jahres 1961 bemühte sich O'Nolan weiterhin um eine feste Anstellung, faßte sogar den Staatsdienst wieder ins Auge, denn er bewarb sich als Übersetzer für den Dáil. Welch große Sorge ihm seine finanzielle Situation bereitete, kann man wohl an seiner Bereitschaft ermessen, seine Tage damit zu verbringen, die verhaßten Parlamentsdebatten ins Irische zu übersetzen: Er konnte sich tatsächlich vorstellen, in eine Umgebung zurückzukehren, die er, jedenfalls im nachhinein, unerträglich fand. Als sein jüngster Bruder Micheál zwei Jahre später Inspektor für das Fach Kunsterziehung an höheren Schulen und damit Beamter wurde, schrieb er ihm:

»HERZLICHEN GLÜCKWUNSCH.

Nuala rief heute an und erzählte, daß Du den Job bekommen hast. Irgendwie hatte ich damit gerechnet, obwohl ich eine krumme Sache nicht ganz ausschließen konnte. (Du darfst nicht vergessen, daß ––– inzwischen schon viele Jahre verheiratet ist, und ER hat womöglich Gören, die untergebracht werden müssen, wie häßliche junge Hunde auf einem Misthaufen.)

Du bist jetzt im Staatsdienst und solltest Dich, bei meinen Erfahrungen auf dem Gebiet, mal mit mir in Verbindung setzen und meinen klugen, kenntnisreichen Rat einholen. Vergiß nicht, auch der Abtrünnige ist sehr schlau.

Bis bald. B.«[19]

Als ich ihn in dieser Zeit einmal traf, war er gerade unterwegs zu Allan Figgis, dem Direktor der Dubliner Buchhandlung Hodges Figgis, der auch ein Verlag angeschlossen war. »Ich bewege mich auf sehr dünnem Eis«, sagte er. »Die einzige Sicherheit, die ich habe, ist die Pension, und das ist nicht viel.« Er wollte von mir wissen, ob ich Figgis kannte, und ich sagte, daß ich ihn nur dem Ruf nach kannte. Er wolle sich dort nach einer Stelle erkundigen, sagte er. Ich glaube, er bekam ein paar Sachen zu lektorieren, aber es war für beide Seiten kein glückliches Verhältnis. Zwei Jahre später hatte Figgis das Pech, in derselben Sendung interviewt zu werden, in der Brian das erste und einzige Mal im irischen Fernsehen auftrat. Etwa in der Mitte der Sendung schien Brian plötzlich klarzuwerden, wer dieser andere Mensch war, und obgleich er nicht gerade nüchtern war, stellte er ihm eine klassische Falle. Er ignorierte den Interviewer und fragte: »Heißen Sie Figgis?«, und als er die einzig mögliche Antwort erhielt, fragte er weiter: »Sind Sie der sogenannte Verleger?« Darauf konnte es keine Antwort geben.

Zur gleichen Zeit schrieb er jede Woche einen Artikel für die *Nationalist and Leinster Times*, ein Provinzblatt, das in der Grafschaft Carlow erschien. Die Kolumne trug den Titel »Bones of Contention« [Zankäpfel] und erschien unter dem Pseudonym »George Knowall«. Sie war eher diskursiv und nüchtern als witzig oder beißend, und schamlos zitierte er darin aus der *Encyclopedia Britannica*. Daß er sich auf solche Arbeiten einließ, war grotesk, denn inzwischen hatte er internationale Bekanntheit erlangt.

Er hatte das Gespräch, in dem er mir von seiner Bewerbung bei Hodges Figgis erzählte, mit dem prahlerischen Hinweis beendet: »Auf beiden Seiten des Atlantiks kann ich tausend Pfund für ein Buch bekommen, unbesehen«, aber natürlich mußte er die Bücher zuerst schreiben. Daß er zu einem »Ein-Roman-pro-Jahr-Mann« werden könnte, wie Patrick Kavanagh es nannte, war nahezu unvorstellbar. Aber es wäre vielleicht besser gewesen, es überhaupt einmal zu probieren, als sich in »George Knowall« zu verwandeln. Er hatte herausgefunden, daß seine Manuskripte verkäuflich waren, und erörterte mit mir die Möglichkeit, das Manuskript von *In Schwimmen-zwei-Vögel* von der Tochter eines angesehenen Beamten und ehemaligen Kollegen wiederzubekommen, dem er es vor langer Zeit zur Taufe seines Kindes geschenkt hatte. Ich sagte, ich sähe keinen Grund, warum er sie nicht bitten sollte, es ihm zurückzugeben, verheimlichte ihm aber, daß die betreffende Dame, inzwischen selbst verheiratet und wirtschaftlich in Not geraten, sich ebenfalls bei mir erkundigt hatte, ob sie durch den Verkauf des Manuskripts zu Geld kommen könnte.

Und immer wieder lag er im Krankenhaus, zuerst mit einem gebrochenen Steißbein, dann mit einer Verletzung am Auge, beides unangenehme und schmerzhafte Dinge, die er tapfer ertrug, wie er überhaupt Schmerzen immer tapfer ertrug. Er trank so viel, daß sein Tag um drei Uhr nachmittags praktisch schon vorüber war und er am späten Nachmittag meist schon im Bett lag. Ihn am Abend anzutreffen, war ausgesprochen selten, obwohl er einmal aus irgendeinem Grund kurz vor Schankschluß bei McDaid's auftauchte. Wir saßen an einem Tisch in dem kleinen hinteren Abteil, das »Intensivstation« hieß, weil man dort eng aufeinander saß und den Tisch mit anderen teilen mußte. Er protestierte gegen eine Bemerkung eines unbekannten Nachbarn und wurde richtig ausfällig. Als wir alle bei Schankschluß auf die Straße traten, beschimpfte er noch immer diesen harmlosen Menschen und machte Anstalten, in Hut und Mantel auf ihn loszugehen. Es war unmöglich, ihn wegzuziehen, und da seine terrierhafte Angriffslust den anderen zu einem Gegenschlag provozieren mußte, machte ich mir Sorgen wegen des Ausgangs.

Weil sein Tag meist schon so früh endete, war Brian, als damals neue Bestimmungen den Kneipen längere Öffnungszeiten erlaubten, eine Weile der einzige Trinker in Dublin, der davon nichts wußte. Wann sie morgens öffneten, wußte er allerdings ganz genau. Wie viele andere Gewohnheitstrinker war er kein Unbekannter in den Dubliner Pubs, die mit einer sogenannten »Marktlizenz« schon früh aufmachen dürfen und unter deren Gästen, die durch Schlaflosigkeit oder frühmorgendliche Gedanken aus dem Bett getrieben werden, ein Gefühl der Verbundenheit herrscht. Bis zum Rindermarkt fuhr er selten, aber das White Horse, das seine Sonderlizenz seiner Lage am Kai in der Nähe der *Irish Press* verdankte, war eine seiner Anlaufstellen.

Im Jahr 1960 zogen die O'Nolans wieder um, diesmal in ein neues Haus in dem ausgedehnten Vorortviertel beiderseits der Stillorgan Road. Evelyn war in dem Haus an der Belmont Avenue, dessen Dunkelheit sie bedrückte, immer unglücklich gewesen. Sie hatten schon oft von einem Umzug gesprochen und davon, wie schön es wäre, ein Haus an der Küste zu finden, in Dalkey oder

Killiney, doch sie fanden nichts Geeignetes, obwohl sie intensiv
die Inserate studierten. Das Haus in der Waltersland Road war ein
eingeschossiger moderner Bungalow; Evelyn, die die Transaktion
betrieb, während Brian die meiste Zeit im Bett lag, glaubte zwar,
daß es für einen Schriftsteller nicht besonders geeignet sei, fand
aber, daß es gewisse Vorteile bot. Beispielsweise gab es dort keine
Treppen, die Brian hinaufsteigen mußte oder hinunterfallen
konnte. Das Haus war so weit von der Stadt entfernt, daß Brian
am Ende ein Vermögen für Taxis ausgab. Die einzige Kneipe in
der Gegend war ein riesiger Pub mit mehreren großen Räumen,
»ein überdachter Croke Park«, wie er ihn John Ryan beschrieb.
Er besuchte auch Byrne's in Galloping Green, dessen Besitzer
später die Ehre hatte, der einzige Wirt zu sein, der ihm schriftlich
den Zutritt zu seinem Etablissement untersagte.

Mit dem Besitzer einer anderen, noch entfernteren Kneipe, die
er seit den Tagen von Blackrock kannte, Barker's of Kill O' the
Grange, hatte er ebenfalls eine Meinungsverschiedenheit. Sie bezog sich auf einen Betrag, den er hatte anschreiben lassen und
nach Auffassung des Wirts nicht beglichen hatte, und auf eine
weitere Summe, angeblich für eine Flasche Whiskey und sechs
Glas Bier. In einem Brief, den Evelyn tippte und mit dem Hinweis
»Diktiert« versah, schrieb Brian:

»Mein lieber Freund,
seit ich das letzte Mal bei Ihnen war, liege ich mit einer heftigen
Grippe (jedenfalls heißt es so) darnieder und bin noch immer außer Gefecht gesetzt.

Ich habe aber, was das Scheckproblem betrifft, im Bett ein wenig recherchieren können. Sie sagen, daß ich Ihnen schon vor
dem Tag, als ich und mein jüngerer Bruder bei Ihnen waren, Geld
schuldete, das ich nicht zurückgezahlt habe. Ich sagte, ich sei sicher, den Betrag gezahlt zu haben. Ich lege den bezahlten Scheck
bei, bitte zurückschicken.

Von der Flasche Whiskey und den sechs Bieren im Zusammenhang mit unserem Besuch ist mir nichts bekannt. Es stimmt zwar,

daß ich imstande bin, den Inhalt einer Flasche Whiskey zu schluk-
ken, nicht aber die Flasche selbst. Bei mir im Haus hat sich keine
leere Flasche aufgefunden...

Es würde nicht schaden, wenn Sie sich klarmachten, daß auch
Sie sich irren können. Sie schulden mir im Zusammenhang mit
dem beigelegten Scheck eine Entschuldigung.

Mit freundlichem Gruß
Brian O'Nolan«[20]

In der Waltersland Road hatte er sich das beste Zimmer des Hauses ausgesucht, eines, das hell und sonnig war und Flügeltüren
hatte, die zum Garten hinausführten. In dieses Zimmer stellte er
das Doppelbett, das seinen Eltern gehört hatte, und hier verbrachte er viel Zeit. Manchmal schrieb er im Bett, und immer, außer an den wärmsten Tagen, war die elektrische Heizung in Betrieb.

Er interessierte sich mittlerweile für das in Irland neue Medium Fernsehen und schrieb 1962 einige Stücke dafür. Eines,
»The Boy from Ballytearim«, war eine bearbeitete Fassung eines
Bühnenstücks, ein anderes, »The Dead Spit of Kelly«, war eine
dramatisierte Version der Geschichte »Two in One«, die in *The
Bell* erschienen war; die Stücke »Flight« und »The Time Freddy
Retired« schrieb er direkt für das Fernsehen – erneut eine ziemlich ungewöhnliche Art, von seinen Talenten Gebrauch zu
machen. Wie die ursprüngliche Kurzgeschichte »Two in One«
handelt es sich eher um längere Anekdoten als um Stücke im eigentlichen Sinn. Die Möglichkeiten des Mediums loten sie gewiß
nicht aus (er besaß nicht einmal ein Fernsehgerät), und finanziell
lohnten sie sich auch nicht besonders. Mit ihnen bekräftigte er jedoch erneut sein Selbstbild vom erfahrenen literarischen Handwerker, der sich in allen Sparten auskennt und der nunmehr kühl
und zielstrebig die Möglichkeiten des Fernsehens nutzt.

Vielleicht noch seltsamer war, daß er der großen Dubliner
Brauerei Guinness das Angebot machte, Reklamespots für sie zu
schreiben, und sogar eine Probe einschickte. Die Szene bestand

aus einer Gruppe von Männern, die in einer Dubliner Kneipe an
einem Tisch sitzen und Guinness trinken. Bevor auch nur ein
Wort fällt, wird der Schriftzug GET TOGETHER WITH A GUINNESS ein-
geblendet. Dann beginnt einer der Männer, eine Geschichte von
einem Freund zu erzählen, der in New York mit einem anderen
Auto zusammenstößt. Ein Polizist kommt hinzu und sagt: »Dafür wandern Sie ins Gefängnis!«, worauf der Freund erwidert:
»Es war doch nicht meine Schuld.« Der Polizist erkennt seinen
Akzent: »Sie kommen aus Dublin? Dann warten Sie mal, bis ich
diese üblen Gauner verhaftet habe, die Ihnen da einfach reinge-
fahren sind!« Alle lachen und finden, daß jetzt eine weitere
Runde Stout fällig ist. Der Barmann kommt mit einem Tablett
Guinness-Gläsern und stellt es auf dem Tisch ab. Auffällig ist,
daß der Autor dieses erbärmlichen Zeugs die technischen Ausdrücke kennt, denn im Script heißt es weiter: »Eingeblendeter
Titel: There's Nothing Like A Guinness! Dazu *Off*-Stimme:
THERE'S NOTHING LIKE A GUINNESS!«[21]
    Leider bekam der Autor von »Ist ein Porter dein einziger
Freund« bei Guinness keine feste Anstellung als Drehbuchschrei-
ber für Werbefilme. Und auch die neue Irish Distillers Group
konnte sich nicht für den Vorschlag erwärmen, den O'Nolan ihr
im Jahr 1964 machte: Er wollte eine Geschichte der irischen
Whiskeyindustrie schreiben. Als Anreiz legte er ein etwa zehnsei-
tiges Exposé vor, ein recht merkwürdiges Dokument, in dem er
zunächst sich selbst vorstellt:

»Einige Angaben zur Person vorweg. Nach längerem Studium,
einschließlich Auslandsaufenthalt, trat ich 1935 in den irischen
Staatsdienst ein. 1953 quittierte ich den Dienst im Range eines
Principal Officer, da mir das Milieu zunehmend zuwider war.
Schlimm genug, daß fast alle Minister entweder Bauern oder
ungebildete Laufburschen waren (einigen diente ich als Privatsekretär), aber es gab unverhohlenen Amtsmißbrauch, Mausche-
leien und Korruption in größerem und kleinerem Maßstab. Dies
ist nicht der Ort, auf diese Dinge detailliert einzugehen, obwohl

man sich an einige Fälle erinnern wird – z. B. die Locke's Distil-
lery und die Monaghan Bacon Factory –, die öffentliches Aufsehen erregten, und das auch nur, weil einige der zwielichtigen Beteiligten untereinander in Streit geraten waren. Ich hatte damals
schon angefangen, Bücher unterschiedlicher Art zu schreiben,
und war der Ansicht, auf diese Weise meinen Lebensunterhalt
ehrlich verdienen zu können. Ich habe sieben Bücher geschrieben, die in London und New York veröffentlicht wurden, davon
drei international übersetzt, daneben Theaterstücke, Kurzgeschichten, Stoffe für Radio und Fernsehen und im Laufe der
Jahre einen riesigen Haufen von Arbeiten, die man als besseren
Journalismus bezeichnen könnte. Ich habe die letztgenannte Ak-
tivität, was Irland angeht, wegen der beklagenswerten Situation
im hiesigen Pressewesen aufgegeben; allenthalben begegnet man
engstirnigen und bornierten Vorurteilen, einem Analphabeten-
tum geradezu, und die Honorarvorstellungen sind zum Teil lächerlich. Ich schreibe jetzt für den [Manchester] *Guardian* und
verschiedene Zeitschriften, darunter auch amerikanische. Letz-
tes Jahr habe ich ein Buch geschrieben, das im kommenden Oktober in London und Anfang 1965 bei Macmillan in New York her-
auskommt. Dieses Buch wird Aufsehen erregen. Ich habe noch
nie etwas unter meinem eigenen Namen veröffentlicht.«[22]

Dann folgen ein recht blasser historischer Abriß der Trinkgewohnheiten der Iren, wie sie in den Memoiren beispielsweise Jo-
nah Barringtons und anderer Schriftsteller des 18. Jahrhunderts
beschrieben wurden, eine kurze Biographie von Bruder Matthew,
dem Führer der Abstinenzbewegung, eine Geschichte der Brannt-
weinsteuer und einige statistische Angaben über die Anzahl von
Kneipen in Irland seit 1830. Dann führt er aus, welche Vorteile die
irische Whiskeyindustrie von der Publikation eines solchen Buches hätte – dem Ergebnis »gründlicher Recherchen« über die
Geschichte des irischen Whiskeys unter besonderer Berücksichtigung seiner wirtschaftlichen, fiskalischen und sozialen Bedeutung.

»Das Trinken von Alkohol ist seinem Wesen nach eine eminent soziale Frage, mit Auswirkungen, die weit über die eigentliche Sache hinausreichen. Die Kampagne von Bruder Matthew hierzulande, das schreckliche Zwischenspiel der Prohibition in den USA und das skandinavische Modell des Staatsmonopols sind Beispiele für die Interaktion zwischen Alkohol und politischen, religiösen und sozialen Vorstellungen. Dumme und überzogene Einstellungen zum Trinken lassen es in einem gleichbleibend schlechten Licht erscheinen, dabei liegt es im Interesse der Industrie, sich positiv darzustellen. Was uns angeht, sollte das unmittelbare Ziel darin bestehen, den echten irischen Whiskey in den Vereinigten Staaten zu einem beliebten und geschätzten Getränk zu machen.«[23]

Abschließend nennt er seine Gehaltsvorstellungen: Er erwarte »ein Honorar von £600 jährlich auf maximal 2 Jahre einschließlich aller Reise- und anderer Spesen bei Tätigkeiten außerhalb von Dublin«. Ein solches Honorar sei keineswegs als Entgelt für das Schreiben des Buches zu verstehen, welches »ein echtes literarisches Werk sein wird, das aufgrund seiner künstlerischen Qualitäten international beachtet und besprochen werden wird. Der Sponsor wird mit der Veröffentlichung oder anderen unwägbaren technischen Problemen nichts zu tun haben, da ich bereits bei einem großen Londoner Verlag und einem New Yorker Verlag unter Vertrag stehe, wobei das Thema des Buches meiner eigenen Entscheidung überlassen bleibt.« Welche Hoffnungen er sich machte, geht aus der Feststellung hervor: »Das Arrangement würde mich weitgehend von anderen Verpflichtungen befreien, so daß ich mich voll auf diese spezielle Aufgabe konzentrieren könnte.«

Die irischen Whiskeyfabrikanten scheinen nicht viel mehr als die ersten Seiten seines Exposés gelesen zu haben – dort findet sich unter anderem die ausführliche Beschreibung eines typischen Saufgelages im 18. Jahrhundert –, denn sie antworteten, daß es ihrer Ansicht nach keine besonders gute Idee sei, die Aufmerksamkeit auf die Geschichte des Whiskeytrinkens in Irland zu lenken; die Branche sei im Begriff, sich ein neues, besseres Image aufzubauen, was natürlich mehr oder weniger dem Vorschlag O'Nolans entsprach. In seinem Exposé hatte er sich als Autor von sieben Büchern vorgestellt. Tatsächlich waren es zu diesem Zeitpunkt bestenfalls sechs, einschließlich *Aus Dalkeys Archiven*, das noch nicht erschienen war, des Theaterstücks *Faustus Kelly* sowie des »Cruiskeen Lawn«-Auswahlbands, den die *Irish Times* 1943 veröffentlicht hatte.

In einem autobiographischen Beitrag, der einige Wochen zuvor in einer Belfaster Studentenzeitschrift erschienen war, hatte sich die Zahl seiner Werke auf zehn erhöht. Dieser Artikel, überschrieben »De Me«, war ursprünglich als autobiographische Erinnerung für seine Schwester Nuala aufgezeichnet worden, als er während Evelyns Krankheit im Jahr 1956 bei ihr gewohnt hatte. Später hatte er die Aufzeichnungen bearbeitet und als Grundlage für einen Vortrag vor der New Ireland Society der Queen's University in Belfast sowie als Beitrag für das Studentenmagazin *New Ireland* im März 1964 verwendet.

In diesem Artikel spricht er auch von seiner nordirischen Herkunft, was sonst nur sehr selten vorkam. Er fordert seine Zuhörer auf, mit ihm zu kommen

»... in ein nettes, freundliches Städtchen in der Nähe mehrerer sich dahinwälzender Flüsse, das früher einmal ein bedeutender Eisenbahnknotenpunkt war. Die Rede ist von Strabane, der glücklichsten Stadt von Tyrone, und dort wurde ich geboren. Und ich kann es beweisen. Die Familie meiner inzwischen verstorbenen Mutter, die Gormleys, wohnen noch immer in der Main Street, und wenn Sie dort vorbeischauen und sich als Freund von mir vorstellen, wird mein Onkel Eugene oder Joe oder meine Tante Teresa den Wink sofort verstehen und Ihnen ein Glas Malz anbieten. Meine Wiege stand in 17 The Bowling Green.«[24]

Tatsächlich war es die Nummer 15; doch dann heißt es weiter:

»... in 25 Jahren habe ich zehn Bücher geschrieben (ich meine: gewichtige Werke), und zwar unter vier ganz konträren Pseudonymen und über Themen, die absolut nichts miteinander zu tun haben. Fünf dieser Bücher könnte man als belletristische Werke bezeichnen, eines behandelt internationale soziale Fragen, zwei behandeln naturwissenschaftliche Themen, eines beschäftigt sich mit literaturwissenschaftlicher Theorie, eines ist auf irisch geschrieben, und ein Werk ist ein Bühnenstück (das am Abbey Theatre inszeniert wurde).«[25]

Der Ton dieser Skizze gibt dem Biographen natürlich zu denken. Die Aufzählung, unterstrichen durch den Hinweis auf die Inszenierung, gibt sich äußerst akkurat. Zu dieser Zeit gab es tatsächlich fünf »belletristische Werke«, wenn man *Der dritte Polizist* und das noch unveröffentlichte *Aus Dalkeys Archiven* hinzuzählt. Aber die in allem Ernst vorgebrachte Behauptung, ein Buch über »internationale soziale Fragen« geschrieben zu haben, zwei Bücher über »naturwissenschaftliche Themen« und eines über »literaturwissenschaftliche Theorie«, muß wohl im Licht seiner generellen Unwahrhaftigkeit und seiner Neigung zum Verrätseln gesehen werden, zumal er einige Wochen später nur von sieben Büchern sprach.

In diesem autobiographischen Artikel heißt es weiter, daß er darüber hinaus noch »eine Unmenge verschiedenster Sachen, Kurzgeschichten, Texte für Radio und Fernsehen, Artikel für Zeitungen und Zeitschriften und sogar Buchrezensionen« geschrieben habe. Diese Tätigkeit, erklärt er ein wenig defensiv, »ist Arbeit und kann finanziell sehr befriedigend sein, oft auf ganz unvorhersehbare und sehr überraschende Weise. Aber ist es unerträglich harte Arbeit? Nicht unbedingt.« Dann kommt die verräterischste Stelle:

»Abgesehen von einer gründlichen und möglichst breiten Bildung muß ein Konkurrent auf diesem Feld ein ausgeglichenes, aber flexibles Temperament haben. Durch die Aufspaltung seiner Persönlichkeit in mehrere Abteile zum Zweck der literarischen Äußerung sorgt er dafür, daß ihm nicht eine ganz bestimmte Denkweise, feste Anschauungen, unveränderliche stilistische Eigenheiten zugeordnet werden. Ein Autor sollte weder unter seinem eigenen Namen schreiben noch ständig dasselbe Pseudonym benutzen; ein männlicher Schriftsteller sollte seine Hochstapelei auch mit einem weiblichen Pseudonym betreiben und vielleicht auch umgekehrt.«

Es gibt keinen Beweis dafür, daß O'Nolan je ein weibliches Pseudonym verwendet hat, wenngleich Niall Montgomery seinerzeit in der *Irish Times* unter dem Pseudonym »Rosemary Lane« eine quasihumoristische Kolumne veröffentlichte, zu der Brian den einen oder anderen Artikel beigetragen haben könnte. Die Persönlichkeit zum Zweck der literarischen Äußerung zu spalten, ist ein pfiffiger Rat, der auf jede Art von Schriftstellerei paßt; er allerdings betrieb das intensiver als die meisten anderen und letzten Endes wohl zu seinem Schaden. Noch erstaunlicher ist die Sorge, man könnte ihm »eine ganz bestimmte Denkweise« oder »feste Anschauungen« zuordnen. Nicht alle Schriftsteller machen sich mit solcher Vorliebe unsichtbar wie Brian O'Nolan. Viele von ihnen haben einen ausgeprägt messianischen Zug; sie wollen der Welt ihre Offenbarungen verkünden, und seien sie nur psychologischer Art, und sie möchten, daß man die Dinge so sieht wie sie. Brian O'Nolan hatte seine eigenen festen Anschauungen; und wie man es häufig erlebt, verkündete er seine Gebote in einem Augenblick, da er den Vorwurf fürchtete, sie selbst übertreten zu haben.

Das fünfte seiner »belletristischen Werke«, *Aus Dalkeys Archiven*, hatte er erstmals Ende 1962 in einem Brief an Tim O'Keeffe erwähnt, und um diese Zeit begann er, in Dublin darüber zu sprechen. Meist fragte er seinen Gesprächspartner zunächst, ob er sich schon einmal überlegt habe, daß der hl. Augustinus ein

»Schwarzer« gewesen sein könne. Wer sich für den hl. Augustinus
nicht interessierte, mußte sich dann einen Vortrag anhören mit
der abschließenden Behauptung, daß diese These wahrscheinlich zutreffe, daß es damals nur niemand für nötig gehalten habe,
es zu erwähnen, da die Hautfarbe eines Menschen bei den Rö-
mern nicht vermerkt wurde. Brian schien in der Vorstellung, der
Heilige könne ein Schwarzer gewesen sein, etwas sehr Komisches
und vielleicht auch Schockierendes zu sehen. Später behauptete
er, sich intensiv mit Augustinus beschäftigt und alles gelesen zu
haben, was in englischer, französischer und deutscher Sprache
über ihn veröffentlicht worden sei. Ja, er habe sogar zwei Wochen
im Britischen Museum verbracht und seine lateinischen Original-
schriften studiert, und mithin sei er »der einzige Mensch, der das
jemals getan hat, einschließlich Augustinus selbst«. Tatsache ist,
daß seine Kenntnisse des hl. Augustinus recht bruchstückhaft
waren und mühelos aus der *Catholic Encyclopedia* und der
Everyman-Ausgabe der *Bekenntnisse* abgeschrieben sein konnten. Und im Britischen Museum ist er überhaupt nie gewesen.

In seinen Gesprächen kam er aber immer wieder auf das
Thema zurück, und jeder, der Erfahrung in solchen Dingen
hatte, sah die Gefahr, daß er das Thema zerreden würde. Er hatte
eine Arbeitsweise entwickelt, die manchmal eher ein Symptom
von Verzweiflung war. Sie bestand darin, um jeden Preis eine erste Fassung fertigzustellen, ohne sich über stilistische oder for-
male Feinheiten oder über die Gesamtstruktur übermäßig viel
Gedanken zu machen. Diesen Fragen widmete er sich erst später,
mit der Gelassenheit im Urteil und dem Selbstbewußtsein, das
mit der Fertigstellung des Rohentwurfs entstanden war. Schließlich kam der Tag, an dem man die ersten hundert Seiten zu lesen
bekam. Meine Enttäuschung war riesengroß. Er hatte von einem
neuen, experimentellen Werk gesprochen, mit einem kühnen
Zeitsprung und einer Handlung voller Überraschungen. Was er
mir jetzt zur Kommentierung vorlegte, war im Grunde ein traditioneller, ziemlich schwülstiger Roman, der bei weitem nicht den
Qualitätsmaßstäben entsprach, die sein strenger Autor sich

selbst gesetzt hatte, ja, der mitunter sogar peinlich wirkte, wie
etwa die folgende Stelle noch immer zeigt:

»Ohne sich all die Warnungen zu eigen zu machen, die man jederzeit über die mit intellektueller Arroganz und literarischer Frei-
beuterei einhergehenden seelischen Gefahren hören und lesen
konnte, so lag doch unstreitig eine Bedrohung in der übertriebe-
nen Selbstsicherheit, die aufwendige Erziehung und finanziell
abgesicherte Lebensumstände einem jungen Mädchen verleihen
konnten. Ohne es zu wissen, konnte sie sich auf Dinge einlassen,
die ihre Kräfte überstiegen. Empfand sie seine eigene Gesellschaft als stabilisierendes Element? Mick mußte das bezweifeln,
denn es war nur zu wahr, daß er selbst nicht übermäßig ausgegli-
chen war. Einmal im Monat Beichte war schön und gut, aber er
trank zu viel. Er würde das Trinken aufgeben. Außerdem würde
er darauf hinarbeiten, daß Mary mehr von seiner ruhigen Art annahm, von seinem gesunden Menschenverstand.«[26]

Im »De Me«-Artikel hatte er erklärt, »die Aufspaltung der Persönlichkeit in mehrere Abteile zum Zweck der literarischen Äußerung« sei ein erstrebenswertes Ziel für jeden Autor. In diesem
Buch nun scheinen zum ersten Mal Fragmente seiner eigenen Persönlichkeit den verschiedenen Abteilen entschlüpft zu sein und
sich überall zu zeigen. Gewiß war die Hauptfigur, Mick, dessen
Überlegungen gerade zitiert wurden, nicht als Selbstporträt gedacht; O'Nolan schrieb ja auch in einem Brief an Cecil Scott, daß
»alle Figuren des Buches unangenehm sein sollen, besonders der
Erzähler«. Doch der allgemeine Tonfall dieses Buchs ist sein eigener, und man kann sich kaum des Eindrucks erwehren, daß Mick
und der Autor dieselbe Person sind. Zum ersten Mal scheint ihm
die Maske heruntergerutscht oder abhanden gekommen zu sein.
Ich erinnerte mich jenes Abends zehn Jahre zuvor, als wir beide
Limelight mit Charlie Chaplin gesehen hatten und Brian sich
nach meiner Meinung erkundigte. Mir gefiel der Film, denn obwohl ich mich angesichts seiner Naivität bisweilen unbehaglich

fühlte, hatte er mich auch angerührt. Brian erwiderte, daß er
Chaplins Gesicht nicht ausstehen könne. Er fand es »schreck-
lich«. Hier nun zeigte sich sein eigenes Gesicht, ohne Maske, und
die Wirkung war mitunter peinlich.

Obwohl er voller Stolz über sein Arbeitstempo gesprochen
hatte, wurde mir bald auch klar, daß es sich um einen alten, wie-
deraufgewärmten Stoff handelte. Ich wußte damals noch nichts
von De Selby oder von *Der dritte Polizist*, aber wenn dies ein
neues Werk sein sollte, dann enthielt es störende Anachronismen.
In der Metropole Lounge waren Frauen nicht zugelassen; die Sei-
tenstraßen von Dalkey waren leer und still; in Dublin fuhren
noch immer Straßenbahnen. Als ich Jahre später *Der dritte Polizist* las, stellte ich fest, daß eine längere beschreibende Passage
sowie die komischen Polizisten und die Molekulartheorie aus diesem Buch stammten. Er plünderte ein Meisterwerk, um ein lang-
weiliges, schwaches und sehr viel schlechteres Werk zu produzieren.

Doch die Anachronismen waren nicht das einzig Störende. In
den sechziger Jahren durfte man von einem irischen Schriftsteller, zumal jemandem wie O'Nolan, der *Ein Porträt des Künstlers
als junger Mann* praktisch in der Wiege gelesen hatte, eine diffe-
renziertere Haltung zum Katholizismus verlangen. Der Autor
von *Das harte Leben* hatte, durchaus zu Recht, erwartet, daß der
Leser bestimmte Witze darüber komisch und leicht schockierend
findet. Der Autor von *Aus Dalkeys Archiven* jedoch erwartete offenbar von seinen Lesern, daß es ihnen vor Empörung geradezu
den Atem verschlägt, bevor Heiterkeit sie ergreift angesichts so
pennälerhafter Späße wie den Fragen, die De Selby dem hl. Augustinus stellt, und dessen Antworten. Es war, vorsichtig formuliert,
schon erstaunlich, daß De Selby, der jede beliebige Person aus der
Vergangenheit herbeirufen konnte, sich auf den hl. Augustinus,
die griechischen Kirchenväter und Klatsch über den Himmel beschränkte, wie eine neugierige Nonne, die wissen will, was der
Papst gefrühstückt hat. Trotz der Ansprüche des Autors bewegten sich auch die theologischen Überlegungen auf keinem

wesentlich höheren Niveau als die recht vagen Äußerungen zur
Physik. De Selbys Gründe, das Leben auf diesem Planeten auszu-
löschen, sind konfus und widersprüchlich, aber interessant ist an
ihnen vor allem ihr entschieden manichäischer Unterton. Man
gewinnt deutlich den Eindruck, daß der Autor beides wollte: seinen orthodoxen Standpunkt betonen und zugleich vage andeuten, daß eine andere Sichtweise der Wahrheit näher kommen
könnte.

»›Ich habe das Gefühl‹, verkündete er, ›daß Sie das Recht auf eine
persönliche Erläuterung haben, was mich betrifft. Es wäre ganz
falsch, mich für christophob zu halten.‹
      ›In meinem Fall auch‹, zwitscherte Hackett unverschämt.
      ›Die frühen Bücher der Bibel habe ich als Mythos akzeptiert,
aber als dauerhaften Mythos, eindeutig für die Menschenführung
erdacht. Genauso akzeptierte ich die Geschichte von dem
schrecklichen Zusammenstoß zwischen Gott und dem rebellischen Luzifer als Tatsache. Aber ich konnte mich viele Jahre lang
nicht entscheiden, wie der Zusammenstoß ausgegangen war. Ich
fand wenig vor, das die Offenbarung, Gott habe triumphiert und
Luzifer auf ewig in die Hölle verdammt, erhärtete. Denn wenn –
und ich wiederhole: *wenn* – die Entscheidung umgekehrt gewesen wäre und Gott verloren hätte, wer, wenn nicht Luzifer, würde
mit Sicherheit das genaue Gegenteil der Geschichte behaupten
und verbreiten?‹«

Was für das Thema Religion gilt, muß man auch für bestimmte
persönliche Schwierigkeiten O'Nolans konstatieren – der Konflikt zwischen den Neigungen des geborenen Einsiedlers und den
Vorteilen der Ehe beispielsweise oder zwischen dem Alkohol als
Beruhigungsmittel und dem Alkohol als einer zerstörerischen
Sucht. Man gewinnt den Eindruck, daß der Autor den zaghaften
und sehr halbherzigen Versuch unternimmt, diese Dinge anzu-
packen, sich nach einem kurzen Geplänkel aber eilig zurück-
zieht. Vielleicht sollte man ein Werk, das witzig sein will, nicht

allzu streng betrachten. Doch hat man das Gefühl, daß er Dinge
anpackt oder anpacken möchte, die für seine Person von zentra-
ler Bedeutung sind, daß er aber weder den Willen noch die schöpferische Kraft hat, sie in diesem Buch unterzubringen. Selbst die
Idee, James Joyce als Barmann in Skerries auftauchen zu lassen,
liest sich, wie so vieles andere, wie »eine hübsche, aber leider ver-
hunzte Idee«.

Irgendwann im Sommer 1963 bekam ich den ersten Teil der
Rohfassung zu sehen. Ich behielt das Manuskript länger als notwendig, teils, weil ich aufgrund eigener Probleme Mühe hatte, es
zu lesen oder darüber nachzudenken, teils, weil ich aus Verlegen-
heit nicht recht wußte, wie ich reagieren sollte. Dann erhielt ich
eine Karte, auf der stand: »Wenn Dich diese Nachricht erreicht,
und nur dann, komm bitte am Donnerstag um 13 Uhr ins Bailey.«[27]

Ich hielt es für wichtig, das Manuskript zu loben, denn man
mußte ihn um jeden Preis zum Weiterschreiben animieren, auch
wenn man Bedenken natürlich nicht verschweigen durfte.
Schließlich lobte ich ihn ausführlich, empfahl ihm aber zumindest, sich vom Erzähler zu distanzieren – etwa durch Umschrei-
ben des Buchs in die dritte Person –, und versuchte, ihm klarzumachen, daß es insgesamt einen schärferen Tonfall haben sollte.
Doch indem ich auf die Anachronismen hinwies und ihn damit
gleichsam als Lügner bloßstellte, habe ich ihn wohl auch verletzt, denn er hatte ja so getan, als sei es ein völlig neues Werk.

Im Rückblick und unter Berücksichtigung aller Fakten muß
man zu dem Schluß kommen, daß die Plünderung von *Der dritte
Polizist* zwecks Schaffung eines neuen Werks schon in den späten
vierziger Jahren begonnen wurde: Der Krieg war vorbei, in Dublin fuhren noch Straßenbahnen, Frauen waren in gewissen
Lounge Bars noch nicht zugelassen, und hätte Joyce zu dieser
Zeit noch gelebt, wäre er Mitte Sechzig gewesen. Wenn dem so ist,
deutet es darauf hin, daß die persönlichen Konflikte, die in dem
Buch angetippt, letztendlich aber umgangen werden – der Alkoholismus der Hauptfigur und sein Verhältnis zu Frauen –, als

Ausdruck von Brian O'Nolans Situation und psychischer Befind-
lichkeit in jener Lebensphase zu sehen sind. Damals begann er zu
erkennen, daß er Alkoholiker war, und er fragte sich, ob er je eine
ernsthafte Beziehung zu einer Frau eingehen oder gar heiraten
würde.

Während sich die Arbeit an *Aus Dalkeys Archiven* hinzog und er
vielen Leuten seine Frage über den hl. Augustinus stellte, machte
sich in seiner Haltung zu dem Buch eine gewisse Ambivalenz bemerkbar. O'Keeffe und Cecil Scott brachten ernsthafte Bedenken
vor, die er bereitwillig akzeptierte. Am 15. November 1963 schrieb
er an O'Keeffe, daß das Buch »kein Roman oder etwas Ähnliches
sein soll, sondern eine Studie des Spotts, wobei verschiedene
Schriftsteller mit ihren Stilen und diversen Ausdrucksweisen,
Haltungen und Moden die Ratten im Käfig sind. Das Ms. ist mangels thematischer Schärfe und Akzentuierung noch etwas ver-
schwommen, aber ich denke, es lohnt sich, auf ihm noch etwas
herumzukauen, sobald ich es ein paar hiesigen Alleswissern
zwecks Kommentierung gezeigt habe.«[28] Diese Einstellung vertrat er auch einige Wochen später in einem Brief an Mark Hamilton von A. M. Heath:

»*Aus Dalkeys Archiven* ist kein Roman, auch wenn man es ober-
flächlich gesehen mit einer völlig kohärenten Geschichte zu tun
hat, die für ein Mädchen von 14 geeignet ist, vorausgesetzt, es
kann hinwegsehen über gewisse theologische Erörterungen und
einen angedrohten Ausgang, der schlimmer als die Atombombe
ist. Das Buch ist eigentlich eine Studie der extremen Verhöhnung
literarischer Haltungen und Leute, aber sein grundsätzlicher
Mangel ist, daß an gewissen Stellen die Deutlichkeit fehlt, die
dem Leser helfen würde.«[29]

Die Kluft zwischen diesen Beschreibungen und dem fertigen
Werk, das wenig Spöttisches hat – weder, was literarische Haltungen oder Schriftsteller, noch, was zeitgenössische Moden angeht –, ist recht deutlich. An O'Keeffe schrieb er:

»Mein Plan ist letzten Endes, das Ms. radikal zu überarbeiten,
hier zu kürzen und dort zu ergänzen, dem Buch Schärfe zu geben
und gelegentlich die Schönheit juwelenbesetzter Geschwüre. Es
muß vor allem bitterböse komisch sein. Aus dem Icherzähler
muß ein noch schrecklicheres Ekel werden, als er es ohnehin
schon ist. Ich weiß, einige Stellen sind für jemand mit meinen An-
sprüchen kläglich, und gar nicht zufrieden bin ich mit der Behandlung von Joyce; er muß viel gräßlicher aussehen. Ob eine
seiner heimlichen Schwierigkeiten war, daß er ein unheilbarer
Bettnässer war? Wenn ich fertig bin, werde ich mir eine Sekretärin nehmen, die ein neues, schönes, sauberes, erstickendes Manuskript tippen wird. Das ließe sich alles innerhalb von 6 Wochen
bewerkstelligen.«[30]

Mit dem New Yorker Verlag Macmillan hatte er sich ohne Not auf
den Abgabetermin 30. November 1963 geeinigt, um sich selbst ein
Ziel zu setzen. Da er »so extreme Schritte« unternahm, »daß sie
beinahe übernatürlich waren«[31], konnte er Cecil Scott von Macmillan schon vor diesem Datum ein Exemplar schicken. Doch
selbst als er die Sendung schon zur Post gebracht hatte, schrieb er
O'Keeffe, daß »es nicht gut wäre, Material freizugeben, das mit
schlimmen Mängeln behaftet ist, zumal eine Überarbeitung an
einigen Stellen sehr naheliegend und relativ einfach wäre«.[32]
Kurz nach Neujahr stimmte er Cecil Scott zu, daß er »James
Joyce am Kragen hereingezerrt« habe und auch »Mary nicht
überzeugend« sei, »obwohl sie ursprünglich nicht mehr sein
sollte als eine ›Zusatzleistung‹«.[33] Gegen Ende Januar entschuldigte er sich bei O'Keeffe für den Schlußteil des Buches. »Ich
kann einfach nicht glauben, daß das letzte Drittel des Ms. – ein
Durcheinander aus sprachlichen Schnitzern, Kitsch, falschen Bildern, Wiederholungen und vielen völlig nichtssagenden Passagen – je hier entstanden ist. Die Joyce-Episode ist von vernich-
tender Unbeholfenheit.«[34] Aber »die autorisierte Fassung« sei
nunmehr fertig. O'Keeffe war jedoch nicht zufrieden. Als Brian
Ende Februar »die autorisierte Fassung, Nr. II.« ablieferte, schrieb

er: »Ich habe das Buch gnadenlos nach sprachlichem Unrat und stilistischen Nachlässigkeiten durchforstet, und das letzte Viertel habe ich komplett neu geschrieben.«[35]

Trotzdem war er noch immer überzeugt, daß die Grundidee hervorragend war und daß das Buch, wie er in einem Brief an Mark Hamilton einmal angekündigt hatte, ein »rauschender Erfolg«[36] würde. Gegenüber denjenigen, die das Manuskript noch nicht gesehen hatten, äußerte er sich, durchaus begreiflich, überzeugter von den Vorzügen als gegenüber jenen, die es kannten. Meine eigene Reaktion hatte wohl zu einer gewissen Reserviertheit geführt, aber als wir wenig später gemeinsam im Fernsehen in einer Literatursendung auftraten, lobte er sein Buch in den höchsten Tönen, ohne rot zu werden. Es war das einzige Mal, daß Brian persönlich im Fernsehen auftrat, und bemerkenswert war diese Sendung nicht zuletzt wegen des Schriftstellers Aida Higgins, des vielleicht einzigen Menschen, der je an einer Diskussionsrunde teilnahm, ohne ein einziges Wort zu sagen. Der Grund dafür war, daß Brian von Anfang an das Gespräch dominierte. Er weigerte sich, über *In Schwimmen-zwei-Vögel* zu sprechen, ein Buch, das er, wie üblich, als »bloßes Jugendwerk« abtat. Dann fragte er den verdutzten Interviewer, ob er etwas über die Hautfarbe des hl. Augustinus wisse. Schließlich sprach er ausführlich über die Qualität des in Arbeit befindlichen Werkes, das einige erstaunliche Tatsachen ans Licht bringen werde. Er war nicht mehr nüchtern, was aber nicht so wichtig gewesen wäre, wenn er sich nicht eine halbe Flasche Whiskey nachlässig in die Tasche gesteckt hätte; irgendwann schaute sie aus dem Jackett hervor, so daß die Sendung ziemlich schnell abgebrochen wurde. Das Mißlingen von *Aus Dalkeys Archiven* kann meines Erachtens aber nicht nur auf den Alkohol zurückgeführt werden – und wenn doch, so waren es eher seine Anstrengungen, vom Alkohol wegzukommen, die ihren Tribut forderten. Auch kann sein Unvermögen, eine plausible Beziehung zwischen seiner Geschichte und der Wirklichkeit herzustellen, wohl kaum einem Mangel an technischem Geschick zugeschrieben werden. Vielleicht kann man sagen, daß ihm eher die körperliche Kraft fehlte als technische Fertigkeit oder, anders ausgedrückt, daß er die technische Fertigkeit gefunden hätte, wenn er die physische Kraft aufgebracht hätte. Aber größere und kleinere Krankheiten und Unfälle machten ihm zu schaffen.

Ende September lag Brian eines Abends im Bett und las das *Time Magazine*. Später erinnerte er sich nur noch daran, daß er sich aus dem Bett gebeugt hatte, um eine Zigarette im Aschenbecher auszudrücken. Gegen Mitternacht kam Evelyn in das Zimmer und fand ihn bewußtlos auf dem Boden liegend. Im Krankenhaus kam er wieder zu sich, und es war typisch für ihn, daß er den ersten Menschen, den er sah und für einen Arzt hielt, sofort fragte, warum er nicht seinen weißen Kittel trage. Tatsächlich handelte es sich um einen Priester, der gekommen war, um ihm die Letzte Ölung zu spenden. Mindestens zwölfmal, grob geschätzt, sollte Brian dieses Sakrament vor seinem Tod empfangen. Als dann doch weißbekittelte Figuren auftauchten, hörte er etwas von »massiver Koronarinsuffizienz«. Einige Tage darauf wurde er in das St. Michael's Hospital von Dún Laoghaire verlegt, wo festgestellt wurde, daß er an schwerer Urämie litt, einer durch Nierenversagen verursachten Harnvergiftung. In seiner typischen Art witzelte er darüber und behauptete, nachdem ihm literweise Blut zur Untersuchung abgenommen worden sei, habe ein hinzugezogener Facharzt, der sich die Untersuchungsergebnisse und die Röntgenbilder ansah, erklärt, daß sein Herz völlig in Ordnung sei. »Aber ich muß Ihnen etwas sagen, und zwar etwas Wichtiges. Sie leiden an Blutarmut.« Nachdem er zu Spezialuntersuchungen in ein drittes Hospital, St. Vincent's, verlegt worden war, erklärte er sich für gesund und fuhr nach Hause.

Etwa eine Woche später ging er, eigener Darstellung zufolge, aus dem Haus, um eine Briefmarke für einen Eilbrief zu besorgen, stellte aber fest, daß das Postamt »wegen Mittagspause geschlossen« war. Das war natürlich Grund genug, mit dem Bus in die Stadt zu fahren, um sich dort ein paar Gläser zu genehmigen.

Auf dem Heimweg war es seine Gewohnheit, beim Busschaffner laut einen Fahrschein nach »John of God's« zu verlangen. St. John of God's war eine bekannte Entziehungsklinik, und Brians nächste Bushaltestelle lag neben dem Klinikeingang in der Stillorgan Road. An diesem Tag stieg er mit der üblichen Vorsicht aus dem Bus und erinnerte sich dann an nichts mehr. Erneut wachte er in St. Michael's auf. Ein vorbeifahrender Autofahrer hatte ihn bewußtlos an der Bushaltestelle liegen sehen, und im Krankenhaus stellte man fest, daß sein rechtes Bein oberhalb des Knöchels gebrochen war, an genau derselben Stelle wie bei dem Verkehrsunfall von 1947. Der Arzt erklärte, daß eine Knochentransplantation erforderlich sei. Daraufhin, schrieb Brian später, entspann sich der folgende Dialog:

»›Wie lange müßte ich dafür im Krankenhaus bleiben?‹
›Nur etwa zwei Monate.‹
›Brauchen Sie für eine Transplantation nicht lebende Knochen?‹
›Sicher. Sie haben aber jede Menge Knochen am Leib, die überflüssig sind.‹
›Wo denn zum Beispiel?‹
›Rings um Ihren Arsch.‹
›Danke ergebenst. Zwei Monate Krankenhauskost würde ich nicht aushalten. Wir werden den Bruch in der üblichen Weise richten.‹«[37]

Drei Wochen später bestand er darauf, entlassen zu werden, und ging nach Hause, wo er merkte, daß er sich zu allem Überfluß noch eine Bartflechte geholt hatte. Sein Bein blieb ziemlich lange eingegipst, und die meiste Zeit lag er im Bett; nur gelegentlich unternahm er einen Ausflug in die Stadt.

Diese Unpäßlichkeiten und Unfälle ereigneten sich in der Endphase der Arbeit an *Aus Dalkeys Archiven*, und sie können dem Buch nicht besonders zuträglich gewesen sein. Für den größten

Teil des Jahres 1963 hatte er sich ohnehin viel Arbeit aufgehalst, die den Fortschritt des Buches behindert haben dürfte. Anfang des Jahres hatte Radio Telefís Éireann [das Irische Fernsehen] Jimmy O'Dea eine Serie angeboten, und nach einigem Hin und Her hatte der große Komödiant vorgeschlagen, daß Brian O'Nolan das Drehbuch schreiben sollte. Produzent der Sendung war James Plunkett, der Autor von *Strumpet City*, einem sehr erfolgreichen Roman, der kurz zuvor erschienen war, und die erste Besprechung über die geplante Serie fand im Parkett des Gaiety nach einer samstäglichen Matinee statt. Man beschloß, daß Jimmy in der Serie, der man den Titel »O'Dea's Yer Man« gab, einen Stellwärter darstellen sollte, einen philosophierenden Spaßvogel und Fabulierer, und daß sich die gesamte Handlung in einem Stellwerk abspielen sollte.

Zunächst erhielt O'Nolan den Auftrag, Monologe für Jimmy zu schreiben, doch nach Probeaufnahmen im Atelier stellte sich heraus, daß diese Form gewisse Nachteile hatte. Jimmy brauchte einen Stichwortgeber, und die Stichworte brauchte er als Gedächtnisstützen, um heil durch die Sendung zu kommen, da sonst die Gefahr bestand, daß er vom Drehbuch abwich und improvisierte. Also beschloß man, eine zweite Figur namens Ignatius einzuführen, die eine Art komischer Gehilfe sein sollte. O'Nolan hatte nun Dialoge zu schreiben.

Zu seiner Überraschung stellte Plunkett fest, daß O'Nolans Versuche fehlschlugen. Ignatius' Einwürfe hatten keine eigene dramatische Qualität, sie wirkten künstlich und trugen nicht zu einem wirklichen Gespräch bei. Während die Drehbücher schon eintrafen, gewann Plunkett die Überzeugung, daß O'Nolan einfach kein Talent für Dialoge hatte, daß seine starke Seite eher Monologe mit kurzen Einwürfen waren. Dieser Eindruck verblüffte ihn, bis er sich *Das harte Leben* wieder ansah und bemerkte, daß es in Wahrheit keinen einzigen Dialog enthielt. Dasselbe fiel ihm an *In Schwimmen-zwei-Vögel* auf, wenngleich die Einwürfe hier lebendiger und die Figuren etwas differenzierter gezeichnet waren. Aber ohnehin waren die Drehbücher nicht lang genug, und so machte er sich, mit einigen Zweifeln, selbst an die Arbeit, um Ignatius mehr Text zu geben und die Szenen etwas bühnenwirksamer zu gestalten.

O'Nolan hat über diese Ergänzungen und Änderungen seiner Drehbücher nie ein Wort verloren. Den Proben blieb er fern, und Plunkett wußte nicht, ob er sich die Sendungen überhaupt ansah. Tatsächlich ging er abends zu seiner Schwester Nuala und ihrem Mann Paddy O'Leary, um sich die Sendungen gemeinsam mit ihnen anzuschauen. Mit Paddy, einem Dubliner, der eine Drogerie in der Thomas Street hatte, verstand er sich gut. Während der Arbeit an den Drehbüchern begegnete er Plunkett sehr herzlich, und er war meist auch nüchtern, obwohl sie sich manchmal erst spätabends im Green Room in der Nähe des Gaiety trafen. Plunkett fühlte, daß O'Nolans Sympathie und Respekt für Jimmy O'Dea irgendwie auch ihm galt und ihm die Änderungen der Drehbuchtexte daher verziehen wurden, wenn er oft auch merkte, daß O'Nolan, »nach der Stellung seiner Kiefer zu urteilen«, am liebsten rebelliert hätte. Nach den Besprechungen brachte er O'Nolan oft in die Waltersland Road und kam gelegentlich mit ins Haus. Dort gab es immer ein paar Flaschen Stout, die Evelyn hereinbrachte, während O'Nolan aus einer Innentasche ein paar kleine Whiskeyflaschen hervorzog und sich mit ihm an den Kamin setzte.

Insgesamt waren es 24 Folgen, und sie sollten eine nach der anderen produziert werden; doch das erlaubten weder Jimmys gesundheitlicher Zustand noch seine Bühnenverpflichtungen, so daß schließlich jeweils drei Folgen auf einmal geschrieben und gedreht wurden. Die Themen waren unterschiedlich, hatten aber immer aktuelle Bezüge. Jimmy ließ sich recht kursorisch über den Staatshaushalt, Supermärkte, das Problem der irischen Sprache, das Fernsehen, St. Patrick's Day, die Dublin Horse Show und andere Dinge aus. Die Sendungen waren gewiß keine Feuerwerke an humoristischer Brillanz, und die Witze waren mitunter ziemlich angestrengt. Doch ob komisch oder nicht, Brian schrieb diese Texte und seine »George Knowall«-Kolumnen und gelegentlich sogar Artikel für die *Irish Times* in einem Jahr, das von vielen Unfällen überschattet war und das er hauptsächlich der Arbeit an *Aus Dalkeys Archiven* gewidmet hatte. Sein Stolz auf seine Schaffenskraft trieb ihn noch immer an.

Wie gesagt, Brian sah sich die meisten Sendungen von »O'Dea's Yer Man« bei den O'Learys an, denn die O'Nolans besaßen noch keinen Fernsehapparat. Dort verfolgte er auch die Berichterstattung über den Staatsbesuch Präsident John F. Kennedys im Frühjahr 1963. Obwohl er ein professioneller Zyniker war, empfand er große Bewunderung für Kennedy; der junge und gutaussehende Präsident schien einen latenten Idealismus in ihm anzusprechen und sogar sein Mißtrauen gegenüber Politikern außer Kraft zu setzen, wie Kennedy das auch bei so vielen anderen Menschen gelang. Während dieser Woche saß ich mit ihm und Kavanagh eines Abends bei McDaid's. Das Gespräch wandte sich Kennedy und der Gartenparty zu, die der Präsident von Irland für den amerikanischen Präsidenten geben wollte. Brian fragte Kavanagh, ob jemand aus seinem Bekanntenkreis eingeladen sei. Kavanagh verneinte, aber Brian hakte nach. Ob Frank O'Connor, »der Nestor der Keltologen«, eine Einladung bekommen habe. Es wurde klar, daß er selbst gern eingeladen worden wäre. Er wollte Kennedy begegnen.

Ein paar Tage später lasen wir alle die Berichte über die Gartenparty, auf deren Teilnehmerliste kein einziger Schriftsteller verzeichnet stand. Es schien, als hätten sich die Eingeladenen, die vermeintliche Elite der irischen Gesellschaft, wie Tölpel und Dorfdeppen verhalten. Als Kennedy auf der Gartentreppe erschien, hatte sich alles nach vorn gedrängt und aufgeregt an seinem Ärmel und Anzug gezupft, um später sagen zu können, sie hätten die Hand dieses großen Mannes geschüttelt; und Kennedy, dem von allen Seiten zugesetzt wurde, mußte sich ins Innere des Hauses zurückziehen, während die Leute draußen beruhigt wurden.

In jener Zeit war Brian häufig bei den O'Learys, denn seine Strategie, den Alkoholkonsum einzuschränken, bestand unter anderem darin, daß er und Evelyn dreimal wöchentlich nach Cornelscourt ins Kino fuhren und anschließend die O'Learys besuchten. Manchmal machte er ganz allein einen Spaziergang dorthin, oder er nahm den großen Airedale mit, den Nachfolger von Muc, den er nach einer Figur in *Aus Dalkeys Archiven* Hackett getauft hatte. Sobald er bei den O'Learys im Wohnzimmer saß, bat er um ein Glas, zog sofort eine kleine Flasche Whiskey hervor und schenkte sich ein. Am Fernseher der O'Learys verfolgte er auch viele Stunden lang die Berichterstattung über die Ermordung Kennedys, ein Ereignis, das ihn, wie so viele andere, tief erschütterte.

Brian O'Nolan, avantgardistischer Schriftsteller, Joyce-Schüler, gewissenhafter Beamter und unterbezahlter Journalist, hat zeitlebens von raschem Reichtum geträumt. In all seinen Büchern, ausgenommen *Aus Dalkeys Archiven*, wird darüber diskutiert, wie man dieses Ziel erreichen kann, wobei allerdings eine Stelle in *In Schwimmen-zwei-Vögel*, in der es um dieses Thema geht, zu den gestrichenen Passagen gehört. Selbst der Held in *Irischer Lebenslauf* träumt davon, »das gesamte erplünderte Vermögen, das O'Poenassa zur Zeit der Sintflut mitgenommen hatte«, sich anzueignen. Jetzt, als Dreiundfünfzigjähriger, der zu Hause eine bekannte Erscheinung war und auch im Ausland einen Namen hatte, war O'Nolan auf der Suche nach einer ausreichenden Existenzgrundlage. Im Mai des vorangegangenen Jahres hatte Niall Montgomery dem Trinity College mitgeteilt, daß O'Nolan für die ausgeschriebene Stelle eines Englischdozenten geeignet sei. 1964, nicht einmal zehn Jahre, bevor man dort begann, Studenten mit seinem Werk bekanntzumachen und sie darin zu prüfen, bewarb er sich um eine Stelle im Immatrikulationsbüro. Beide Bewerbungen blieben erfolglos. Bedingt durch Krankheit, andere schriftstellerischen Aktivitäten und natürlich seine Konflikte mit der Redaktion, waren die Honorare der *Irish Times* 1963 auf einen Tiefpunkt gesunken. Aber so wenig es auch war, er brauchte das Geld, und vom letzten Quartal 1963 bis zum Frühjahr 1964 konnte er, gelegentlich mit Hilfe von Niall Montgo-

mery, einen akzeptablen Durchschnitt halten. Zu seinen besten
Zeiten bereitete ihm das Schreiben kaum Mühe, und wenn er einmal angefangen hatte, hämmerte er seine Texte mit großer Geschwindigkeit in die Maschine. Für gewöhnlich schrieb er seine
Kolumne, ohne zu stöhnen, sich die Haare zu raufen oder im
Zimmer auf und ab zu laufen. Er klagte nicht über die Mühsal
des Schreibens, sondern darüber, wie schwer es sei, ein Thema zu
finden. Das fiel ihm jetzt immer schwerer – vielleicht, weil ihm
weniger Dinge wichtig waren oder weil er sich weniger oft zu Protest oder Kritik veranlaßt sah. Möglich ist auch, daß das libera-
lere und modernere Irland, das sich in den sechziger Jahren her-
auszubilden begann, den Satiriker weniger reizte als das Irland
der vorangegangenen Jahrzehnte. Themen für Satire waren noch
immer reichlich vorhanden, aber er hatte sich unter den »Wald-
heinis« und »Provinzdeppen« des älteren Typus wohler gefühlt.
Den meisten Lesern erschien er noch zorniger als früher, aber das
neue Irland provozierte ihn nicht mehr zu der eigentümlichen Mischung aus Zorn und Anteilnahme, die das Grundgefühl des Satirikers ist.

Sein Versuch, das Trinken in den Griff zu bekommen, hatte
auch seine Arbeitsgewohnheiten verändert. Die Kolumnen schrieb
er nun oft erst in den späten Abendstunden, um dann mit seinem Manuskript bei Paddy O'Leary zu erscheinen und ihn darum zu bitten, ihn in die Redaktion zu fahren. Im Februar 1964
wurden seine Beiträge wieder seltener, und nach einer Kolumne
im April erschien bis Dezember keine einzige mehr. Immer wieder wurde er krank. Als ihm im Krankenhaus der Gipsverband
erneuert werden sollte, fiel dem Arzt sein eigentümliches Atmen
auf; er stellte eine Rippenfellentzündung fest, die einen dreiwö-
chigen Krankenhausaufenthalt erforderlich machte. In der linken Gesichtshälfte fühlte er einen ständigen Schmerz, den er für
eine Art Neuralgie hielt. Nach der Entfernung des Gipsverbandes
benutzte er eine Weile einen Stock, und als ich ihn eines Tages auf
der Straße ohne diesen Stock traf, erkundigte ich mich höflich-
keitshalber, wie es seinem Bein ginge. »Hast du mal was von dem

Hauptthema einer Symphonie gehört?« antwortete er. »Also, das
Bein ist nicht mehr das Hauptthema.«

Sein Alkoholismus, den er unter tapferen Anstrengungen einzu-
dämmen versucht hatte, war doch wieder akut geworden; aber
Brian war fest entschlossen, seine Sucht in der einen oder anderen Weise zu besiegen. Nach Gesprächen mit Evelyn und ein, zwei
Freunden beschloß er, ärztliche Hilfe in Anspruch zu nehmen. Dr.
John Dunne, den er aus der Zeit kannte, als sie beide im Dolphin
getrunken hatten, leitete das Grangegorman, die große Nerven-
heilanstalt nördlich von Dublin, und einige seiner Freunde,
darunter auch Sean O'Sullivan, dessen Tod im April ihn so schok-
kiert und bestürzt hatte, waren gelegentlich dort gewesen. Dr.
Dunne war überrascht, daß Brian sich an das Grangegorman —
oder St. Brendan's, wie es heute heißt — wandte und nicht eine der
komfortableren Privatkliniken aufsuchte, die unter Gewohn-
heitstrinkern der bürgerlichen Mittelschicht inzwischen akzepta-
bel, ja geradezu in Mode waren. Er wußte nicht, wie arm die
O'Nolans waren.

Da es im Grangegorman keine Einzelzimmer gab, mußte Brian
mit einem Schlafsaal vorliebnehmen, im Speisesaal essen und
seine freie Zeit in Gemeinschaftsräumen verbringen. Dr. Dunne
fand ihn kooperativ, willens, ein normales Leben ohne Alkohol zu
führen, und bereit, sich in therapeutischen Sitzungen der Wahrheit zu stellen. Der Doktor war ein Anhänger der »Konversions«-
Hypothese: Der Patient transformiert das eine Problem in ein
anderes, tauscht bestimmte Probleme, mit denen er sich nicht
auseinandersetzen will, gegen Alkohol und die damit verbunde-
nen Probleme ein. Dr. Dunne vermutete bei Brian eine mangelnde künstlerische und sexuelle Erfüllung, und im Gespräch
war Brian auch bereit, diese Möglichkeit in Betracht zu ziehen.
Die Therapie bestand in der klassischen Methode, dem Patienten
mit Hilfe von Medikamenten über die ersten Entzugserscheinun-
gen hinwegzuhelfen, dann die psychischen Ursachen des Alkoholismus herauszuarbeiten und dem Patienten klarzumachen, wie

gefährlich ein Rückfall wäre und wie wichtig es ist, sich nach der Entlassung einer Selbsthilfegruppe anzuschließen.

Dr. Dunne war auch überzeugt, daß Alkoholismus in den meisten Fällen vererbt wird, allerdings weniger im genetischen als im psychologischen Sinn; d.h., der Betroffene übernimmt ein Verhaltensmuster, das er im Elternhaus kennengelernt hat. Auch Liebesunfähigkeit sah er ähnlich verursacht: daß es also kein Vorbild für Liebe und ihren Ausdruck gegeben hat, an dem sich der Betroffene hätte orientieren können – obgleich Dunne natürlich anerkannte, daß im Fall einer Partnerschaft ohne Liebe oder Sex das Problem auch in einer Liebesunfähigkeit des Partners liegen konnte. In Brian O'Nolans Fall gab es gewiß viel Alkoholismus unter seinen unmittelbaren Vorfahren; aber das Verhaltensmuster der Sucht kann kaum – um den psychoanalytischen Begriff zu verwenden – »introjiziert« worden sein, da beide Elternteile nicht tranken. Michael O'Nolan verhielt sich seinen Kindern gegenüber unkommunikativ und zeigte ihnen nicht, daß er sie liebte; seiner Frau zeigte er seine Liebe nicht weniger und nicht mehr als andere irische Ehemänner seiner Zeit. Wie von den meisten irischen Kindern seiner Generation wurde auch von Brian erwartet, die Liebe des Vaters zu seinen Kindern aus seinen Anstrengungen als Ernährer der Familie abzulesen und die Liebe zu seiner Frau aus der Größe seiner Familie.

Über sexuelle Konflikte bei Brian kann natürlich nur spekuliert werden. Was es auch gewesen sein mag, durch das irische Verhaltensmuster des exzessiv trinkenden Junggesellen, das zu seiner Zeit sehr verbreitet war, blieben sie ihm und anderen vielleicht verborgen, wohingegen die Ehe sie wahrscheinlich ans Licht brachte. Wenn die künstlerischen Frustrationen, die Dr. Dunne zu erkennen meinte, tatsächlich existierten, dann hieße das, daß er in seinen Kolumnen keine Befriedigung fand, wie sehr einige Leser sie auch schätzten und mit wieviel Vergnügen wir sie heute auch lesen; und es hieße, daß die zwanzig Jahre schriftstellerischen Schweigens – siebzehn, ab *Faustus Kelly* gerechnet – zwischen der Ablehnung von *Der dritte Polizist* und der Wiederentdeckung durch O'Keeffe eine bittere Zeit für ihn gewesen sein müssen. Warum diese Ablehnung ihn so teuer zu stehen kam, warum er von seinem natürlichen Kampfgeist und von seiner Neigung, immer besser sein zu wollen als andere, nicht Gebrauch machte und trotz allem weiterhin Romane schrieb, ist eine andere Sache. Seine Selbstzweifel saßen sehr tief, was alle, die ihn kannten, bestätigen können.

Vielleicht war er kampfeslustig nur dort, wo eine Niederlage ihn zumindest seelisch nicht wirklich getroffen hätte. Fast bis zu seinem Tod führte er Auseinandersetzungen mit der Royal Hibernian Academy, einer Versicherungsgesellschaft, der Elektrizitätsgesellschaft und dem Finanzamt, der alten Behörde seines Vaters. Der Streit mit dem Finanzamt betraf die Besteuerung von Einkünften aus Übersetzungsrechten, und es ging dabei um eine ziemlich unbedeutende Summe. Er bat den zuständigen Bearbeiter, ihm ein Formular zu schicken, um eine Rückerstattung der Beträge zu beantragen, die sein deutscher Verleger, entsprechend den deutschen Bestimmungen, schon einbehalten hatte. Im Laufe der Korrespondenz entdeckte er, daß ein Doppelbesteuerungsabkommen mit Deutschland kurz vor der Unterzeichnung stand, nicht aber mit Frankreich und Italien, wo Übersetzungen von *In Schwimmen-zwei-Vögel* ebenfalls in Vorbereitung waren.

Er schrieb mehrere bitterböse und scharfzüngige Briefe an das Finanzamt sowie einen Artikel »A Writer's Writhings« [Eines Schriftstellers Leiden], der offensichtlich für die Leser im Ausland konzipiert war, aber anscheinend nicht publiziert wurde. »Ich lebe in Dublin und schreibe gelegentlich ein Buch, das über eine hervorragende Londoner Agentur vermarktet wird«, begann er und schilderte dann, wie er um das betreffende Steuerformular gebeten und eine Entdeckung gemacht habe. Dann geht er zur Sache:

»Die große Mehrheit der irischen Beamten und Parlamentsabgeordneten einschließlich der Minister stammt aus der Klasse der Bauern und Laufburschen. Und es sollte darauf hingewiesen werden, daß es in Irland weder einen Schatzkanzler noch ein Schatzamt gibt. Ein Mitglied der Regierungspartei wird zum Finanzminister ernannt, und da Politik nicht als ehrenhafte Tätigkeit gilt, stehen Personen von Rang und geistigen Fähigkeiten für einen Ministerposten nicht zur Verfügung. Kein Finanzminister *ab urbe condita* hat auch nur andeutungsweise Fachkenntnisse auf dem Gebiet der staatlichen Finanzpolitik oder des fiskalischen Labyrinths besessen... Der Minister befindet sich völlig in der Hand von drei Beamten, den sogenannten Revenue Commissioners – einem Club, der aus zwei Personen und einem Vorsitzenden besteht.«[38]

In den Ausdrücken »Bauer« und »Laufbursche«, die er auch in anderen Zusammenhängen oft verwendete, klingt etwas von der Krämermentalität Strabanes an, und in der Bemerkung über die Revenue Commissioners erscheint sonderbarerweise sogar eine Andeutung von Vatermord:

»Verantwortlich für diesen schlimmen und unwürdigen Zustand sind die Revenue Commissioners seit 1922 (wer immer es war). Gegen das derzeitige Trio sollten strenge Disziplinarverfahren eingeleitet werden, das maßlos übertriebene Gehalt des Vorsitzenden in Höhe von £ 4492 sollte verringert werden, und der Minister sollte zurücktreten.«

Auch der Agentur A. M. Heath schrieb er von seinem Kampf gegen die Revenue Commissioners und erwähnte, daß sein Vater einer gewesen war. »Die heutige Gaunerbande«, sagte er, »hat Angst vor mir, denn ich bin hier ziemlich bekannt dafür, daß ich in der Presse rücksichtslos Kritik übe.«[39] Tatsächlich kümmerten sich die meisten Leute, die er sich in seinen Kolumnen vorknöpfte, nicht um seine Angriffe, oder sie nahmen sie überhaupt nicht wahr. Vergeblich attackierte er molochartige Institutionen, die von Natur aus unempfindlich gegen Kritik sind, oder Einzelpersonen, die sich ihr Selbstbild von anderen Kommentatoren bestätigen ließen und deren Macht von anderen Kreisen getragen wurde. Das ist das Los des konzessionierten Spaßvogels, zumal wenn seine Angriffe nicht mit einer grundsätzlichen Kritik der Gesellschaft einhergehen, in der er lebt. Selbst Brian O'Nolans Manier, den Insider zu spielen, der die Gepflogenheiten kennt, wirkte sich in dieser Hinsicht eher schädlich aus.

Aber kampfeslustig war er zweifellos. Bevor er ins Grangegorman ging, hatte er sich mit der Elektrizitätsgesellschaft [Electricity Supply Board] wegen des Stromzählers in seinem Haus angelegt, der sehr viel mehr registrierte, als tatsächlich verbraucht worden war. Brian weigerte sich, die Rechnungen zu bezahlen, solange die Gesellschaft den Fehler nicht anerkannte. Aus dem Krankenhaus schrieb er nun an Tommy Conolly; da sein Klinikaufenthalt geheim bleiben sollte, nannte er im Briefkopf nur das Datum, den 10. März, jedoch keine Anschrift.

»Lieber Tommy,
vielen Dank für Deinen Brief vom Sonntag über die E.S.B.-Häuptlinge. Ich erwarte mit Interesse Dein endgültiges *Diktat*, denn ich weiß, es wird endgültig sein.

Du solltest wissen, daß ich diese Angelegenheit schon vor etwa zwei Jahren angesprochen und vom E.S.B. verlangt habe, sie sollten nachweisen, auf welcher gesetzlichen Grundlage sie ungeeichte Zähler verwenden. Seinerzeit habe ich in der Nat. Bibliothek die diesbezüglichen E.S.B.-Statuten zu Rate gezogen, um herauszufinden, ob es eine Sonderbestimmung gab, und gefunden, daß es keine gab, wenngleich juristische Recherchen eines Laien immer fragwürdig sind. Man antwortete mir seinerzeit äußerst verbindlich und höflich. Ich habe die Angelegenheit damals nicht weiter verfolgt, weil mich etwas sehr Wichtiges abhielt. (Es war so wichtig, daß ich nicht mehr weiß, was es war.)

Wenngleich ich kein Bauer bin, so habe ich doch eine Nase, d.h., ich erkenne auf einen Blick, daß mit einem Teller Essen etwas nicht in Ordnung ist. In diesem Fall bin ich überzeugt, daß diese Drecksbande den allgemeinen Eindruck erwecken will, daß

ihr unglaubliches Verhalten eine gesetzliche Grundlage haben
muß, einfach weil es so praktiziert wird. Es ist möglich, wie Du
schon sagtest, daß sie sich auf generelle Bestimmungen stützen,
die aus grauer Vorzeit datieren. Aber ich halte das für unwahrscheinlich. Sie sind selbst sehr vorsichtig und hätten ihre gesetzliche Vollmacht schon längst in einer trockenen, anonymen Mittei-
lung zitiert, wenn es tatsächlich eine zu zitieren gäbe. Ich teile
Deine Sorge vor einem Prozeß, aber sie glauben, daß jeder Bürger viel zuviel Angst hat, sie herauszufordern. Wir beide könnten
da einer Sache auf der Spur sein, und der Staat darf zahlen.

Ich höre mit Freude, daß Du auf Dich aufpaßt und nicht allzu
tief ins Glas schaust. Ich würde Dich gern sehen, an einem Abend,
bevor ich wieder in die Große Welt eintrete.

Herzlich
Brian «[40]

Die Dauer des Klinikaufenthaltes war Dr. Dunnes Patienten nicht
vorgeschrieben; und da Brian seine Schreibmaschine mitgebracht und ein Zimmer gefunden hatte, wo er arbeiten konnte,
hatte er es nicht eilig, das Krankenhaus zu verlassen. Er blieb daher so lange, wie Dr. Dunne es für notwendig hielt. Daß er nicht
wirklich »geheilt« war, lag wahrscheinlich ebensosehr an seiner
allgemeinen körperlichen Verfassung wie an seiner Willens-
schwäche. In seinem Innersten muß er gewußt haben, daß es für
eine Entziehungskur ohnehin zu spät war.

Die übrigen Monate des Jahres 1964 vergingen ohne ernstere
Warnzeichen, abgesehen von der periodisch auftretenden Neuralgie. Obwohl er kaum Kolumnen schrieb und auch sonst wenig
produktiv war, schien es ihm gutzugehen, und er wirkte optimi-
stisch. Während einer ausgedehnten Tour, die uns von Neary's
über Kehoe's in der South Anne Street schließlich zu Sinnott's
führte, überraschte mich seine Trinkfestigkeit, die zumindest bei
dieser Gelegenheit meine eigene weit übertraf.

Er korrespondierte mit Tim O'Keeffe über eine Sammlung von

»Keats and Chapman«-Geschichten, ein altes Projekt, das er
jetzt wieder hervorholte. Er behauptete, alle Beteiligten könnten
damit viel Geld verdienen. Wenn die Engländer erst einmal auf
den Geschmack gekommen seien, meinte er, dann seien sie nicht
mehr zu bremsen. Ich weiß noch, daß ich die Geschichten in ihrem Aufbau oft recht englisch-edwardianisch fand, mit starken
Anklängen an *The Boy's Own Paper* oder die Abenteuergeschichten eines Rider Haggard. An O'Keeffe schrieb er: »es geht um
mehr als bloß ein Wortspiel; es existiert eine ganze Galerie davon,
nach Art der Geschichten von Sherlock Holmes und Watson.
Wenn die Veröffentlichung auch nur einer kleinen Sammlung in
einer billigen Ausgabe beweist, daß die Krankheit ansteckend ist,
was ich vermute, dann kann man rundherum mühelos Geld verdienen.«[41]
Gegen Ende des Jahres entwickelte er die Idee für einen Roman, der bald den Titel *Slattery's Sago Saga* bekam. Wie bei all
seinen Büchern, selbst bei *In Schwimmen-zwei-Vögel*, ging er von
einer komischen Grundsituation aus. Ein amerikanischer Millio-
när, der die Iren nicht leiden kann und verhindern will, daß sie
weiter in die USA emigrieren, kauft Irland auf und macht daraus
eine riesige Sagoplantage. Die Einwohner ernähren sich von
Sago, destillieren Sagowhiskey, stellen Tische und Stühle aus Sa-
goholz her und so fort. Der Grundgedanke ging auf eine Figur
meines eigenen Romans *The Life of Riley* zurück, in dem verschiedene phantastische Pläne entwickelt werden: Elektrizität
aus Kartoffeln zu gewinnen, die Straßen Dublins mit Grasnarben
zu pflastern und »die verschiedenen anatomischen Bestandteile
des Herings einschließlich Schwanz und Flosse in fahrbaren, vorgefertigten Fabriken aus Heringsgrätenzement überall an der
Westküste zu verarbeiten«. Seit dem Kennedy-Besuch hatte das
Thema des irischen Amerika seine Phantasie gepackt; der Roman sollte zu einem großen Teil in den Vereinigten Staaten spielen und in der Wahl eines irisch-amerikanischen Präsidenten
gipfeln. Diese Idee erschien Cecil Scott vom New Yorker Verlag
Macmillan bedenklich; er schrieb O'Nolan, daß er ein Risiko ein-

gehe, wenn er über seine irische Domäne hinausgehe. O'Nolans Antwort vom 19. März 1965 ist ein typisches Beispiel für seine Prahlerei, verrät aber auch ein wenig von der Eigenart des Buches, das er sich vorstellte:

»Dieses Buch ist alles andere als ein riskantes Wagnis, nämlich überhaupt kein Wagnis. Die Leute werden sich um die amerikanischen Rechte reißen, und bestimmt wird es eine Verfilmung geben, höchstwahrscheinlich durch meinen Freund John Huston, der jetzt hier in der Gegend wohnt. Danach kann man Werke wie *Babbit, Der große Gatsby* und *V.W.V.* zusammen mit weiten Hosen, krummen Tennisschlägern, Modell-T-Anlasserkurbeln und Porzellankrügen für gefärbten Prohibitionsschnaps in die Rumpelkammer schaffen.

Seit Mitte Januar sind schon vier Kapitel geschrieben, und es ist insofern ein amerikanisches Buch, als $2/3$ der Handlung dort spielen werden. Was halten Sie von einem wohlhabenden irischen Agrarwissenschaftler, der von den Dreckbauern hier genug hat und nach Texas auswandert, um dort Getreide anzubauen, und dessen prächtige Ernte durch einen Ausbruch von klebrigem schwarzem Zeugs ruiniert wird, der innerhalb von zwei Jahren 205 Bohrtürme in Betrieb hat und einen alten Vertrag findet, der ihm das Recht gibt, die Ranch von L.B.J. zu besetzen? Was wissen Sie von Dr. the Hon. Eustace Baggeley, der sich von einer Kombination aus Morphium, Kokain und Meskalin ernährt? Wie viele Gangster, betrügerische Politiker und leichte Mädchen kennen Sie? Harry Poland? Cactus Mike Broadfeet? Senator Hovis Oxter? Katie (›die Närrin‹) Bombstairs? George (der Schläger) Shagge, Steelman? Congressman Theodore Hedge? Pogueen O'Rahelly? Vermutlich nichts. Können Sie mal sehen, wieviel Sie selbst über die USA wissen.«[42]

V.W.V. ist *Vom Winde verweht*, für den jungen O'Nolan der Archetyp des Bestsellers, von dem in seinen Briefen an Saroyan und andere oft die Rede gewesen war. Doch wie schnodderig der Brief auch sein mag, es ist merkwürdig, daß der Erfolg eines solchen Buches ihn so nachhaltig beeindruckte, und noch merkwürdiger, daß er das Buch in einem Atemzug mit *Der große Gatsby* nennt; aber vielleicht wußte er nicht, daß von Fitzgeralds Buch in der Erstausgabe relativ wenig Exemplare verkauft worden waren.

Die Arbeit an *Slattery's Sago Saga* ging für seine Begriffe langsam voran, und im November waren neben den vier erwähnten Kapiteln erst drei weitere geschrieben. Im November teilte er Scott mit, daß der Ort und die Figuren der Handlung jetzt feststünden,

»... bereit für die Anfälle von Irrsinn, der in den USA stattfinden soll und in der Wahl eines Präsidenten seinen Höhepunkt findet. Auch wenn sie nirgends ausgesprochen wird, die Analogie zur Regierungszeit Kennedys wird keinem Leser über 8 entgehen können. Der tote J. F. K. soll zwar nicht kritisiert werden, aber ich halte den alten Joe tatsächlich für einen Gangster und die beiden tumben Senatoren, die sich unter Hinweis auf den toten Präsidenten überall Einladungen verschaffen, für speichelleckerische Opportunisten. Sie sind nicht besser als Sorenson und die übrige Bande von Aasgeiern, die darauf aus sind, mit Skandalbüchern ein Vermögen zu machen.«[43]

Für sein wenig spektakuläres Arbeitstempo gab es Gründe. Zum einen war er nach zehnmonatiger Abwesenheit zur *Irish Times* zurückgekehrt. Douglas Gageby, der als neuernannter Co-Director mit Niall Montgomery die Beilegung eines älteren Streits ausgehandelt hatte, war jetzt Herausgeber. Er willigte in einen Pakt ein, wonach Myles seine Manuskripte direkt an ihn schicken sollte; er würde sie lesen und redigieren, und sofern er nicht ernste Bedenken wegen des Risikos von Beleidigungsklagen hätte, sollte kein Wort gestrichen werden. Fast wäre dieser Pakt schon unmittelbar darauf gescheitert, denn die ersten drei Kolumnen, die Myles – auch Gageby nannte ihn so – ablieferte, handelten von seinem alten Lehrer John Charles McQuaid, der noch immer

Erzbischof von Dublin war, und enthielten nach Gagebys Auffassung grobe faktische Fehler. Myles bestritt das, aber am Ende
nahm er die Texte einigermaßen ruhig zurück, und das Abkommen hielt. Obwohl seine Kolumnen nach Mai 1965 wieder seltener wurden, blieb sein Verhältnis zu Gageby freundschaftlich;
und als er im Jahr darauf schwer erkrankte, faßte die *Irish Times*
den unerhörten Entschluß, ihm weiterhin sein wöchentliches Honorar zu zahlen, obwohl er keine Manuskripte liefern konnte.
Daß er jedoch die Vereinbarung anders interpretierte als Gageby,
geht aus einem Brief an O'Keeffe hervor, den er einige Wochen danach, im März 1965, schrieb:

»Vor kurzem bat mich die *Irish Times* kniefällig, zurückzukehren
und wieder für sie zu schreiben. Ich war einverstanden, stellte
aber einige tyrannische Bedingungen. (Wie könnte man auf die
Knie fallen, ohne zu fallen?) Das entlastet mich von allen finan-
ziellen Sorgen und gibt mir die Möglichkeit, mich meiner Sago-
Leidenschaft hinzugeben.«[44]

Entlastet oder nicht, im Sommer führte er mit R.T.E. Verhandlungen über eine neue Fernsehserie unter dem Titel »Th'oul Lad of
Kilsalaher«. Das sollte eine wöchentliche 15-Minuten-Sendung
mit wiederum zwei Figuren sein, Onkel Andy und seiner Nichte
Marie-Thérèse, genannt Puddiner. Onkel Andy war eine Collopy-
ähnliche Figur: Aus seinem Küchensessel erhebt er sich nur selten, aber er demonstriert immer wieder, »daß er nicht nur weiß,
was alles vor sich geht, sondern auch das, was unter der Decke
bleibt, und daß er die richtigen Gegenmittel kennt, wenn Schwierigkeiten auftauchen«. Puddiner war »jung, witzig, kokett und
könnte nach Aufmachung und Auftreten als leichtes Mädchen bezeichnet werden. Zwischen ihr und Onkel Andy findet ein nicht
enden wollender Privatkrieg statt, aber für gewöhnlich teilt Puddiner genausogut aus, wie sie einsteckt.« Erstaunlicherweise
bekam Puddiner mehr Sprechtext als irgendeine andere Frauenfi-
gur O'Nolans, doch sie konnte die Serie nicht retten. Die Sendun-

gen waren noch weniger witzig als »O'Dea's Yer Man«. Mit dem
Dubliner Komödianten Danny Cummins als Onkel Andy und
Máire Hastings als Puddiner wurden zwischen September und
Dezember 1965 dreizehn Episoden gesendet; dann wurde die Serie plötzlich abgesetzt, nachdem der Programmdirektor entschieden hatte, eine Fortsetzung lohne sich nicht. O'Nolan war sich
mit dem Produzenten Jim Fitzgerald einig, daß die »Sache nicht
richtig in Gang gekommen war«.

Der Hauptgrund für den langsamen Fortschritt von *Slattery's
Sago Saga* war jedoch die Verschlechterung seines Gesundheitszustands. In einem seiner Briefe an Scott beschrieb er die Entwicklung aus seiner Sicht:

»Meine Erlebnisse waren, kurz, die folgenden: Ein vager
Schmerz in der linken Gesichtshälfte, der etwa ein Jahr lang
ständig präsent war und immer stärker wurde, veranlaßte
mich, gegen Ende Juli ärztlichen Rat einzuholen. Ein ›Spezialist‹ diagnostizierte eine Neuralgie, was ›Nervenschmerz‹ heißt,
eine halbimaginäre Krankheit. Als ich später auf ein leicht kno-
tiges Gefühl in der Halsgegend hinwies, sagte mir der gute
Mann, daß dafür ein allgemeinerer Chirurg zuständig sei. Ich
konsultierte den letzteren, der operierte und mir anschließend
sofort sagte, ich sollte mich in einem bestimmten Krankenhaus
einer ›Strahlenbehandlung‹ unterziehen. In meiner Naivität
dachte ich an Ultraviolettstrahlen oder ähnlich harmlose kos-
metische Strahlen. Zu spät wurde mir klar, daß ich eine sogenannte tiefe Röntgenbestrahlung bekam, und zwar bei einem
leichtfertigen Tolpatsch von Arzt, der keinerlei Aufsicht führte
oder Kontrolle ausübte. Kurzum, ich wurde bei lebendigem
Leibe gebraten und mußte unter ständigem Erbrechen in ein
anderes Krankenhaus eingeliefert werden, um dort ›entkokst‹
oder entschlackt zu werden. Ich stehe noch immer unter medi-
kamentöser Behandlung und muß Ende des Monats wegen
Bluttransfusionen wieder dorthin. Mit anderen Worten – nie ein
Moment der Langeweile, aber mit dem literarischen Projekt,

das jetzt *S. S. S.* heißt, *Slattery's Sago Saga*, bin ich überhaupt nicht vorangekommen.«[45]

Eine etwas andere Beschreibung seiner haarsträubenden Leiden findet sich in einem Artikel, den er im Januar 1966 unter dem Titel »Can a Saint Hit Back« für den *Guardian* schrieb und der den Eindruck erwecken sollte, als ginge es um die Erlebnisse des hl. Augustinus:

»Etwa zu dieser Zeit (d. h. im Frühling vergangenen Jahres) litt ich an einem Abszeß im Mittelohr, wie es schien. Dann wurde dieser Schmerz deutlicher, und man diagnostizierte eine Neuralgie, sehr ernst, Ursache unbekannt. Als später winzige ›Knötchen‹ seitlich am Hals hinzukamen, suchte ich einen Facharzt auf. Er beschloß, in dieser Drüsengegend zu operieren, und machte eine Biopsie. Der Pathologe, der das Gewebe untersuchte, stellte Anzeichen von sekundärem Krebs fest. Im übrigen Körper ist bislang noch kein primärer Krebs gefunden worden, aber die Röntgenbestrahlung der betroffenen Gegend hat zu einer schmerzhaften Schwellung geführt, und außerdem hat man allgemeine Anämie nachgewiesen.«[46]

Aus dem Krankenhaus, wo die Biopsie vorgenommen worden war, rief er seinen Schwager Paddy O'Leary an und sagte: »Paddy, zum ersten Mal ist von Krebs die Rede gewesen.« O'Leary versuchte ihn damit zu trösten, daß die bloße Erwähnung einer Möglichkeit noch nichts beweise, aber bald konnte es keinen Zweifel mehr geben. Zumindest ab September 1965 wußte Brian, daß er Krebs hatte, und wohl auch, daß er nicht mehr lange leben würde. Befallen war der hintere Nasen-Rachen-Raum. Eine Hauptursache war vermutlich sein lebenslanger Zigarettenkonsum, aber auch der Alkohol könnte eine Rolle gespielt haben.

In diesem September besuchte er im Gate die Premiere einer Bühnenfassung von *Aus Dalkeys Archiven*, die der populäre Dramatiker Hugh Leonard unter dem Titel *When the Saints Go Marching In* geschrieben hatte. Dieses Projekt hatte bereits seit Herbst des vorangegangenen Jahres zur Debatte gestanden, als er Leonard einige Ratschläge erteilte:

»Es wäre überheblich von mir, Ihnen etwas über die Arbeit des Dramatikers zu erzählen, aber ich denke, Sie werden mir zustimmen, daß die wesentlichen Veränderungen vom Buch zur Bühne mittels Streichungen erreicht werden. Ich würde die antijesuitischen Sachen mehr oder weniger so lassen (jeder applaudiert, wenn diese guten Leute angegriffen werden, selbst wenn es nur in Andeutungen geschieht); aber der biblische Stoff, der komisch ist, aber nicht von mir erfunden wurde – ich habe ihn direkt aus der Bibel genommen –, und die Theorie des Heiligen Geistes, ebenfalls authentisch und dokumentiert, dürften für eine direkte Präsentation nicht geeignet sein. An einem Krach à la *Playboy* sind wir nicht interessiert.

Ich verwende große Sorgfalt auf die Dialoge und möchte, daß der Stil des Buches erhalten bleibt.«[47]

Er war sehr verärgert, als Leonards Agent ihm eine Rechnung für das Abtippen des Manuskripts schickte, fand die Bearbeitung aber gelungen und besonders die Schlußszene sehr schön. In dem Stück, wie im Buch, stehlen Mick und der Sergeant das Faß mit D.M.P.; statt es aber in der Bank von Irland zu deponieren, werfen sie es in die Dubliner Bucht. Dann gehen sie ins Colza Hotel, wo sie De Selby begegnen. Er weiß nichts von dem Diebstahl, weist im Laufe der Unterhaltung aber beiläufig darauf hin, daß D.M.P. mit Hilfe von Meerwasser zur Explosion gebracht werden kann.

O'Nolan lud Douglas Gageby ein, mit ihm die Premiere zu besuchen, und er und Evelyn trafen sich vorher mit den Gagebys im Moira Hotel zum Dinner. Mrs. Gageby war überrascht über die Liebenswürdigkeit und die guten Manieren eines Menschen, von dem sie geglaubt hatte, er sei ein Monster. »Wie ein alter Gemeindepfarrer«, bemerkte sie zu Douglas. Den ganzen ersten Akt hin-

durch lachte O'Nolan unbändig und schien sich köstlich zu amüsieren. Nach dem ersten Akt gingen sie hinüber in das Groom's
Hotel, einen bekannten Treffpunkt von Bühnenleuten und Politikern, um dort etwas zu trinken. Kavanagh trat an ihren Tisch
und äußerte sich geringschätzig über das Stück, woraufhin
O'Nolan in seinem Stuhl zusammensank und sagte: »Geht ruhig.
Ich bleibe hier und trinke noch einen.« Er war schon nicht mehr
nüchtern, als er ins Theater zurückkehrte. Tags darauf stand in
den Zeitungen, er habe sich unwohl gefühlt und die Vorstellung
nach dem ersten Akt verlassen müssen.

Dennoch freute er sich sehr über den Erfolg des Stückes. Prah-
lerisch schrieb er seinem Onkel Eugene in Strabane, der gerne
nach Dublin kommen und sich die Aufführung ansehen wollte,
daß es notwendig sei, sich einen Platz im voraus zu reservieren.
»Wenn Du per Post buchen willst, mußt Du einige Abende zur
Auswahl angeben, denn das Theater ist restlos ausverkauft. Das
Stück wird wahrscheinlich in die vierte Woche gehen und noch
länger laufen, sofern das Theater zur Verfügung steht.« Er fügte
hinzu, daß er selbst das Stück noch nicht vollständig gesehen
habe. »Ich habe den größten Teil des ersten Akts bei der Premiere
gesehen, konnte aber erst ganz zum Schluß wieder zurück, weil
mir plötzlich schlecht geworden war; das lag an einer zweiwöchi-
gen Röntgentherapie (THERAPIE!), der ich mich in einem Dubliner
Krankenhaus unterziehen mußte, nachdem ich im Mater [Miseri-
cordiale Hospital] eine kleine Operation am Hals gehabt hatte.
Jetzt geht es mir allmählich etwas besser.«[48] Er bat ihn, Tante
Teresa von ihm zu grüßen, und fügte noch die Anschrift des Gate
Theatre hinzu, damit Eugene Eintrittskarten bestellen konnte.

Im Sommer des vorangegangenen Jahres war er in Strabane gewesen, nachdem er und Ciarán und die O'Learys sich spontan
entschlossen hatten, mit dem Auto der O'Learys über das Wochenende hinaufzufahren. Es war eine schöne Tour gewesen.

Der Laden in der Main Street war inzwischen verkauft, und
Eugene und Tante Teresa waren in ein neues Haus in der Mel-
mount Road gezogen. Onkel Tom war im County Hospital gestor-

ben, nachdem sein älterer Bruder, der mit unendlicher Geduld für ihn gesorgt hatte, ihn schließlich dort eingeliefert hatte; aber Joe lebte noch und organisierte nach wie vor Musikveranstaltungen. In diesem Jahr starb auch Jenny, eine ältere unverheiratete Frau, die bei den Gormleys »Dienstmädchen«, genauer gesagt: Köchin, Kindermädchen und Haushälterin gewesen war, solange Brian sich erinnern konnte. Nach ihrem Tod schrieb er an Eugene:

»Ich möchte Dir, Teresa und Joe zum Tod von Jenny diese Zeilen der Anteilnahme schreiben. Sie war ein feiner Kerl, und ich habe mich ihrer in all den Jahren mit großer Zuneigung erinnert. Selbst als es später gesundheitlich mit ihr bergab ging, verlor sie nie ihre Ausgeglichenheit und ihren Humor. Ich erinnere mich, daß sie Deiner Mutter viel Respekt entgegenbrachte. Mögen sie beide in Frieden ruhen, mit George.

Daß diese kurze Nachricht etwas verspätet kommt, liegt daran, daß ich immer wieder ins Mater Hospital mußte, hauptsächlich wegen Bluttransfusionen, wenngleich niemand genau zu wissen scheint, was mir fehlt. Momentan geht's mir wieder ganz gut.«[49]

Die Figur des Sergeant Fottrell in dem Stück kam beim Dubliner Publikum sehr gut an, und mit seinem üblichen Talent, eine solche Chance rasch zu nutzen – bei wichtigeren Gelegenheiten war er leider nicht so rasch –, kam er auf die Idee, ihn zur Hauptfigur einer weiteren Fernsehserie zu machen. Diese sollte den Titel »The Detectional Fastidiosities of Sergeant Fottrell« tragen. Als R.T.E. positiv reagierte, korrespondierte er über dieses Projekt mit Gunnar Rugheimer, dem Fernsehdirektor. Er glaube, schrieb er, daß »Persönlichkeit und Sprache des Sergeanten« über kurz oder lang zu den »Reichtümern des Landes« zählen würden, woraufhin »der Sergeant durchaus imstande sein könnte, sich in die Sendungen anderer Leute einzumischen, und letztlich auch die inoffizielle Stimme des Irischen Fernsehens werden könnte. Er würde seine bemerkenswerten Ansichten über Nelson, den Staatshaushalt, die Umstellung auf das Dezimalsystem verkünden ... alles, was aktuell und wichtig ist; er sprengt jeden Rahmen.«[50]

Brian mußte jetzt immer wieder ins Krankenhaus, um »Bluttransfusionen und andere Wohltaten« zu empfangen, wie er sich ausdrückte. Besucher fanden ihn vergnügt und meist auch redselig. In seinem Nachttisch hatte er fast immer einen Vorrat an alkoholischen Getränken; die meisten Besucher brachten zwar etwas mit, doch er beschwerte sich darüber, daß es in Dublin offenbar Sitte sei, daß die Leute mehr tranken, als sie selbst mitbrachten. Zu Hause lag er die meiste Zeit im Bett und hatte mit Brechanfällen zu kämpfen; wenn Besuch kam, stand er jedoch auf und setzte sich an den Kamin.

Einer der Besucher war der englische Journalist Michael Wale, der seine Eindrücke dann im *Town Magazine* beschrieb. Sie sprachen über Brendan Behan und über das Trinken. Brian meinte, daß man sich im Leben zwischen Trinken und tödlicher Langeweile entscheiden müsse. »Man ist immer in Gefahr, nicht nur vor dem Tod, sondern auch vor der Langeweile. Behan hat sich entschieden«, sagte er. Begeistert erzählte er von *Slattery's Sago Saga*, wie er meist von seinen Büchern sprach. »Die Geschichte, die ich im Kopf habe, ist so unwiderstehlich, daß ich im D-Zug-Tempo arbeiten werde, um sie zu Papier zu bringen.« Er erklärte, keinerlei politische Überzeugung zu haben; befragt zu seinen philosophischen Ansichten, bezeichnete er sich, wie Wale schrieb, als »römisch-katholisch«, wenngleich O'Nolan den Ausdruck »römisch« kaum benutzt haben dürfte. Als die Rede auf sein Werk kam, erklärte er, *In Schwimmen-zwei-Vögel* sei ein »Jugendwerk, öffentliches Nasebohren«, das er »völlig unlesbar« finde, während *Irischer Lebenslauf* »bloß eine Studie über die Sprache der Dubliner« sei. Er habe »die natürliche Ausdrucksweise der Dubliner etwas fetischisiert«, während sie von Leuten, »die nicht zuhören können«, meist »verhunzt« werde.

Zwangsläufig kam man auch auf James Joyce zu sprechen.

Brian sagte, Joyce sei ein »Schnorrer«, der von anderen gelebt habe und der »Sylvia Beach und diese andere Frau in Paris dazu gebracht hat, ihm Geld zu geben«. Er sei zwar »bestimmt kein Schrein, vor dem man niederkniet, aber doch ein Mensch, der Anerkennung verdient«. *Finnegans Wake* sei das Ergebnis des fragwürdigen Einflusses der Amerikaner auf Joyce. Aber, räumte er ein, »ich bin wohl auch von Joyce beeinflußt worden«, zumindest unbewußt, so wie Joyce von Proust und Henry James beeinflußt worden war. Joyce, sagte er, »muß auch viel Sexton Blake gelesen haben«.

Dann gab er eine erstaunliche Erklärung ab: »Ich habe ihn mehrere Male in Paris getroffen. Er war ein mürrischer, total reservierter, kleiner Mann. Ich war neugierig auf ihn. Ich habe gewisse Aspekte seines Schaffens bewundert. Es war viel Quatsch über ihn geschrieben worden, besonders von den Amerikanern. Einige von ihnen habe ich kennengelernt, ignorante Schweine…«[51] Dann schilderte er, wie so oft, die Szene auf dem Glasnevin-Friedhof im *Ulysses*, als der Friedhofsaufseher den Trauergästen bei der Beerdigung Paddy Dignams von den beiden Betrunkenen erzählt, die eines nebligen Abends auf dem Friedhof erscheinen und nach dem Grab eines Bekannten suchen. Sie fragen nach Mulcahy aus Dublins berühmter Coombe und erfahren, wo er begraben liegt. Nachdem sie eine Weile im Nebel herumgeirrt sind, finden sie das Grab und buchstabieren den Namen auf dem Grabstein: Terence Mulcahy. Dann blickt einer von ihnen auf und sieht die Statue des Heilands, die zum Grabstein gehört. Nachdem er das Standbild eine Weile angestarrt hat, sagt er: »Also, nicht das kleinste bißchen Ähnlichkeit. Nee, das ist Mulcahy nicht, egal, wer's gemacht hat.« Brian kannte diese Stelle auswendig, und er wiederholte sie jetzt für Wale, wie schon oft im Beisein anderer, als Beispiel für die Genialität Joyces. Doch dann ging er wieder zum Angriff über und fragte: »Wissen Sie, daß Joyce und sein kleines Frauchen, die beide aus Dublin waren, sich am Ende in Italien ein Haus nahmen und miteinander Italienisch sprachen?«

Wale fiel auf, daß er nur wenige Bücher besaß, darunter einige lateinische Klassiker in Schulausgaben und Bücher auf irisch, aber keines von seinen eigenen Werken, jedenfalls nicht im Regal in seinem Arbeitszimmer. Bevor Wale sich von O'Nolan verabschiedete – oder von Nolan, wie er ihn durchweg nennt –, wies Brian noch einmal darauf hin, wie wenig ihm literarischer Ruhm bedeute. »Anerkennung ist mir völlig egal«, sagte er. »Mich interessiert die finanzielle Seite. Wenn *Sago* mir £ 50 000 einbrächte, würde ich keine einzige Zeile mehr schreiben, außer ganz, ganz wenige Zeilen auf Schecks.« Diesen Witz zum Thema Schecks hatte er schon öfter variiert.

Auch Douglas Gageby besuchte ihn und brachte einmal eine Flasche Middleton mit, der in der letzten Zeit Brians Getränk geworden war. Gageby staunte über seine Vitalität. Er erinnert sich, daß Brian aufrecht im Bett saß, dies und das kritisierte. Plötzlich mußte er sich übergeben; Evelyn kam und säuberte ihn, während Gageby aus dem Fenster sah; dann machte er dort weiter, wo er aufgehört hatte, als hätte es keine Unterbrechung gegeben.

Er schrieb weiterhin seine Kolumne, wiederholte sich aber oft. Am 2. März schrieb er, daß jeder, der »den Mut hat, seine Augen aufzumachen, mit kühlem Verstand auf die entsetzlichen Bedingungen der menschlichen Existenz zu schauen … um die Erkenntnis nicht herumkommen wird, daß winzige Perioden zeitweiliger Befreiung von unerträglichem Leiden das Höchste ist, was der einzelne erwarten darf«. Gegen Ende des Monats mußte er wieder ins Krankenhaus. Er starb friedlich und eher unerwartet am 1. April 1966, am Tag der Aprilnarren.

Anhang

Quellen

1. Kapitel
Elternhaus und Familie

1 Ciarán Ó Nualláin, *Oige An Dearthár,* Foilseachain Naisiunta, Dublin 1973, S. 32. Übers. ins Engl. von A. C.
2 Ibid., S. 33.
3 Gearóid Ó Nualláin, Unveröffentlichte Memoiren. Exemplar im Besitz von A. C.
4 Ciarán Ó Nualláin, op.cit., S. 62.
5 Flann O'Brien, *Das harte Leben,* Frankfurt am Main 1979, S. 22.
6 Myles na Gopaleen, »Cruiskeen Lawn«, 20. Dezember 1965.
7 Ciarán Ó Nualláin, op.cit., S. 62.
8 Ibid., S. 55.
9 Ibid., S. 78.

2. Kapitel
Ein glänzender Anfang

1 Brian O'Nolan in *The Centenary History of the Literary and Historical Society; 1855-1955,* hg. von James Meenan, Tralee 1956.
2 Niall Montgomery, »An Aristophanic Sorcerer«, *Irish Times,* 2. April 1966.
3 Brian O'Nolan, *The Centenary History:*
4 Donagh MacDonagh, *Creation,* Oktober 1967.
5 Desmond Roche im Gespräch mit A. C.
6 Niall Sheridan im Gespräch mit A. C. Vgl. auch Richard Ellmann, *James Joyce,* Frankfurt am Main 1959.
7 Myles na gCopaleen, »Cruiskeen Lawn«, 13. August 1959.
8 Niall Sheridan, »Brian, Flann and Myles«, in: Timothy O'Keeffe (Hg.), *Myles: Portraits of Brian O'Nolan,* London 1973, S. 34.
9 Niall Montgomery, op.cit., April 1966.
10 Sheridan, op.cit., S. 37.
11 Brian Ó Nualláin, Brief an Ned Sheehy, 16. Januar 1938. National Library Dublin.

12 Sheridan, op.cit., S. 36.
13 Brother Barnabas, »Should Pin-Money Girls Be Sacked? Mein Kampf«, *Comhthrom Féinne*, Dezember 1933.
14 Brother Barnabas, »Scenes in a Novel«, *Comhthrom Féinne*, Mai 1934.
15 Sheridan, op.cit., S. 40.
16 Sheridan, op.cit., S. 38.
17 Brian O'Nolan, *Centenary History*.
18 Niall Sheridan im Gespräch mit A.C.
19 *Comhthrom Féinne*, Mai 1932.
20 *Comhthrom Féinne*, März 1932.
21 *Comhthrom Féinne*, Sommer 1931.
22 *Comhthrom Féinne*, Januar 1932.
23 Brian O'Nolan, *Centenary History*, S. 246.
24 R.N. Cooke, *Centenary History*, S. 249.
25 Brian O'Nolan, *Centenary History*, S. 245.
26 Patrick Purcell, zit. in *Centenary History*, S. 262.
27 R.N. Cooke, *Centenary History*, S. 250.
28 Kevin O'Nolan in der BBC-Radiosendung »Discords of Good Humour«, 12. November 1978.
29 Kevin O'Nolan im Gespräch mit A.C.
30 Myles na Gopaleen, »Cruiskeen Lawn« (C.L.), 16. Mai 1951.
31 »Eire's Columnist«, *Time*, 23. August 1943.
32 Brian O'Nolan, Beitrag zu *Twentieth Century Authors*. Zit. in: Anne Clissmann, *Flann O'Brien: A Critical Introduction to His Writings*, Dublin 1975.
33 Peter Costello/Peter Van De Kamp, *Flann O'Brien*, London 1987, S. 47f.
34 Myles na Gopaleen, C.L., 13. April 1960.
35 Niall Sheridan im Gespräch mit A.C.
36 Brian Ó Nualláin, *Comhthrom Féinne*, März 1935.
37 *Comhthrom Féinne*, April 1935.
38 Brian O'Nolan, *Comhtrom Féinne*, Mai 1935.
39 Myles na Gopaleen, C.L., 28. Juli 1958.
40 Ibid., 2. März 1966.
41 *Blather*, Bd. I, Nr. 1, August 1934.
42 Ibid.
43 *Blather*, Dezember 1934.
44 John Garvin, »Sweetscented Manuscripts«, in: O'Keeffe (Hg.), *Myles*, S. 54.

45 Ryszard Kapuściński, *König der Könige*, übers. von Martin Pollack, Frankfurt am Main 1986, S. 59.

46 Records of the Department of Local Government and Public Health.

47 Ibid.

48 Ibid.

49 Ibid.

50 Micheál Ó Nualláin, *Irish Times*, 1. April 1986.

51 Ciarán Ó Nualláin, op.cit.

52 Niall Sheridan, *Comhthrom Féinne*, Juni 1935.

53 James Branch Cabell, *The Cream of the Jest*, London 1972, S. 39.

54 Aldous Huxley, *Kontrapunkt des Lebens*, übers. von H.E. Herlitschka, München 1967, S. 347.

55 Brian O'Nolan, Brief an C.H. Brooks, 31. Januar 1938.

56 B. O'N., Brief an A.M. Heath & Co., 3. Oktober 1938.

57 Typoskript in der Morris Library, University of Carbondale, Carbondale, Illinois.

58 B. O'N., Brief an Longmans Green & Co. Ltd., 10. November 1938.

59 B. O'N., Brief an Longmans, 12. März 1939.

60 Graham Greene, Lektoratsgutachten, zitiert auf dem Schutzumschlag der Erstausgabe.

61 John Garvin, op.cit., S. 56f.

62 John Garvin, op.cit., S. 57f.

63 *Times Literary Supplement*, 18. März 1939.

64 Frank Swinnerton, *Observer*, 19. März 1939.

65 Anthony West, *New Statesman and Nation*, 17. Juni 1939.

66 B. O'N., Brief an Longmans, 1. Mai 1939.

67 Niall Sheridan an Timothy O'Keeffe, 4. März 1960.

68 B. O'N., Brief an Ethel Mannin, 12. Juli 1939.

69 B. O'N., Brief an Ethel Mannin, 14. Juli 1939.

70 B. O'N., Brief an Longmans, 1. Mai 1939.

71 B. O'N., Brief an William Saroyan, 10. Juli 1939.

72 B. O'N., Brief an William Saroyan, 25. September 1939.

73 B. O'N., Brief an William Saroyan, 14. Februar 1940.

74 Ibid.

75 Ibid.

76 Ibid.

77 John Garvin, op.cit.

78 Myles na gCopaleen, C.L., 17. Dezember 1941.

79 Graham Greene 1952 im Gespräch mit Elias Canetti und A. C. Canetti erklärte, daß das auch für ihn gelte.

80 Patrick Kavanagh, *Irish Times*, 20. Juli 1940.

81 Jude the Obscure, *The Honest Ulsterman*, Januar/Februar 1972.

82 Patrick Kavanagh, Leserbrief an die *Irish Times*, 7. August 1940.

83 Niall Sheridan, *Myles*.

84 Benedict Kiely im Gespräch mit A. C.

85 Myles na Gopaleen, C. L., 10. Oktober 1940.

86 Myles na Gopaleen, C. L., 5. Oktober 1955.

87 Gerald Griffin, *The Collegians*, Dublin 1963, S. 82.

88 Leserbrief von »West Briton Nationalist« an die *Irish Times*, 17. Oktober 1940.

89 Niall Sheridan, *Ireland Today*, Juli 1938.

90 Zit. in: Breandán Ó Conaire, *Myles na Gaeilge: Lámhleabhar ar shaothar Gaeilge Bhrian Ó Nualláin*, Dublin 1986.

91 Myles na Gopaleen, C. L., 3. Januar 1957, S. 81.

92 Myles na gCopaleen, C. L., 15. März 1943.

93 Michael Collins, *The Path To Freedom*, Dublin 1923.

94 Myles na Gopaleen, C. L., 3. Januar 1957.

95 Ibid., 9. Dezember 1965.

96 Ibid., 25. Oktober 1950.

97 Browne and Nolan, Lektoratsgutachten, zit. in Ó Conaire, op.cit., S. 104.

98 Brief von Brian Ó Nualláin an Browne and Nolan, 16. April 1941.

99 Brief von Pádraig Ó Canainn an Brian Ó Nualláin, 17. Juni 1941.

100 Brief von Brian Ó Nualláin an Pádraig Ó Canainn, 28. November 1941.

101 Myles na gCopaleen, C. L., 12. Dezember 1941.

102 *The Bell*, Februar 1942.

103 Frank O'Connor, Leserbrief an die *Irish Times*, 3. März 1942.

104 Brief von Sean O'Casey an Brian Ó Nualláin, 2. April 1942.

105 Patrick C. Power, Vorwort zu *Irischer Lebenslauf (Das Barmen)*, Frankfurt am Main 1977.

106 Brief von Brian Ó Nualláin an Sean O'Casey, 13. April 1942.

107 B. O'N., Brief an Hilton Edwards, 20. Juni 1942.

108 Ibid.

109 Myles na Gopaleen, »The Fausticity of Kelly«, *Radio TV Guide*, 25. Januar 1963.

110 R. Hogan/M. J. O'Neil (Hg.), *Joseph Holloway's Irish Theatre*, Bd. III, S. 83, 86.

111 B. O'N., Brief an Ernest Blythe, 21. Juni 1942.

112 Myles na Gopaleen, C. L., 3. April 1954.

113 *Dublin Evening Mail*, 23. März 1943.

114 Records of Department of Local Government and Public Health.

115 Report of the Tribunal Appointed to Enquire into the Cavan Orphan-
age Fire, Dublin 1943.

116 Records of Department of Local Government and Public Health.

117 Myles na gCopaleen, C. L., 27. August 1945.

118 Ibid., C. L., 4. März 1964.

119 Flann O'Brien, »The trade in Dublin«, *The Bell*, November 1940.

120 Myles na Gopaleen, C. L., 12. April 1958.

121 Bruce Williamson im Gespräch mit A. C.

122 Patrick Kavanagh, *I Had A Future: Collected Poems*, London 1964.

123 Terry Eagleton, *Einführung in die Literaturtheorie*, dt. von E. Bet-
tinger / E. Hentschel, Stuttgart 1988, S. 122.

124 Frederic Jameson, »Post Modernism«, *New Left Review*, Oktober 1982.

3. Kapitel
Der Dubliner

1 Myles na gCopaleen, C. L., 1949.

2 C. L., 2. März 1966.

3 C. L., 10. Mai 1944.

4 C. L., 25. September 1944.

5 Abteilung *Superannuation Bill*, National Library of Ireland.

6 Thomas Hogan, »Myles na gCopaleen«, *The Bell*, November 1947.

7 Evelyn O'Nolan im Gespräch mit A. C.

8 Ibid.

9 Zit. in: Clissmann, op.cit., S. 310.

10 Samuel Beckett, zit. von Aidan Higgins, »Discords of Good Humour«, BBC, Radio Three, 12. November 1980.

11 Myles na Gopaleen, C. L., 9. Februar 1956.

12 Brian O'Nolan, »Wie man im Tunnel ein Faß aufmacht«, in: *Durst
und andere dringende Dinge*, Zürich 1991, S. 212 f.

13 B. O'N., Brief an Ewan Phillips, 24. Mai 1950. Archiv Patricia Hut-
chins, Ms.-Department, Trinity College, Dublin.

14 Niall Sheridan im Gespräch mit A. C. sowie unveröffentlichte Aufzeichnungen von Richard Ellmann.

15 Jack White, »Myles, Flann and Brian«, in: O'Keeffe (Hg.), *Myles*, S. 70.

16 Myles na Gopaleen, C. L., verschiedene Nummern, Mai 1951.

17 Jack White, op.cit., S. 74 f.

18 Civil Service Circular, Nr. 21/32. Civil Servants and Politics.

19 Ibid.

20 Michael Phelan, »Watcher In The Wings«, *Administration*, Frühjahr 1976.

21 Ibid.

22 Myles na Gopaleen, C. L., 5. Februar 1953.

23 Records of Department of Local Government and Public Health.

24 Ibid.

25 Jack White, op.cit., S. 74.

26 John Ryan, *Remembering How We Stood*, Dublin 1975, S. 138.

27 Myles na Gopaleen, C. L., 16. Juni 1954.

28 John Ryan, op.cit., S. 141.

29 Myles na Gopaleen, »Two in One«, *The Bell*, Juli 1954.

30 Myles na Gopaleen, *Further Cuttings from Cruiskeen Lawn*, London 1976, S. 130-133.

31 Mervyn Wall, RTE-Fernsehprogramm, April 1976.

32 Brian O'Nolan an Stephen Ashe, 7. Oktober 1955.

33 Myles na Gopaleen, C. L., 27., 28., 29. Februar 1964.

34 Brian O'Nolan an Angela Conolly, 29. Oktober 1956. Im Besitz der Empfängerin.

35 Hilton Edwards an B. O'N., November 1956.

36 B. O'N., an Miss Pyer, 30. November 1956.

37 Jude the Obscure, *The Honest Ulsterman*, Januar/Februar 1972.

38 B. O'N., an Miss Pyer, 5. Dezember 1956.

39 Myles na Gopaleen, C. L., 3. September 1959.

40 Brian O'Nolan an Timothy O'Keeffe, 21. September 1962.

41 Flann O'Brien, »Behan: Master of Language«, *Sunday Telegraph*, 22. März 1964.

42 Brief von Brian O'Nolan an die BBC Belfast. Zit. in: Clissmann, op. cit., S. 27.

4. Kapitel
Das Ende

1 Timothy O'Keeffe an Brian O'Nolan, 7. Mai 1959.
2 Brian O'Nolan, Interview mit John Bowman, RTE Radio, 1964.
3 V.S. Pritchett, »The Death of Finn«, *New Statesman*, 20. August 1960.
4 Myles na Gopaleen, *Further Cuttings from Cruiskeen Lawn*, S. 132.
5 Brian O'Nolan an Mark Hamilton, 27. Januar 1961.
6 B.O'N., an Mark Hamilton, 20. Februar 1961.
7 B.O'N., an Timothy O'Keeffe, 1. November 1961.
8 B.O'N., an Timothy O'Keeffe, 5. November 1961.
9 B.O'N., an Timothy O'Keeffe, 1. September 1961.
10 B.O'N., an Timothy O'Keeffe, 25. November 1961.
11 B.O'N., an Gerald Gross, 16. Januar 1962.
12 B.O'N., an Timothy O'Keeffe, 5. November 1962.
13 Anthony Burgess, *The Novel Now*, London 1971, S. 78ff.
14 B.O'N., an Timothy O'Keeffe, 25. November 1961.
15 Thomas Hogan, »Myles na gCopaleen«, *The Bell*, November 1947.
16 B.O'N., an Cecil Scott, 13. Oktober 1962.
17 Graham Greene an Brian O'Nolan, 25. Oktober 1961.
18 B.O'N., an Brian Inglis, 17. August 1960.
19 B.O'N., an Micheál Ó Nualláin, 1963. Im Besitz des Empfängers.
20 B.O'N., an M. Baker, 25. November 1961. Kopie im Besitz von M. Ó Nualláin.
21 Entwurf für einen Guinness-Werbespot. Kopie im Besitz von A.C.
22 Memorandum von Brian O'Nolan an die Irish Whiskey Distillers, Mai 1964.
23 Ibid.
24 Myles na Gopaleen, »De Me«, *New Ireland*, März 1964.
25 Ibid.
26 Flann O'Brien, *Aus Dalkeys Archiven*, Frankfurt am Main 1982, S. 75f.
27 B.O'N., an A.C., 23. Mai 1963.
28 B.O'N., an Timothy O'Keeffe, 15. November 1963.
29 B.O'N., an Mark Hamilton, 28. November 1963.
30 B.O'N., an Timothy O'Keeffe, 27. November 1963.
31 B.O'N., an Timothy O'Keeffe, 15. November 1963.
32 B.O'N., an Timothy O'Keeffe, 27. November 1963.

33 B. O'N., an Cecil Scott, 6. Januar 1964.
34 B. O'N., an Timothy O'Keeffe, 22. Januar 1964.
35 B. O'N., an Timothy O'Keeffe, 26. Februar 1964.
36 B. O'N., an Mark Hamilton, 28. November 1963.
37 Flann O'Brien, »Can A Saint Hit Back?«, *Guardian*, Januar 1966.
38 Flann O'Brien, »A Writer's Writings«. Typoskript in der Morris Library, University of Carbondale, Carbondale, Illinois.
39 B. O'N., an Mark Hamilton, 27. Februar 1964.
40 B. O'N., an Tommy Conolly, 10. März 1964. Im Besitz des Empfängers.
41 B. O'N., an Timothy O'Keeffe, 16. Mai 1964.
42 B. O'N., an Cecil Scott, 19. März 1965.
43 B. O'N., an Cecil Scott, 22. November 1965.
44 B. O'N., an Timothy O'Keeffe, 9. März 1965.
45 B. O'N., an Cecil Scott, 22. November 1965.
46 Flann O'Brien, *Guardian*, 19. Januar 1966.
47 B. O'N., an Hugh Leonard, 27. Oktober 1964.
48 Brian Ó Nualláin an Eugene Gormley. Im Besitz von Micheál Ó Nualláin.
49 B. O'N., an Eugene Gormley, 5. Dezember 1965. Im Besitz von Micheál Ó Nualláin.
50 B. O'N., an Gunnar Rugheimer, 15. März 1966.
51 Michael Wale, *Town Magazine*, Bd. 6, Nr. 7, September 1965.

Bibliographie

Die veröffentlichten Bücher von Flann O'Brien bzw. Myles na Gopaleen in englisch & deutsch. Die deutschen Übersetzungen werden nach den zur Zeit lieferbaren Ausgaben genannt, nach denen in der Übersetzung dieses Buches zitiert wird.

At Swim-Two-Birds. London 1939.
Deutsch: *In Schwimmen-zwei-Vögel*. 1989.
Nach der Übertragung durch Dr. Lore Fiedler von Helmut Mennicken und Harry Rowohlt vollständig neu übersetzt und eingerichtet.
Haffmans Verlag, Zürich

An Béal Bocht / The Poor Mouth. Dublin 1941.
Deutsch: *Das Barmen. Eine arge Geschichte vom harten Leben (Irischer Lebenslauf)*. 1977.
Herausgegeben von Myles na Gopaleen. Aus dem Irischen ins Englische übertragen von Patrick C. Power. Aus dem Englischen ins Deutsche übertragen von Harry Rowohlt. Illustriert von Ralph Steadman.
Suhrkamp Verlag, Frankfurt am Main

The Hard Life. London 1961.
Deutsch: *Das harte Leben*. 1979.
Aus dem Irischen übertragen von Annemarie Böll und Heinrich Böll.
Suhrkamp Verlag, Frankfurt am Main

The Dalkey Archive. London 1964.
Deutsch: *Aus Dalkeys Archiven*. 1982.
Aus dem Englischen von Harry Rowohlt.
Suhrkamp Verlag, Frankfurt am Main

The Third Policeman. London 1967.
Deutsch: *Der dritte Polizist*. 1975.
Aus dem Englischen von Harry Rowohlt.
Suhrkamp Verlag, Frankfurt am Main

The Best of Myles. London 1968.
Deutsch: *Trost und Rat* (Auswahl). 1985.
Aus dem Englischen von Harry Rowohlt.
Haffmans Verlag, Zürich

Stories and Plays. London 1973.
(Enthält das Theaterstück *Faustus Kelly* von 1943)
Deutsch: *Durst und andere dringende Dinge.* 1991.
Aus dem Englischen übersetzt und mit Anmerkungen versehen von
Harry Rowohlt.
Haffmans Verlag, Zürich

Über Flann O'Brien (Auswahl)

Óige An Dearthár: i. Myles na Gopaleen, by Ciarán Ó Nualláin, Dublin
1973.

Flann O'Brien: A Critical Introduction to His Writings, by Anne Clissmann, Dublin and New York 1975.

Myles: Portraits of Brian O'Nolan, edited by Timothy O'Keeffe, London
1973.

Alive Alive O!: Flann O'Brien's At Swim-Two-Birds, edited by Rüdiger
Imhof, Dublin and New Jersey 1985.

*Myles na Gaeilge: Lámhleabhar ar shoathar Gaelige Bhrian Ó Nual-
láin*, by Breandán Ó Conaire, Dublin 1986.

Four Irish Legendary Figures in At Swim-Two-Birds: *A Study of Flann
O'Brien's Use of Finn, Suibhne, the Pooka and the Good Fairy*, by Eva
Wäppling, Uppsala 1984.

Namenregister